Texte détérioré — reliure défectueuse

NF Z 43-120-11

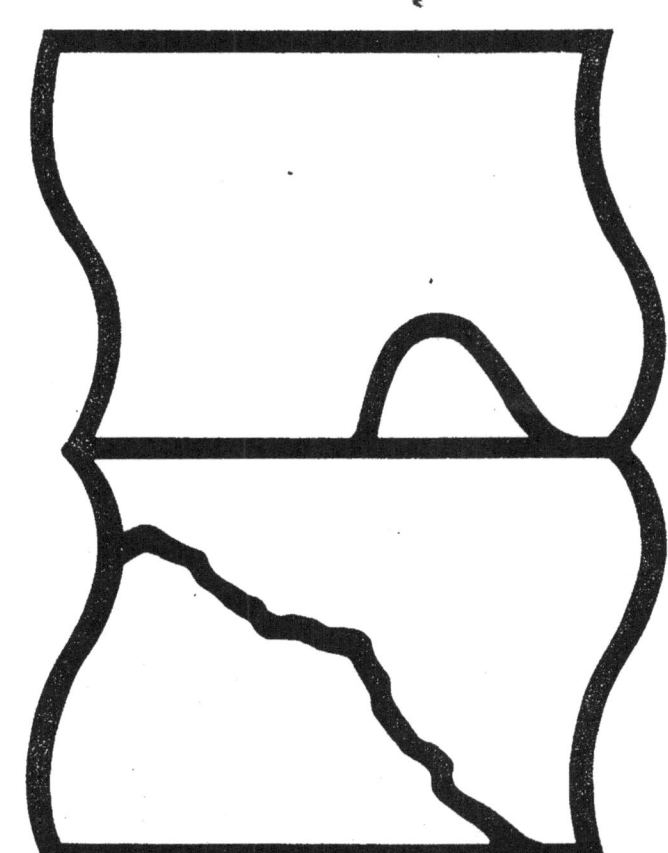

à l'usage du p. Fulgence de paris
pr la bibliotèque de St Honoré
2. vol. complet.

L d $^{176}_{433}$

APOLOGIE
POUR LES
CATHOLIQUES,

Contre les fauſſetez & les calomnies
d'un Livre intitulé

LA POLITIQUE
DU
CLERGÉ DE FRANCE.

Fait premierement en François, & puis
traduit en Flamend.

I. PARTIE.

*Sur ce qui regarde la fidelité que les sujets doivent à
leurs Princes, où l'on trouvera une ample justification
des Catholiques à l'égard de la pretenduë Conspiration d'Angleterre, par les procés mêmes
de ceux qu'on a fait mourir pour ce sujet.*

A LIEGE,
Chez La Veuve Bronkart.
1681.

AVANT-PROPOS.

J'Ay dit à l'entrée de ce livre ce qui me l'a fait entreprendre. Je n'ay icy qu'à avertir le Lecteur, de quelque Religion qu'il soit, qu'il ne doit pas trouver étrange que je me sois si fort étendu sur la conjuration d'Angleterre. J'ay esté obligé d'y entrer par le reproche que l'Auteur de la Politique du Clergé en a fait aux Catholiques. J'en estois d'abord peu informé. Je trouvois seulement que la maniere dont il s'y prenoit, pour montrer que ce n'estoit pas une fourberie, mais qu'il n'y avoit rien de plus veritable, n'estoit propre qu'à persuader le contraire à toutes les personnes de bon sens. J'en ay esté plus assuré, plus je me suis instruit de cette affaire par diverses pieces qui me sont tombées entre les mains. Mais ne les ayant recouvrées qu'en divers temps,

temps, c'est ce qui m'a obligé, le livre estant tout fait, d'y mettre une ADDITION, qui achevera, comme je l'espere, de detromper ceux qui estant frappez de tant de bruits repandus par tout, auroient peine à croire qu'il n'y auroit rien de reel dans ce qu'on imputoit aux Catholiques, d'avoir conspiré de faire mourir le Roy & de massacrer les Protestans. Je ne demande pour cela qu'un peu d'équité & de bon sens; & je ne doute point que les Protestans mêmes, amoins qu'ils ne se veulent opiniastrer à n'écouter aucune raison, ne soient forcez d'avouër, aprés avoir lu les reflexions que j'y ay faites sur des depositions d'Oates, que jamais rien n'a esté cru si legerement, que les contes que fait cet impie, de ce qu'il pretend que luy ont dit une infinité de personnes. Car il faudroit, afin que cela fust vray, que toutes

ces

ces personnes se fussent trouvées en même temps dans un degré de folie si extraordinaire, qu'on n'en a point d'exemple d'une semblable. Or il est infiniment plus croyable, qu'un fripon, tel qu'on verra qu'est cet Oates, ait menti & ait inventé tous ces faits, qu'il n'a pu appuier d'aucune autre preuve, que non pas qu'une si grande folie se soit trouvée en un même temps dans un si grand nombre de gens. Jamais donc rien n'a esté cru avec si peu de raison que cette pretenduë Conspiration des Catholiques contre la vie du Roy d'Angleterre, dont on a pris sujet d'exercer tant de violences & de faire perir tant d'innocens. C'est ce qu'où verra prouvé invinciblement dans cette ADDITION, aussi bien que dans les deux Chapitres sur le procés de Mylord Stafford : & tout ce que peut ajoûter à cette evidence ce qui se passe maintenant en Angleterre au regard des ennemis des Catholiques qui sont accusez à leur tour, sera moins necessaire pour mettre en un plus grand jour l'innocence de ceux qu'on a fait mourir comme ayant voulu massacrer le Roy, que pour decouvrir les Auteurs de cette fourbe diabolique, qui passera dans la posterité pour un des exemples les plus horribles de la malice de l'homme.

T A-

TABLE DES CHAPITRES.

CHAP. I. *Ce qui a porté à répondre à ce Livre & du dessein qu'on a dans cet ouvrage.* Pag. 1.

CHAP. II. *Calomnie capitale contre les Catholiques: Que les Souverains ne se peuvent assurer de leur fidelité, & qu'il n'y a que celle des Predendus Reformez dont ils puissent avoir une parfaite assurance.* 14.

CHAP. III. *Que les mechans livres contre la Souveraineté des Roys & plus capables de faire revolter leurs sujets contre eux, ont esté faits par des pretendus Reformez & refutez par des Catholiques.* 27.

CHAP. IV. *Cette même mechante doctrine contre la Souveraineté des Roys soûtenuë par d'autres Auteurs pretendus Reformez.* 50.

CHAP. V. *Refutation de la calomnie contre le Clergé de France, que cet Auteur represente comme estant toûjours prest de se revolter contre le Roy.* 63.

CHAP. VI. *Des Sophismes que cet Ecrivain emploie pour prouver que le Party Huguenot est le seul dont le Roy peut estre parfaitement assuré.* 73.

CHAP. VII. *Le même Sophisme du Chapitre precedent emploié par cet Auteur pour rendre suspecte au Roy la fidelité du Clergé de France.* 84.

*. 4   CHAP.

TABLE DES CHAPITRES.

CHAP. VIII. *Réponse à ce qui fut fait en Sorbonne contre Henry III. Que les Docteurs de ce temps là qui se laisserent emporter par la faction de la Ligue, n'agirent point par les principes que cet Auteur attribuë à tous les Catholiques, mais par ceux des Calvinistes.* 93.

CHAP. IX. *Les principaux fondements de cet Auteur refutez par le livre d'un autre Protestant intitulé :* L'Empereur & l'Empire trahis, & comment, & par qui. 102.

CHAP. X. *De l'abus que cet Auteur fait de la harangue de M. le Cardinal du Perron au Tiers Estat, pour rendre suspecte au Roy la fidelité de tout le Clergé de France.* P. 111.

CHAP. XI. *Avec combien d'impertinence cet Auteur allegue l'affaire de la Regale, pour prouver que dans les demeslez que le Pape peut avoir avec le Roy, les Evêques sont toûjours disposez à estre pour le Pape.* 127.

CHAP. XII. *Que cet Auteur n'a rien à reprocher aux ligueux sur ce qu'ils ont voulu empêcher que Henry le Grand ne parvint à la Couronne, puis qu'il paroist approuver que les Puritains d'Angleterre entreprennent la même chose au regard du Duc d'Yorck.* 143.

CHAP. XIII. *De l'infame calomnie de cet Auteur contre les Catholiques qu'il accuse d'avoir fait mourir le feu Roy d'Angleterre, sur une consultation signée par le Pape & approuvée par la Sorbonne.* 158.

CHAP. XIV. *De la pretenduë Conjuration des Catholiques d'Angleterre contre la vie*

de

TABLE DES CHAPITRES.

de leur Roy decouverte depuis deux ans. Que la maniere dont s'y prend cet Auteur pour faire croire que ce n'est pas une fable, prouve manifestement que c'en est une. 176.

CHAP. XV. *Refutation de toutes les raisons generales que cet Auteur apporte, pour faire voir qu'il n'est pas croiable, que la pretenduë Conjuration des Catholiques contre la vie du Roy d'Angleterre ne soit pas vraye.* 190.

CHAP. XVI. *Preuves convaincantes de la fausseté de la Conjuration par le procés de M. Coleman.* 209.
   I. *Preuve.* 210.
   II. *Preuve.* 213.
   III. *Preuve.* 219.
   IV. *Preuve.* 221.
   V. *Preuve.* 229.
   VI. *Preuve.* 231.
   VII. *Preuve.* 233.

CHAP. XVII. *Huitieme & derniere preuve de la fausseté de la Conjuration de M. Coleman prise des depositions de l'autre temoin nommé Bedlow.* 236.

CHAP. XVIII. *Que les dernieres paroles de Mylord Stafford doivent convaincre toutes les personnes raisonnables de la fausseté de la Conjuration.* 249.

CHAP. XIX. *Qu'il n'y a rien dans les lettres de M. Coleman produites en son procés qu'on puisse dire estre une preuve de la verité de la Conjuration.* 264.

CHAP. XX. *Que le procés de Mylord Stafford*

TABLE DES CHAPITRES.

ford imprimé par autorité publique fournit beaucoup d'argumens qui font voir la faussété de la presente Conjuration. 274.

§. 1. *Plan general de la pretenduë Conspiration.* 280.
§. 2. 1. *Reflexion.* 283.
§. 3. 2. *Reflexion.* 285.
§. 4. *De la part qu'ils donnent au Pape Innocent XI. dans cette Conjuraton* 288.
§. 7. 1. *Reflexion.* 291.
   2. *Reflexion.* 292.
   3. *Reflexion.* 263.
§. 6. *Raisons generales pour rendre la Conspiration probable.* 294.
§. 7. 1. *Reflexion.* 296.
§. 8. 2. *Reflexion.* 300.
§. 9. 3. *Reflexion.* 303.
§. 10. *Temoins pour prouver la Conspiration en general.* 307.
§. 11. 1. *Temoin. Smith.* 308.
§. 12. 2. *Temoin. Dugdale.* 317.
§. 13. 1. *Reflexion.* 319.
§. 14. 2. *Reflexion.* 324.
§. 15. 3. *Reflexion.* 327.
§. 16. 3. *Temoin. Prance.* 332.
§. 17. 4. *Temoin. Oates.* 335.
   1. *Reproche contre Oates.* 336.
§. 18. 2. *Reproche contre Oates.* 343.
§. 19. 5. *Temoin. Dennis.* 345.
§. 20. 6. *Temoin. Jennison.* 349.

CHAP. XXI. *Que ce même procés prouve clairement l'innocence de Mylord Stafford.* 353.

§. 1. *Pre-*

TABLE DES CHAPITRES.

§. 1. *Premiere Consideration touchant la personne du Mylord.* 354.

§. 2. *Reflexion sur ce discours.* 358.

§. 3. 2. *Reflexion sur la personne du Mylord.* 361.

§. 4. 3. *Consideration sur la personne de Mylord Stafford.* 363.

§. 5. 4. *Consideration sur la personne de Mylord Stafford.* 365.

§. 6. *Des trois témoins dont le 1. est Dugdale.* 370.

§. 7. *Contrarietez entre les deux differentes depositions de Dugdale.* 379.

   1. *Contrarieté.* 388.
   2. *Contrarieté.* 389.
   3. *Contrarieté.* la même.
   4. *Contrarieté.* 390.
   5. *Contrarieté.* 392.
   6. *Contrarieté.* 393.

§. 8. *Fourberie de Southall pour couvrir un peu la contrarieté des deux depositions de Dugdale.* 394.

§. 9. *Autre argument contre Dugdale tiré de cette premiere deposition du 24. Decembre, 1678.* 396.

§. 10. *Du second Temoin qui est Oates.* 399.

§. 11. *Du dernier témoin que est Tuberville.* 404.

§. 12. *Tuberville convaincu par luy même d'estre un faux temoin.* 410.

§. 13. *Conclusion de la justification de Mylord Stafford.* 418.

CHAP.

TABLE DES CHAPITRES.

CHAP. XXII. *Que c'est une calomnie de supposer qu'il y ait des Theologiens Catholiques qui enseignent qu'on n'est pas obligé de garder la foy aux heretiques, & que cela est appuié de l'autorité du Concile de Constance. Mais que c'est ce que les Calvinistes ont pratiqué à l'egard des Catholiques.* 423.

Conclusion. 438.

ADDITION.

Contenant diverses choses touchant la Conspiration d'Angleterre qu'on n'a sçuës que depuis que le Livre a esté achevé d'imprimer. 439.

Remarques sur le Livre intitulé : CONSPIRATIONS D'ANGLETERRE. 444.

Remarques sur la Denonciation d'Oates. 482.

Remarques sur la Relation d'Elisabeth Cellier. 526.

APOLOGIE
Pour les
CATHOLIQUES

Contre les fausletez & les Calomnies d'un Livre intitulé: *La Politique du Clergé de France*, &c. Fait premierement en François & puis traduit en Flamend.

CHAPITRE I.

Ce qui a porté à répondre à ce Livre, & du dessein qu'on a dans cet ouvrage.

LE Livre qui a pour titre *la Politique du Clergé de France*, &c. m'estant tombé par hazard entre les mains, je crus d'abord qu'il ne contenoit que des plaintes des Pretendus Reformez sur la demolition de quelques-uns de leurs temples, & sur la resolution que le Roy a prise de ne se point servir d'eux dans la recepte de ses revenus. Mais je vis bien-tost en continuant de le lire, que ce n'estoit qu'une entrée pour un plus grand dessein, & que le but de cet Auteur avoit esté de prendre cette occasion pour noircir les Catholiques, en voulant d'une part les rendre suspects à tous les Princes, comme ne leur estant point *soumis par principe de conscience*, & aiant toûjours une disposition prochaine à se revolter, & s'efforçant de l'autre de faire croire, que leur Religion est si mal fondée, qu'on ne la peut embrasser que par interest, & qu'il y a parmy eux un grand party qui soûtient dans le cœur les plus detestables heresies.

J'avoüe que je ne pûs lire sans indignation de si horribles calomnies, & que cela me donna d'abord quelque pensée de ne les pas laisser sans réponse. Mais ce qui m'y a toutafait determiné, est d'avoir sçu que les Ministres Protestans font tant d'état de ce livre, que ne se contentant pas de l'avoir répandu par tout, ils l'ont fait traduire en Flamend pour le faire connoistre à ceux mêmes qui n'entendent pas le François, aiant jugé que rien ne pouvoit estre plus propre à inspirer aux simples la haine de la Religion Catholique.

La maniére dont ils en parlent dans la préface de cette traduction Flamende fait assez voir qu'ils se promettent d'en tirer de grands avantages. Car ils déclarent d'abord, *que pour ce temps-cy il ne se pouvoit rien produire au jour ny de plus profitable, ny de plus judicieux, ny de plus accommodé à ce qui se passe dans le monde.* Et ils s'étendent ensuite sur les éloges qu'ils donnent à l'Auteur François, qui passent tout ce qu'on peut s'imaginer de fier & de fastueux. Je n'exaggére point. On en jugera par leurs propres termes tres fidellement traduits.

L'Au-

L'auteur monstre, disent-ils, *une profonde science dans l'histoire, dans la politique & dans la Theologie. Il paroist avoir passé par toutes les sciences, & avoir penetré jusques au plus intime par la vivacité de son esprit. Ses raisonnemens sur les états du monde, & sur tout de la France & de l'Angleterre, & encore plus sur la suprême autorité de Rome, estant soûtenus par des histoires tant anciennes que nouvelles, sont clairs, convainquans, & si on peut parler ainsi aussi certains que des demonstrations de geometrie qu'on ne sçauroit contredire. Il fait voir que ce n'est point la passion qui domine en luy, mais un jugement équitable fondé sur la verité, soit qu'il accuse le procedé des Catholiques Romains, soit qu'il defende celuy de l'Eglise Reformée. Car il ne blasme rien dans les premiers, qu'il ne confirme ce qu'il dit par des preuves demonstratives, & il ne defend les derniers que par la verité nuë & qui paroist à tout le monde.*

Peut-on douter que ceux qui n'ont point d'étude, & qui sont accoustumez à écouter comme des oracles ce que leur disent leurs Ministres, ou les sçavans de leur party, ne soient persuadez en lisant cette preface, que le livre dont on leur parle ruine sans ressource la Religion Romaine, & met la Reformée en état de ne pouvoir estre combattuë qu'à la confusion de ceux qui l'attaqueroient. Mais ce qui suit les doit encore faire entrer bien plus avant dans cette pensée.

Ch. 1. J'avoüe, disent ils, *que le Clergé Romain n'est pas traité par cet Auteur de la maniere la plus douce. Mais qui oseroit nier, que ce qu'il en dit ne soit veritable? Ce n'est pas par de vaines conjectures, ny par des consequences tirées de loin, & encore moins par des contes faits à plaisir qu'il demonstre que ce sont les pestes & la corruption de toute l'Europe, & même de tout le monde. Mais c'est par de si solides & de si invincibles raisonnemens tirez tant de leur morale que de leur conduite ordinaire, que ceux qui voudront entreprendre de les justifier se trouveront si accablez, qu'ils ne remporteront de leur entreprise qu'une confusion eternelle.*

Si les injures sont des preuves le Clergé Catholique doit passer pour estre *la peste & la corruption de tout le monde.* L'Auteur François de la *Politique du Clergé de France*, ne l'avoit pas dit en termes si clairs: mais son traducteur Flamend, qui penetre toutes ses pensées, croit l'y avoir vû si bien demonstré, qu'il ne pense-pas qu'aucun homme raisonnable puisse estre d'un autre avis. Car le moyen de ne se pas rendre à *des raisonnemens invincibles.* Il n'a donc garde de craindre qu'on ne réponde à des invectives si outrageuses. Il triomphe par avance de ceux qui l'entreprendroient, & c'est par la pitié qu'il a d'eux qu'il daigne les avertir de n'estre pas si mal avisez que de s'engager à defendre une si mauvaise cause; parce qu'il est certain, si on l'en croit, qu'ils ne rem-

remporteront de leur entreprise qu'une confusion éternelle. Cela luy paroist si indubitable, qu'il ajoûte avec la même confiance: *Je me tiens assuré, que toutes les personnes non partiales, & même les plus équitables de l'Eglise Romaine, reconnoistront, que tout ce qui est dans ce livre, est traité avec jugement, avec esprit, & avec la plus grande conviction du monde.*

Jamais livre ne fut donc ny plus judicieux ny plus convainquant. Il ne restoit plus qu'à nous dire que jamais auteur n'a mieux écrit. Et c'est aussi le témoignage qu'il nous assure qu'en ont rendu les plus *haut-éclairez* Theologiens, & les plus experimentez politiques de son party.

Je ne sçay pas, dit-il, *qui est l'Auteur de ce livre, & ainsy ce que j'en dis ne me vient point d'aucune affection particuliere pour sa personne, mais je parle ainsy y estant contraint par la force de la verité, qui ne s'est pas seulement presentée à mon esprit, mais qui a trouvé aussi une telle entrée chez les plus haut-éclairez Theologiens, & les plus experimentez politiques, qu'ils ont jugé l'Auteur digne de porter le nom de patron & de modelle de la plus belle maniére d'écrire.*

Il faut donc estre bien hardy pour entrer en lice avec un tel adversaire, qui est consommé dans toutes les sciences, qui en a penetré le plus intime, qui decouvre tous les secrets de la plus fine politique, qui tire des avantages merveilleux de toutes les histoires anciennes

& nouvelles, qui est le maistre de la bonne & de la mauvaise reputation, nul ne pouvant justifier ceux qu'il noircit, ny noircir ceux qu'il justifie, qui n'avance rien ny pour les uns ny contre les autres, qu'il ne confirme par des preuves aussi convainquantes, que des demonstrations de geometrie, & qui passe parmy les plus habiles gens d'un grand party pour un Ecrivain tres judicieux, & pour un modelle achevé de la belle maniere d'écrire.

En verité on auroit peur à moins, & on se porteroit aisement à croire que le meilleur party seroit de se taire, pour ne se pas exposer temerairement à la confusion dont ils menacent avec tant d'insulte ceux qui penseroient à leur répondre. Mais aprés tout on n'a peuteftre pas tant lieu de craindre. Ceux qui font le plus de bruit ne sont pas les plus terribles. Le mensonge & la verité parlent souvent avec la même confiance, & ce n'est pas à cela qu'on les distingue. Les petits esprits s'y laissent prendre, & pour peu qu'ils soient prevenus en faveur de celuy qui parle on n'a qu'à leur dire d'un air fier & resolu qu'une chose est convainquante pour la leur persuader. Les Ministres le sçavent bien, & c'est aussi un de leur plus grands artifices pour retenir dans leur party ceux qui s'y trouvent engagez. Ils leur disent si souvent & en tant de manieres, & avec tant de hardiesse toute sorte de mal des Catholiques, & toute sorte de bien de leur nouvelle Religion, que ces bonnes gens feroient Ch. 1. scrupule de ne pas croire l'un & l'autre, parce qu'ils n'en pourroient douter sans soupçonner de mensonge ceux qui leur ont fait tant de fois une si haute profession de ne leur enseigner que la pure verité. Et c'est ce qui oblige davantage à les aider à sortir d'une si dangereuse illusion. On ne leur demande point pour cela qu'ils se previennent en faveur de ceux qui les veulent détromper. On veut bien qu'ils se tiennent sur leurs gardes, & qu'ils apprehendent qu'on ne les jette dans l'erreur en feignant de les en tirer. On desire seulement qu'ils se servent de leurs yeux, & qu'ils ne s'aveuglent pas volontairement. Qu'ils soient pour leurs Ecrivains tant que la verité ne les forcera point de reconnoistre leur mauvaise foy & leur injustice, & qu'ils ne les soupçonnent point d'avoir menty, tant qu'ils ne seront point évidemment convaincus de leurs mensonges.

Mais il est bon qu'ils sçachent à quoy j'ay cru que je me devois arrester. Car ce livre qui a esté premiérement écrit en François & puis traduit en Flamend contient deux choses. Des plaintes particulieres sur le traitement qu'on leur fait en France: Et des declamations generales plus vives & plus étenduës pour noircir les Catholiques & relever les pretendus Reformez. Or ce n'est qu'à ce dernier que je me suis attaché, comme estant sans comparaison le plus important.

J'ay laissé là le premier qui ne consiste qu'en de petits faits dont je ne suis point assez informé, & que je n'ay pas crû qui meritassent que je prisse la peine de m'en instruire, parce qu'ils ne font rien à la justification des Catholiques en general que j'ay entrepris de defendre contre les calomnies de cet Auteur. Car qui seroit l'homme assez injuste pour vouloir que leur justification dependist du zele bien ou mal reglé de quelques particuliers en des occasions singulieres comme est la demolition de quelques temples qu'il pretend qu'on leur a ostez quoiqu'ils ne fussent pas contraires aux édits, ou quelques procez qu'il se plaint qu'on a faits à leurs Ministres accusez d'avoir fait des cabales ou d'avoir presché d'une maniere seditieuse, sans qu'il en ait cousté de sang à personne? Que cela soit vray ou faux, il est bien certain que ce n'est pas ce qui a porté le traducteur Flamend à luy donner tant d'éloges: que ce n'est pas ce qui luy fait dire que l'Auteur, y avoit fait paroistre une profonde science dans l'histoire, dans la politique, & dans la Theologie: Qu'il y raisonnoit d'une maniere tres juste sur les Etats du monde, & en particulier de la France & de l'Angleterre, & encore plus sur la suprême autorité de Rome; Qu'il soûtenoit ses raisonnemens sur des histoires tant anciennes que nouvelles qui les rendent aussi convainquans que des demonstrations de Geometrie: Et qu'il monstroit par des raisons invincibles que le Clergé Romain *est la peste & la corruption*

tion *de toute l'Europe, & même de tout le monde*. Il faudroit estre insensé pour conclure rien de tout cela de quelques méchans procés faits à des Ministres, ou de quelques temples demolis mal à propos.

Cependant est-il croiable dans sa propre cause, quand il dit ce qu'il luy plaist sans en donner aucune preuve? A l'entendre parler de la demolition de leurs temples qu'ils avoient construits contre les termes de l'Edit de Nantes, on ne leur en a osté aucun que par une grande injustice. Et c'est cela même qui fait voir qu'on ne doit ajoûter aucune foy à tout ce qu'il dit pour avoir sujet de se plaindre. Car il est de notorieté publique, qu'une grande partie de ces temples auoient esté si manifestement usurpez, que le Commissaire Huguenot qui est toûjours joint à un Catholique dans ces sortes de discussions, n'avoit osé les defendre. C'est ce que cet Auteur auroit bien voulu dissimuler; mais ne le pouvant faire entierement, il déchire ceux de son party aussi bien que les Catholiques, en voulant que nous regardions les Commissaires qu'ils choisissent eux-mêmes, comme des gens sans conscience, qui ont abandonné leurs temples pour s'estre laissé corrompre ou intimider. C'est comme il en parle en la P. 30.

Il avance de plus en divers endroits des faussetez manifestes avec autant de hardiesse que si c'estoient des veritez constantes & indubitables, de sorte qu'il faut necessairement, ou qu'il ne fasse pas grand scrupule de mentir, ou qu'il parle de ce qu'il ignore sur ce qu'il s'en imagine, avec la même confiance que s'il en estoit le mieux instruit, qui sont deux caracteres qui n'attirent pas la creance.

Il dit en la P. 79. Que le feu Evêque de Pamiez a engagé le Pape à soûtenir les Urbanistes contre le Roy, au lieu que tout le monde sçait que ce sont ces Religieuses qui se sont elles mêmes addressées au Pape pour se maintenir en la possession d'élire leurs Abesses, & que feu M. de Pamiez n'a point eu de sujet de se mesler de cela, n'y aiant dans son diocese aucun Monastere d'Urbanistes.

Il dit que celuy qui estoit Archevêque de Roüen il y a 7. ou 8. ans avoit esté auparavant Evêque de Sées, & est presentement Archevêque de Paris: ce qui est toutafait chimerique, celuy qui a passé de l'Evêché de Sées à l'Archevêché de Roüen, estant encore Archevêque de Roüen, & celuy qui est passé de l'Archevêché de Roüen à l'Archevêché de Paris n'aiant jamais esté Evêque de Sées.

Il dit, *qu'il y a dans la Hollande qui est bien petite* DIX FOIS *plus d'Ecclesiastiques, qu'il n'y a de Ministres dans toute la France qui est bien étenduë.* C'estadire, qu'il y a plus de six à sept mille Ecclesiastiques dans la Hollande, puis qu'il dit en la P. 73. qu'il y a six ou sept cens Ministres en France. Rien au monde n'est plus certainement faux, n'y aiant non seulement dans la Holla Hollande, mais dans toutes les Provinces Unies que trois ou quatre cent Prestres qui sont tous attachez à quelques Eglises pour y prescher & y faire les fonctions pastorales.

Il dit au même endroit *qu'Amsterdam & toutes les grandes villes ont leur Evêque.* Au lieu qu'il n'y a personne dans toute la Hollande qui ne sçache qu'il n'y a qu'un seul Evêque non seulement dans toute la Hollande, mais aussi dans toutes les Provinces Unies.

Il ajoûte au même lieu, *que chacun de ces Evêques a son Chapitre*, ce qui est aussi imaginaire que les Evêques; *& qu'il y a même des maisons de Religieux*, ce qui est un autre mensonge. Car quoiqu'il y ait plusieurs Religieux dans la mission comme ils y font proprement l'office de Curez, & qu'ils ne sont qu'un ou deux au plus en chaque lieu, on ne peut pas sans se rendre ridicule faire de cela des maisons de Religieux. Mais quoique tout cela soit plus faux que la fausseté même, comment des personnes simples ne le croiroient-ils pas; lorsqu'en lisant cet Auteur ou en François ou en Flamend ils voient, qu'aprés avoir mis ces mensonges grossiers en la bouche d'un Huguenot, il fait dire à son Catholique supposé P. 130. *J'avouë que je n'eus rien à repliquer à cet article. Car j'avois vû de mes yeux tout ce qu'il disoit.* Quelle foy peut-on ajoûter à un Auteur qui a l'impudence d'assurer qu'on voit en Hollande de ses propres yeux six ou sept mille Ecclesiastiques,

ques, des Evêques dans toutes les grandes villes, qui ont chacun leur Chapitre, & même des maisons de Religieux.

Ce ne sera donc pas sur sa parole que nous croirons tout ce qu'il nous conte des injustices pretenduës qu'on leur fait en France, ou en leur ostant quelques temples, ou en interdisant quelques-uns de leurs Ministres, & ainsi tout ce qui regarde ces sortes de faits n'estant appuié d'aucune preuve, ne merite pas d'estre refuté. Mais j'ay crû qu'il ne seroit pas inutile de repousser ses accusations generales contre les Catholiques. Elles se peuvent reduire à deux chefs. L'un regarde la fidelité que des sujets doivent à leurs Souverains; surquoy il s'efforce de prouver en differentes manieres toutes fausses & ridicules, que les Catholiques ont des principes de Religion qui les obligent lors même qu'ils auroient le plus d'inclination d'estre soûmis à leurs Princes, de ne l'estre pas autant qu'ils devroient selon les maximes du Christianisme. L'autre regarde la doctrine & la foy: Surquoy il n'est pas moins deraisonnable ny moins emporté. Car d'une part il ne craint point de faire entendre, que le livre de M. l'Evêque de Condom ne convertit personne, parce qu'il luy plaist de supposer, qu'il ne se fait aucunes veritables conversions, & que tous les Religionnaires qui se font Catholiques ne le font que par interest, d'où il prend occasion de faire passer pour une chose abominable les charitez que l'on l'on fait à ceux qui se convertissent, pour sou- Ch. i. lager leur pauvreté, comme le traducteur Flamend s'en explique en termes plus clairs en disant de la lettre de M. Pelisson où il est parlé de ces charitez, *qu'elle fait voir l'abomination des conversions, & des moyens dont on se sert pour convertir le monde en France.* Et il soûtient de l'autre par une horrible calomnie, qu'il y a parmy les Catholiques de France un grand party composé de Deïstes, de Sociniens, & de Sacramentaires, qui demeurent exterieurement unis à l'Eglise, sans croire rien ou presque rien de ce qu'elle croit, & *ce qui est plus terrible*, ajoûte-t-il pour pousser l'imposture jusques à la derniere extremité, *est que ces sentimens impies sont la Theologie de quelques Societez graves, sages, & qui font une grande parade de la pureté de leurs mœurs, & de leur attachement pour la foy Catholique.*

On voit assez quel est le decry qu'il a crû faire par là de la Religion Catholique sur l'un & l'autre de ces deux points: & ce qu'en dit son Traducteur nous monstre bien que les Protestans en triomphent, & qu'ils sont pleinement persuadez qu'il y a parfaitement reüssy.

Il n'est donc pas moins de leur interest que de l'honneur des Catholiques de les tirer de cette erreur. Mais pour le faire avec plus de netteté & moins d'embarras, & ne les pas accabler par un si gros livre, je reserveray pour un autre Volume ces dernieres calomnies, &

A 7 je ne

Ch. 2. je ne traiteray icy que le point de la fidelité que l'on doit aux Rois, où j'ay esté plus long que je ne pensois d'abord, parce que la maniere audacieuse dont cet Auteur parle *de la pretenduë conjuration d'Angleterre decouverte depuis deux ans*, m'a donné tant d'indignation, que je n'ay pû m'empécher, de m'estendre un peu sur ce sujet, en faisant voir par les preuves du monde les plus convainquantes, qu'il n'y eut jamais rien de plus fou & de plus mal concerté, que cette noire Fourberie, qui a déja fait perir tant de personnes innocentes.

Chapitre II.

Calomnie capitale contre les Catholiques : Que les Souverains ne se peuvent assurer de leur fidelité, & qu'il n'y a que de celle des Pretendus Reformez dont ils puissent avoir une parfaite assurance.

Quelque horrible que soit cette calomnie contre les Catholiques, je n'ay pas esté surpris de la voir dans ce livre. Car j'ay remarqué qu'il y a de certains esprits parmy les Religionnaires qui disent toûjours les mêmes choses pour rendre odieuse la Religion Catholique, quoiqu'on les ait cent fois refutées. On verra dans la suite que c'est le caractere de cet Ecrivain, & ainsi il n'y a pas lieu de s'estonner de le voir renouveller leur ancienne declamation contre la fidelité des Catholiques envers

vers les Rois. Mais voions comment il s'y prend. C'est en la P. 133.

Les Princes Huguenots, dit-il, *ne peuvent avoir la même tolerance pour les Catholiques dans leurs Etats, que les Princes Catholiques peuvent avoir pour les Huguenots; parce que les Princes Protestans ne peuvent estre assurez de la fidelité de leurs sujets Catholiques, acause qu'ils ont fait serment de fidelité à un autre Prince qu'ils considerent comme plus grand que tous les Rois, qui oblige les peuples à croire qu'un Souverain tombé dans l'heresie est déchu de tous les droits de Souveraineté, qu'on ne luy doit aucune obeïssance, qu'on peut impunément se revolter contre luy, qu'on luy peut courir sus comme à un ennemi du nom Chrestien, jusqu'à l'assassiner.*

Quelle effronterie de supposer que tous les Catholiques fassent serment de fidelité au Pape? Où est-ce serment? En quels termes est-il conçu? Quand le font-ils; & d'où vient que les Parlemens de France qui sont si jaloux de l'autorité du Roy, ne se sont jamais mis en peine d'empêcher qu'on ne fist ce serment si prejudiciable à la Roiauté.

Quelle fausseté d'assurer avec la même confiance que le Pape oblige tous les Catholiques de croire qu'ils se peuvent revolter contre leurs Princes quand ils sont heretiques? *C'est*, dit-il, *ce qui a esté enseigné par un grand nombre de Jesuites.* Que tant de Jesuites que l'on voudra l'aient enseigné. Cet Auteur reconnoist
luy

luy même P. 82. *Qu'ils ont passé sur cette matiere de la puissance du Pape au regard des Roys à des excés que les autres Catholiques n'approuvent pas.* Pourquoy veut-il donc icy que leur Doctrine fasse la foy de tous les Catholiques? Les Papes le pretendent-ils, eux qui viennent de condamner tant de maximes de leur Morale ? Mais comment nous monstrera-t-il, que les Papes obligent les Catholiques de croire autre chose que ce qui est porté par la profession de foy de Pie IV ? Est-ce qu'il nous soutiendra que cela y est ? Il le pourroit faire avec la même impudence qui a fait dire l'année passée au Gazetier de Hollande en ces propres termes : *Il est probable que les mécontens de Hongrie s'accommoderoient pourveu qu'on voulust leur donner des seuretés suffisantes qu'on ne les troubleroit plus dans l'exercice de leur Religion, ou qu'on fist rayer du Concile de Trente l'article qu'on y a couché portant* QU'ON PEUT MANQUER DE FOY A CEUX QU'ON APPELLE HERETIQUES. Mais ce que nostre Auteur ajoûte, que le Pape oblige tous les Catholiques de croire *qu'il est permis d'assassiner les Rois heretiques*, est le comble de l'impudence, comme je me reserve à le faire voir plus bas.

Cet Auteur passe de la diffamation des Catholiques aux éloges des Pretendus Reformez. Car si on l'en croit, autant que les premiers sont des infidelles à qui les Rois ne se peu-

peuvent jamais fier, autant les derniers sont de parfaits fidelles dont ils n'ont jamais sujet de se defier. Ce sont les modelles des bons sujets. Il n'y en eut jamais au monde de si admirables ; leur fidelité est à toute épreuve ; & un Prince qui en a un grand nombre dans ses Etats peut dormir en assurance, n'aiant jamais à craindre de leur part, quoiqu'on leur fasse, ny de guerres ny de revoltes. C'est l'idée qu'il nous en donne, lorsqu'il dit en la P. 126. *Qu'ils ont une fidelité à toute épreuve.* & en la P. 223. parlant des Huguenots. *Ne faut-il pas confesser qu'il est de l'interest du Roy de conserver le seul parti qui luy fait serment de fidelité* SANS EXCEPTION & SANS RESERVE: Et en la P. 204. *Le Roy a bien plus d'interest à conserver ses sujets Huguenots que tous les autres, puisque c'est le* SEUL *parti* DE LA FIDELITE *duquel il puisse estre parfaitement assuré.*

Il est vray que s'ils estoient tels qu'ils se vantent d'estre, c'estadire les veritables reformateurs de la Religion Chrestienne, ce seroit la pensée que l'on devroit avoir d'eux. Car si leur reformation avoit esté l'ouvrage du S. Esprit, il est sans doute qu'elle auroit du apporter un grand changement dans les mœurs des Chrestiens, & comme ils se vantent d'avoir nettoié l'Eglise des ordures de tous les siecles, & l'avoir remise par l'addresse des Ecritures au même point où elle estoit au commencement, ne devroit-on pas s'attendre
qu'on

Ch. 2. qu'on trouveroit auſſi parmy eux ce que les premiers Chreſtiens ont obſervé ſi religieuſement comme un des premiers devoirs du Chriſtianiſme, de ſe laiſſer pluſtoſt égorger que de ſe ſoulever jamais contre leurs Princes, en defendant par la voie des armes leur religion & leur vie, quoi-qu'ils fuſſent aſſez forts pour cela s'ils l'euſſent voulu, comme le remarque Tertullien.

Mais quelques hardis qu'ils ſoient, leur impudence ne peut pas aller juſques à faire ce portrait d'eux mêmes : Ils ſçavent bien qu'il ſeroit trop diſſemblable à l'Original. Car il faudroit qu'ils euſſent bruſlé toutes les hiſtoires, & ce ne ſeroit pas même aſſez, tant la memoire de leurs actions eſt encore recente, pour pouvoir empêcher que tout le monde ne ſçuſt qu'auſſitoſt qu'ils ſe ſont trouvez aſſez forts pour reſiſter aux Puiſſances ordonnées de Dieu, ils ont rempli l'Europe de guerres ſanglantes contre leurs Princes legitimes, ils ont changé le gouvernement des Etats ſans conſiderer que l'avantage de leur parti ; ils ont emploié le fer & le feu pour établir leur nouvel Evangile : & que pour la France en particulier, ils ont deſolé le *Roiaume trente ans durant, fait donner ſept ou huit batailles & une infinité de combats, mourir par la guerre ou par les maſſacres un million de braves hommes, détruit deux ou trois cent villes, & reduit à l'hoſpital les plus riches & les plus nobles maiſons de la France.* Ce ſont les propres termes du

plus

plus estimé & du plus fidelle de nos nouveaux historiens. Et Beze le reconnoist assez, & en tire même un sujet de gloire en se vantant dans l'Epitre dedicatoire de sa traduction du Nouveau Testament à la Reyne Elisabeth; Que ç'avoit esté dans le champ de la bataille de Dreux parmy le carnage de plusieurs milliers de Chrestiens qu'on avoit jetté les fondemens de sa pretenduë reformation.

Ils se sont declarez hautement sur cela depuis quelque temps, principalement en Angleterre. Les Presbyteriens ou Puritains de ces pays-là, qui sont les Pretendus Reformez de France, dont la fidelité, si on en croit cet Auteur, ne peut estre suspecte aux Rois, ne se cachent point sur le droit qu'ils donnent à ceux qui ont un grand zele pour leur Evangile reformé, quand ils ne seroient que du simple peuple, de l'établir par les soulevemens & par les meurtres, lorsque les Princes & ceux qui gouvernent les Etats s'opposent à son progrez. C'est ce que nous voions dans une lettre imprimée d'un Puritain fort zelé contre Joseph Hall celebre Evêque d'Angleterre, touchant l'Episcopat de l'Eglise Anglicane. *De Episcopatu Anglicano.* Il compare la pretenduë reformation faite en Angleterre avec celle de l'Ecosse. Et il dit que cette derniere a esté beaucoup plus pure, parce que les Ecossois se sont opposez d'abord à la puissance des Evêques, & les ont reduits à n'en avoir que le nom. D'où il arriva que le Roy Jacques aiant voulu remettre l'Episco-

Ch. 2. piscopat en Ecosse comme il estoit en Angleterre ; cela n'a pû durer long-temps, mais il leur a esté facile de secoüer ce joug, *Comme il vient*, dit-il, *d'arriver*. Car le premier établissement de la reformation dans l'Ecosse s'estant fait avec sang, avec meurtres, & avec soulevement, cela leur donnoit courage de s'exposer à de nouveaux perils aux despens même de leur vie & de leur estat, c'est adire quand ils y auroient du perdre la vie, & que tout leur état en eust du estre renversé, pourvû que la religion reformée pust passer à leur posterité sans alteration. *Nec parum addidit animo Scotis instauratio priùs facta* CUM COEDE, SANGUINE, ET TUMULTU *ad se novis periculis objiciendos, vel* REIPUBLICÆ ET VITARUM *dispendio, modo Religio repurgata & illibata ad posteros transmitteretur.* Mais il se fait sur cela une objection en faveur de l'Angleterre. **p. 7.** *Comment*, dit-il, *la Reformation qui s'est faite en Ecosse a-t-elle esté plus pure que celle d'Angleterre, ne s'estant pû faire sans soulevement & sans meurtres, ou plûtost ne s'estant faite que par les meurtres & par les soulevemens. N'est-ce pas une plus sainste maniere de rêtablir la Religion, de le faire sans y emploier le sang & les meurtres. La réponse*, dit-il, *est facile. La Reformation ne s'est pû faire en Ecosse sans meurtres & sans répandre beaucoup de sang, parceque ce n'a esté ny le Roy ny les Evêques qui avoient toute l'autorité dans le Roiaume, mais le simple peuple qui a*

d'ad'abord mis la main à la reformation, & qui n'a pas tant fait violence qu'il a repoussé celle qu'on luy vouloit faire, ce qui n'a pû manquer de causer des meurtres, ceux qui gouvernoient l'Estat & l'Eglise s'opposant au progrés de l'Evangile. Et doit-on estre surpris de voir arriver ce que Nostre Seigneur a predit qui arriveroit aux derniers temps; que la predication de l'Evangile produiroit des guerres, & bouleverseroit la terre & le Ciel. Le chemin qui meine à la pieté & à la Saine Doctrine est roide & difficile, & rempli d'espines, & on ne peut applanir la voie de J. C. qu'en rompant tous les obstacles. C'est adire, en se revoltant contre les Rois, & les forçant par la voie des armes à ne point s'opposer à l'introduction du Nouveau Christianisme. (a)

Pag. 9. (a) *Non mirum si prima instauratio Religionis in Scotiâ non potuit sine cæde & sanguine fieri, in Angliâ non item; quod in Scotiâ non Rex nec Episcopi penes quos summa rerum erat, sed plebs prima manum reformationi admovit, nec tam intulit quam propulsavit injuriam, quod sine cæde fieri non potuit, reipublicæ & Ecclesiæ gubernatoribus contra nitentibus propagationi Euangelii. Tum quid mirum, si quod Dominus noster temporibus ultimis futurum prædixit, Euangelii prædicatio pariat pugnas, & cœlum terra misceat; quod quidem accidit, non ex Euangelii naturâ, sed ex eventu & ob Satanam furentem & in omnes occasiones intentum, ut veritatem nascentem suffocet: nam simul ac Euangelii doctrina proertur, improborum impietas, quæ prius sopita jacebat, irritatur & acuitur: facilis est descensus ad impietatem, & hæresim: at ascensus ad pietatem & sanam doctrinam est acclivis & salebrosus, spinisque horret, nec nisi perrumpendo obstacula potest via Christi calcari.*

Rien

Ch. 2. Rien ne peut estre plus clair ny plus horrible en même temps. C'est une grande marque que leur Evangile est nouveau, puis qu'ils prennent une nouvelle voie de l'introduire dans le monde, & toute opposée à celle par laquelle les Apostres y ont introduit le premier. Les Predicateurs de celui-là l'ont étably en mourant, & les Predicateurs de celui-cy trouvent bon qu'on l'établisse en tuant. Les uns n'ont point laissé aux peuples qu'ils en instruisoient d'autres armes pour se defendre contre les Princes qui les vouloient empêcher de l'embrasser, que la patience & le martyre. Ceux-cy ont jugé plus apropos de leur mettre les armes à la main, afin de pouvoir avancer le progrés de leur Evangile *par le sang & par les meurtres.* Les uns ont presché la fidelité que l'on doit aux Souverains sans exception & sans reserve, pour ce qui est de ne se jamais revolter contre-eux, & ils ne leur ont jamais permis de leur faire la guerre pour arrêter la barbarie des supplices qu'on leur faisoit souffrir. Ceux-cy sont dans un sentiment bien opposé & quand même il ne s'agit pas de defendre sa vie, mais seulement de soûtenir un point de discipline dont on s'est entesté, ou de ne pas recevoir une ceremonie qu'on n'approuve pas, ils trouvent bon que le Peuple s'arme contre son Roy, & qu'il defende par l'effusion du sang & par le carnage, ce qu'ils disent avoir esté étably par cette voie sanguinaire. Les uns ont crû que Jesus Christ n'avoit
point

point donné d'autre Conseil à ses disciples dans les persecutions qu'on leur faisoit, que de fuir d'une ville à une autre, ou de se laisser égorger comme des brebis innocentes; & que lors qu'il a parlé des divisions & des troubles qui arrivoient à l'occasion de l'Evangile, il ne l'a entendu que de ce que souffriroient les Chrétiens & non pas de ce qu'ils feroient. Ceuxcy ont trouvé que cela estoit bon pour les premiers temps; mais que dans les derniers J. C. avoit predit (ils ne disent point où) que la predication de l'Evangile produiroit des guerres, c'estadire, si on les en croit, que les peuples qui seroient zelez pour le progrés de de cette predication, forceroient leurs Rois l'épée à la main à ne s'y point opposer. Enfin les uns ont toujours pensé que ce qui rendoit la voie de J. C. penible & dure, estoient les violences qu'il se falloit faire en combattant contre sa chair avec les armes spirituelles. Mais ceux-cy y mettent la plus grande difficulté en ce qu'on a besoin d'armes materielles & de bonnes épées pour arracher ou pour couper les épines qui s'y rencontrent, qui sont les oppositions que les Princes font aux nouveaux Apostres. Car ce sont là à ce qu'ils croient les plus grands obstacles qu'on est obligé de rompre pour marcher dans cette nouvelle voie, ce qui ne se *peut faire sans sang & sans meurtres*, comme ce Puritain le repete tant de fois de peur qu'on n'en pretende cause d'ignorance.

Je

CH. 2. Je monstreray en un autre lieu ce qu'on doit conclure de cette doctrine de rebellion. Je me contente icy de poser le fait, que *nostre faiseur d'Entretiens* s'est bien gardé de nier expressement. Ils n'a pas osé nous representer ces Pretendus Reformez comme estant assez détachez des choses du monde, & assez attachez à leur devoir pour estre semblables à ces premiers Chrestiens qui se croient obligez par principe de religion, de ne jamais faire la guerre à leurs Princes quelques mauvais traitemens qu'ils en reçussent. Il a beau vanter leur pretenduë fidelité: il n'ignore pas qu'elle ne va pas jusques là, & bien loin qu'elle soit *sans exception & sans reserve* (comme il assure étourdiment sans prendre garde à ce qu'il dit) tout le monde sçait, qu'ils avoient toujours cette modification en la bouche dés le commencement de leur secte: *Pourveu que le Roy ne nous force point en nos consciences*, & qu'ils l'ont même inferée dans leur confession de foy en ces termes: *Moiennant que l'Empire souverain de Dieu demeure en son entier.* C'est pourquoy aussi cet Auteur croit les avoir suffisamment justifiez en disant, qu'ils n'ont fait à leurs Rois tant & de si sanglantes guerres, que parce qu'on les vouloit opprimer. *D'où sont venuës*, dit le Jurisconsulte Huguenot qu'il fait parler en la p. 237, *nos guerres de Religion en France? Ne naissoient-elles pas de la violence que le parti Catholique vouloit faire au parti Protestant. Si*

l'on

l'on eust voulu se tolerer mutuellement, & si Ch. 2. LES PRINCES *qui gouvernoient l'Etat n'avoient pas conjuré de perdre les Reformez par le fer & par le feu, tout l'Etat auroit esté dans une parfaitte tranquillité.* Cependant il avoüe au même lieu: *Qu'il y a des occasions dans lesquelles un Prince peut employer la rigueur des édits pour empécher la diversité des religions, & que c'est dans la naissance des schismes.* Or c'est dans cette occasion-là, sçavoir dans la naissance du Calvinisme, que les Rois ont employé contre eux la rigueur des edits. Ils ont donc eu doublement tort de leur faire la guerre; & parce qu'il n'est point permis à des sujets de maintenir leur religion contre leurs Princes par la voie des armes; & parce que nos Rois ne faisoient alors que ce qu'ils devoient, par l'aveu de ce Jurisconsulte Huguenot.

Mais laissons là cette circonstance: il est clair que cet Auteur fait connoistre par ce discours, qu'on ne doit pas s'attendre qu'ils laissassent l'Etat dans la tranquillité dont il joüit maintenant, si on ne les toleroit pas. Et il s'en explique plus clairement en un autre endroit. *En un mot,* dit-il, *il n'y aura jamais* P. 122. *de trouble dans l'Etat par la diversité des religions, pendant que l'on voudra bien proteger & tolerer les Protestans.* Et en la p. 14. *Car quelque foible,* dit-il, *que soit un parti, quand on le pousse à bout il est capable de faire quelque coup de desespoir, & on n'a pas*

B remar-

remarqué que cette conduite ait reüssi par le passé.

Voilà donc à quoy aboutit leur fidelité, *à ne point causer de troubles dans l'Etat tant qu'on les protegera:* & à menacer *d'un coup de desespoir si on les pousse*, c'estadire si on les traite d'une maniere qu'ils puissent prendre pour *oppression*, & pour une destruction de leur Religion reformée. Or il paroist par ces Entretiens curieux, qu'ils prennent pour un dessein formé de les opprimer & de *detruire* leur Religion, tout ce que le Roy fait en faveur des Catholiques en les preferant aux Pretendus Reformez dans le maniement de ses propres affaires, & dans le choix des officiers des trouppes de sa maison, & en ne souffrant point qu'ils aient de temples au de là de ceux qu'ils peuvent avoir par les édits. Je ne tire pas la consequence, & je veux même croire qu'ils n'ont pas presentement ces pensées. Mais comme cet Auteur en tire d'infiniment plus éloignées, & de principes toutafait faux, pour rendre au Roy la fidelité des Catholiques suspecte, il est bon de leur faire sentir, que celle-là seroit beaucoup plus naturelle & mieux fondée que les siennes, comme nous le monstrerons ailleurs plus au long.

CHA-

CHAPITRE III.

Que les plus méchans livres contre la Souveraineté des Rois & les plus capables de faire revolter leurs sujets contre eux ont esté faits par des pretendus Reformez, & refutez par des Catholiques.

IL faut que cet Auteur ait bien peu de jugement pour pretendre que tous les Princes doivent avoir pour suspecte la fidelité des Catholiques, parce qu'il y a des Jesuites qui ont écrit des choses qui sont prejudiciables à leur souveraineté, & de vouloir en même temps, que ces mêmes Princes soient parfaitement assurez de la fidelité des Protestans, quoique les plus méchans livres qui aient jamais esté écrits sur cette matiere, les plus contraires à la souveraine Majesté des Rois, & les plus capables de porter leurs sujets à se revolter contre-eux aient esté faits par de Pretendus Reformez, sans qu'ils aient esté condamnez par aucun de leurs Synodes, & que ç'ait esté des Catholiques qui en ont decouvert le venin, qui en ont refuté les faux principes, & qui ont vangé la parole de Dieu de l'abus qu'en faisoient ces Ecrivains seditieux pour y faire trouver leurs abominables maximes, ou pour empêcher qu'on n'y vist tout le contraire.

Pense-t'il qu'on a oublié ce qu'en a écrit Buchanan l'un des plus habiles & des plus zelez de leur de leur party pour justifier les revoltes des sujets contre leurs Princes? Comme ils reconnoissent eux mêmes, ainsi que nous venons de voir dans le chapitre precedent, que ç'a esté par cette voie, & en armant les Peuples contre les Rois & les Evêques, que le Calvinisme s'est étably en Ecosse, cet Auteur suivant l'esprit de sa nouvelle Religion entreprit par un livre exprés de sanctifier ces seditions populaires, en prouvant par l'Ecriture prise à contre sens, comme quand le Diable l'allegua en tentant Nostre Seigneur, qu'il n'y avoit rien en cela que de legitime & de Saint.

C'est ce qu'il fit par un livre intitulé *Dialogus de jure regni apud Scotos*, Dialogue du Droit des Rois dans l'Ecosse imprimé à Edeimbourg. Mais ces mots *apud Scotos* n'estoient qu'une illusion pour ne mettre pas d'abord tous les Rois contre luy. Car il y traite la matiere generalement, & les principes qu'il établit ne regardent pas plus les Rois d'Ecosse que tous les autres Rois du monde. Ils sont si horribles que si les peuples en estoient une fois infatuez, ils se croiroient tous superieurs à leurs Rois qu'ils ne regarderoient plus que comme leur officier, qui ne pourroit gouverner qu'à leur phantaisie, & qui devroit quand il leur plairoit leur rendre compte de ses actions.

Je n'ay vû de ce livre que ce qu'en rapporte Guillaume Barclay qui l'a tres solidement refuté, dans les deux premiers de ses livres

livres contre les ennemis de la Monarchie. Cn. 51.
Mais il paroist dans ce sçavant & pieux Jurisconsulte tant de sincerité & de bonne foy d'une
part, & de l'autre tant de lumiere & d'intelligence, que je me tiens tres asseuré qu'il n'impose point à ses adversaires.

L'un des premiers Paradoxes de ce Calviniste ennemy de la Monarchie, est que les
Rois n'ont point de pouvoir de faire des loix,
& que ce droit n'appartient qu'au peuple ; d'où
il conclut *que le Roy est sujet à la loy, mais que
le peuple est au dessus des loix.* Il ne pouvoit pas
pousser plus loin sa fureur contre la souveraine
Majesté des Rois, ny donner plus d'occasion aux peuples de se soulever contre leurs
princes.

Ce qui a passé jusques icy pour tres certain
tant parmy les sages du paganisme, que parmy
les Chrestiens, est que les Rois ne sont point
soûmis aux loix, c'estadire que n'aiant point
de superieurs sur la terre, il n'y a que Dieu
qui les puisse punir au regard des choses mêmes où ils n'auroient pû sans péché violer les
loix ; à quoy les Peres rapportent ce que dit
David, *Je n'ay peché que contre vous. Tibi soli* S. Am-
peccavi. C'est qu'il estoit Roy, disent-ils, & bros.
qu'en cette qualité il n'estoit point sujet aux
loix, parce que les Rois sont libres des liens
des crimes : n'y aiant point de loix qui donnent droit de les en punir, & la souveraineté
de l'Empire les mettant à couvert de ce costé-
là. *Liberi sunt Reges à vinculis delictorum;*

B 3 *neque*

neque enim ullis ad pœnam vocantur legibus, tuti imperii poteſtate. Mais ce fondement inébranſlable de toutes les veritables Monarchies eſt ce que ces Auteurs ont le plus entrepris de détruire. Buchanan fait un grand diſcours pour monſtrer que les Rois ſont ſoûmis aux loix auſſibien que le moindre du peuple. Et comme s'il avoit remporté la victoire ſur ſon ennemy, il fait dire à celuy qui avoit paru d'abord le luy conteſter. *Agnoſco ſententiam, & veris vincor. Je me rends à voſtre avis, & je ne puis plus reſiſter à la verité. Mais puiſque le Roy ne peut eſtre au deſſus des loix, qui ſera donc le legiſlateur, & qui luy donnerons nous pour pedagogue.* A quoy l'autre répond : *Je ne luy donne point de maiſtre. Mais je pretends que le peuple qui luy a donné l'Empire ſur ſoy a droit de luy preſcrire de quelle maniere il doit gouverner.* Mais parce que ne voulant pas que ce ſoit le Roy qui faſſe les loix, il a bien vû combien il ſeroit difficile d'aſſembler pour cela tout le peuple : *Il pretend que les loix ſe doivent dreſſer dans les Etats, mais que quand on en a fait le projet, on le doit ſoûmettre au jugement du peuple :* Comme l'on faiſoit à Rome pendant la Republique, lorſque par le conſentement de tout le monde le gouvernement en eſtoit democratique. Par où l'on voit que le but de ces Calviniſtes eſt de renverſer toutes les Monarchies, ou en gardant ſeulement le nom de Roy, les reduire en de veritables Democraties.

Un

Un autre des paradoxes de Buchanan est de CH. 3.
pretendre qu'il n'y a point de *Rois legitimes que
ceux qui sont soûmis aux loix.* C'est ce qui luy
fait dire que dans les premiers temps les Rois
faisoient ce qu'il leur plaisoit, mais que parmy les nations plus policées ils devinrent de
legitimes Rois, c'estadire, *qu'ils furent soûmis* P. 248.
aux loix & obligez de les garder. D'où il conclut *qu'on ne trouve point par les histoires qu'il
y ait eu aucun Roy legitime en Asie :* Parce
qu'il ne peut pas nier que les Rois de l'Asie
n'eussent une Souveraine autorité sur leurs sujets, & qu'ils n'estoient jamais obligez de leur
rendre compte de leur conduite : Ce qu'il
voudroit faire croire qui ne peut estre, sans
qu'on soit tyran & non pas *Roy legitime.*

Il se trouve embarassé de ce que Samuel appelle *le droit du Roy* dans le premier livre des
Rois ch. 8. où il avertit le peuple d'Israël qui
luy en demandoit un, que le Roy qu'on établiroit sur eux les gouverneroit d'une maniere
dure & violente & qu'ils ne pourroient que
s'en plaindre à Dieu, qui ne les écouteroit
pas : ce qui n'empescha pas les Israëlites de
dire, qu'ils desiroient avoir un Roy comme
les autres nations qui les gouvernast & qui les
menast à la guerre. Mais au lieu d'avoüer que
cela détruit toutes ses fausses maximes. il a la
hardiesse de dire que c'est un Tyran & non pas
un Roy que Samuel a decrit dont il n'a point
d'autre preuve, que ce que Moyse dit du devoir du Roy dans le livre du Deuteronome qui

B. 4 n'a

Ch. 3. n'a point de rapport à ce que dit Samuel: Or l'illusion de cette réponse paroist en ce qu'il ne s'agit pas de sçavoir si un Roy peut faire ce que marque Samuel sans commettre d'injustice, mais si la roiauté luy donne droit de le faire sans pouvoir en estre puny, & sans que ses sujets aient droit pour cela de se revolter contre luy. C'est ce que Grotius explique en peu de mots dans son excellent livre, *de Jure belli & pacis lib. 1. c. 4. n. 3.* Ce qui est dit „ du droit du Roy dans le livre de Samuel, si on „ y prend bien garde, ne doit pas estre pris, ny „ pour un veritable droit, c'estadire pour ce qui „ donne pouvoir de faire une chose honneste- „ ment & justement, ny pour un pur fait, ce „ qui ne marqueroit rien qui fust particulier aux „ Rois, ceux qui ne le sont pas se faisant souvent „ les uns aux autres de semblables violences: „ mais on doit entendre par là un fait qui a quel- „ que chose du droit, en ce qu'il n'est pas per- „ mis de resister. C'est pourquoy aussi le Pro- „ phete ajoûte que le peuple accablé par ces trai- „ temens violens implorera le secours de Dieu, „ parce qu'il n'y auroit point de remede humain „ qui le pust tirer de cet état de souffrance. *Quod apud Samuelem est de jure regis, omnino recte inspicienti apparet, nec de jure vero intelligendum, id est de facultate honeste & juste aliquid agendi: neque nudum factum indicari: Nihil enim esset in eo eximium, cum injurias facere etiam privati privatis soleant: sed factum quod effectum aliquem juris habeat, id est non resi-*

resistendi obligationem. Ideo additur, populum pressum istis injuriis Dei opem imploraturum, quia scilicet humana remedia nulla exstarent. Sic ergo hoc jus vocatur, quomodo Prætor jus reddere dicitur etiam cum injuste decernit.

C'est ce que Guillaume Barclay avoit remarqué avant luy, & qu'il explique un peu plus au long dans le livre 2. contre Buchanan p. 267. « Nous ne disons pas que ce que Samuel a proposé aux Israëlites comme le droit du Roy, fust tel que le Roy en pust user sans faire d'injustice au Peuple & sans offencer Dieu, mais nous disons seulement que Samuel a predit aux Israëlites, que leurs Rois par une puissance tyrannique feroient souvent de ces violences sans qu'ils en pussent estre punis par le peuple. Et si on ne le prenoit ainsi; ce ne seroit pas plutost le droit du Roy que celuy de beaucoup de particuliers. Car il ne faut estre que violent & puissant pour se pouvoir emparer du bien d'autruy, de ses champs, de ses vignes, & de ses oliviers, & même luy ravir par force ses enfans & ses serviteurs: desorte que si on ne regardoit que la chose en soy, & non le droit d'impunité qui est particulier aux Rois, cela se pourroit aussi bien appeller le droit de tout homme riche & puissant que le droit du Roy. Mais parce que tous ceux qui n'estant point souverains commettent ces violences, peuvent estre appellez en jugement, & soumis aux peines marquées

B 5

Ch. 3. par les loix, ce que l'on ne peut pas faire au
„ regard des souverains parce qu'ils ne sont point
„ soumis aux loix humaines, ensorte qu'on les
„ puisse contraindre de les observer, quoiqu'ils
„ puissent estre obligez devant Dieu de s'y con-
„ former, c'est ce qui fait que cette condui-
„ te violente est appellée le droit du Roy, parce
„ qu'à leur égard elle est aussi impunie que si elle
„ estoit conforme aux loix.

Et ce que l'on oppose du Deuteronome
ch. 17. est tres facile à accorder avec ce que
„ dit Samuel. Ce sont choses differentes & non
„ pas contraires. Moyse instruit le Roy, & luy
„ enseigne ce qu'il doit faire pour bien regner,
„ & pour se mettre en estat de rendre compte
„ à Dieu du pouvoir qu'il luy a donné. Samuel
„ suppose cela comme indubitable, mais il
„ avertit le peuple de ce que le Roy pourra faire
„ par le droit de souveraineté, quoiqu'il ne le
„ puisse faire justement. L'un marque le devoir
„ du Roy : l'autre le pouvoir. L'un nous ap-
„ prend de quelle maniere les bons Princes se
„ doivent conduire : L'autre ce que les peuples
„ sont obligez de souffrir quand ils se trouvent
„ opprimez par de méchans princes. L'un fait
„ sentir aux Rois que s'ils abusent de leur pou-
„ voir ce sera Dieu par lequel ils regnent qui
„ les jugera, & qui vangera leurs sujets des vio-
„ lences qu'ils auront commises contre eux :
„ L'autre fait sçavoir aux sujets que quoique
„ les Rois soient injustes, il ne leur est pas per-
„ mis de se soulever contre eux, ny de les

sou-

soumettre aux peines établies par les loix contre les particuliers. Enfin l'un s'addresse aux « Rois & les avertit de leurs obligations, & l'au- « tre s'addresse au peuple, & luy represente a- « vec quelle patience il doit souffrir le joug « de la royauté, lors même qu'elle degenere « en une conduite tyrannique. Cependant rien « de tout cela ne fut capable de faire changer aux Israëlites le desir qu'ils avoient d'avoir un Roy. Ils accepterent toutes les conditions qu'on leur proposoit, & ils declarerent qu'ils estoient prets de les recevoir avec toutes les suites fâcheuses qu'on leur avoit fait prevoir. Car aprés tout ce que leur put dire Samuel de ce droit du Roy qui contenoit tant de choses dures, ils répondirent tous. *Nous aurons un Roy au dessus de nous, & nous serons comme les autres nations, & nostre Roy nous jugera.* Or on ne peut pas douter qu'on ne vist alors l'accomplissement de ce que Moyse avoit predit dans le Denteronome ch. 17. que le Peuple d'Israël diroit un jour. *Constituam super me regem sicut habent omnes per circuitum nationes*: puisque ce sont les mêmes paroles qu'ils dirent à Samuel en luy demandant un Roy: *Constitue nobis Regem ut judicet nos, sicut & cœtera habent nationes.* Et ce fut sur cela que Dieu dit à Samuel. *Faites ce qu'ils vous demandent: mais representez leur le droit du Roy qui doit regner sur eux.* On ne peut donc nier, que ce qu'il leur a representé de la part de Dieu n'ait esté le droit d'un vray Roy en la maniere qu'il a esté expliqué, & non seulement la prediction des violences d'un Tyran, puisque ce que dit Moyse dans le Deuteronome & ce que dit Samuel dans le 1. livre des Roys, se rapporte au même établissement de l'autorité d'un Roy que Moyse avoit predit que les Juifs demanderoient, & qu'ils demanderent en effet au temps de Samuel.

Un autre Calviniste qui n'a pas poussé moins loin que Buchanan ces pernicieuses maximes contre la souveraineté des Rois est celuy qui s'est caché sous les noms de *Stephanus Junius Brutus*, & qui a donné à son livre qu'il faint avoir esté imprimé à Edimbourg l'an 1579. ce titre seditieux. *Vindiciæ contra Tyrannos sive de Principis in populum populique in Principem legitima potestate. Defense contre les Tyrans, ou, de la puissance legitime que le Prince a sur le Peuple, & que le peuple a sur le Prince*: comme si le peuple pouvoit avoir aucune puissance legitime sur son souverain Seigneur.

Ses faux principes sont les mêmes que ceux de Buchanan. (a) *Que chaqu'un du Peuple est inferieur au Roy, mais que tout le peuple ensemble luy est superieur.*

Mais parce que s'il falloit que les revoltes fussent autorisées par tout le peuple cela donneroit peu de facilité aux factieux de se revolter;

_____
(a) *Brutus p. 85. Cum reges à populo constituantur omnino sequi videtur populum universum rege potiorem esse*, voyez aussi p. 86. 88. 89. & en beaucoup d'autres lieux.

ter ; ces ennemis de la monarchie ajoûtent un autre principe à ce premier. (*a*) *Qui est que par tout le peuple on doit entendre ceux qu'ils pretendent avoir reçu l'autorité du peuple pour gouverner le Royaume, & qui representent le peuple: tels que sont*, disent-ils, *les magistrats inferieurs aux Rois* (qu'ils soûtiennent faussement avoir esté établis par le Peuple pour borner la puissance des Rois) (*b*) *C'est ce que sont*, ajoûte Brutus, *dans les royaumes bien établis les officiers de la couronne, les Princes, les senateurs, les Patrices, les grands, dont chacun separement est inferieur au Roy, mais qui tous ensemble luy sont superieurs.* Il repete la même chose en un autre endroit où il dit (*c*) *que dans les royaumes il y a deux sortes d'officiers: les uns l'estant de la personne du Roy, &* les

P. 46. (*a*) *Cum de universo populo loquimur intelligimus eos qui à populo autoritatem acceperunt ; Magistratus nempe inferiores, à populo delectos, aut alia ratione constitutos, quasi imperii consortes, & regum Ephoros qui universum cœtum repræsentant.*

P. 47. (*b*) *Ejus generis sunt in omni regno bene constitutæ Officiarii regni, principes, patres, patritii, Optimates, ... Illi vero ut singuli Rege inferiores sunt, ita universi superiores.*

P. 88. 89. (*c*) *Quod de universo populo dicimus, de iis etiam dictum volumus, qui populum universum in omni regno urbeve legitime repræsentant: qui quidem vulgo Regni, non Regis officiarii censentur. Regis officiarii pendent à Rege: hi à regno. Illi à supremo regni officiario qui est ipse rex: hi à supremo dominio populi, à quo ipse Rex, non secus ac illi, pendere debet. Sunt illi regis ministri, servi, domestici: hi contra regis in jure dicundo veluti Assessores, regii imperii consortes, adeo ut omnes quidem illi rempublicam administrare teneantur non secus ac Rex; is tamen inter eos quasi Præses, primum tantum locum teneat. Ut verò Populus universus Rege superior est; ita etiam hi, etsi singuli Rege inferiores sint, universi tamen superiores censendi sunt.*

Ch. 3. *les autres du royaume. Que les premiers dépendent du Roy & les autres du royaume. Les uns du premier officier du royaume qui est le Roy même: Les autres de la souveraine autorité du peuple de laquelle le Roy depend aussi bien qu'eux. Et enfin que les uns sont les valets du Roy, ses serviteurs, ses domestiques. . . . . Mais que les autres sont comme les assesseurs du Roy dans la justice qu'il doit rendre à ses sujets & les compagnons de sa dignité royale ; de sorte qu'ils ne sont pas moins obligez que le Roy de gouverner la republique, le Roy estant comme leur president & tenant seulement le premier rang entre eux.*

Voilà donc les Rois dependans non seulement du peuple, mais de tous les grands, & de tous les magistrats du royaume. Mais faut-il que tous ces grands & tous ces magistrats s'accordent afin que le peuple puisse se revolter contre le Roy ? Cela seroit encore trop difficile. Voicy donc un troisième principe, qui mettra les factieux plus au large. C'est, dit Brutus, que comme les grands representent le peuple, aussi la plus grande ou la principale partie des grands representant tous les grands, ils sont censez aussi representer tout le peuple. p. 50. *Ut refertur ad universos quod publice per majorem partem geritur : ita quod major pars principum seu optimatum fecerit, omnes, quod omnes, universus populus fecisse dicetur.*

Cependant si la plus grande ou la principale partie

partie des grands ne veut pas se revolter, faudra-t'il qu'une province ou une ville qui en aura envie demeure les bras croisez ? Ces Calvinistes Republiquains ne trouveroient pas cela juste. Ils ont donc eu encore besoin d'un 4. Principe. Qui est qu'en bien des rencontres il suffit que les Magistrats, ou un seul Magistrat d'une seule province ou d'une seule ville soient disposez à soûtenir par la voie des armes la cause de Dieu contre leur Roy, C'est un de ses titres p. 51. *An pars regni resistere possit*, & par resister il entend prendre les armes & se soulever, comme il paroist par l'exemple de la ville de Lobna qu'il dit s'estre revoltée contre Joram Roy de Juda acause de son idolatrie. Or par une partie du royaume, il entend non seulement une province, mais une seule ville comme cet exemple le fait assez voir.

Il n'y a donc que chaque particulier à qui il ne donne aucune superiorité sur le Roy : encore en excepte-t'il, comme nous verrons, des vocations extraordinaires que tous les fanatiques se pourront attribuer.

On voit assez quelles peuvent estre les consequences contre la sureté des Rois que peuvent produire de si terribles principes. Mais il ne les laisse pas à deviner. Il les produit avec une audace insupportable comme si c'estoient les veritez les plus certaines. Il considere les Rois qu'il a soumis aux peuples & aux magistrats de leurs royaumes, en deux états : L'un est quand ils violent la loy de Dieu & qu'ils per-

persecutent l'Eglise. Par où il a voulu principalement marquer ceux qui empêchoient que la pretenduë reformation ne s'établist dans leurs Etats. L'autre quand ils oppriment la republique ou qu'ils la ruinent, ce qui regarde le gouvernement temporel. C'est ce qui fait la 2. & la 3. des 4. questions que contient son livre.

Dans la 2. qui le touchoit plus au cœur il est bien plus liberal à accorder aux sujets la licence de se revolter. Car dans la 3. il veut afin que les revoltes soient legitimes que le Roy soit devenu Tyran, ce qu'il ne demande point dans la seconde. Il luy suffit qu'il ne veuille souffrir que la Religion Catholique dans son Etat, & qu'il empêche que la pretenduë reformée ne s'y établisse. Quand cela est il ne pretend pas seulement que tous ceux qui font quelque petite partie dans le Royaume, *Aliquantulam partem*, comme est une ville, ou le magistrat qui represente le peuple de la ville, peuvent prendre les armes contre leur Roy pour empêcher l'exercice de la Religion Catholique dans leur ville, & pour y établir la nouvelle reformation; mais qu'ils y sont obligez par l'alliance qu'ils ont faite avec Dieu, & que s'ils y manquent ils en seront grievement punis. C'est ce qu'il soûtient sans circuit & fort clairement en la p. 74. *Sciant itaque universi, aut qui ab iis constituti sunt, regni officiarii, eorumve plures aut singuli, ni Regem Legem Dei corrumpentem, restituive prohibentem, intra*

tra fines suos contineant ; ex fœdere cum Deo c n. 3. *inito graviter peccare. Cives Provincialesve, qui regni alicujus aliquantulam partem faciunt, ni impietatem à suis saltem finibus arceant, quam Rex intrudere velit, aut piam doctrinam quibuscunque modis, etiamsi ad tempus secedendum sit, retineant, consimiliter pœnæ obnoxios esse.*

Il ajoûte au regard de chaque particulier, qu'il ne peut pas de son autorité prendre les armes, mais avec une exception, *ni extra ordinem ad id munus vocatus evidenter appareat*; si ce c'est qu'il parust évidemment qu'il y seroit appellé par une vocation extraordinaire. Ce qui a rapport à ce qu'il avoit dit p. 67. *Ergo nemini privato licebit armis resistere?* Surquoy il avoit allegué les exemples de Moyse, d'Aod, & de Jehu, dont le premier tua un Egyptien, le second le Roy de Moab, & le troisième les Rois d'Israël & de Juda. Mais aprés avoir dit que cela s'estoit fait par une vocation extraordinaire, & qu'il faut prendre garde que pensant faire la guerre sous les enseignes de Jesus Christ ou ne suive quelque Judas de Galilée, ou quelque Barlosbas, comme il est arrivé n'agueres à ceux de la ville de Munster : il ajoûte, apparemment pour ne pas condamner les *Renaudies*, & les *Poltros* de sa Secte. (a) *Ce que j'en dis*

P. 69. (a) *Nec eo quidem id dico, quod idem ille Deus, qui nobis nostro hoc sæculo Pharaones & Achabos immittit, liberatores etiam aliquando aliquos extra ordinem non excitet. Certè ipsius neque justitia, neque misericordia quidquam ullo tempore*

CH. 3. dis n'est pas que le même Dieu qui nous a envoié dans ce siecle des *Pharaons* & des *Achabs* ne puisse aussi nous envoier des liberateurs par une vocation extraordinaire. Il n'a pas moins en ce temps cy ny de justice ny de misericorde. Et si nous ne trouvons pas des miracles exterieurs pour confirmer ces vocations, il suffit que nous en trouvions d'interieurs, dont on juge par les effets, sçavoir une ame franche de toute ambition; un zele veritable & fervent; de la conscience & de la science, afin que par erreur il ne sacrifie pas à des Dieux étrangers, ou qu'estant plein d'ambition il ne se regarde pas plutost que Dieu. On entend fort bien ce langage dans le livre d'un Calviniste. Car cela veut dire que si des Catholiques entreprenoient de telles choses, on auroit lieu de croire qu'estant idolatres ils sacrifieroient par erreur à des dieux étrangers, ou à eux mêmes par ambition: mais que cela n'est pas à presumer en de bons Reformez comme estoient la *Renaudie* & *Poltrot*, y aiant tout sujet de penser qu'ils avoient esté des liberateurs envoiez extraordinairement de Dieu pour delivrer ses vrays fidelles de la tyrannie des Pharaons & des Achabs.

Mais laissons là ces particuliers. Ce qu'il ne met pas en doute est que le Peuple ou ceux qui

pore decedit. At sane si minus exteriora illa signa adsunt, interiora saltem hæc agnoscamus ex effectibus oportet, mentem ab omni ambitione vacuam, verum & fervidum zelum, conscientiam denique & scientiam, ne aut errore ductus, alienis diis, aut furore ambitionis percitus, sibi magis, quam vero Deo serviat.

qui le représentent n'aient droit & obligation non seulement de se soulever contre le Roy qui persecute l'Eglise, mais même de le faire mourir. C'est ce qu'il fonde sur l'alliance qu'il dit que Dieu faisoit dans l'ancienne loy avec le Roy & le Peuple conjointement pour les obliger à conserver le vray culte de Dieu, d'où il conclut que comme le Roy devoit obliger le Peuple à demeurer dans la veritable Religion, le Peuple de son costé y devoit aussi obliger le Roy & le punir de mort s'il y manquoit. Il pretend l'avoir bien prouvé (a) par ces paroles de l'Alliance que fit Aza avec le Peuple 2 Paral. 15. 13. *Quiconque n'invoquera point le nom du Seigneur depuis le plus grand jusques au plus petit, il mourra de mort.* Par le mot du *plus grand* dit-il, *il entend le Roy, comme estant aussi bien que les autres soûmis à cette peine. Or qui auroit pû faire souffrir cette peine au Roy, c'estadire le faire mourir, sinon le Peuple à qui le Roy prestoit le serment comme le peuple le prestoit au Roy.* Rien n'est plus faux que tout cela. Car ces paroles : *Si quis non quæsierit Dominum Deum Israël moriatur à minimo usque ad maximum, à viro usque*

P. 39. (a) *Sic Aza Rex Juda Azaria Propheta hortatu universum populum in Jerusalem convocat fœdus coram Deo percutiendi causâ. Tum verò, sacrificiis ritè peractis, sancitur fœdus, his tanquam conceptis verbis : Quicunque non invocaverit Dominum Deum Israël, seu minimus, seu maximus, morte moriatur. Cum maximum dicit, ne Regem quidem ipsum huic pœnâ eximi vides. Quis verò hanc à Rege pœnam reposcere possit (de temporali enim hic agitur) nisi universus populus, cui ipse jurat, non secus ac populus ipsi ?*

Ch. 3. *usque ad mulierem*, sont du Roy Aza & non du Prophete: par où il est clair que c'est le Roy qui menace tous ses sujets du dernier supplice de quelque condition & de quelque sexe qu'ils pussent estre, s'ils abandonnoient le culte de Dieu pour adorer les Idoles. Or qui peut croire sans folie, qu'il ait donné par là pouvoir au peuple de le faire mourir luy même? Cela est extravagant, mais nous fait voir, que si les pretendus Reformez s'estoient trouvé les plus forts en France, & que le Roy n'eust pas voulu quitter ce qu'ils appellent idolatrie, ils auroient pû & dû selon cet Auteur, le traitter comme les Cromwellistes ont traité le Roy d'Angleterre.

Ce qu'il dit dans la 3. question n'est pas moins injurieux à la Souveraineté des Rois. C'est là principalement où il debite les faux principes dont nous avons déja parlé. Mais il les applique à ceux qu'il appelle Tyrans, & il n'y a que les bons Rois à qui il ne donne pas ce nom. Car s'estant fait cette question. *Qui sint Tyranni.* Il y répond en ces termes. (*) *Nous avons dit qu'un Roy est celuy qui gouverne selon les loix le Royaume qui luy est échu*

P. 170. (*) *Regem esse diximus, qui regnum sive per stirpem, sive per electionem delatum, riteque commissum, legitimè etiam regit atque gubernat. Eum itaque tyrannum, utpote regi planè contrarium esse, sequitur, qui aut vi malisque artibus imperium invasit, aut ultro spontéque delatum regnum contra jus & fas regit, contràque leges & pacta, quibus sese Sacro Sanctè devinxit, pervicaciter administrat. Quod etiam utrumque in unum eundemque hominem cadere potest. Ille vulgò dicitur Tyrannus absque titulo, hic Tyrannus exercitio.*

écheu ou par succession ou par élection. D'où il s'ensuit qu'un Tyran qui est l'opposé d'un Roy, est celuy qui a usurpé un Royaume ou par violence ou par mauvais artifices; ou qui le possedant legitimement le gouverne avec injustice, & s'obstine à ne point garder les loix & les conditions auxquelles il s'est obligé par serment en y entrant. L'un est appellé Tyran sans titre, & l'autre Tyran d'administration.

Or sans parler de ces tyrans sans titre contre qui personne ne nie que tout le monde ne se puisse armer, aprés une longue declamation pour marquer les differences entre un bon Roy & un Tyran d'administration, il s'arreste principalement à celle-cy. (a) *Le Roy ne travaille que pour l'utilité publique; le Tyran que pour son utilité particuliere. Mais comme les hommes estant tels qu'ils sont, on n'en peut gueres trouver qui ne regardent en toutes choses que l'utilité publique, & qu'il ne se peut presque faire, qu'on n'y ait jamais d'égard, lorsque c'est l'utilité publique qui prevaut, c'est un Roy & un Regne, & lorsque c'est l'utilité propre, c'est un Tyran & une tyrannie.* A quoy il ajoûte, (b) *Que si on n'est pas content de la description qu'il*

P. 181. (a). *In summa: Rex studet utilitati publicæ, tyrannus propriæ. At sanè cum, ut sunt homines, nusquam reperiri queat, qui omnibus in rebus utilitatem publicam spectet, nec diu consistere, quin uksatenus ejus rationem habeat: ubi utilitas publica prævalet, rex & regnum; ubi propria, tyrannus & tyrannis locum habere dicentur.*

P. 96. (b) *Si cui verò hæc descriptio usquequaque non satisfaciet, præterquam quòd accuratiores fortè tyrannorum imagines in Historiis inveniet, vivos & spirantes tyrannos, omnibusque*

Ch. 3. qu'il a faite d'un Tyran, outre qu'on en pourra trouver de mieux representez dans les histoires, on en pourra voir en plusieurs pays de vivans & de regnans à qui il ne manque rien de tout ce qui peut faire meriter ce nom, qui est la plainte qu'Aristote faisoit aussi de son temps.

Ce ne sont donc pas des hommes imaginaires, & qui ne se trouvent point dans le monde à qui il donne le nom de Tyrans. Selon l'idée qu'il en avoit il falloit que l'Europe en fust pleine de son temps, puis qu'il dit qu'on pouvoit voir en beaucoup de lieux, *vivos spirantesque tyrannos, omnibusque suis numeris absolutos*. Or comme apparemment il ne mettoit pas de ce nombre les Rois Protestans, il faut qu'il ait pris pour des Tyrans tous les Rois Catholiques. Il ne reste donc plus qu'à voir ce qu'il veut que l'on fasse à un Roy devenu tyran, ou que les peuples prennent pour tel. Voicy la sentence qu'il prononce contre luy.

Il veut que ceux qui representent le peuple l'avertissent : (a) *Que si aiant esté souvent averty il ne se corrige point, mais qu'il pretende toûjours pouvoir faire impunement tout ce qu'il luy plaist, on le doit alors considerer comme estant convaincu du crime de tyrannie, & tout ce qui est*

---

busque numeris absolutos hoc tempore, quos intueatur, multis in regionibus, quod & Aristoteles suo sæculo conqueritur, habet.

P. 193. (a) *Si verò pergat, nec sæpius admonitus resipiscat, sed eò tantum tendat, ut impunè quidvis patrare possit ; tum sanè tyrannidis reus peractus est, & quæcunque adversus tyrannum seu jure, seu justa vi licent, adversus eum adhiberi possunt.*

est permis contre un Tyran soit par les voies de la justice soit par une juste guerre doit estre employé contre luy. (a) Que s'il ne peut estre chassé qu'à main armée, ceux qui representent le peuple luy pourront faire prendre les armes, lever des troupes, & se servir contre ce Roy de la force, de la tromperie, & de toutes sortes de machines, comme contre un ennemy de la patrie & de la Republique. (b) Il est donc permis aux officiers du Royaume, ou à tous ensemble, ou à plusieurs d'entre ceux de se défaire d'un Roy devenu tyran, & non seulement cela leur est permis, mais il est de leur devoir de le faire, & on ne les peut excuser s'ils ne le font. (c) Pour les articuliers avant qu'il entreprennent rien contre le Roy, il faut qu'ils attendent les ordres de ceux qui representent le peuple ou dans le Royaume, ou dans une province, ou dans une ville, OU AU MOINS DE QUELQU'UN D'EUX. (aut unius saltem ex illis.) (d) Que si tous les grands,

ou

P. 194. (a) *Quod si verò eo progressus fuerit, ut non absque vi armata expelli possit; tum sanè licebit illis populum ad arma vocare, exercitum conscribere. & tanquam adversus hostem patriæ reique publicæ judicatum, vim, dolum, omnemque machinam experiri.*

(b) *Ergo licet regni officiariis aut omnibus, aut saltem pluribus, tyrannum coërcere.*

P. 210. (c) *Singulis neque à Deo neque à populo gladius concessus est. Itaque universorum, eorum, inquam, qui universos in regno, regione, urbeve quæ regni partem faciat, repræsentant, jussum expectent oportet, aut unius saltem ex illis, antequam adversus principem quidquam moliantur.*

P. 212. (d) *Quod si optimates omnes, aut plerique aut unus saltem aliquis manifestam tyrannidem exercere, aut Magistratus ab ea regni parte, quæ sibi commissa fuerit, arcere conetur, & ita quidem, ut is sit, qui ejus expellendæ prætextu aliam*

non

Ch. 3. *ou la plus part des grands* AU MOINS UN SEUL D'ENTRE EUX (aut unus saltem aliquis) *entreprend de reprimer une manifeste tyrannie, ou que le Magistrat la veuille chasser de la partie du Royaume qui luy est commise, & qu'on n'ait pas lieu de craindre qu'il en veuille établir une autre sous pretexte de remedier à celle-là: c'est alors qu'il faut que tous les particuliers d'un commun consentement prennent les armes, qu'ils fassent tous leurs efforts pour aider ce liberateur de la patrie, & que comme si Dieu luy même avoit donné le signal du combat contre le tyran, ils s'efforcent de delivrer de la tyrannie le Royaume & la republique.*

Si cela estoit aussi vray, qu'il est faux & abominable, David auroit bien manqué à son devoir en ne tuant pas Saül, que cet Auteur donne par tout pour l'exemple d'un tyran. Et cependant ce saint Prophete declare au contraire qu'il n'avoit eu garde de le tuer, parce que personne ne pouvoit sans crime mettre la main sur l'oint du Seigneur. *Quis enim extendet manum suam in Christum Domini & innocens erit.* Mais on ne peut se jouer plus impudemment de l'Ecriture, que fait cet Auteur pour se defendre de cet exemple de David qui condamne absolument tous ces massacreurs de Rois sous pretexte de tyrannie.
David

non invehat; tum sane, tanquam agmine facto, certatim ad delectum concurrant, obnixè pedibus manibusque opem ferant, ac tanquam Deus ipse cœlitus signum pugnæ adversus tyrannos dederit, rempublicam regnumque à tyrannide vindicare conentur.

David (dit-il) ne devoit pas tuer Saül parce qu'il n'estoit pas des plus considerables du peuple QUIA NON ERAT EX OPTIMATIBUS POPULI. Car outre que David ne dit pas seulement que luy en son particulier ne devoit pas tuer l'oint du Seigneur, mais que personne ne le pouvoit faire sans crime, c'est la derniere impertinence de pretendre qu'il ne fust pas des plus considerables du peuple, luy qui estoit gendre du Roy, le plus brave de ses capitaines, aussi aimé du peuple de Dieu que redouté de ses ennemis; que Saül consideroit comme luy devant succeder, ce qui estoit même la principale cause de sa jalousie; qui avoit déja reçu l'onction royale par un Prophete; à qui Jonathas avoit cedé le droit qu'il pouvoit avoir au Royaume; & à qui Abigail donnoit par avance le nom de Roy. Quoiqu'il en soit on voit par là quelle est la doctrine sanguinaire de ce pretendu Reformé: c'est que puisque David auroit du tuer Saül s'il avoit esté *ex optimatibus populi*, tout homme qui se croira & qui sera en effet *ex optimatibus populi*, pourra & devra se defaire de son Roy s'il luy paroist qu'il accable son peuple par des tributs injustes, ou qu'il agisse de mauvaise foy en violant les traitez qu'il a faits avec ses sujets: Ou que si ce grand Seigneur ou ce Magistrat n'a pas la même facilité de le tuer qu'avoit David, il peut & il doit lever l'enseigne de la rebellion; & cet Auteur a l'impieté de pretendre que le soulevement

C   de

de ce grand Seigneur ou de ce Magistrat, est un signal que Dieu donne au peuple de se defaire de son Roy pour se delivrer de la tyrannie.

Chapitre IV.

Cette même mechante doctrine contre la souveraineté des Rois soutenuë par d'autres Auteurs pretendus Reformez.

J'Ay trouvé un autre livre d'un autre pretendu Reformé qui avoit esté fait premierement en François pour empoisonner plus facilement le peuple, & de François traduit en Latin afin que le venin se pust repandre plus loin que la France. C'est ce qui paroist par le titre que voicy. *De Jure Magistratuum in subditos, & officio subditorum erga Magistratus. Tractatus brevis & perspicuus his turbulentis temporibus utrique ordini apprime necessarius. E Gallico in Latinum conversus.* M. D. LXXVI. *Apud Joannem Mareschallum Lugdunensem,*
„ Du droit des Magistrats envers les sujets & du
„ devoir des sujets envers les Magistrats. Traité
„ court & clair, fort necessaire aux uns & aux
„ autres en ces temps de troubles. Traduit du
„ François en Latin. M. D. LXXVI. Chez Jean
„ Mareschal Lyonnois. Il est plus ancien de trois ans que celuy de Brutus, & il paroist que Brutus n'a fait qu'etendre & pousser encore plus

loin les faux principes de cet Auteur-cy qui CH. 4. font les mêmes que ceux de Buchanan: & au lieu que celuy-cy pour ne pas tant choquer les Princes les designe seulement sous le nom general de Magistrats, & qu'il promet de traiter du droit des magistrats envers les sujets, & du devoir des sujets envers les Magistrats, ce qui ne contient rien que de raisonnable & pourroit estre le titre d'un fort bon livre, Brutus écrivant trois ans aprés a eu honte de ces petits menagemens: mais levant le masque il a donné pour titre à son livre, *vindiciæ contra Tyrannos*, par où il entend tous les Rois qui s'opposoient à la pretenduë reformation: & il ajoûte pour marquer que le Peuple n'avoit pas moins de pouvoir sur le Roy, que le Roy en a sur le peuple: *sive de principis in populum, populique in principem legitima potestate.*

Ainsi ce dernier livre estant semblable aux deux autres de Buchanan & de Brutus, je n'en marqueray que deux ou trois choses.

La 1. que cet ennemy de la Monarchie a eu bien peur de ne pas passer pour un zelé Religionaire. C'est ce qui luy fait apporter pour exemple d'un commandement injuste auquel on ne doit pas obeïr: *Qu'on voit aujourd'huy plusieurs Princes tellement ensorcellez par l'Antechrist Romain qu'ils forcent leurs sujets par des Edits fort severes d'assister à l'execrable Sacrifice de la messe.* Ce sont ces grands mots d'*Antechrist* & d'*execrable* qui ensorcellent les simples, en leur faisant regarder comme abominable, ce qu'on ne peut nier que par un aveuglement volontaire avoir esté la foy de tous les Peres de l'Eglise qu'ils avoüent eux mêmes avoir esté de grands saints : Et comme inventé par l'Antechrist Romain, c'estadire par le Pape, ce qui certainement nous est commun avec toutes les Societez Chrestiennes de l'orient qui se sont separées de l'Eglise Romaine depuis neuf cent, onze cent & douze cent ans.

La 2. est, que parmy les Magistrats inferieurs (a) qu'il pretend tres faussement, aussi bien que Brutus, tenir leur autorité non du Roy mais du peuple, & à qui pour cette raison il donne pouvoir (b) de resister au Roy à main armée, *armata manu:* il compte d'une part tous les gentilshommes qui ont des terres titrées: (c) *Les Ducs, les Marquis, les Comtes, les Vicomtes, les Barons, les Chastellains:* & de l'autre tous les Magistrats des villes: *Les Mayeurs, ou maires, les Viguiers,*

P. 31 (a) *Inferiores Magistratus non à persona supremi, sed ab ipsa supremitate pendent.*

P. 35. (b) *Dico igitur si inferiores Magistratus eâ necessitatis fuerint adacti, teneri ipsos adversus manifestam tyrannidem salutem eorum procurare (etiam armata manu si possunt) qui ipsorum fidei & curæ sunt traditi.*

P. 29. & 30. (c) *Inferiores Magistratus sunt velut intermedii, inter summum Magistratum & populum . . . . . . inter quos jure censendi sunt Duces, Marchiones, Comites, Vicecomites, Barones, Castellani, ut qui olim officia & munia publica exercerent, ad ea certo ordine legitimeque allecti. Quæ etsi postea in dignitates hæreditarias transierunt, nequaquam tamen pristinum jus & autoritatem amiserunt. In hunc ordinem præterea connumerandi sunt qui in civitatibus ad varia*

les *Consuls*, les *Capitoux*, les *Syndics*, les *E-* Ch. 4.
chevins. C'est pour ne pas manquer de chefs de
revolte.

La 3. est que pour se defaire de l'exemple
des premiers Chrestiens & de tous les Peres
qui nous enseignent que c'est par la parole de
Dieu & non pas par les armes que la veritable
Religion se doit établir dans les pays où les
Princes ne la veulent pas souffrir: il repond
(*) *que cela est vray, quand on la veut introdui-*
re de nouveau en un pays, mais non pas quand
on l'y veut conserver, ou la retablir lors qu'elle
a esté corrompuë par la connivence ou par l'igno-
rance ou par la malice des hommes. C'estadire que les Apostres & les premiers fidelles ont
du établir l'Evangile par la predication, par
les miracles, & par les souffrances en s'exposant à la mort & aux plus cruels supplices plûtost que de s'en defendre par aucun soulevement, mais que les pretendus reformateurs
de cet Evangile, n'aiant ny miracles pour
prouver qu'ils parloient de la part de Dieu, ny
assez de zele pour s'exposer au martyre quand
ils le pouvoient éviter en se revoltant contre les

Rois,

---

munera eliguntur, quales sunt quos vulgo Majores, Vigue-
rios (seu vicarios) Consules, Capicolinos, Syndicos, Sca-
binos & ejusmodi, nuncupant.

p. 120. (a) *Veram religionem non esse quidem vi & armis*
introducendam: sed jam receptam conservari & defendi ar-
mis posse adversus Tyrannos, nihil prohibet. Aliud est enim
religionem nunc primum in aliqua regione introducere: Aliud
eam jam alicubi receptam conservare, seu collapsam hominum-
que aut conniventia, aut inscitia, aut malitia sepultam
velle restituere.

Ch. 4. Rois, ont dû prendre une voie toute differente de celle des Apoſtres & des Chreſtiens des premiers Siecles, & ſe croire permis pour leur ſeureté, & pour le progrez de leur nouvel Evangile, de lever l'enſeigne de la rebellion pour remplir les royaumes de ſang & de meurtres; comme ils ſe vantent eux mêmes qu'ils ont fait en Ecoſſe, & comme on ſçait aſſez qu'ils ont fait en France & ailleurs.

On trouve les mêmes principes dans d'autres Auteurs de la même Religion pretenduë reformée. Henry Eſtienne dans de certains vers rapportez par Guillaume Barclay lib. 3. c. 15. p. 423. dans le même deſſein d'aneantir la ſouveraineté des Rois, en ruine autant qu'il peut le fondement qui eſt que le Prince eſt au deſſus des loix : *Princeps legibus ſolutus eſt*, en la maniere que nous l'avons expliqué. Il prend ſur cela tous les Juriſconſultes à partie comme aiant ſans raiſon étendu cette parole à toutes les loix, au lieu que ſi on l'en croit elle doit eſtre reſtreinte à deux loix particulieres : ce que Barclay fait voir tres ſolidement eſtre une chicanerie toutafait inſoûtenable.

David Paræus dans ſon commentaire ſur l'Epiſtre aux Romains établiſſant quelques propoſitions touchant la puiſſance civile, renferme en abregé dans la ſeconde, ce que Brutus & ce que cet Auteur *de Jure Magiſtratuum*, avoient enſeigné ſur cela. (*a*) Les ſujets, dit-il,
qui

(*a*) *Propoſitio ſecunda, ſubditi non privati, ſed in Magiſtratu inferiori conſtituti, adverſus ſuperiorem Magiſtratum ſe,*

qui ne font pas toutafait perfonnes privées, mais qui font établis dans des Magiftratures inferieures, peuvent fe defendre, & la republique, & l'Eglife ou la veritable Religion même avec armes, contre le fouverain Magiftrat, c'eſt à dire contre le Roy fous ces conditions. 1. Quand il degenere en tyran. 2. Quand il veut contraindre ou les Magiſtrats inferieurs ou d'autres fujets commis à leur foy à de manifeſtes idolatries ou à des blafphemes. C'eſt l'idée qu'ils donnent toûjours de la Religion Catholique par un efprit de calomnie qui leur eſt paſſé en nature. Les autres conditions ne font que la même chofe ou ne contiennent rien que de ridicule, comme la derniere, que cela fe doit faire *cum moderamine inculpatæ tutelæ*, comme fi cette pretenduë moderation fe pouvoit garder dans la guerre.

Le Roy Jacques quoique Proteſtant, mais tres ennemy de cet eſprit Calviniſte qui porte à la revolte contre les Rois, fit condamner cette méchante doctrine par l'Univerſité d'Oxford, & la fit refuter par un Theologien Anglois nommé David Owen. Le fils de David Paræus a voulu la defendre par une méchante di-

---

fe, rempublicam & Ecclefiam feu veram religionem, etiam armis defendere jure poſſunt: his pofitis conditionibus. 1. Cùm fuperior Magiſtratus degenerat in tyrannum. 2. aut ad manifeſtam idololatriam atque blafphemias ipfos vel fubditos alios fuâ fidei commiſſos vult cogere. 3. cum ipſis atrox inferatur injuria. 4. fi aliter incolumes fortunis, vita, & confcientia eſſe non poſſint. 5. ne pretextu religionis aut juſtitiæ, fua quærant. 6. fervata femper ἐπιεικείᾳ & moderamine inculpatæ tutelæ juxta leges.

distinction, en pretendant que la doctrine de son Pere où il est parlé des Magistrats souverains, c'estadire des Rois generalement & sans distinction, ne se devoit entendre que des Rois non absolus. Mais il ne laisse pas en donnant ce tour à la mechante Theologie de son Pere de la rendre aussi pernicieuse à tous les Rois Chrestiens de ce temps-cy, qu'en la laissant generale : puisqu'il soûtient dans son Apologie § 1. aprés un Jurisconsulte qu'il cite, qu'il n'y a presentement dans *toute la Chrestienté* aucun Roy ou Prince souverain qui soit veritablement Roy, c'estadire entierement absolu (comme il avoüe qu'estoit Auguste & ses successeurs) & n'aiant que Dieu au dessus de luy, en quoy consiste l'essence de la veritable monarchie. Ils ne sont tous si on l'en croit que des Rois *conventionels* (c'est ainsy qu'il les appelle) contre qui les Magistrats inferieurs se peuvent revolter, s'ils ne tiennent pas les *conventions* auxquelles ils se sont obligez, Et il nomme en particulier comme n'estant Rois qu'à cette condition, les Rois de France, d'Espagne, d'Ecosse, de Dannemarc, de Hongrie, comme aussi ceux d'Angleterre, selon Polydore Virgile, quoique la peur qu'il avoit du Roy Jacques, qui avoit fait condamner les Propositions de son Pere, luy ait fait ajoûter : *Cambdenus tamen in Britannia sua. p.* 101. *ait, Regem supremam potestatem & merum habere imperium, nec præter Deum superiorem agnoscere.* Il fait donc cet honneur au Roy d'And'Angleterre seul entre tous les Rois Chrétiens de ce temps icy, de laisser en doute s'il n'a pas *supremam potestatem & merum imperium*, sans quoi on n'est point vrayment Roy, mais seulement de nom, comme Aristote le remarque tres judicieusement des Rois de Lacedemone depuis l'établissement des Ephores qui les pouvoient juger; *que c'estoient plûtost des generaux d'Armées, que de veritables Rois.*

Rien n'est donc plus ridicule que la maniere dont Philippe Paræus a voulu appaiser les Princes qui avoient esté blessez par la doctrine de son Pere. Car voicy comme il s'y prend. Pourquoy vous mettez vous en colere contre « mon Pere qui n'a point parlé dans ce qui vous « choque, des Princes vrayment Souverains, « mais seulement de ces Princes *conventionels*, « contre qui les Magistrats inferieurs peuvent « prendre les armes, quand ils ne gardent pas « les conventions qu'ils ont faites avec leurs su- « jets. Il est vray, ne vous en deplaise, que je « suis persuadé, que vous n'estes tous que de ces « sortes de Princes que j'appelle *conventionels*, « & ainsy, trouvez-le bon si vous le voulez; mais « je ne puis pas nier, que ce qu'a dit mon Pere « en faveur des Magistrats inferieurs qu'ils vous « peuvent faire la guerre quand ils pretendent « que vous estes devenus tyrans, ne vous re- « garde tous. «

Voilà à quoy se reduit la principale defense de ce Protestant. N'est, ce pas une justification bien satisfaisante pour les Princes qu'il a voulu appaiser. Il est vray qu'il y emploie encore un autre moien, en pretendant que Luther & ses compagnons les Theologiens de Vittemberg, Pierre Martyr, Robert Abbot, & tous les autres Theologiens Protestans, *omnis chorus Theologorum Protestantium*, avoient enseigné la même doctrine. Et sur ce que son adversaire avoit parlé de Buchanan comme d'un ennemy des Rois & d'un méchant homme qui autorisoit les Rebellions, il luy répond qu'il n'est pas d'un homme de bien de parler mal des gens de bien à qui la republique & l'Eglise sont si obligées. *Non est viri boni maledicere bonis ac de republica & Ecclesia bene meritis*: par où il témoigne assez, que bien loin de condamner la doctrine seditieuse de Buchanan, il l'approuve de telle sorte, qu'il croit qu'en l'enseignant il a bien merité de la republique & de l'Eglise.

Ainsi tout cela ne fait que confirmer de plus en plus ce que j'avois entrepris de faire voir, que les plus méchans livres contre la Souveraineté des Rois, & les plus capables de faire revolter les sujets contre eux ont esté faits par de pretendus Reformez. Et neanmoins je ne leur en aurois point fait de reproches, si d'une part ils ne nous venoient sans cesse objecter des Livres de Jesuites, comme si c'estoit de là que l'on devoit prendre le sentiment de tous les Catholiques; & si de l'autre, par une conduite tres conforme à leurs principes,

ils

ils n'avoient mis en prattique sur deux testes Ch. 4. couronnées avec autant de barbarie que d'insolence la plus damnable maxime de ces ennemis de la Monarchie, qui est qu'on peut faire le procés aux Souverains, comme à des particuliers, & les faire passer par toutes les formes de la justice jusques à leur faire perdre la teste sur un échaffaut par l'infame main d'un bourreau.

Il est bien étrange de plus que ces pretendus restaurateurs de la doctrine Evangelique n'aient témoigné aucun zele contre tant de depravations de la parole de Dieu dont les livres de Buchanan, & de Brutus & d'autres sont tout remplis. S'ils improuvoient cette doctrine, d'où vient qu'aucun d'eux n'a entrepris de les refuter, & qu'ils n'ont esté condamnez en aucun de leurs Synodes ? Ils y estoient obligez s'ils les tenoient pour aussi méchans qu'ils sont en effet, quand ce n'auroit esté que pour faire voir qu'on les accusoit à tort d'approuver les revoltes contre les Rois. Cependant il ne paroist point que ces malheureux Auteurs aient trouvé des adversaires qui aient pris à tâche de les confondre que parmy les Catholiques, & quelques Protestans Episcopaux. Car ce n'a pas esté seulement Guillaume Barclay ce sçavant & pieux Jurisconsulte, qui a defendu la cause des Rois contre ces boutefeux des guerres civiles : mais il remarque qu'avant luy il y avoit eu des Theologiens du Clergé & des ordres Religieux qui s'estoient

C 6 éle-

Cʜ. 4. élevez contre ces Ecrivains seditieux, & qui avoient soûtenu avec autant de zele que de lumiere la vraie doctrine de l'Evangile, qui ne laisse aux vrais Chrestiens quelques opprimez qu'ils puissent estre par l'injustice de leurs Souverains, que les prieres & la patience.

Il parle d'un Catholique Ecossois qui avoit tellement renversé le livre de Buchanan que personne n'avoit osé le relever. Mais il s'arreste sur tout à deux sçavans Theologiens, l'un Evêque & l'autre Religieux. Le premier est Cunerus Docteur de Louvain & Evêque de Lewarde en Frise dans son livre *de Officio Principis Christiani*. Du devoir d'un Prince Chrétien. En voicy quelques endroits.

Il y en a qui croient dit ce pieux & sçavant Evêque, *que l'authorité des Princes est fondée sur le consentement des Peuples. Mais S. Paul qui penetroit les choses par l'esprit de Dieu en reprend l'origine de bien plus haut. Il n'y a point,* dit-il, *de puissance qui ne vienne de Dieu, ce qui monstre que ce n'est pas seulement par une espece de traité entre le Roy & le peuple, que le Roy a le pouvoir qu'il a sur ses sujets, mais que c'est de droit divin & par l'ordonnance de Dieu. C'est pourquoy celuy qui resiste aux puissances, ajoûte l'Apostre, resiste à l'ordre de Dieu; ce qui est un plus grand crime, que de violer simplement un traité & un accord. Car si le peuple n'estoit obligé d'estre soûmis à son Prince que par ce qu'il a consenti de l'avoir pour Roy, lorsqu'il manque à cette soûmission, ce ne seroit pro-*

pre-

prement qu'à un traité qu'il auroit fait avec luy, Ch. 4. & non directement à l'ordre de Dieu qu'il resisteroit ; au lieu que c'est, selon S. Paul, prochainement & immediatement l'ordre de Dieu que l'on viole ; ce qui fait voir qu'en se revoltant contre son Roy, la rebellion n'est pas tant contre un homme que contre Dieu.

Voilà le principe de cet Evêque directement opposé à celuy de ces Auteurs Calvinistes, qui ne veulent pas seulement que le Roy ne tienne sa puissance que des peuples, mais qui veulent encore que les peuples se la retiennent en la luy communiquant, en sorte qu'ils en puissent user contre luy même quand ils jugent qu'il abuse de la sienne. C'est ce que ce Prelat détruit par cet exemple de l'Ecriture.

Joas Roy de Juda abandonna Dieu pour adorer les Idoles & fit mourir cruellement le Prophete Zacharie fils de Joiada. Quelques-uns de ses Serviteurs émus de zele le tuerent dans son lit. Mais Amasias son Successeur les fit mourir avec justice. Car l'Ecriture nous apprend par tout, que quoique les Princes fassent de grands maux, il n'est point permis de se revolter contre eux. Ce n'est pas qu'ils ne péchent grievement quand ils abusent de leur puissance, quand ils ne gardent pas les sermens qu'ils ont faits à leurs peuples, ou qu'ils s'abandonnent à toutes leurs passions. Mais ce sera Dieu qui les jugera & les condamnera pour tous ces crimes. Ce sera la verité qui est au dessus de tous les Rois, ce sera la sagesse qui crie & qui dit aux

C 7   mé-

méchans Rois. *Audite reges & intelligite.* Et il ajoûte dans le même chapitre. *La puissance des Rois n'est pas sans bornes. Elle est restreinte dans son exercice par la loy de Dieu, & par les sermens qu'ils font de gouverner selon les coustumes des Païs : mais quoy qu'un Roy, fasse mal quand il ne garde pas ses promesses, comme c'est de Dieu même qu'il tient son autorité, cela ne fait pas qu'il soit jamais permis de prendre les armes contre luy.*

L'autre Auteur Catholique qui a refuté encore plus expressément ces dangereux Ecrivains est, *Ninianus Vinzetus* Docteur en Theologie & Abbé de Ratisbonne. Il le fait en deux ouvrages l'un intitulé : *Velitatio in Georgium Buchannanum*, Et l'autre. *Flagellum sectariorum*. Je n'en rapporteray pour abreger qu'une parole du premier livre, contre le pouvoir que Buchanan donne au peuple de faire le procés à son Roy. (a) *Comme on ne trouve point d'exemple dans les Saintes lettres de cette puissance inoüie que vous donnez au peuple de se rendre juge de son Roy, & qu'on y voit plûtost tout le contraire, & que cela est de plus toutafait contraire à la nature conduite par la raison, nous ne sçaurions regarder ce que vous en dites que comme impie & méchant.* Il refute aussi tres solidement Brutus dans l'autre

---

P. 175. (a) *Quoniam igitur istius inauditi tui in Reges judicii, quod meditaris, exemplum nullum in sacris literis extat, sed potius longè diversum nobis ibidem commendatur, deinde & benè informata natura planè est adversum, pro nefario & scelesto illud meritò habemus.*

tre livre, & principalement dans les pages 77. & 94. que l'on peut voir dans Barclay lib. 4. ch. 6. Mais j'ay peur de m'estre trop étendu sur cette matiere, quoique cela soit tres important pour faire juger à tous les Princes, qui sont les meilleurs sujets, des pretendus Reformez, ou des Catholiques.

CHAPITRE V.

Refutation de la calomnie contre tout le Clergé de France, que cet Auteur represente comme estant toûjours prest de se revolter contre le Roy.

COmme les Ecclesiastiques sont plus l'objet de l'aversion des Pretendus Reformez que le reste des Catholiques, il ne faut pas s'estonner que ce soit le Clergé de France que cet Auteur entreprend de décrier avec plus d'emportement, & dont il s'efforce davantage de rendre la fidelité suspecte au Roy. Mais il n'y a rien aussi dans tout ce Livre qui marque plus un esprit & méchant & faux. Ce ne sont que des broüilleries & des équivoques continuelles. Il confond sans cesse le spirituel & le temporel: l'obeïssance qu'on doit aux Pasteurs & celle qu'on doit aux Rois: & les affaires de l'Eglise & celles de l'Etat. Il rapporte des histoires qui le condamnent. Il en suppose d'autres évidemment fausses. Il veut que l'on juge de la doctrine presente d'un corps celebre par

CH. 5. un fait particulier arrivé il y a cent ans, contredit par cent autres & devant & aprés. Il confirme ce qu'il en dit par la plus extravagante fable qui fut jamais. Et enfin pour comprendre en general ce qu'on verra dans la suite, il ne touche à rien qu'il ne soüille & qu'il ne gaste par la malignité dont il le tourne ; & s'il y a des Catholiques dont les sentimens ne donnent pas de lieu à ses medisances, il a la hardiesse de les vouloir mettre hors de pair, comme n'aiant pas la même religion que les autres, mais seulement une Religion de *Politiques*. On pourra croire que i'exaggere. Mais je suis asseuré qu'on verra que je n'en dis pas encore assez. Commençons par son preambule.

P. 210. *Je n'ay pas dessein* (dit-il,) *d'offencer Messieurs du Clergé dont je respecte les personnes : je ne doute pas qu'ils n'aient le cœur bien François ; mais enfin ils ont leurs maximes de conscience ; ils sont d'une Religion, il faut qu'ils en suivent les principes. Or les principes de leur Religion les attachent au Saint Siege & à sa conservation, preferablement à tout. De plus, l'interest fait illusion aux cœurs & aux esprits. Leur interest les oblige à prendre le parti du Pape qui est leur conservateur & leur protecteur ; & ce qu'ils font par interest, ils se persuadent qu'ils le font par conscience.*

Y eut-il jamais de discours plus impertinent & plus plein de Paralogismes & de faussetez ? *Il respecte Messieurs du Clergé. Il ne doute*

doute point qu'ils n'aient le cœur bien François. *Mais enfin ils ont leurs maximes de conscience.*

C'est adire qu'ils ont des maximes de conscience qui malgré toutes les inclinations qu'ils ont par leur naissance d'estre fidelles au Roy, les obligent de luy manquer de fidelité. Que ne nous marque-t-'il donc ces maximes de conscience si prejudiciables à la Royauté, qu'il pretend estre communes à tout le Clergé de France? Il faudroit pour cela qu'on les declarast à tous ceux que l'on fait Prestres, comme contenant un de leurs principaux devoirs. Dira-t-'il qu'on le fait aussi, mais que c'est Secretement depeur que le Roy ne le sçache? On ne croit pas qu'il l'osast: mais tout ce qu'il pourra faire sera de nous renvoier encore à quelques livres de Jesuites; comme si le Clergé de France prenoit ses maximes de ces Ecrivains de trois jours, dont il a tant de fois condamné les sentimens: Au lieu que tout le monde sçait qu'il n'en a point de communes & de generales que celles qui se trouvent dans l'Ecriture, & dans la tradition, dont les saints Docteurs de l'Eglise ont esté les depositaires.

Ils sont d'une Religion. Il faut qu'ils en suivent les principes.

C'est la suite & le comble de la calomnie qu'il s'est engagé de soûtenir. Car c'est dire que Messieurs du Clergé de France ont beau avoir le cœur bien François; ils sont entraisnez comme malgré eux à manquer de fidelité au Roy par principe de Religion. C'est ce qu'il fau-

faudroit prouver pour ne passer pas pour un calomniateur public, & voicy comme il le fait.

Or les principes de leur Religion les attachent au Saint Siege & à sa conservation preferablement à tout.

Que veut dire cela? N'y a-t-'il qu'à parler en l'air, & employer un Galimatias qui n'a point de sens pour calomnier tous les Evêques & tous les Ecclesiastiques d'un grand Royaume, ou pour mieux dire de toute l'Eglise, puisque cette accusation les regarde tous? La Religion Catholique nous oblige tous, & aussibien les Laïques, que ceux du Clergé de croire; *Que le Fils de Dieu aiant voulu que son Eglise fust une, & solidement bastie sur l'unité, a étably & institué la primauté de Saint Pierre pour l'entretenir & la cimenter: Et que cette même Primauté a passé aux successeurs du Prince des Apostres, auxquels on doit pour cette raison la soûmission, & l'obeïssance, que les Saints Conciles & les Saints Peres nous ont enseigné qu'on leur devoit rendre.* Mais la même Religion n'oblige-t-'elle pas aussi tous les Catholiques soit qu'ils soient du Clergé soit qu'ils n'en soient pas, à estre fidelles à leurs Rois, comme il est si expressément commandé à tous les Chrestiens par les deux Princes des Apostres. *Que toute personne* (dit Saint Paul Rom. 13.) *soit soûmise aux puissances superieures. Car il n'y a point de puissance qui ne soit établie de Dieu, & c'est luy qui a ordonné*

celles

celles qui sont sur la terre. C'est pourquoy celuy qui resiste aux puissances, resiste à l'ordre de Dieu, & ceux qui leur resistent attirent sur eux la condamnation & le supplice...... Obeissez donc par necessité & par devoir, non seulement pour la crainte du chastiment, mais à cause que vous y estes obligez en conscience. SOIEZ soûmis (dit Saint Pierre en sa 1. Ep. ch. 2.) à qui que ce soit pour l'amour de Dieu, soit au Roy comme au souverain soit aux Magistrats comme à ceux qui sont envoiez de sa part pour punir ceux qui font mal, & pour traiter favorablement ceux qui font bien. Portez honneur à tous. Aimez les Chrestiens qui sont vos freres : craignez Dieu. Honorez le Roy. Il faut donc que cet Auteur ou soit assez impudent pour imputer à tout le Clergé de France de ne se croire pas obligé d'observer ces commandemens Apostoliques, ou assez impertinent pour pretendre que l'obéissance qu'ils se croient obligez de rendre au Pape comme à leur chef est incompatible avec la fidelité qu'ils doivent à leurs Souverains ; ce qui seroit contredire Jesus Christ ou pretendre qu'il a commandé des choses impossibles lorsqu'il nous dit : *Rendez à Cesar ce qui est dû à Cesar, & à Dieu ce qui est dû à Dieu.* Car Jesus Christ nous a assuré que ce seroit luy même qu'on écouteroit quand on écouteroit les Pasteurs de son Eglise. *Qui vos audit, me audit.*

Cet Auteur ne se contente pas d'avoir accusé tout le Clergé de France d'estre disposé à man-

Ch. 5. manquer de fidelité au Roy par principe de Religion acause de la subordination qu'il a avec le Pape. Il ajoûte encore le motif de l'interest, afin que rien ne luy échappe, ny devots ny indevots, & que tous puissent estre également compris dans sa calomnie. Mais c'est dans ce dernier point où il paroist plus fou & plus ridicule. Car il faut qu'il ait écrit pour les Iroquois & pour les Toupinambous, s'il s'est imaginé que ceux qui liront son livre, seroient touchez de cette belle raison. *De plus dit-il, l'interest fait illusion aux cœurs & aux esprits. Leur interest les oblige à prendre le party du Pape qui est leur conservateur & leur Protecteur, & ce qu'ils font par interest, ils se persuadent qu'ils le font par conscience.* A qui parle cet homme, & à qui veut-il faire croire, que les Ecclesiastiques de France, qui se feroient une conscience de leur interest, ne peuvent manquer d'estre aveuglement pour le Pape contre le Roy? Y eust-il jamais une pareille folie? Que peuvent rechercher les Ecclesiastiques interessez; Sinon des Abbayes & des Evêchez? Et n'est-ce pas le Roy qui les donne en France, sans que le Pape en puisse donner un seul contre sa volonté? Cela ne merite pas d'estre poussé davantage: Car il n'y a personne qui ne voie que c'est la derniere des extravagances, d'avoir ajoûté le *motif de l'interest* aux autres raisons qu'il a pretendu rendre suspecte au Roy la fidelité du Clergé de France; puisque c'est justement tout le con-
tre-

trepied, estant plus clair que le jour, que tous les Ecclesiastiques qui agiront par ce principe, seront toûjours infiniment plus attachez à la Cour de France, qu'à celle de Rome.

Il faut donc avoir pitié d'un miserable declamateur, qui ne sçait ny ce qu'il dit ny ce qu'il doit dire, n'y aiant rien de plus facile que de retourner contre ceux de son party tout ce qu'il dit contre le Clergé de France, comme devant estre suspect au Roy acause de l'obeïssance & de la soûmission qu'il doit au Saint Siege. Car qui empeschera qu'on leur rende leur compliment. *Je n'ay pas dessein* (leur dira-t-'on) *de choquer les Pretendus Reformez dont je respecte les personnes: Je ne doute point qu'ils n'aient le cœur bien François. Mais enfin ils ont une religion; il faut qu'ils en suivent les principes. Or les principes de leur Religion les attachent preferablement à la conservation du grand œuvre de la reformation, & à l'établissement de leurs nouvelles Eglises gouvernées par leurs nouveaux Ministres qui les ont tirez de la gueule de l'Antechrist.* Pour comprendre combien ce retour est juste en raisonnant comme cet Auteur, il ne faut que remarquer, qu'ils ont fait comme les Schismatiques des dix Tribus, qui s'estant soustraits de l'obeïssance qu'ils devoient aux Prestres de la race d'Aaron établis de Dieu, s'en estoient fait d'autres à leur phantaisie. Ils se sont de même revoltez contre le Pape & les Evêques de l'Eglise Catholique qui estoient leurs legitimes

Ch. 5. times Pasteurs, & ils s'en sont fait d'autres tels qu'il leur a plu, sans aucune mission divine, ny ordinaire ny extraordinaire, mais auxquels ils ne laissent pas de devoir obeïssance les croiant leurs Pasteurs, puis qu'ils n'ont pas renoncé au commandement que Saint Paul fait à tous les fidelles en ces termes : *Obeïssez à vos conducteurs & vous y soumettez. Car ils veillent pour vos ames, comme en devant rendre compte.* Hebr. 13. Pourquoy donc si le Clergé de France devoit estre suspect au Roy acause de l'obeïssance qu'il rend au Pape ; ne le seroient-ils pas aussi acause de celle qu'ils doivent rendre à leurs Ministres ? Diront-ils que ce n'est qu'au regard des choses spirituelles qu'ils sont soumis à leurs Ministres, & que cela ne regarde point l'Etat ny le Roy ? Le Clergé de France en dira de même avec encore plus de raison ; estant bien certain, que ce n'est qu'à l'égard de l'Eglise & non de l'Etat, que les Ecclesiastiques de France sont soumis au Pape comme à leur Chef. Diront-ils que leurs Ministres sont infaillibles & incapables de leur donner jamais de mauvais conseils contre la fidelité qu'ils doivent au Roy ? Ils n'ont garde de parler ainsy, eux qui ne veulent pas que toute l'Eglise en corps soit infaillible ; & ceux qui d'entre eux ont de l'honneur, rougiroient d'un tel paradoxe, n'ignorant pas ce que tout le monde sçait, que leurs Ministres ont esté les principaux boutefeux dans les guerres de religion, & aussi-bien dans les dernieres sous

le

le feu Roy, où ils n'avoient plus de princes du sang de leur party, que dans les premieres que cet Auteur tâche de couvrir de ce pretexte, & que ç'a esté souvent dans leurs synodes que se sont prises les plus seditieuses resolutions contre le service du Roy.

Il n'y a aussi personne qui n'ait pu lire dans les lettres de M. Stoup touchant *la Religion des Hollandois* ce qu'il témoigne que luy avoit écrit un Pasteur & Professeur en Theologie de la ville de Berne. Voicy les propres termes de M. Stoup: *Vous dites d'abord que vous ne pouvez assez vous étonner qu'il y ait un officier qui fasse profession de nostre Religion* ou SUISSE ou FRANÇOIS, *ou de quelque autre pays que ce soit, qui ait osé combattre contre nos freres en Christ, & travailler à detruire cette sainte Republique qui a toûjours esté l'azile de ceux de la Religion, & à laquelle tous les Protestans ont de si étroites obligations. Vous nous conjurez ensuite par le soin que nous devons avoir de nostre salut de quitter aussitost nos emplois, & d'aller servir les Hollandois pour expier le peché que nous avons fait de servir contre eux. Vous nous annoncez enfin, si nous ne suivons auplûtost vostre conseil, que nous sommes des gens damnez, & perdus sans ressource, & que nous ne devons point attendre de pardon de nostre crime, ny dans ce Siecle ny dans celuy qui est avenir, ny plus ny moins que si nous avions peché contre le Saint Esprit.*

Ces

CH. 5. Ces sentimens sont tres conformes aux idées que tous les Ministres ont de leurs Eglises, & de l'Eglise Romaine. Ils croient que le regne de J. C. n'est que parmy eux: & que par tout ailleurs c'est le regne de l'Antechrist. Que les Rois Catholiques qui reconnoissent le Pape, adorent la beste & que c'est d'eux qu'il est dit dans l'Apocalypse, que les Rois de la terre se prostitueroient avec la grande paillarde. C'est le fondement qu'ils ont pris de leur sacrilege separation d'avec l'Eglise. La crainte peut maintenant empescher les Ministres de France de parler ainsi. Mais ils n'ont point feint de le dire au commencement pour effraier les peuples par ces vilains noms de *beste*, de *Babylone*, de *Paillarde*, & d'*Antechrist*: & ils le pensent toûjours, & ne peuvent pas ne le point penser, puisque sans cela il faudroit qu'ils se condamnassent eux mêmes de schisme. Il est donc bien naturel que les Ministres de France ne pouvant avoir sur cela que les mêmes sentimens que celuy de Berne, jugent aussi comme luy, que ceux de leur parti qui prestent leurs bras & leurs armes contre un Etat où regne le Christ, en faveur de celuy où l'Antechrist regne, ne soient des traistres à leur Religion & ne renoncent à leur salut. Et cela estant qui peut asseurer le Roy que toutes les fois qu'il sera engagé dans une guerre contre des Etats Protestans, ils n'inspirent pas ces pensées à ceux de leur Religion pour les empescher au moins de le servir contre leurs freres en Christ?

Il

Il est impossible que cet Auteur n'ait pas Ch. 6. prevû qu'on luy feroit cette objection, pourquoy donc ne l'a-t-'il pas prevenuë ? Pourquoy n'a-t-'il pas declaré que les Huguenots estoient toûjours prets de servir le Roy contre toutes sortes d'ennemis, même de leur Religion. Il s'en est bien gardé. Et nous allons voir dans le chapitre suivant qu'il s'est servi pour éviter cet écœuil d'un artifice grossier, qui est de ne faire envisager pour tous les ennemis que la France peut avoir, que la seule maison d'Autriche, d'où il tire à son ordinaire par de ridicules Sophismes ces deux mêmes conclusions : *Que le Roy ne se peut jamais assurer de la fidelité du Clergé de France : Et qu'au contraire le party Huguenot ne peut jamais luy estre suspect.* C'est ce que nous allons examiner.

CHAPITRE VI.

Des Sophismes que cet Ecrivain emploie pour prouver que le Party Huguenot est le seul dont le Roy peut estre parfaitement assuré.

LE Jurisconsulte Huguenot que nostre Auteur fait parler dans la fin de son ouvrage est un admirable raisonneur. Il propose avec une confiance merveilleuse ce qu'il a entrepris d'établir comme le fort de sa cause. Et la maniere dont il s'y prend pour le prouver est de renverser toutes les regles du raisonnement. En prenant pour sa majeure qui devroit estre generale une proposition particuliere : & en y joignant une mineure évidemment fausse. De sorte que son argument est aussi méchant que celuy d'un homme qui prouveroit en cette maniere, qu'un Roy qui est bon & doux, n'a rien à craindre pour son Etat.

Ce qu'un Roy a plus à craindre pour son Etat est la revolte de ses sujets.

Or un Roy qui est bon & doux n'a rien à craindre de ce costé-là.

Donc un Roy qui est bon & doux n'a rien à craindre pour son état.

Cet argument paroist assez bon d'abord & pourroit tromper les simples. Mais pour peu qu'on y fasse de reflexion on trouvera qu'il est tres méchant, & qu'il a deux deffauts essentiels.

Le 1. est, qu'afin que la consequence fust bonne il faudroit que la majeure fust generale, & qu'on y dist absolument qu'un Roy n'a rien autre chose à craindre pour son Etat que la revolte de ses sujets : Au lieu qu'elle est particuliere, puisqu'on y dit seulement que c'est ce qu'il a le plus à craindre : d'où il ne s'ensuit pas qu'il n'eust absolument rien à craindre, quand il n'auroit rien du tout à craindre de costé-là.

L'autre, que la mineure n'est pas veritable : un Prince pouvant avoir de si méchans sujets, que sa bonté & sa douceur n'empecheront pas qu'ils ne se revoltent contre luy : comme il est arri-

arrivé au feu Roy d'Angleterre, qui quoy- Ch. 6.
que tres bon & tres doux a esté accablé par
la perfidie & par la revolte de ses sujets Puritains.

Cependant nous allons voir, que le raisonnement du Jurisconsulte Huguenot est tout semblable à celuy-là quant à la forme, & que la mineure en est bien plus évidemment fausse.

Voicy d'abord comme nostre Auteur le fait entrer en matiere, pour nous donner une grande attente des belles & importantes choses qu'il se preparoit à nous dire. *Dans cet endroit,* (dit-il,) *nostre Docteur s'arresta un* P.204. *peu, parut pensif, & reprit ainsi. Je m'en vais entrer dans un sujet delicat, je n'ay pas envie d'offencer personne, mais je ne sçaurois m'empêcher de dire la verité. Nous sommes tous bons François; mais le Roy a bien plus d'interest à conserver ses sujets Huguenots que tous les autres, puisque c'est le seul parti de la fidelité duquel il puisse estre parfaitement assuré.*

Jusques là sa Logique ne va pas mal. Car il marque assez nettement la proposition qu'il avoit à prouver, qui estant *exclusive* en enferme deux: L'une, que le Roy *peut estre parfaitement assuré de la fidelité des Huguenots:* L'autre *qu'il n'y a qu'eux dans l'Etat de la fidelité desquels il puisse estre parfaitement assuré.* Et voicy comme il prouve la premiere. *Trouvez bon, Monsieur, que je reprenne la chose d'un peu haut. Il est certain que les grands dé-*

D 2 *meslez*

meslez que la France peut avoir, c'est avec l'Espagne & l'Empereur. Il n'y a pas de maison dans l'Europe qui soit en estat de faire ombrage à celle de France, que la maison d'Autriche. C'est la majeure qu'il tâche de confirmer par quelques exemples, & qu'on voit assez estre particuliere au lieu qu'elle devoit estre generale. Car il dit seulement que les plus grands ennemis que la France ait à craindre est le Roy d'Espagne & l'Empereur, & non pas, qu'elle n'en puisse avoir d'autres. On voit assez qu'il voudroit bien nous faire croire que la France n'a rien à craindre que du costé de la maison d'Autriche. Mais il n'a osé le dire positivement parce que c'auroit esté une fausseté trop visible. Car pourrions nous avoir oublié les ravages que les Anglois ont faits dans la France, les batailles qu'ils y ont gagnées, la prise d'un de nos Rois, les temps malheureux où on les a vû regner dans Paris, & les pretensions qu'il semble qu'ils y aient encore, en prenant le titre de Rois de France? Ils s'excitent eux-mêmes encore aujourd'huy à reprendre sur nous les mêmes avantages qu'ils ont eus par le passé? Ils se reprochent de ne se plus souvenir de la haine en laquelle les élevoient leurs ancestres en leur disant lorsqu'ils leur apprenoient à tirer de l'arc: (a) *Disce puer ferire Gallum:* Apprends à percer un François. Et sans aller si loin, quand les Anglois vinrent à l'Isle de Ré pour s'en rendre maîs-

---

(a) Dans le liv. Intit. *Traité Politique sur les mouvemens presens d'Angleterre.* 1672.

maistres, ce qui auroit esté tout moien de prendre la Rochelle, & qu'ils firent ensuite tous leurs efforts pour en faire lever le Siege, n'en aiant esté empeschez que par la digue; n'auroit-ce esté rien de considerable, s'ils en fussent venus à bout, & qu'ils eussent affermy par là dans la Rebellion, *les tres fidelles sujets* de nostre Jurisconsulte, qui les avoient appellez pour faire la guerre à leur Roy? Et tout autre que nostre Prince à qui il semble que rien ne soit impossible, auroit-il si glorieusement terminé la derniere guerre, aiant pour nouveaux ennemis ceux qui l'avoient porté à l'entreprendre, & qui avoient déja fait passer plus de 25. mille hommes dans les Pays-bas, pour le reduire s'ils eussent pû à flestrir par un traité honteux la gloire qu'il s'estoit acquise par tant de victoires?

Voilà ce que cet Auteur nous voudroit oster de devant les yeux, en ne nous faisant considerer pour ennemis qui nous soient à craindre que la seule maison d'Autriche. Et c'est ce qui luy fait poursuivre en cette maniere, pour en venir à la conclusion qu'il veut tirer de tout cela en faveur de son party.

La maison d'Autriche a conservé une si grande fureur contre les Protestans, & les Protestans conservent tant de ressentiment des violences qu'ils ont souffertes par les Princes de cette maison, que ces deux partis sont absolument irreconciliables. Il n'en est pas de même des autres parties de l'Etat.

C'est sa mineure, d'où il laisse à tirer comme une consequence necessaire ce qu'il avoit entrepris de prouver : *Que les Huguenots sont le seul party dans l'Etat de la fidelité duquel le Roy puisse estre parfaitement assuré.*

Mais y eut-il jamais de Proposition plus fausse que celle qu'il avance si hardiment, & sur quoy tout son raisonnement est fondé : *Que la maison d'Autriche & les Protestans sont deux partis absolument irreconciliables ?*

Pour en découvrir la fausseté sans aller chercher diverses histoires, on peut voir ce que Mr. de Nevers representa au Pape Sixte V. pour monstrer que la maison d'Autriche s'est souvent servy du pretexte de la Religion Catholique pour établir sa domination, mais que cela ne l'a jamais empeschée de s'allier avec les Protestans quand elle y a trouvé de l'avantage. *Parce que Charles V. (dit ce grand Prince) estimoit que la nouvelle heresie de Luther luy pourroit apporter commodité plus que dommage, tant à l'endroit du Pape, que des Princes de la Germanie, acause de la division que cette Heresie engendroit parmy eux, specialement entre les Princes seculiers, & les autres, voire aussi parmy les simples lais ; il la laissa augmenter, jusques à ce qu'elle eust produit l'effet qu'il avoit projetté. Et lors il suscita le Pape Paul III. pour faire la guerre aux Protestans* SOUS PRETEXTE DE RELIGION ; *mais en intention de les exterminer, & rendre l'Empire hereditaire en sa maison. Encore qu'en la ligue*

avec

avec le Pape il eust promis de ne faire jamais paix ny treve avec les Heretiques, il fit L'IN-TERIM tant prejudiciable à la Religion Catholique, & se r'apatria avec les Protestans, par une ligue perpetuelle qu'il fit avec eux pour la maison d'Autriche, à la charge qu'ils ne donneroient secours au Roy de France, d'hommes, d'argent, ny d'Artillerie : sans toutefois faire aucune mention du fait de la Religion, & ne delaissoit aucun moien de les gratifier & tenir en amitié : Comme aussi les principales villes d'Allemagne, même d'Ausbourg : en laquelle estant en l'année 1552. il deposseda trois Ministres Lutheriens, parce qu'ils medisoient de luy, & laissa tous les autres Ministres prescher, & mesdire de Dieu selon leur phantaisie. Ainsi en fit-il en la ville de Magdebourg, laquelle il avoit fait assieger l'année precedente 1551. par Maurice Protestant : & la laissa vivre en la Religion comme elle voulut, pourveu qu'elle luy obeist. Il donna l'Electorat à Maurice, & l'osta à Jean Frederic son ennemy declaré, pour montrer qu'il n'en vouloit pas aux heretiques, mais à ses ennemis. Il prattiquoit avec les Lutheriens, comme avec les Catholiques, s'en servoit en ses armées, témoin la prise de Rome. Il se ligua avec Henry huitiéme en Angleterre, encore, qu'il eust quitté le Pape, & deshonoré sa tante. Voilà comme les Protestans & la maison d'Autriche sont deux partis absolument irreconciliables.

Que si on veut des exemples qui regardent

Ch. 6. en particulier les Protestans de France ce même Prince nous en fournira dans le même Ecrit. *Comme Mr. de Montmorency (dit-il) se vit desesperé de la bonne grace du Roy, par l'artifice de ses ennemis, il se rallia avec certaines villes de son Gouvernement de Languedoc, qui estoient encore tenuës par les Huguenots. A quoy feu M. de Savoye luy donna beaucoup d'assistance, comme aussi fit le Roy d'Espagne par argent, afin de broüiller & diviser ce Royaume, non pas pour en chasser l'heresie, puisqu'il estoit conjoint avec les Huguenots.* Et ailleurs, *le Roy Henry III. fit tout ce qu'il put pour destourner le voiage de Monsieur en Flandre, combien que sa Majesté ait esté avertie de l'assistance que le Roy d'Espagne avoit faite à M. le Mareschal d'Anville, & des offres d'argent faites au Roy de Navarre, pour l'assister a broüiller ce Roiaume, & non pas d'en extirper l'heresie.* C'est ce qu'on lit aussi dans l'histoire de Daubigné Huguenot, de sorte que ce sont des veritez constantes dans l'un & dans l'autre party : M. Mezeray aiant remarqué la même chose en l'an 1583. en ces termes : *Le Roy d'Espagne avoit voulu engager M. de Guise a prendre les armes, mais aiant manqué son dessein de ce costé-là, il voulut faire soûlever les Huguenots, & s'addressa pour cela au Roy de Navarre, luy offrant 50000. écus par mois, & deux cent mille d'avance. Le Roy l'ecouta durant quelque temps ; mais tout d'un coup*

coup il vint à s'en repentir, & en donna avis au Roy.

Nous avons encore des Histoires de cette nature de plus fraiche datte. L'Espagne nous croiant fort empeschez contre les Anglois pendant le Siege de la Rochelle, fit attaquer le Duc de Mantoüe. Et voiant que le Roy estoit resolu de ne le pas abandonner, pour luy susciter des affaires chez luy qui le mettroient dans l'impuissance de le secourir, elle traita avec M. de Rohan Chef des Huguenots de Languedoc en l'assurant de leur fournir de grandes sommes d'argent pour les empescher de se porter à la paix. Les termes du Traité sont considerables. Car il portoit : *Que ce que le Roy* (d'Espagne) *en faisoit estoit comme estant tres étroitement obligé à la conservation des Etats & Royaumes qu'il a plu à Dieu luy donner ; & à cet effet de se servir de tous les moiens propres, licites & necessaires qui se presenteront, & le tout sans autre interest, que celuy de la plus grande gloire de Dieu : Pour à quoy parvenir il faut paier les Huguenots, pour maintenir la guerre dans le Royaume. Ce qu'aiant sa Majesté fait voir en son Conseil de conscience composé de gens de grande integrité, il a jugé estre convenable à la juste defense de ses Etats, contre une si injuste action, comme celle que le Roy de France fait, violant tout droit & justice* (qui estoit, de ne vouloir pas souffrir qu'il opprimast ses Alliez.) *Et pour parvenir à ses fins, il offre trois cent*

D 5 *mille*

mille *Ducats pour l'entretien des gens de guerre en Provence, Languedoc, & Dauphiné, & quarante mille de pension au Duc de Rohan, huict mille à son frere, & dix mille pour ceux qu'ils voudroient gratifier*: *moiennant quoy ils entretiendront toûjours la guerre tant qu'il plaira au Roy Catholique durant les justes causes qu'il a de ce faire.* Ce Traité estoit si certain & si connu du feu Roy que l'Edit qui fut fait ensuite de la reduction de toutes les Places qui restoient aux Huguenots depuis la prise de la Rochelle, portoit pour titre. *Edit du Roy sur la grace & pardon donné au Duc de Rohan, au Sr. de Soubize, & à tous autres sujets Rebelles, avec l'abolition des negotiations tant avec les Anglois, qu'avec* LE ROY D'ESPAGNE & Savoie.

Cela est-il propre à persuader le Roy, tant de la these generale; *Qu'il doit estre parfaitement assuré de la fidelité de ses sujets Huguenots*, que de la preuve qu'on employe pour la confirmer qui est: Que ne pouvant avoir de grands demeslez qu'avec la maison d'Autriche, *cette maison & les Protestans sont deux partis absolument irreconciliables, & que les Huguenots de France ne sçauroient jamais avoir de liaisons avec l'Espagne contraires à son service,* comme il le dit en la p. 223.

Enfin ce que des mutins dirent autrefois à Moyse par emportement, se peut dire icy avec grande raison : *An & oculos nostros vis eruere.* Nous venons de voir tous les Princes Protestans

testans hors la Suede, unis avec la maison d'Autriche contre la France. Nous venons de voir le Chef des Protestans Hollandois generalissime des Armées d'Espagne & de celles de l'Empereur qui se trouvoient aux Pays-bas, pour nous porter la guerre s'ils l'eussent pû jusque dans la Champagne & la Picardie. Et il se trouvera un Ecrivain assez extravagant pour nous venir dire, que le Roy n'a rien à craindre des Protestans, parce qu'il n'y a que la maison d'Autriche qui nous puisse faire du mal, & qu'il n'est pas à craindre que cette maison & les Protestans s'allient ensemble pour faire la guerre à la France. Il faut bien avoir perdu le sens pour emploier de telles raisons envers un Roy aussi clairvoiant que le nostre. Ils peuvent bien s'assurer sur sa bonté qu'il n'usera point de voies violentes pour les faire rentrer dans l'Eglise, quelque desir qu'il en eust pour leur propre bien. Mais ce ne sera pas certainement par d'aussi méchantes raisons que celles qu'on luy represente dans ce livre, ny pour estre persuadé, qu'il ait plus d'interest à conserver ses sujets Huguenots que tous les autres, comme *estant le seul party de la fidelité duquel il puisse estre parfaitement assuré.*

CHA-

Chapitre VII.

Le même Sophisme du Chapitre precedent emploié par cet Auteur pour rendre suspecte au Roy la fidelité du Clergé de France.

LE même Argument dont nous venons de parler pris de la consideration de la maison d'Autriche comme du seul ennemy que le Roy ait à craindre, est emploié par cet Ecrivain à deux usages; pour les Huguenots, & contre le Clergé de France. Mais c'est à ce dernier égard qu'il est encore plus extravagant. Car il a fallu pour cela qu'il luy ait donné ce tour ridicule : La maison d'Autriche est l'ennemy que le Roy a le plus à craindre. Or dans les demeslez entre cette maison & la France, le Pape est toûjours pour cette maison ; Et le Clergé de France est toûjours pour le Pape. Donc le Roy a toûjours sujet de se defier du Clergé de France. C'est ainsi qu'il conclut ce qu'il luy plaist sur des hypotheses phantastiques.

Car 1. il est faux que les Papes soient toûjours pour la maison d'Autriche. Il y en a qui se sont declarez pour la France contre cette maison : & les derniers paroissent s'estre étudiez à tenir la balance égale. Et même les Espagnols se sont plaints d'Urbain VIII. dont le Pontificat a esté si long, comme leur estant moins favorable qu'à la France.

2. Ces demeslez entre la France & l'Espagne

gne dans lesquels les Papes pourroient avoir Ch. 7. plus d'inclination pour les Espagnols, ne regardent que des interets d'Etat comme pourroient estre des guerres en Italie, & ainsi le Pape agiroit plûtost en ces rencontres comme Prince temporel que comme Souverain Pontife. Or c'est une noire imposture de supposer que le Clergé de France se mesle de ces sortes d'affaires, & que quand il s'en mesleroit il ne fust pas plûtost pour son Roy que pour un Pape qui favoriseroit les Espagnols. L'Histoire est pleine d'exemples qui confirment ce que je dis, mais voions ceux que rapporte cet Auteur.

Il dit que le Pape Urbain II. excommunia Philippe I. & mit son Roiaume en interdit pour avoir repudié sa femme Berte, & épousé Bertrade femme du Comte d'Anjou encore vivant. Mais le Clergé de France qui le crut justement excommunié, crut-il pour cela qu'il n'estoit plus Roy & qu'on ne luy devoit plus obéissance ? Non certainement ; & c'est une folie que de se l'estre imaginé sur ce qu'il y a des actes de ce temps-là qui portent *Regnante Christo*, comme si on avoit voulu marquer par là que les François n'avoient plus de Roy que Jesus Christ. Blondel a refuté cette fausse imagination par un livre qu'il a fait exprés intitulé, DE FORMULA REGNANTE CHRISTO. Mais les Pretendus Reformez confondent toûjours ou par ignorance ou par malice l'excommunication avec la deposition, comme si c'estoit la même cho-

Ch. 7. chose; au lieu que les Theologiens Catholiques les plus attachez aux Rois demeurant d'accord, qu'estant Chrestiens ils peuvent estre excommuniez, quoy qu'on n'en doive venir là que pour de tres grandes raisons, ils soûtiennent en même temps que quoy que l'excommunication puisse estre juste, comme on voit assez qu'estoit celle de Philippe I. elle ne les prive point de leur Couronne, & ne dispense point leurs suiets de l'obeïssance qu'ils leur doivent.

Ils le croient donc bien davantage quand l'excommunication est injuste; & ce qui s'est passé sous Philippe le Bel, & sous Louis XII. fait assez voir quel est sur cela le sentiment du Clergé de France.

Ce que cet Auteur dit de la ligue ne prouve en aucune sorte ce qu'il pretend; que *dans les demeslez entre la France & l'Espagne, le Pape se declarant pour l'Espagne, on doit s'attendre que le Clergé de France prendra le party du Pape.* C'est ce qu'il s'est engagé de montrer; & la ligue ne le monstre en aucune sorte. Car on sçait assez qu'elle ne doit sa naissance ny à l'Espagne ny à Rome, mais que rien n'est plus vray que ce qu'en dit le dernier de nos historiens dans son abbregé Chronologique à la fin de la vie de Henry le Grand. *La Rebellion des Huguenots produisit la faction de la ligue: l'exemple de leurs confederations avec les Princes Estrangers autorisa aussi la liaison qu'elle prit avec l'Espagne. Le procedé des uns*

& des

& des autres fut presque tout pareil: d'abord ils affecterent une grande discipline, puis en peu de temps ils tomberent en toutes sortes de licences. Leurs predicateurs & leurs libelles furent également insolens & factieux: ils emploierent les mêmes maximes, & tenoient le même langage à l'égard de l'autorité des Souverains qu'ils attaquoient, & de la liberté des peuples & des consciences qu'ils debauchoient.

Il est donc certain que sans l'heresie de Calvin il n'y auroit jamais eu de ligue. Et ainsi c'est sur l'heresie qu'on en doit rejetter la premiere cause; le renversement de l'ancienne & veritable Religion, que les heretiques vouloient faire en France, aiant donné sujet à des Princes ambitieux de faire les zelez pour la conserver, & de se servir de cette couleur pour décrier Henry III. qu'ils accusoient, quoique faussement, d'estre favorable aux Pretendus Reformez, & pour éloigner du Throsne le legitime heritier, parce qu'il estoit engagé dans cette secte. Ces mêmes Princes firent entrer depuis l'Espagne & quelques Papes dans leur faction; mais cela ne fut pas capable d'engager tous les Catholiques dans ce party. Il y en eut un grand nombre qui demeurerent fidelles & à Dieu & à leurs Rois. Et c'est un mensonge grossier à cet Auteur d'assurer comme il fait en la p. 223. *Que du temps du Roy Henry III. pendant que tous les corps du Royaume estoient dans une entiere rebellion contre leur Prince, le party Huguenot fut*

fut le seul qui demeura dans l'obeïssance. Il faut estre bien ignorant dans nostre Histoire ou bien devoüé au mensonge pour avancer une si grande fausseté. Est-ce donc que l'armée que Henry III. avoit devant Paris n'estoit composée que de Religionaires ? Est-ce que même aprés sa mort la pluspart des Catholiques de cette armée & sur tout la Noblesse, ne demeurerent pas unis à son successeur quoy qu'engagé dans une Religion contraire ? Est-ce qu'il n'y avoit pas des Cardinaux & des Evêques des plus sçavans & des plus considerables de France dans la Cour & dans le party de Henry le Grand avant même sa conversion ? Comment donc cet Ecrivain ose t'il dire qu'en ces temps-là, *le seul party Huguenot demeura dans l'obeïssance ?*

Mais ce n'est pas merveille qu'ils fussent alors obeïssans. Leur interest les y engageoit. Ils travailloient pour eux mêmes en combattant pour un Roy qui estoit de leur Religion. Mais leur fidelité estoit si peu ferme & si attachée aux avantages de leur secte, que le Roy Henry le Grand estant encore de leur party, ne pouvoit s'empescher de se plaindre de leur procedé: comme on le voit en plusieurs endroits des memoires de M. de Sully, dont en voicy un sur la fin du ch. 15. *Les Huguenots factieux* (ce sont les propres termes de ces memoires) *qui par leur autorité, belles paroles, & raisons de la gloire de Dieu, & salut de ses Eglises, emportoient à leur opinion le plus grand nombre, & sur*

tout

tout les Ministres & gens de consistoires, insistoient à ce qu'il se gardast bien de changer de Religion, & de quitter Dieu, car c'estoient leurs termes, & en cas qu'il se fist Catholique le menaçoient de ne point poser les armes qu'il ne leur eust accordé des Edits & des Conditions si avantageuses pour eux & si desavantageuses pour luy, & des precautions si grandes contre l'inobservation de ses promesses, qu'il ne fust quasi demeuré Roy entre eux si non autant qu'il leur eust semblé........ C'est ce qu'il vous dit lors qu'estant à Mante il vous discouroit de tous ses projets, & des peines & anxietez où il estoit reduit acause d'iceux, & que vous ne nous avez jamais voulu particulariser.

On sçait le bruit qu'ils firent sur son heureux retour à l'Eglise, & les deliberations que cela leur fit prendre aussy-tost aprés dans leurs assemblées. Nous les apprenons des mêmes memoires p. 168. & d'un discours du Maréchal de Boüillon à Mr. de Sully au mois de Juillet 1594. Il luy fit entendre; *Que les inconveniens de l'Etat où se trouvoient les Eglises Reformées depuis la conversion du Roy bien & meurement examinez, par les prudens, mieux sensez & pleins de zele & devotion, il ne falloit point douter que si sa Majesté ne se resolvoit de les mettre bien-tost en condition qui les assurast contre tous les orages & tempestes de leurs haineux & mal-veillans, ils n'essaiassent de trouver en eux mêmes les remedes qui leur defailloient en autruy, & que pour y parvenir ils ne jettas-*

tassent les yeux sur quelque protecteur de dedans ou dehors le Royaume, pour y avoir recours en temps d'adversité, dequoy il avoit sçû qu'il s'estoit déja avancé quelques propos, en un Synode tenu à Saint Maixant, lequel avoit ajoûté qu'en attendant le choix, l'approbation & recognoissance d'un personnage de l'Eminence, probité, puissance & capacité requise pour une tant importante charge, il seroit tenu une assemblée Generale à S. Foy pour en determiner, ou a tout le moins établir un Conseil General de quelque nombre de deputez nommez par toutes les Provinces, qui subsistast toûjours en un certain lieu, avec lequel eussent correspondance dix Conseils Provinciaux, en quoy ils estimoient à propos de separer tout le Roiaume, par les avis desquels ce Conseil General prenant ses resolutions, il eut (en quelque petit nombre qu'il se trouvast) lors des occasions, non seulement autant de pouvoir qu'un protecteur approuvé, mais aussi qu'une assemblée Generale composée des trois Ordres accoustumez en France; tant pour envoier les deputez en Cour y faire des requisitions pour tout le Corps & chaque particulier, selon que l'occasion le pourroit requerir, que pour resoudre les difficultez qui surviendroient, & avoüer & autoriser ceux qui pour se garentir d'oppression seroient reduits à lever les armes sans commission du Roy, fortifier Places, & prendre villes, Chasteaux, & deniers Royaux.

Je ne m'arreste qu'à ce qui est dit du Synode tenu à S. Maixant. Car il se peut bien faire, com-

comme il est remarqué dans ces memoires, Ch. 7. que ce Mareschal ait dit sur cela beaucoup de choses de luy même, parce qu'*il estoit bien aise en donnant des apprehensions de tous ces accidens, de se rendre entremetteur necessaire de telles faciendes.* Mais on ne peut douter que cela n'eust fondement sur ce qui avoit esté traité dans le Synode dont il parle; & il est constant qu'ils ne faisoient autre chose en ces temps-là, que tenir des assemblées politiques qui estoient composées de trois deputez de chaque Province, sçavoir un gentilhomme, un Ministre & un ancien.

Quelque temps aprés, la prise d'Amiens par les Espagnols aiant mis toute la France dans une étrange consternation, ils ne se mirent point en peine d'assister le Roy dans une occasion si importante. Il s'en trouva peu de leur party qui se rangeassent auprés de luy pour l'aider à reprendre cette place. Les apprehensions que les malitieux leur donnoient d'une Saint Barthelemy de campagne, & le peu de consideration où ils croioient estre à la Cour les retinrent chez eux, quoique le Parlement eust donné un Arrest qui notoit d'infamie les gentilshommes qui ne monteroient pas à cheval en cette rencontre.

Il est encore plus étrange qu'en 1605. lorsqu'ils avoient eu tant de temps de s'assurer de la bonté du Roy, & de la volonté sincere qu'il avoit de faire observer les Edits qu'il avoit publiez, en leur faveur, ils ne laisserent

pas

Ch. 7. pas de luy donner des allarmes par leur inclination à broüiller. *Il apprehendoit,* (a) *dit nôtre Histoire, que tout le party de la Religion Pretenduë Reformée n'entreprist la defense du Mareschal de Boüillon, & que par les Conseils d'un si habile homme il ne se portast à former comme une Republique separée dans le Roiaume; car ils parloient de dresser des Conseils en chaque Province, de ne point admettre ceux qui seroient officiers du Roy, dans les deliberations qui appartiendroient à* LA CAUSE, *d'établir des ordres pour des levées d'hommes & de deniers, & de se liguer avec les Estrangers. Il opposa à ce danger les soins de Rosny, lequel aiant eu assez de credit pour presider dans leur Assemblée de Chastelleraut empêcha qu'on n'y parlast de cette affaire-là, & d'ailleurs adoucit les esprits les plus échauffez, en leur donnant de la part du Roy, un Brevet datté du* 8. *d'Aoust,* QUI LEUR PROLONGEOIT LA GARDE DES PLACES DE SEURETÉ POUR TROIS ANS. C'est ainsi qu'ils vendoient leur fidelité même sous un Prince qu'ils sçavoient bien n'avoir que de la bonté pour eux. Il falloit pour empescher qu'ils ne remuassent, qu'il partageast en quelque sorte son Roiaume avec ces bons sujets, en les laissant Maistres de tant de places importantes. En faut-il davantage pour faire voir que s'ils l'avoient auparavant assisté, ç'avoit esté par l'interest de leur Religion, & non par le motif de l'o-

(a) *Abbregé Cronol. de Mezeray en l'an* 1605. (321.)

Pour les Catholiques. 93
l'obéissance & de la fidelité que des sujets de voient à leur Roy, au lieu qu'on ne peut rien dire de semblable des Catholiques qui luy estoient demeurez fidelles avant même qu'il fust converty.

Ch. 8.

Chapitre VIII.

Reponse à ce qui fut fait en Sorbonne contre Henry III. Que les Docteurs de ce temps-là qui se laisserent emporter par la faction de la ligue n'agirent point par les Principes que cet Auteur attribuë à tous les Catholiques, mais par ceux des Calvinistes.

Nous avons vû que cet Auteur ne fonde ce qu'il dit; *que les Princes ne peuvent s'assurer dela fidelité des Catholiques* & principalement de ceux du Clergé, que sur ce qu'il les suppose tous engagez dans cette creance; *que quand le Pape a declaré un Prince privé de ses Etats, les sujets peuvent lever l'enseigne de la Rebellion & luy declarer la guerre.* Et s'étant objecté: *Que peut estre la Sorbonne, qui est la depositaire de la Theologie Françoise, ne reçoit pas ces maximes si fatales à la sureté des Rois:* il répond qu'on en peut juger par ce qu'elle a fait. Et sur cela il rapporte ce qu'elle fit pendant la ligue, qui est *qu'aprés la mort des Princes de Guise arrivée à Blois, elle declara que le peuple estoit absous du serment de fidelité qu'il avoit juré à Henry de Valois cy devant leur Roy, & qu'il pouvoit en bonne conscience luy faire la guerre comme à un Tyran.*

P. 220.

On

Ch. 8. On demeure d'accord du fait ; & c'est un lamentable exemple de ce qui peut arriver aux plus celebres compagnies quand elles sont remuées par une faction puissante, comme estoit celle de la ligue qui fait que le nombre des moins éclairez se trouvant plus grand que celuy des plus sages, on attribuë à tout le corps, ce qu'on ne devroit imputer qu'à la moins saine partie. Et c'est le premier defaut de ce malheureux decret, parce que selon le vray esprit de la Sorbonne, des choses de cette importance ne devroient jamais passer que d'un consentement unanime ou presqu'unanime : ce que reconnurent bien ceux qui en estoient les Auteurs, ne l'aiant publié, comme le remarque M. de Thou, qu'en asseurant que tout s'y estoit passé *concordi omnium consensu & nemine repugnante*. Et cependant cet Illustre historien soûtient au contraire, *qu'il estoit constant que les plus anciens & particulierement Jean le Févre, leur Doien d'une probité reconnuë, & d'une érudition non vulgaire, avoit esté d'un autre sentiment, & avoit fait ce qu'il avoit pû pour détourner les jeunes d'un conseil si pernicieux, en leur representant la temerité de cette entreprise, & l'infamie qu'elle leur attireroit dans toute la posterité.* Et que pour arrester cette premiere fureur, son avis fut qu'on ne fist rien dans avoir auparavant consulté le Pape.

Lib. 94. P. 258.

Guillaume Barclay qui a écrit en 1599. lors que la memoire de ces choses estoit encore recente, confirme ce que dit M. de Thou dans son

son livre 5. contre les ennemis de la Monarchie Ch. 8. ch. 6. parlant à Boucher. *Ce mechant decret, dit-il, ne doit point estre imputé à tous les Docteurs de cette celebre Ecole. Ce n'est proprement l'ouvrage que de quelques-uns entre lesquels vous avez esté des premiers. Les autres se trouvant en un grand danger de leur vie par la disposition où vos seditieuses declamations avoient mis le peuple de s'emporter avec fureur contre tous ceux qu'il croyoit estre fidelles au Roy, y ont consenty par force, la grace du martyre n'étant pas commune à tout le monde.*

C'est déja quelque chose de considerable. Car quand on agit de bonne foy, on ne doit point attribuer à tout un corps de Theologiens ce qu'on n'en arrache que par cabale & par faction. Mais je passe plus avant, & je soûtiens contre cet Ecrivain, que les Auteurs de ce Decret quelqu'ils soient, n'ont point agi par les principes qu'il attribuë quoy que sans raison à tous les Catholiques, qui est: *Que quand le Pape a declaré un Prince déchu de ses Etats, ses sujets peuvent luy faire la guerre ;* mais qu'ils ont suivy uniquement les abominables maximes que les Ecrivains Calvinistes avoient repandus dans l'Europe contre la souveraineté des Rois, pour autoriser les revoltes de ceux de leur party, comme je l'ay monstré dans le chapitre III.

La preuve en est bien facile. Car quand ce Decret fut fait en Sorbonne, bien loin que le Pape eust declaré le Roy Henry III. privé de

ses

Ch. 8. ses Etats, & qu'il eust excité ses sujets à luy faire la guerre, il n'avoit point témoigné improuver la mort du Duc de Guise; le Roy, disoit-il, aiant pu le punir comme son sujet; mais il s'estoit plaint seulement de celle du Cardinal de Guise, & de la detention du vieux Cardinal de Bourbon & de l'Archevêque de Lyon, comme d'un violement de l'immunité Ecclesiastique. Il est certain de plus que M. d'Angennes Evêque du Mans s'estant plaint de ce decret au Pape Sixte V. comme d'une entreprise injuste, & extravagante, ce Pape luy avoüa *qu'en effet il estoit temeraire*. Et enfin la monition qu'il fit en suite publier contre luy n'alloit point, comme remarque M. de Thou, à le *frapper* tout d'un coup du glaive de l'excommunication, comme les Theologiens de Paris avoient fait ou avoient jugé qu'on le pouvoit faire; (*non protinus regem vibrato spiritus gladii mucrone ad perniciem ferit, quod Theologi Parisienses fecerant aut faciendum censuerant*) mais à le conjurer par une affection de Pere, & par les entrailles de la misericorde de Jesus Christ de mettre en liberté le Cardinal & l'Archevêque, en l'avertissant, s'il ne le faisoit, qu'il seroit retranché de la Communion de l'Eglise, sans marquer en aucune sorte qu'on le deposeroit de son royaume.

Il est donc constant que la question de ce que le Pape peut ou ne peut pas dans ces rencontres contre les souverains pour les dépoüiller

ler de leurs Etats, n'entre point dans ce qui fut fait contre Henry III. par le party turbulent des jeunes Docteurs de Sorbonne: mais il est clair qu'il n'estoit fondé que sur ces pernitieux principes de Buchanan, de Brutus, & d'autres semblables pestes des Monarchies; *Que le peuple entier est superieur au Roy qu'il a étably sur luy, & que lors qu'il juge qu'un Roy est devenu tyran par sa mauvaise administration, il a droit de luy faire la guerre comme à un tyran & de le priver de sa dignité.*

On voit assez qu'ils n'ont pû avoir d'autre fondement de leur Decret, & qu'ils ne considererent en aucune sorte la puissance indirecte que quelques Theologiens attribuent à l'Eglise & au Pape sur le temporel des Rois; puisque le Pape n'avoit point parlé, & que le Cardinal de Gondy qui estoit leur Evesque estoit toutafait attaché au Roy. Mais on en est de plus convaincu par le livre que fit en même temps pour soûtenir ce Decret le plus emporté & le plus habile de ces Theologiens seditieux. Car le livre du fameux Boucher Curé de S. Benoist qui est appellé par M. de Thou, *liber cruciarius*, dont le titre estoit, *de justa Henrici* III. *Abdicatione è Francorum Regno*: De la juste deposition de Henry III. du Royaume de France, n'estoit rempli d'une part que des plus outrageuses calomnies contre ce Roy sur toutes sortes de sujets dans le dessein de monstrer qu'il estoit devenu tyran: & de l'autre, de toutes les fausses maximes de Buchanan

nan & de Brutus, pour en conclure selon les principes de ces Auteurs, qu'on avoit du le deposer, & luy declarer la guerre. Guillaume Barclay a fait voir que ç'a esté de ces deux Calvinistes, & principalement du dernier que Boucher a pris toutes ses mêchantes preuves, toutes ses depravations de l'Ecriture, tous les exemples ou faux ou impertinemment alleguez. Il a eu même le jugement si troublé, qu'il n'a point rougy de se vanter comme d'un grand avantage pour sa cause, qu'il n'avance rien dont les Protestans ne conviennent, & que toute la difference qu'il y a entre luy & eux, est qu'il n'est pas d'accord avec eux pour la determination de la personne du Tyran. Mais en même temps il rapporte avec approbation cette horrible parole de Buchanan. *Les tyrans*, (c'est le nom qu'il donne aux Rois les plus legitimement établis quand les peuples s'en croient opprimez) *sont les ennemis de Dieu & des hommes, & j'estime qu'on les doit regarder comme des loups & les autres animaux pernicieux au genre humain: De sorte que c'est vouloir se perdre & soy même & les autres que de les nourrir, au lieu que c'est rendre un grand service & à soy & aux autres* QUE DE LES TUER.

Ainsi par la propre confession de Boucher c'est dans l'Ecole des Calvinistes qu'il avoit appris à croire que tout ce qui est permis contre les tyrans d'usurpation, l'est aussi contre ceux que l'on pretend estre Tyrans d'administra-

Ch. 8.

Apud Barclaium. lib. 6. c. 24. p. 191.

ſtration. Et c'eſt en ſuivant ſon maiſtre Buchanan, qu'il avance ailleurs cette maxime ſanguinaire, que je n'oſe rapporter en noſtre langue, tant elle me fait horreur. *Quid eſt aliud in dictâ cauſâ tyrannum, quam à privato quovis, cum dabitur interfici poſſe. Nam ſi id in invaſorem principatus licet; tanto magis in religionis & patriæ oppreſſorem,* QUANTUMVIS ALIOQUI LEGITIMUM PRINCIPEM *licere debet.* Et ainſi rien n'eſt mieux fondé que ce que nous avons déja vu qu'a dit le dernier de nos Hiſtoriens; *Que la rebellion des Huguenots a produit la faction de la ligue: Que leurs predicateurs, & leur libelles furent également inſolens & factieux: qu'ils emploioient* LES MESMES MAXIMES *& tenoient le même langage à l'egard de l'autorité des ſouverains qu'ils attaquoient, & de la liberté des peuples qu'ils débauchoient.*

Apud Barcl. lib. 5. cap. 6. p. 614.

Comment donc les Pretendus Reformez oſent-ils nous parler de ce Decret de Sorbonne dont ils ſont les premieres cauſes, puiſque ce n'a eſté qu'un ruiſſeau funeſte de leurs ſources empoiſonnées, comme le reconnoiſt celuy qui en a eſté l'un des principaux auteurs? Auſſi les Catholiques plus éclairez ne manquerent pas d'oppoſer dés ce temps là à ces trop fidelles diſciples de Buchanan & de Brutus; que les plus habiles hommes de leurs corps avoient enſeigné des maximes toutes oppoſées & auſſi conformes à l'eſprit de l'Evangile que les leurs y eſtoient contraires. C'eſt ce que

Ch. 8. nous apprenons encore de M. de Thou. Il dit que pour arrester les mauvais effets de ce que Boucher & ses semblables faisoient faire à la Sorbonne, on ramassa plusieurs témoignages pris des livres des Docteurs de cette celebre faculté, & principalement de Simon Vigor qui aprés la mort du Cardinal de Ferrare avoit esté élevé à l'Archevesché de Narbonne. On faisoit voir que ce sçavant Docteur & ce pieux Archevêque soûtenoit dans des sermons qui avoient esté publiez aprés sa mort: *Que pour quelque cause que ce soit, il n'estoit jamais permis aux sujets de prendre les armes contre leur prince legitime, quand il seroit infidelle & idolâtre, & qu'eux seroient de vrais Chrestiens & parfaitement Orthodoxes: Que la Religion, comme dit Lactance, se doit defendre non en tuant mais en mourant; non par des moiens violens, mais par la patience; non par des revoltes criminelles, mais par les armes de la foy.* Et qu'un excellent Theologien de l'Ordre des Carmes nommé *Thomas Bellamicus* avoit enseigné la même doctrine par un écrit public en ces termes? *Qu'il ne pouvoit y avoir de juste cause, non pas même quand il s'agissoit de maintenir la Religion, de prendre les armes contre le Prince ou les Magistrats, & que quand même le Prince seroit infecté d'heresie on n'en estoit pas moins obligé de luy estre fidelle, & qu'on ne pouvoit y manquer sans pecher tres grievement contre Dieu, & s'exposer à la perte de son salut:* ce qu'il prouvoit par l'E-

l'Ecriture, & par les témoignages des saints Ch. 8
Peres.

Voilà ce que les vrais Catholiques ont appris des saints Docteurs de l'Eglise, & quel est aujourd'huy autant & plus que jamais l'esprit de la Sorbonne: quoique cet Ecrivain ose soûtenir le contraire en cet endroit même où il parle du decret fait pendant la ligue en n'alleguant pour cela qu'un mensonge diabolique, qui est qu'elle ait approuvé en 1648. le dessein qu'il attribuë aux Catholiques d'avoir voulu faire mourir le feu Roy d'Angleterre, de quoy nous parlerons plus bas. Car quoiqu'il n'y eust jamais d'imposture plus extravagante, il ne laisse pas d'en conclure, que cela fait voir *que la Sorbonne est encore dans le même esprit*, où estoit pendant la ligue la cabale de Boucher. Mais c'estoit bien plustost à luy à nous faire voir que l'esprit des Bouchers de ce temps-là n'estoit pas l'esprit des Buchanan, des Brutus, des Pareus, des Henry Estienne, & de tant d'autres Auteurs de sa secte. Que si ce seroit tenter l'impossible que d'oser nier que ces premiers n'aient esté les disciples de ces derniers, & qu'ils n'aient agy par les principes que ces mechans maistres ont pris tant de peine à établir, n'est-ce pas la derniere impudence d'alleguer ce qui arriva en ce temps-là, pour persuader aux Princes qu'ils ont également lieu, *& de ne point s'asseurer de la fidelité des Catholiques, & de se tenir parfaitement assurez de celle des Protestans?*

E. 3. CHA-

CHAPITRE IX.

Les principaux fondemens de cet Auteur refutez par le livre d'un autre Protestant intitulé: l'Empereur & l'Empire trahis, & comment & par qui.

DAns le même temps que les Protestans repandent en France & dans les Pays bas, le livre dont j'ay entrepris de refuter les calomnies, qui regarde proprement les Pretendus Reformez de France, ils en font courir un autre touchant les pretendus griefs de tous les autres Protestans, mais dans le même dessein de faire retomber sur la Religion Catholique & sur le Pape la cause de tous les derniers troubles de l'Europe. Ce livret a pour Titre. *L'Empereur & l'Empire trahis, & comment & par qui.* Ce qui m'oblige d'en dire un mot, c'est que j'y trouve de quoy renverser tous les fondemens de la fausse politique de nostre *faiseur d'entretiens*, & de luy faire voir par cet Auteur de leur party, combien il se trompe, en supposant d'une part, que le Pape est toûjours joint à la maison d'Autriche contre la France; ce qui est capable, à ce qu'il pretend, de rendre infideles tous les Ecclesiastiques du Royaume; & de l'autre, que le Roy n'a point d'ennemis vraiment à craindre que les Princes de la Maison d'Autriche avec qui on n'a pas lieu d'apd'apprehender que les Hugenots s'unissent jamais. Voilà tout ce qu'il a pû trouver de plus specieux pour persuader au Roy que de tous ses sujets il n'y a que les Hugenots dont il puisse estre parfaitement asiuré. Mais son Compagnon Protestant renverse bien toutes ses idées, & donne bien un autre plan de la Cour de Rome & des ennemis que la France peut avoir.

Pour le premier il pretend (p. 40.) que la Guerre de la France contre la Hollande a esté colorée de plusieurs pretextes, mais que dans la verité elle n'a esté fomentée que par la Cour de Rome & par les Jesuites: & voicy comment. *Y aiant eu, (dit-il,) un commencement de guerre entre le Duc de Savoie & la Republique de Gennes, cette subtile & rusée Cour pour empescher que cela ne causast un embrasement de guerre en Italie, s'appliqua premierement à la faire cesser, & puis a detourner les armes redoutables de sa Majesté Tres-Chrestienne sur quelque autre contrée de l'Europe éloignée de l'Italie, & convenable à l'interest de la Cour Papale. Ce qui aiant esté dirigé sur ce pied par les Jesuites, c'est par la suite de ces subtils menagemens que la partie fut entierement dressée contre les Provinces Unies.*

Il nous apprend ensuite *que sa Majesté Tres-Chrestienne qui connoissoit assez où buttoient les desseins de la Cour de Rome n'a point voulu s'engager à une guerre ouverte contre les Provinces Unies qu'a deux conditions: La 1. qu'en faisant*

Ch. 9. faisant acquiescer secretement la Cour de Rome, entant qu'elle le pouvoit, à ce qu'il pust faire, s'il luy estoit possible un contigu des Provinces du Païs-Bas Espagnol & de la Lorraine avec tout ce qu'il pourroit conquerir sur cette republique pour operer le rétablissement de l'ancien Royaume d'Austrasie. La 2. qu'en s'assurant pour elle & pour le Dauphin à qui on destinoit ce Royaume d'Austrasie, la couronne Imperiale.

P. 43. Or à l'égard, dit-il, du premier point des Païs-Bas Espagnols, c'estoit une necessité de menager sa Majesté Britannique, qui y avoit un interest extremement considerable, & par consequent de la contenter. Ce qui ne se pouvant faire, qu'en sacrifiant à ce Monarque quelque chose d'extremement considerable appartenant à l'Espagne, une direction moins corrompuë que celle des Jesuites se seroit trouvée extremement embarassée à resoudre & à concilier tant de si grandes, & épineuses difficultez, veu la profusion des graces, dont la tres-Auguste maison en ses deux testes a comblé depuis leur établissement leur Societé, mais s'agissant de la grandeur, & des interests de la mitre Papale, que par parenteze la Societé regarde avec la même ardeur qu'un jeune Prince brûlant d'amour, considereroit les avantages, la gloire, & l'interest d'une belle & riche Reyne, dont il ne douteroit pas de ne devenir un jour le possesseur; le souvenir de toutes les graces de l'Auguste maison envers la Societé furent pour cette fois mises en arriere, & il fut passé outre à l'ouverture des expediens, & cela

cela par deux raisons, selon les dogmes Politiques de cette benigne Societé, pleines de justice, & d'equité. La premiere, c'est que la tres-Auguste maison se trouvant dans cette conjoncture, en une notoire impuissance, de pouvoir faire remonter les Pontifes Romains dans leur precedant estat de grandeur & de gloire, & n'y aiant que sa Majesté Tres-Chrestienne, qui par ses forces & ses raisons pust operer cette espece de miracle, c'estoit une necessité de passer par-dessus toutes les difficultez qui se pourroient opposer, à une entreprise si utile & si glorieuse. La seconde, que la Societé pour recompense de toutes ses fatigues, s'estoit assurée en cas de reüssite, du don de deux grandes Abbayes Chefs d'Ordre, l'une dans l'ancien Royaume de France, & l'autre dans le païs de conqueste, pour faire partie de la masse du patrimoine de leur Societé, & s'estant d'ailleurs assurée au cas de reüssite de pouvoir par la protection de la France, faire des établissemens réels en Amsterdam, & ailleurs. Par l'effet de ces deux raisons, de l'ouverture & agitations des expediens, il fut passé outre à la conclusion & signature des Traitez, c'est adire en secret d'entre la Cour de Rome & la France, & d'entre la France & l'Angleterre, en vertu desquels la Guerre fut commencée contre la Republique des Provinces Unies. Je passe sous silence en quoy pouvoit consister la satisfaction de sa Majesté Britannique, cela n'estant pas quant à present du fait. Quoyqu'il en soit comme sous le regne de Philippe II. La France avoit

E 5 esté

esté violemment sacrifiée, du moins tout autant que cela avoit esté possible à la Cour de Rome, aux interests de la mitre Papale, & de ce Monarque; la tres Auguste maison d'Autriche à son tour, selon ce projet, estoit absolument sacrifiée à l'interest de la Papauté, des Jesuites, & de sa Majesté Tres-Chretienne. Il ajoûte que c'est par cette raison que la ligue de la plus part des Princes Catholiques d'Allemagne fut signée & incorporée dans ce traité, & que le Roy cacha son dessein aux Protestans d'Allemagne ses anciens alliez: comme de leur part la Cour de Rome & la Societé le cacherent soigneusement à la tres Auguste maison d'Autriche en ces deux testes, *& que dans le commencement de cette Guerre, il ne fut rien negligé par les Nonces de la Papauté, par les Jesuites, & par leurs supposts, pour endormir les Conseils de Vienne & de Madrit, & que du depuis ils n'ont rien pû penetrer des deliberations de ces deux Conseils, dont ils n'aient soigneusement averty jour par jour, le Ministre de France.*

Nous voions donc clairement qu'au lieu que nostre *faiseur d'Entretiens* suppose comme indubitable que le Pape & les Jesuites sont toûjours joints à la maison d'Autriche pour faire à la France tout le mal qu'ils peuvent; cet autre Auteur qui n'est pas moins zelé Protestant suppose au contraire, comme un Secret important qu'il a decouvert, que le Pape & les Jesuites sont joints à la France pour trahir la mai-

maison d'Autriche, & pour la sacrifier à l'interest de la Papauté, de la Societé, & de sa Majesté Tres-Chrestienne. Ce qui luy fait ajoûter en la p. 103. *Que la Cour de Rome & les Jesuites, soit par les services importans que ces derniers rendent depuis quelque temps à sa Majesté Tres-Chrestienne, ou bien par ceux qu'ils font esperer de luy rendre à l'avenir, ou soit par la pourpre Cardinale dont tous les deux flattent quelque fils, neveu ou frere des principaux Ministres de la Cour de France, il faut faire estat que la Cour de Rome & la Societé dirigent presque dans son tout le Conseil de France, & ce qui s'en dit & publie de contraire au sujet des Regales, ne sont que bagatelles ou pures fourberies.*

Qu'on ne s'imagine pas que je rapporte ces folies comme meritant d'estre refutées. On voit bien que c'est un ridicule qui veut faire l'habile homme, & qui est assez impertinent pour declamer contre la derniere paix, comme aiant esté fort desavantageuse aux Protestans ; au lieu qu'elle leur a assuré tout ce qu'ils avoient gagné par la paix de Westphalie, & que si quelques Princes de ce Party ont esté obligez de se relâcher de quelques conquestes qu'ils avoient faites pendant la guerre (ce qu'ont fait aussi des Catholiques, comme l'Evêque de Munster) ce n'a esté qu'en faveur d'autres Princes Protestans. Toute la Reflexion que je fais sur ces sottises, est que la plus part des Protestans qui font les esprits

E 6   forts

forts pour ne pas croire ce qu'à cru toute l'antiquité Chrestienne, sont d'ordinaire par un renversement d'esprit qui semble estre la peine de leur schisme, plus credules & plus sots que les plus simples enfants, au regard de toutes les choses qu'on leur dit du Pape, quelques insensées qu'elles puissent estre. C'est la beste de l'Apocalypse dont on leur a fait tant de peur dés leur enfance qu'il n'y a rien qu'ils n'en croient. Ils prennent pour admirable tout ce qu'on leur en dit, fussent des choses toutafait contraires. Le même faux zele contre la Religion Catholique a enfanté en même temps ces deux livres *La Politique du Clergé* & *l'Empereur & l'Empire trahis*. Ils les trouvent tous deux merveilleux, & ils en prennent les Auteurs pour de tres fins politiques qui decouvrent jusques au plus Secret des desseins *de la Cour Papale*. Ce mot leur est une preuve que ces desseins sont bien noirs, comme le mot de *Papiste* leur represente un idolatre adorant la beste, & qui en a le caractere au front & à la main. Mais ces desseins sont contraires: N'importe, ce sont toûjours de méchans desseins. L'un dit que la Cour Papale & les Jesuites ont toûjours un *malin vouloir* contre la France en faveur de la maison d'Autriche: & l'autre dit au contraire, qu'ils trahissent la maison d'Autriche, pour élever la France sur ses ruines. L'un & l'autre est bon à nos bons Protestans, parce que l'un & l'autre tend au même but, qui est de décrier le Pape comme

Auteur de toutes les broüilleries qui arrivent Ch. 9. dans l'Europe. L'un dit que l'affaire de la Regale est une preuve de la mauvaise volonté du Pape contre la France. L'autre dit que c'est estre duppe de s'imaginer cela, qu'il faut tenir pour constant que la Cour de Rome & les Jesuites sont tres bien ensemble, *qu'ils dirigent de concert presque en tout le Conseil de France, & que ce qui s'en dit au contraire au sujet de la Regale ne sont que bagatelles ou pures fourberies.* Cela n'est pas facile à accorder, & ce dernier est la plus haute extravagance qui fut jamais. Mais nos bonnes gens n'y prennent pas garde de si prés; & pourveu que le Pape & sa *Cour Papale* soient depeints avec des couleurs bien noires cela leur suffit.

Il nous reste à dire un mot du 2. point, qui regarde les ennemis que la France peut avoir selon ce nouvel Auteur. Ce n'a garde d'estre la maison d'Autriche. Car elle est, si on l'en croit, venduë à la France par les Jesuites & la Cour de Rome. Mais il les trouve ces ennemis qui seroient en effet tres redoutables dans le party des Protestans. Il veut que tous les Rois, tous les Princes, & toutes les Republiques de ce party, c'estadire les Rois d'Angleterre, de Suede & de Dannemarc, les 3. Electeurs & autres Princes Protestans de l'Allemagne, toutes les villes de l'Empire Lutheriennes ou Calvinistes, les Provinces Unies, & les Cantons Protestans de la Suisse, avec les Grisons, fassent une ligue generale offensive

E 7 & de-

CH. 9. & defensive contre la France, à laquelle il pretend que la maison d'Autriche trahie & venduë, comme il suppose qu'elle l'est, par la Cour de Rome & par les Jesuites, n'est plus capable de resister.

On sçait bien que cette ligue est phantastique; & que ce n'est pas sur les songes de ces Politiques visionnaires que de semblables Ligues se font. Mais il ne tiendroit pas à ces boutefeux qu'elle ne se fist. Et cela étant nostre *faiseur d'entretiens* trouveroit-il, que dans de pareilles conjonctures le Roy devroit estre encore plus asfuré de la fidelité de ses sujets Huguenots que des Catholiques, & qu'il n'auroit point à apprehender, que le zele de la *Sainte Reformation* ne les portast à seconder les bons desseins de leurs freres en Christ, & au moins à ne point porter les armes contre eux pour ne point arrester le progrés de l'Evangile & la ruine du Roiaume de l'Antechrist? Car c'est l'idée qu'ils ont de tous les Princes Catholiques, qu'ils se sont obligez par les principes de leur secte de regarder avec detestation, comme les adorateurs de la beste.

CHA-

CHAPITRE X.

De l'abus que cet Auteur fait de la Harangue de M. le Cardinal du Perron au tiers Etat, pour rendre suspecte au Roy la fidelité de tout le Clergé de France.

CE qui donne plus de lieu à cet Ecrivain emporté de declamer contre le Clergé de France, est la Harangue de M. le Cardinal du Perron au tiers Etat pendant la tenuë des Etats en 1614.

On sçait quel fut le sujet de cette Harangue, & cet Auteur ne le rapporte pas mal. C'est que le Tiers Estat avoit proposé pour assurer la vie des Rois, d'établir une Loy fondamentale de l'Etat, qui portoit que chacun feroit serment de reconnoistre & de croire: *Que nos Roys ne dépendent pour le temporel de qui que ce soit, que de Dieu; que pour aucune cause il n'est point permis d'assassiner les Rois; que même, pour cause d'heresie & de schisme, les Rois ne peuvent estre deposez, ny leurs sujets absous du serment de fidelité, ny sous quelque autre pretexte que ce soit. Voilà ce me semble*, ajoûte cet Auteur, *une loy qui fait la sureté des Rois; voilà une doctrine que tous les Huguenots sont prests de signer de leur sang.*

Il dit que le Clergé s'opposa formellement à cette loy: C'estadire la chambre Ecclesiastique composée des deputez du Clergé, & qui

le re-

Ch. 10. le representoit au regard des affaires qui ont accoustumé de se traiter dans les Etats qui ne sont d'ordinaire que temporelles, ou qui regardent au plus la discipline exterieure de l'Eglise, & non des points de doctrine: De sorte que quoy qu'ait pû dire M. le Cardinal du Perron en parlant au nom de cette Chambre Ecclesiastique (car c'est ce que porte le titre de sa Harangue) on ne le peut raisonnablement imputer à tout le Clergé. Car il faudroit pour cela que cette Chambre Ecclesiastique eust esté un Concile National où cette matiere auroit esté examinée. Il y a donc déja une injustice manifeste d'attribuer à tout le Clergé de France tout ce qui se trouve dans cette Harangue. Voions neanmoins ce qu'on en peut raisonnablement conclure au regard même de ce Cardinal & de ceux qui approuverent sa Harangue, que l'on sçait bien n'avoir pas esté approuvée par tous les Ecclesiastiques de France de ce temps-là, & il est certain qu'elle le seroit encore moins en ce temps icy.

Cet Auteur remarque, que le serment dressé par le tiers Etat contenoit trois points.

Le 1. de l'Independance des Rois à l'égard de leur temporel. Le 2. des entreprises qu'on fait sur leur vie. Le 3. que pour quelque cause que ce soit ils ne peuvent estre deposez: mais il n'a pû nier que ce Cardinal n'ait tres bien parlé sur les deux premiers points. Et en effet rien n'est plus clair que ce qu'il dit sur le premier. *Nous croions que nos Rois sont Souverains*

rains de toute forte de Souveraineté temporelle en leurs Roiaumes, & qu'au regard du temporel, ils dependent immediatement de Dieu, & ne reconnoissent aucune puissance par dessus eux que la sienne. Et rien aussi n'est plus fort que ce qu'il dit sur le Second. *Nous sommes tous d'accord, & offrons de le signer de nostre sang, que pour quelque cause que ce soit il n'est permis d'assassiner les Rois. Nous crions à haute voix avec le sacré Concile de Constance contre les meurtriers des Rois, voire de ceux que l'on pretendroit estre devenus Tyrans: Anatheme à quiconque assassine les Rois: Malediction eternelle à quiconque assassine les Rois: Damnation eternelle à quiconque assassine les Rois.*

Il ne reste donc que le 3. point auquel il est vray que la Chambre Ecclesiastique s'opposa, mais pour des raisons & avec des restrictions que cet Auteur dissimule. Car ce Cardinal reduit la question en ces termes: *Si les Princes aiant fait ou eux ou leurs predecesseurs serment à Dieu ou à leurs Peuples de vivre ou mourir en la Religion Chrestienne....... viennent non seulement à tomber en manifeste profession d'heresie, ou d'apostasie de la Religion Chrestienne, mais même passer jusques à forcer leurs sujets en leurs consciences, & entreprennent de planter l'Arianisme ou le Mahometisme ou autre semblable impieté en leurs Etats, & y détruire & exterminer le Christianisme, leurs sujets peuvent estre reciproquement declarez absous du serment de fidelité qu'ils leur ont fait. Et cela*

arri-

Ch. 10. *arrivant à qui il appartient de les en declarer absous.* Et aiant ainsi étably l'estat de la question que dit-il? Declare-t-'il que la doctrine de l'Eglise est qu'ils en peuvent estre absous en ce cas-là, ou au moins que c'est le sentiment du Clergé? C'est ce que cet Auteur voudroit faire croire. Mais il ne faut qu'écouter ce Cardinal pour connoistre le contraire. Car il fait sur cela sa declaration en ces termes. *Or c'est ce point là*, dit-il, *que nous disons estre contentieux & disputé.* Et il repeta souvent dans sa Harangue, qu'il ne s'agissoit pas de la verité ou de la fausseté de cette doctrine, mais que quand elle seroit la plus vraye du monde, on ne la pourroit tenir que problematique en matiere de foy. *Et pourtant*, dit-il, *vouloir enclore cette cause en la même obligation de foy & sous le même decret d'Anatheme, sous lequel nous enfermons la condamnation de ceux qui attentent sur la vie des Rois, c'est tomber en 4. manifestes inconveniens que nostre Chambre m'a donné charge de vous representer.* Le 1. que c'est forcer les ames & jetter des lacqs és consciences en les obligeant de croire & de jurer comme de foy ce qui ne seroit pas de foy. Le 2. que c'est renverser l'autorité de l'Eglise, en entreprenant de juger de la foy, &c. Le 3. Que c'est nous precipiter dans un schisme, &c. Le 4. Que ce n'est point asseurer les Etats & la vie des Rois. Je n'ay pas besoin d'examiner s'il avoit raison de supposer que le Tiers Estat vouloit faire un article de foy de ce qu'il avoit

pris

pris pour le sujet de son serment. Il me suffit Ch. ro. qu'il le suppose, & que ce soit le principal fondement de sa Harangue. Car ce qu'il y fait principalement est de prouver par beaucoup d'Auteurs qui ont tenu l'affirmative, qu'on ne peut faire un point de foy de la negative. Et avant que de l'entreprendre, il renouvelle la declaration qu'il avoit déja faite, de n'en parler que comme d'une question problematique sans decider absolument ny le pour ny le contre. *Ce que j'en diray*, dit-il, *est en me tenant dans les simples voies du fait,* (qui est que les Docteurs de l'Ecole ont tenu l'affirmative) *& sans passer à celles du droit* (qui est de sçavoir s'ils ont eu raison ou non) *duquel la decision n'appartient ny à ce lieu ny à ce temps.*

Il est donc clair que cet Auteur n'a pû sans mauvaise foy se fonder sur cette Harangue du Cardinal du Perron pour imputer à tout le Clergé de France de croire; *Qu'un Roy estant heretique le Pape peut dispenser ses sujets du serment de fidelité:* Puisqu'il ne s'agissoit pas dans cette Harangue de la verité ou de la fausseté de cette proposition, mais seulement si on pouvoit obliger à la condamner comme impie & detestable & contraire à la foy; qui sont deux choses tres differentes. A quoy on peut ajoûter qu'il s'est passé tant de choses dans le Clergé & dans la Sorbonne depuis le temps de cette Harangue, que c'est par là qu'on doit juger des sentimens du Clergé de France & de la

Sor-

Ch. 10. Sorbonne sur cette matiere, & non sur ce qu'en a dit ce Cardinal il y a 65. ans.

Mais c'est dans cette harangue même que nous trouverons de quoy confondre d'une part la plus horrible calomnie des Protestans d'Angleterre & de cet Ecrivain contre les Papes: & de quoy prouver de l'autre que ce sont eux mêmes qui sont coupables de ce qu'ils reprochent aux Catholiques.

Pour le I. point, si on en croit cet Auteur, toutes les pretenduës conjurations contre la vie du Roy d'Angleterre d'apresent ont esté approuvées par le Pape. Il faut donc que les Papes croient qu'il est permis & même loüable d'assassiner les Rois heretiques. Or pour peu qu'on ait d'équité, on doit estre persuadé par cette Harangue du Cardinal du Perron, qu'on ne leur peut attribuer cette doctrine sans une manifeste calomnie. Car ce Cardinal ne hesite point de la condamner comme impie & detestable, & comme frappée d'Anatheme par le Concile de Constance; ce qu'il pretend sans aucune reserve, ny exception, & au regard même des Rois heretiques ou Apostats, & voulant ruiner la vraie foy dans leurs roiaumes, dont on auroit absous les sujets de leur serment de fidelité. *Car les loix*, dit-il, *politiques Chrétiennes ne considerent pas seulement en leurs Princes le respect qui leur est du pour le bien de la police temporelle, & acause de la Majesté de l'estat qu'ils representent; mais considerent en eux, l'image & l'Onction de Dieu, qui les a appellez à cette dignité* : *De sorte qu'en ceux* Ch. 10. *qui ont eu une fois la vocation legitime à la Roiauté, quelque tyrannie qu'ils exercent, jamais les loix politiques Chrestiennes, ne passent jusques à permettre qu'on use de proscription contre leurs personnes, & qu'on attente, par conjuration clandestine sur leur vie* : *même leur portent le même respect, que porta David à Saül, encore qu'il sçust qu'il estoit rejetté & reprouvé de Dieu* ; *lorsqu'il dit* : *Qui est-ce qui mettra la main sur l'Oinct du Seigneur, & sera innocent* ? *De maniere que si les Chrestiens sont contraints de défendre leur religion & leur vie, contre les Princes heretiques ou Apostats, de la fidelité desquels ils ont esté absous* : *les loix politiques Chrestiennes, ne leur permettent rien plus que ce qui est permis par les loix militaires, & par le droit des gens ascavoir, la guerre ouverte, & non les assassinats, & conjurations clandestines.* On ne peut declarer ny plus manifestement ny plus fortement, qu'il n'est jamais permis d'entreprendre sur la vie des Rois. Et ainsi de ces deux propositions : *Il n'est permis en nul cas d'assassiner les Rois* : &, *Il n'est permis en nul cas d'absoudre les sujets de leur serment de fidelité*, il ne fit difficulté que de signer la derniere en qualifiant le contraire *d'impie & de detestable*, & il offroit de signer la premiere de son sang, comme estant une verité de foy, & le contraire une heresie digne d'anatheme. Il regardoit donc comme indubitable, que les raisons qu'il croioit devoir empescher les Eccle-

clesiastiques de signer la derniere, n'avoient pas de lieu au regard de la premiere. Or la principale de ces raisons estoit: qu'on tenoit à Rome le contraire de la derniere, & qu'ainsi ç'auroit esté faire schisme que de la signer comme estant de foy. Il falloit donc qu'il supposast au contraire comme une chose certaine, qu'on ne feroit rien qui pust deplaire au Pape en signant comme une verité de foy, que l'on ne peut en nul cas assassiner les Rois, & en condamnant le contraire comme abominable & digne d'anatheme; & bien loin qu'on l'ait trouvé mauvais à Rome, on sçait que cette Harangue y a esté extremement estimée. Et par consequent ce ne peut estre qu'une imposture diabolique d'imputer aux Papes, comme fait cet Auteur sur la foy d'un pretendu Ministre Anglois dont nous parlerons plus bas, & de ces scelerats Oates & Bedlow, d'avoir approuvé, conseillé, & autorisé les conjurations contre la vie du feu Roy d'Angleterre & de celuy-cy, dont il accuse faussement les Catholiques; Et d'avoir promis des indulgences à ceux qui mourroient estant convaincus de ces detestables conspirations. Car il faut avoir prouvé qu'un homme est sans religion, & sans conscience & même sans honneur humain, pour luy imputer avec quelque couleur, d'approuver & d'autoriser ce qui est regardé par tous les Catholiques comme impie, detestable, & digne d'anatheme. Or il n'y a point de Protestant si emporté, qui ose dire du Pape
que

que Dieu nous a donné, qu'il n'a ny religion, Ch. 10. ny conscience, ny honneur; sa vertu & sa pieté estant estimées de ceux mêmes que le schisme a separez de son siege. On croira donc tout ce que l'on voudra de qui que ce soit, & deux ou trois scelerats pourront rendre croiables au regard des plus gens de bien les crimes les plus enormes & les plus incroiables si on peut se persuader sur le témoignage de deux frippons, qu'un Pape aussi Saint, on au moins aussi vertueux, pour m'accommoder à la pensée des Protestans, qu'est Innocent XI. ait conseillé & autorisé une chose qu'un Concile general a frappé d'Anatheme, & qui est regardée generalement par tous les Catholiques comme execrable & impie, selon l'Auteur même de la Harangue à laquelle cet Ecrivain nous renvoie pour y apprendre le sentiment des Catho-ques sur cette matiere.

Le second point ne sera pas moins clair. J'entreprends de monstrer que la Doctrine que ce *faiseur d'Entretiens* attribuë sans raison, ainsi que je l'ay déja fait voir, à tout le Clergé de France, est dans le fond & à une circonstance prés qui n'importe de rien pour rendre les Princes plus assurez de n'estre point dépouillez de leurs Estats, la doctrine de ceux de cette secte, & qu'ainsi rien n'est plus mal fondé que ce qu'il dit, *que tous les Huguenots sont prests de signer de leur sang ce qui estoit porté par le serment du tiers Etats.* Cela ne sera pas difficile: Car se voulant par là distinguer du Clergé, comme
estant

Ch. 10. estant plus fidelles au Roy, cet offre ne peut pas regarder ce que la chambre Ecclesiastique approuvoit dans ce serment, qui est, *qu'on ne peut en nul cas assassiner les Rois*, mais seulement ce qu'elle crut ne pouvoir signer comme moins certain, & contesté par d'autres Catholiques. Or cet Auteur le reduit luy même à ces termes pris de la Harangue aux Tiers Etat: *Si les Chrestiens sont contraints de deffendre leur Religion contre des Princes heretiques ou apostats, de la fidelité desquels ils ont esté absous, les loix politiques Chrestiennes ne leur permettent rien plus que ce qui est permis par les loix militaires, & par le droit des gens, a sçavoir la guerre ouverte & non les assassinats & conjurations clandestines.* Surquoy il fait cette glose; *C'est-adire, que quand un Pape a declaré un Prince privé de ses Etats, ses sujets peuvent lever l'enseigne de la rebellion, luy declarer la guerre; & le tuer s'ils le peuvent rencontrer, pourvuque ce soit les armes à la main, & par les voies de la guerre. Je ne comprens pas comment on pourroit estre assuré de la fidelité de ceux qui tiennent de semblables maximes.*

Et moy je comprens encore moins quel peut estre l'aveuglement d'un homme qui ne voit pas, qu'il fait par là le procés à deux de sa secte. Car ostant de la proposition ces paroles, *de la fidelité desquels ils ont esté absous*, & de la glose, la mention qu'il fait du Pape; peut-il nier que tout le reste ne convienne parfaitement aux pretendus Reformez ; & que ce qu'ils qu'ils ont fait tant de fois en France, & en Écosse, & en Angleterre, & ce qu'ils font encore présentement en Hongrie, n'ait dû estre fondé sur cette maxime que Buchanan, Brutus, & beaucoup de leurs Auteurs ont enseignée avec tant d'ardeur?

Si les Chrestiens Reformez sont contraints « de deffendre leur Religion & leur vie contre « les Princes Papistes & idolatres, les loix po- « litiques Chrestiennes ne leur permettent rien « plus que ce qui est permis par les loix militai- « res & par le droit des gens, à sçavoir la guerre « ouverte, & non les assassinats & les conjura- « tions clandestines; c'estadire que si un Prince « Papiste deffend à ses sujets Reformez l'exerci- « ce de leur Religion, ils peuvent lever l'ensei- « gne de la rebellion, luy declarer la guerre, luy « refuser l'obeïssance, & le tuer s'ils le peuvent « rencontrer, pourvûque ce soit les armes à la « main, & par les voies ordinaires de la guerre. « Ils ne peuvent rien desavoüer de tout cela, si ce n'est peutestre, qu'ils se croient permis quelque chose de plus qu'on ne dit, comme il paroist par les Auteurs Calvinistes dont j'ay rapporté la doctrine dans le chapitre 3. Qui peut donc comprendre (pour leur appliquer les propres paroles de leur Auteur) *comment on pourroit estre assuré de la fidelité de ceux qui tiennent de semblables maximes*, qui les ont prattiquées tant de fois d'une maniere si sanglante, & qui les prattiquent encore à nos yeux en joignant à la rebellion une alliance

F dam-

damnable avec les ennemis du nom Chrêtien ?

Je ne sçais si c'est aveuglement ou impudence : mais je ne pense pas qu'il se soit jamais vû une pareille illusion. Il croit avoir bien étably la fidelité des Protestans, en disant qu'ils ne croient point comme les Catholiques, que le Pape les puisse absoudre de la fidelité qu'ils doivent à leurs Princes. Et c'est sur cela qu'il pretend, que tous les Princes Catholiques ou Protestans, sont parfaitement assurez de leur fidelité. Il les prend donc tous pour des bestes, & des stupides. Car qu'importe pour la sureté des Princes, que les Protestans ne croient pas, que le Pape les puisse dispenser de la fidelité qu'ils leur doivent, s'ils sont persuadez qu'ils s'en peuvent dispenser eux mêmes quand on choque leur Religion ? Qu'importe à l'Empereur, que ses sujets de Hongrie qui sont Protestans ne se soient addressez à personne pour se faire absoudre du serment qu'ils luy ont fait, si sans se mettre en peine de leur serment, ils ont une religion qui les porte à croire qu'il leur est permis de luy faire la guerre pour r'avoir leurs temples, & de se mettre sous la dependence des Turcs par les alliances qu'ils font avec eux, plustost que de reconnoistre leur Roy legitime ? C'est comme si une femme disoit à son mary : Vous devez estre bien assuré de ma fidelité. Car je vous donne ma parole que je ne prendray conseil de personne pour vous manquer de foy. Mais je ne vous répons pas,

pas, que je ne me porte de moy même à vous en manquer, si vous m'en donnez sujet.

Rien n'est donc plus vain ny plus ridicule que de mettre à tout usage, (comme fait cet Auteur) leurs declamations ordinaires contre le Pape. Nul Prince, dit-il, ne peut estre assuré de la fidelité des Catholiques. Pourquoy? Parce qu'ils reverent le Pape comme le Chef de l'Eglise. Nul Prince, dit-il encore, n'a aucun lieu de douter de la fidelité des Protestans. Pourquoy? Parce qu'ils n'ont pas de creance au Pape, & qu'ils le regardent comme l'Antechrist. Y eut-il jamais rien de plus insensé que cette derniere consequence? Car pour en fair voir l'impertinence dans d'autres exemples non moins celebres; quand les Suedois aiant embrassé la nouvelle religion de Luther se revolterent contre Sigismond, qui de Roy hereditaire de Suede estoit devenu Roy de Pologne par élection, & qu'ils le declarerent privé de ses Etats en se faisant un autre Roy, en estoient-ils moins perfides & moins traistres à leur legitime Roy, pour n'avoir pas eu de Pape qui les eust dispensez de la fidelité qu'ils luy avoient jurée?

Quand les Puritains d'Ecosse prirent les armes contre leur Roy, parce qu'ils ne vouloient ny d'Evêques ny de Liturgie, leur revolte en estoit-elle moins criminelle parce qu'il n'y avoit point de Pape à qui on la pust attribuer? Et quand ces mêmes Puritains vendirent leur Roy aux Parlementaires d'Angleterre ses mortels ennemis par la plus infame trahison qui fut jamais, en fut-il moins lâchement trahy, parce qu'ils ne s'estoient pas mis en peine que personne les eust declarez absous de leur serment de fidelité?

Et enfin quand les Puritains Anglois, Presbyteriens & Independans, s'unirent ensemble pour *lever contre ce même Roy l'enseigne de la rebellion*, & que l'aiant en leur puissance ils l'ont fait perir par la main d'un bourreau, en ont-ils esté moins coupables d'un abominable parricide, parce qu'ils n'ont consulté que leur brutalité pour le commettre?

Il est donc bon que tous les Princes sçachent, quelle est sur leur sujet la nouvelle Theologie des Pretendus Reformez. La voicy. Dans le même cas de defendre sa Religion contre un Prince qui en voudroit interdire l'exercice, les revoltes sont damnables & criminelles, quand on peut croire que le Pape y a quelque part. Mais ces mêmes revoltes accompagnées de toutes sortes de violences, du renversement des Eglises & des depredations sacrileges des biens consacrez à Dieu, tant pour défendre une nouvelle Religion, que pour l'introduire dans un Pays contre le gré de la puissance Souveraine, non seulement sont permises, mais loüables & heroïques, quand ces nouveaux Zelateurs se revoltent & remplissent les Roiaumes de sang & de carnage; parce qu'il n'y a point de Pape qui s'en mesle, & qu'ils ne se conduisent que par leur propre fureur,

reur, qu'ils appellent *un zele ardent pour la pureté de l'Evangile.* C'est aux Princes tant Catholiques que Protestans, à voir s'ils s'accommoderont bien de cette Theologie, & s'ils trouveront que ce leur est un juste sujet d'estre parfaitement assurez de la fidelité de ceux qui la tiennent.

Mais voicy qui monstre encore mieux le peu de jugement qu'a cet Auteur d'alleguer cette Harangue du Cardinal du Perron contre le Clergé de France, & de s'élever au dessus de ce Clergé, en assurant, *que tous les Huguenots ont toûjours esté disposez à signer de leur sang le serment dressé par le tiers Etat.* C'est que ce Cardinal y soûtient expressément le contraire en ces termes. *Pourquoy nous contraindre de jurer ce que l'on s'abstient de faire jurer aux Pretendus Reformez. Il n'y a un seul Synode de Ministres qui voulust avoir signé l'article que l'on nous veut obliger de jurer. Il n'y a un seul de leurs Consistoires qui ne croie estre dispensé du serment de fidelité envers les Princes Catholiques quand ils les veulent forcer en leurs consciences.* Il n'y a gueres de discours qui ait fait plus de bruit dans ce Siecle que cette Harangue. Et les Huguenots qui s'en veulent prevaloir au bout de soixante cinq ans n'ont peu ignorer ce qui y estoit dit d'eux lorsqu'elle fut publiée. On sçait d'ailleurs que ce Cardinal leur aiant fait souffrir tant d'affronts en tant de rencontres, & sur tout en la celebre conference de Fontaine-bleau, ils auroient.

Ch. 10. roient esté ravis de luy pouvoir faire insulte. D'où vient donc qu'ils ne le dementirent point sur ce qu'il assuroit avec tant de confiance qu'il n'y avoit un seul Synode de Ministres qui voulust avoir signé l'article du Tiers Etat. D'où vient qu'ils ne l'accuserent point d'imposture sur ce qu'il leur attribuoit, *de se croire dispensez du serment de fidelité envers les Princes Catholiques quand ils les veulent forcer en leurs consciences?* Auroient-ils manqué de le faire si cela n'avoit pas esté vray? Le silence qu'ils ont gardé sur cela est donc une conviction manifeste, que ce qu'ils reprochent sans raison à tout le Clergé de France est la doctrine de leurs consistoires. Et ainsi bien loin que cette harangue au Tiers Etat qu'ils ont si peu judicieusement alleguée, puisse servir à assurer le Roy de leur parfaite fidelité, qu'elle n'est propre qu'à luy apprendre, qu'ils peuvent avoir le cœur bien François, comme ils le disent des Ecclesiastiques, mais qu'ils ont une Religion qui ne leur defend point de prendre les armes contre leurs Souverains pour établir ou pour conserver ce qu'ils appellent faussement la reformation de l'Eglise, & le Regne de Jesus Christ.

CHA-

CHAPITRE XI.

Avec combien d'Impertinence cet Auteur allegue l'affaire de la Regale pour prouver, que dans les demêlez que le Pape peut avoir avec le Roy les Evêques sont toûjours disposez à estre pour le Pape.

IL faut avoüer que les Protestans ont une furieuse inclination à donner toûjours le tort au Pape dans les affaires mêmes dont ils sont le plus mal instruits. La maniere dont ils parlent dans toutes leurs Gazettes du different touchant la Regale en est une preuve. Mais ce qu'en dit cet Auteur est une des choses de son livre qui marque davantage son deffaut de jugement.

Il avoit entrepris de prouver, *que dans les demêlez que la Cour de Rome peut avoir avec le Roy, le Clergé de France supprime ses mécontentemens pendant que les affaires vont bien pour la Cour de France, mais que dés que les choses tournent autrement les chagrins de ces Ecclesiastiques contre leur Roy ne manquent jamais d'éclatter.* C'est ce qu'il soûtient avec une confiance qui étourdit les bonnes gens du party de cet Ecrivain. *Toute personne sincere,* dit-il, *tombera d'accord, que cela n'a jamais esté autrement* (c'est un impudent mensonge) *& que cela sera toûjours ainsy. On le peut remarquer jusques dans les moindres petits demê-*

Ch. 11. *lez. Par exemple dans celuy que le Roy a eu depuis peu avec le Pape au sujet de la Regale.* Surquoy il cite une lettre qui semble prouver le contraire ; mais supposant que les Evêques qui l'avoient signée l'ont desavouée, il en conclut *que cela fait assez voir que dans ce demeslé ils estoient dans les sentiments du Pape.*

On n'a besoin que de deux reflexions pour convaincre cet Ecrivain que jamais rien ne fut plus extravagant que cet exemple, ny moins propre à prouver ce qu'il s'est engagé de nous faire voir, qui est d'une part. Que les Evêques se mettent toûjours du costé du Pape quand il a quelque demeslé avec le Roy, & de l'autre, que cela les doit rendre suspects à sa Majesté au regard de la fidelité qu'ils luy doivent. La 1. Reflexion regardera le 1. point, & la 2. le dernier.

Je dis donc 1. que ce different touchant la Regale ne sçauroit prouver que dans les demeslez du Pape avec le Roy, les Evesques font presque toûjours paroistre *leur chagrin* contre le Roy en se declarant pour le Pape. Car l'affaire de la Regale n'est dans son origine qu'un different entre le Roy & quelques Evêques, & non point entre le Pape & le Roy. Le Pape n'y est entré que comme juge, la cause luy estant devoluë par l'appel de deux des Evêques qui y estoient interessez. Et ainsy tant s'en faut que ce soit le Pape qui ait entraisné dans son sentiment les Evêques qui se sont declarez contre la Regale (ce qui devroit estre afin que cet exemple pust

servir

servir à nostre Auteur) que ce sont au contraire ces Evêques qui aiant eu recours au Pape par l'appel qu'ils ont interjetté de leurs Metropolitains, l'ont saisy de cette affaire, & l'ont engagé à la soûtenir, par ce qu'il l'a cru juste.

Mais je dis en 2. lieu (& cecy est beaucoup plus important) que sans entrer dans le fond de cette affaire, & quelque pensée que l'on en ait, c'est un sophisme tres pernitieux, & qui va au renversement de toute justice & de toute Religion, que d'alleguer cet exemple pour prouver que les Evêques de France sont mal disposez envers le Roy au regard de la fidelité qu'ils luy doivent. Ce sophisme consiste à ne mettre point de milieu entre se revolter contre son souverain, & acquiescer aveuglement à tout ce qu'il peut pretendre juste ou injuste. Ce qui est une supposition non seulement tres-fausse, mais toutafait pernitieuse, parce qu'elle engageroit necessairement à l'une ou l'autre de deux extremitez qui sont également contraires à la raison & à la loy de Dieu. Car si cette proposition estoit une fois reconnuë pour vraie: *Il faut ou acquiescer aveuglement à ce que les Rois pretendent juste ou se revolter contre eux quand ce qu'ils pretendent est injuste*; en niant l'un des deux membres il faudroit necessairement accorder l'autre, ce qui ne se pourroit faire qu'en manquant ou à ce qu'on doit aux Rois selon la loy de Dieu, ou à ce que l'on doit à Dieu même & à la justice.

CH. II.   Un exemple éclaircira cecy, & je n'en puis trouver de meilleur que celuy qui est rapporté dans l'art de penser part. III. ch. 12.

„ Les syllogismes disjonctifs ne sont gueres
„ faux que par la fausseté de la majeure, dans la-
„ quelle la division n'est pas exacte, se trouvant
„ un milieu entre les membres opposez ; comme
„ si je disois,

„ *Il faut obeïr aux Princes en ce qu'ils com-*
„ *mandent contre la loy de Dieu, ou se revolter*
„ *contre eux :*

„ *Or il ne faut pas leur obeïr en ce qui est contre*
„ *la loy de Dieu :*

„ *Donc il faut se revolter contre eux :*

„ ou, *Or il ne faut pas se revolter contre*
„ *eux :*

„ *Donc il leur faut obeïr en ce qui est contre la*
„ *loy de Dieu.*

„ L'un & l'autre raisonnement est faux, par-
„ ce qu'il y a un milieu dans cette disjonctive qui
„ a esté observé par les premiers Chrestiens, qui
„ est de souffrir patiemment toutes choses plû-
„ tost que de rien faire contre la loy de Dieu,
„ sans neanmoins se revolter contre les Prin-
„ ces.

Mais la foiblesse, l'orgueil, la timidité & les autres passions aveuglent la plus part des hommes, & les empêchent de faire assez d'attention à ce milieu entre l'esprit de revolte, & une lâche complaisance à toutes les volontez des Princes ; parce que ce milieu consiste à souffrir toutes choses plustost que de manquer

à auà aucun de ses devoirs. Je dis à aucun. Car c'est en quoy les hommes se trompent ordinairement. L'attachement qu'ils croient avoir à quelqu'un de leurs devoirs, leur paroist un juste sujet de ne point satisfaire à d'autres. On nous veut forcer, disoient autrefois les Huguenots, d'embrasser une Religion qui nous semble fausse. Ce seroit blesser nostre conscience que de le faire. Nous pouvons donc prendre les armes, & ne nous plus arrester à la soumission que nous devons à nos Rois. Mais qui les empêchoit de prendre le party des premiers Chrestiens, en ne se revoltant point contre les puissances ordonnées de Dieu, & s'exposant à tout plustost que de manquer à leur conscience erronée ? D'autres au contraire s'aveuglent par le pretexte de la soumission que l'on doit aux Rois, pour se rendre à des choses qui leur paroissent injustes, quand ils ne peuvent se dispenser de le faire, sans nuire à leurs pretensions ou souffrir la perte de quelques biens temporels. Mais qui a dit à ceux-là que l'obeïssance que l'on doit aux souverains puisse jamais engager à manquer à celle que l'on doit à Dieu, en approuvant ce qui nous paroist injuste, ou en abandonnant la defense de la verité, lors qu'on la peut soûtenir par des voies innocentes, & entierement éloignées de ce qui se peut appeller revolte ?

Car il n'y a que des flatteurs, qui sont les pestes de toutes les Cours, qui puissent donner le nom de Rebellion aux tres humbles remonstrances d'un sujet qui expose les raisons qu'il a de ne pouvoir faire ce qu'on luy commande, ou de ne pouvoir se rendre aux ordres qu'on luy donne, parce qu'il les trouve contraires à la justice & à l'equité. Il faudroit donc si c'estoit estre rebelle que d'agir de la sorte, regarder comme des entreprises de sujets revoltez les Apologies des premiers Chrestiens, où ils representoient avec beaucoup de force les raisons qu'ils avoient de ne pas deferer aux Edits des Empereurs, qui les vouloient obliger d'adorer les Dieux de Rome Payenne. Il faudroit porter le même jugement de ce que tant de S. Evêques ont dit aux Empereurs mêmes Chrestiens, lorsqu'ils les ont voulu engager à des choses qui blessoient leur conscience. Et enfin il faudroit ou supposer que les Princes sont infaillibles & impeccables dans tous les commandemens qu'ils font, ou leur faire une injure signalée en leur attribuant cette pensée indigne de Chrestiens, & même d'honnestes payens; que quoy qu'ils commandent juste ou injuste, il le faut faire aveuglement, & que c'est estre rebelle que de leur representer la verité & la justice qu'on peut leur avoir cachées.

Au moins il est bien certain que le Roy que Dieu nous a donné est bien éloigné de cet esprit. Il a de la fermeté pour maintenir ses pretensions lorsqu'il les croit justes. Mais il a trop de lumiere pour ne pas voir qu'on le peut surprendre en l'engageant à soûtenir comme juste

ce

POUR LES CATHOLIQUES. 133

ce qui ne le seroit pas; trop de raison pour trouver mauvais que ceux qui y seroient interessez luy representent la justice de leur cause; & trop d'équité pour ne se pas rendre à ce qui luy paroistroit plus juste, estant mieux informé, au depens même de ses propres interets. Il en vient de donner un exemple illustre que les vers d'un excellent Poëte feront admirer à toute la posterité, quand l'histoire occupée au recit de tant de grands évenemens qui signaleront son regne n'en feroit point de mention.

Regem inter populumque ingens de divite fundo
Lis erat. Eventus urbs male tuta timet.
Scinduntur variè studia in contraria Patres,
Rex propriâ semet judice lite cadit.
Vinci qui voluit potuit dum vincere, Patrem
Se populi, regem se probat esse sui.

Ce preambule estoit necessaire pour convaincre cet Ecrivain de deux choses: L'une qu'il n'y a rien dans l'affaire de la Regale qui puisse rendre suspecte au Roy la fidelité des Evêques, & qu'on y trouve au contraire des exemples admirables de la conduite que les plus fidelles sujets doivent garder en de semblables rencontres pour agir Chrestiennement. L'autre qu'il se fait son procez à luy même & se

F 7 con-

Ch. 11. condamné de rebellion, lors qu'il en veut trouver en ce qu'ont fait ces Prelats.

Je laisse là, comme j'ay dit le fond de cette affaire. Je ne m'arreste qu'à ce qui n'est pas contesté. Il est certain que les Evêques de Languedoc & de quelques autres Provinces ont toûjours pretendu qu'ils n'estoient pas sujets à la Regale: & que le Parlement de Paris aiant donné un Arrest en 1608. qui l'étendoit par tout le royaume, le Clergé s'y opposa. M. de Marca qu'on n'a jamais accusé de manquer de zele pour soûtenir les droits du Roy n'a pas cru qu'il fust bien fondé dans l'extension de la Regale aux Eglises qui jusques icy n'y avoient pas esté sujettes, & les Ecrits qu'il fit sur cela ont paru solides à beaucoup de gens. Aussi cette cause est demeurée indecise tant qu'il a vêcu. Et ce n'a esté qu'après sa mort que les officiers royaux ont renouvellé leur poursuites en l'instance pendante au Conseil du Roy, où il a esté enfin jugé que la Regale devoit estre universelle dans le royaume, & que les Evêques de Languedoc & des autres provinces qui pretendoient n'y estre point sujets, seroient tenus dans un certain temps de faire enregistrer leur serment de fidelité, faute dequoy la Regale seroit ouverte dans leurs dioceses & le Roy confereroit les benefices qui viendroient à vaquer. Il ne s'agissoit pas du serment de fidelité: Car ils l'avoient fait: mais de l'enregistrement de ce serment ou plustost des lettres patentes de mainlevée necessaires pour clor-

clorre la Regale. La plufpart des Evefques de ces provinces ont mieux aimé faire cet enregiftrement que de s'embarraffer en des procés contre ceux qui demanderoient au Roy les benefices de leur collation qui viendroient à vacquer. Mais il y en a eu deux fçavoir feu M. l'Evêque d'Alet & feu M. l'Evêque de Pamiers qui n'ont pû s'y refoudre, parcequ'ils ont crû que ce feroit reconnoiftre un droit auquel ils eftoient perfuadez que leurs Eglifes n'eftoient point fujettes, & qu'on ne pouvoit les y affujettir de nouveau fans contrevenir à ce qui avoit efté reglé fur cela dans le fecond Concile general de Lyon. La Sainteté de ces deux Evêques eft tellement reconnuë, que ceux qui ne conviendroient pas du fond de leur droit, feroient obligez de reconnoiftre, a moins qu'ils ne fuffent toutafait deraifonnables, qu'ils n'ont agy par aucune paffion humaine, mais dans la feule veüe de fatisfaire à leur devoir, en maintenant la liberté de leurs Eglifes. Et il n'eft pas moins certain que jamais perfonne n'a efté plus éloigné qu'eux d'y employer d'autres voies, quand ils l'auroient pu, que celles des procedures canoniques, en fe renfermant dans le legitime employ de la puiffance fpirituelle que Dieu a donnée aux Evêques pour le gouvernement de fon Eglife, qui ne bleffe en aucune forte la fouveraineté des Rois, eftant d'un ordre tout different.

L'union de ces deux Prelats a efté fi grande qu'on peut bien s'affurer qu'ils n'ont pas efté
de

Ch. 11. de differens sentimens touchant la fidelité que l'on doit aux puissances ordonnées de Dieu, & la grandeur du crime que commettent des sujets de quelque qualité qu'ils puissent estre en faisant la guerre à leur Roy, quand ce seroit pour defendre leur dignité, leurs privileges, & autre chose semblable. Or je ne sçay si on trouvera beaucoup de Prelats qui aient fait sur cela ce qu'a fait feu M. Evêque d'Alet qui a esté reveré par tout ce qu'il y a de bons Prelats & de bons Ecclesiastiques en France, comme le S. Charle de nostre siecle. Mais ce qui est indubitable est que s'il y a quelque moien d'empêcher ces malheureuses guerres intestines qui sont le plus grand fleau des Etats, ce seroit que tous les Confesseurs du roiaume prattiquassent envers ceux qui s'y seroient engagez ce qu'a fait ce saint Prelat, c'estadire qu'ils les obligeassent de reparer de leurs propres biens les dommages qu'elles auroient causez, comme toute la France sçait que ce Prelat y a obligé un

M. le Prince de Conty. Prince du sang, que Dieu a sanctifié par ses conseils & par sa conduite, & que son exemple a esté suivy par une Princesse du même rang.

Mada. la Duchesse de Longueville. Et on peut voir les principes de cette conduite dans un livre fait par un de ceux avec qui ce Saint Evêque avoit une liaison fort particuliere, & qui avoient aussi pour luy une singuliere veneration. C'est dans le 2. volume des Essais de Morale. Traité 6. De la Grandeur. 1. P.

„ Ce que S. Paul nous enseigne que toute
„ puissance vient de Dieu: *Non est potestas nisi à Deo*,

à Deo, nous fait voir que la grandeur est une participation de la puissance de Dieu sur les hommes, qu'il communique aux uns pour le bien des autres, que c'est un ministere qu'il leur confie, & qu'ainsi n'y aiant rien de plus réel & de plus juste que l'autorité & la puissance de Dieu, il n'y a rien de plus réel & de plus juste que la Grandeur dans ceux à qui il la communique veritablement, & qui n'en sont point usurpateurs.

C'est par cette doctrine qu'il est facile de comprendre; qu'encore que la Royauté & les autres formes de gouvernement viennent originairement du choix & du consentement des peuples; neanmoins l'authorité des Rois ne vient point du peuple, mais de Dieu seul. Car Dieu a bien donné au peuple le pouvoir de se choisir un gouvernement. Mais comme le choix de ceux qui élisent l'Evêque n'est pas ce qui le fait Evesque, & qu'il faut que l'autorité pastorale de *Jesus Christ* luy soit communiquée par son ordination: aussi ce n'est point le seul consentement des peuples qui fait les Rois: c'est la communication que Dieu leur fait de sa Royauté & de sa puissance qui les établit Rois legitimes, & qui leur donne un droit veritable sur leurs sujets. Et c'est pourquoy l'Apostre n'appelle point les Princes Ministres du peuple, mais il les appelle *Ministres de Dieu*, parce qu'ils ne tiennent leur puissance que de Dieu seul. Et par là il est visible aussi qu'il n'est jamais permis à personne de se soûlever contre son sou-

Ch. 11. » souverain, ou de s'engager dans une guerre ci-
» vile. Car la guerre ne se peut faire sans autori-
» té souveraine, puisqu'on y fait mourir les hom-
» mes, ce qui suppose un droit de vie & de mort.
» Or ce droit dans un Etat monarchique n'ap-
» partient qu'au Roy seul & à ceux qui l'exercent
» sous son autorité. Ainsi ceux qui se revoltent
» contre luy ne l'ayant point, commettent au-
» tant d'homicides qu'ils font perir d'hommes
» par la guerre civile, puis qu'ils les font mou-
» rir sans pouvoir & contre l'ordre de Dieu. C'est
» en vain qu'on pretendroit les justifier par les
» desordres de l'Etat auxquels ils font semblant de
» vouloir remedier : car il n'y a point de desor-
» dre qui puisse donner droit à des sujets de tirer
» l'épée, puis qu'ils n'ont point le droit de l'é-
» pée, & qu'ils ne s'en peuvent servir que par
» l'ordre de celuy qui la porte par l'ordre de
» Dieu.

Voilà ce que les Rois doivent regarder comme le plus grand service qu'on leur puisse rendre. Car ils seront toûjours les maistres tant
qu'on n'opposera à leurs volontez qu'on ne trouveroit pas justes, que des paroles & des remon-
trances, comme faisoient les premiers fidelles, & qu'on ne reconnoistra qu'en eux seuls
le droit de l'épée qu'ils ont reçu de Dieu. Ils
doivent estre bien aises qu'on leur dise la verité, quand on n'employe pour la faire recevoir
que la force de la verité même, & qu'on ne
ressemble pas à ceux qui faisoient entendre
*qu'ils avoient cinquante mille hommes prets à
signer*

signer les Requestes qu'ils presentoient. Rien n'est plus juste sur ce sujet, que ce que S. Gregoire de Tours rapporte dans son histoire (lib. 5. c. 7) avoir dit luy même au Roy Chilperic qui traitoit mal les Evêques. *Si quelqu'un de nous,* luy dit-il, *passe les bornes de la justice vous le pouvez punir. Mais si c'est vous même qui les passiez qui vous punira? nous vous en pourrons reprendre: mais il dependra de vous, de vous rendre à nos remonstrances. Car si vous ne voulez pas nous écouter qui vous condamnera, sinon celuy qui a dit qu'il estoit la justice même.* Les payens n'ont pas ignoré ce temperament, & c'est une belle parole du plus celebre des Philosophes rapportée par Ciceron : Que quelques bonnes intentions que l'on puisse avoir, on ne doit point entreprendre dans le gouvernement de la Republique où on est né que ce que l'on peut obtenir par la voie de la persuasion, mais qu'il ne faut employer la violence ny envers son Pere ny envers sa patrie : *tantum contendere in Republica quantum probare tuis civibus possis : vim neque parenti, neque patriæ afferri oportere.* Tout demeure dans le calme, quand on en demeure là. Car si les bons conseils sont suivis, les choses en vont mieux, & s'ils sont rebutez, la tranquillité publique n'en est point troublée.

C'est ce juste temperament qui entretient le repos dans les Etats. Moins de liberté ou plus de licence n'y peut que causer des desordres.

Ch. 11. dres. Mais que les hommes ont de peine à demeurer dans ce milieu. Il se trouve toûjours des broüillons qui ne sont jamais contents du gouvernement, & qui voudroient le pouvoir reformer à coups d'épée, c'est à dire mettre le feu dans la maison pour la nettoier. Et il se trouve aussi toûjours de faux Politiques, qui ont une fausse idée de la fidelité que l'on doit avoir pour les souverains, en l'étendant jusques aux pensées de leurs sujets & en voulant qu'elle consiste à approuver generalement tout ce qui se fait sous le nom du Roy dans le gouvernement de l'état Mais c'est un étrange aveuglement à cet Ecrivain de supposer que cela doive estre ainsi comme il faut qu'il le suppose. en alleguant l'affaire de la Regale pour rendre suspecte au Roy la fidelité du Clergé de France. Car il ne fait luy mesme autre chose dans tout son livre, que representer les plaintes que font tous les Huguenots des Ordonnances que le Roy a faites sur leur sujet. Et il le fait de la maniere du monde la plus insolente & la plus dure. Car c'est en disant par tout que le Roy emploie pour les détruire *la violence & la mauvaise foy* (P. 226. & 238.) *& que la conduite que l'on tient contre leur party est opposée à l'honnesteté, à l'humanité, à la bonne foy, & même aux veritables interets du Roy & de l'Etat* (P. 122.) quoiqu'il soit obligé d'avoüer que rien ne se fait en tout cela que par l'autorité du Roy. Il represente donc ceux de son party comme infidelles au Roy, si des sujets le sont

(ainsi

(ainsi qu'il le pretend au regard du Clergé de France) aussi-tost qu'ils n'approuvent pas tout ce que le Prince fait dans le gouvernement de son royaume. Et ainsi par une contradiction grossiere, les Huguenots se plaignant en des termes si durs des nouvelles declarations du Roy, ne sçauroient pas selon cet Auteur ne luy estre point infideles, puisque cette raison luy suffit pour taxer les Evesques de France d'infidelité envers le Roy. Et cependant ces mêmes Huguenots dans le même livre *sont les seuls de tout le Roiaume de la fidelité desquels le Roy puisse étre parfaitement assuré.*

Ils trouveront neanmoins qu'il leur est facile d'accorder cette contradiction. C'est qu'en cela comme en une infinité d'autres choses, ils se croient en droit d'avoir *deux poids & deux mesures*, sans se mettre en peine qu'on se rend par là abominable devant Dieu.

Quelques Evéques representent les raisons qu'ils ont de croire, que le Roy n'a pas eu droit d'assujettir leurs Eglises à la Regale. Ils font bien voir par là (dit cet Ecrivain) que le Roy n'a aucun sujet de s'assurer de leur fidelité. Les Huguenots se plaignent, crient, tempestent contre les declarations du Roy qui les renferment dans les termes des Edits. Il ne faut donc qu'appliquer ce que cet Auteur dit des Evêques pour en conclure que les Huguenots ne luy sont pas plus fideles qu'eux. Mais ils n'ont garde de tirer cette consequence

Ch. 11. ce quelque neceſſaire qu'elle paroiſſe, parce qu'ils ſe regardent toûjours comme eſtant au deſſus de toutes les loix qu'ils impoſent aux autres. C'eſt pourquoy il ne faut pas s'eſtonner qu'ils ſe pretendent les plus fidelles de tous les François en faiſant les mêmes choſes qu'ils accuſent d'infidelité dans les Catholiques. C'eſt un privilege de leur reformation, & on n'en doit pas eſtre ſurpris, aprés ce, qu'on a fait voir dans le *Renverſement de la morale*, que c'en eſt un des principaux articles d'allier en la perſonne de leurs pretendus vrais fidelles, ce que tous les Chreſtiens juſques à eux avoient cru inalliable, toutes ſortes de vertus avec toutes ſortes de crimes. Car ſelon les maximes de leurs premiers reformateurs ſoûtenuës & confirmées dans le Synode de Dordrecht, la foy juſtifiante qu'ils diſent eſtre toûjours accompagnée de la charité & de toutes les autres vertus, ne ſe perd jamais dans celuy qui a eſté une fois juſtifié, lors même qu'il commet des pechez enormes. C'eſtadire, qu'il conſerve la vraie foy qui le juſtifie, & avec cette foy la vertu de la chaſteté, en commettant des adulteres, celle de la douceur Chreſtienne en ſe vengeant cruellement, celle de la charité envers leurs freres en les maſſacrant, & ainſi des autres. Ils peuvent donc bien eſtre fidelles à leurs Souverains, non ſeulement en faiſant ce qu'ils prennent pour infidelité dans les Evêques : qui eſt de ne pas approuver toutes leurs ordonnances,

mais

mais encore en d'autres sujets bien plus importans comme nous l'allons faire voir dans le chapitre qui suit.

CHAPITRE XII.

Que cet Auteur n'a rien à reprocher aux ligueux, sur ce qu'ils ont voulu empêcher que Henry le Grand ne parvinst à la Couronne, puis qu'il paroist approuver que les Puritains d'Angleterre entreprennent la même chose au regard du Duc d'Yorck.

J'Ay entrepris de monstrer en ce chapitre, ce que j'ay déja commencé de faire dans le precedent, que les Ecrivains Pretendus Reformez sont les gens du monde qui attirent plus sur eux la malediction que le Saint Esprit a prononcée par la bouche du Sage contre ceux qui ont deux poids & deux mesures, parce que rien ne leur est plus ordinaire que de condamner comme tres criminel dans les autres, ce qu'ils approuvent comme tres legitime dans ceux de leur secte. C'est ce que je m'en vas faire voir dans un sujet de la derniere importance.

Cet Auteur trouve fort mauvais ce que firent les ligueux pour empêcher que Henry le Grand ne parvinst à la couronne quand la race des Valois viendroit à manquer, parce qu'il estoit engagé dans l'heresie. Il n'a tort en cela qu'en ce qu'il attribuë ce dessein à tous les Catholiques quoyqu'il soit certain, qu'il y en eut plusieurs & des Prelats mêmes qui estoient d'un sentiment opposé ; & qui vouloient qu'on se contentast de faire ce que l'on pourroit par des prieres envers Dieu, & par la voie de la persuasion envers ce Prince pour le ramener à l'Eglise ; mais en suivant l'exemple des Chrestiens du 4. siecle, qui quoy qu'ils fussent tres puissans estant répandus par tout l'empire, ne firent aucuns efforts pour empêcher que Julien l'Apostat ne succedast à des Empereurs Chrestiens.

Mais en même temps que cet Auteur declame contre les ligueux, il paroist assez qu'il approuve ce que font ce reste de Cromwellistes qui dominent presentement dans le Parlement d'Angleterre, pour empescher que le fils de ce Pere infortuné, qu'ils ont massacré si barbarement, ne puisse monter sur le thrône quand Dieu l'y appellera. La maniere dont il en parle merite d'estre considerée. Car on y voit plus clair que le jour qu'ils se croient toûjours exceptez de toutes les maximes generales qu'ils posent eux mêmes, & qu'ils font un crime aux autres de ne pas observer.

P. 158. Aprés avoir fait dire à son gentil-homme Huguenot ce qui est tres faux ; *Qu'un Prince Protestant ne peut jamais estre assuré de la fidelité de ses sujets Catholiques:* il luy fait ajoûter. *Au contraire les Protestans son sujets à leur Prince par conscience & par principe de*

Re-

Religion. Ils ne reconnoissent pas d'autre supe- Ch. 12.
rieur que le Roy, & NE CROIENT-POINT
QUE POUR CAUSE D'HERESIE *il soit*
permis, ny de tuer un Prince legitime, ny de
luy refuser obeïssance.

C'est ainsi qu'à son ordinaire il calomnie impudemment les Catholiques, en leur imputant sur trois chefs le contraire de leur sentiment, & en leur attribuant à tous sur le quatriême ce qui n'est pas vray qu'ils croient tous, & ce qu'il est au contraire defendu d'enseigner en France dans les Ecoles Catholiques. Car l'opposition qu'il fait entre les Catholiques & les Protestans ne laisse pas lieu de douter qu'il ne pretende, que ce qu'il dit des Protestans ne se peut pas dire des Catholiques. Et c'est sur quoy il n'y a que des dementis à luy donner, n'estant pas possible d'arrester autrement la licence effrenée que ces gens se donnent de nous calomnier dans tous leurs livres sans retenuë & sans pudeur.

Nous luy disons donc, qu'il est faux que les Catholiques *ne soient pas sujets à leur Prince par conscience, & par un principe de Religion,* & qu'il faut n'avoir ny honneur ny conscience pour les charger sans la moindre preuve d'une disposition qui tiendroit de l'Atheïsme.

Qu'il est faux, *qu'ils reconnoissent pour le temporel d'autre superieur que le Roy.* Car pour le Spirituel les Protestans ne peuvent pas nier qu'on n'en puisse reconnoistre d'autres sans prejudice de sa Souveraineté, puisque Calvin

G   soû-

soûtient (Inst. lib. 4. c. 11. §. 4.) que les Princes mêmes se doivent reconnoître à cet égard soumis à l'Eglise, & qu'il allegue sur cela cette parole de Saint Ambroise. *Imperator bonus intra Ecclesiam, non supra Ecclesiam est.*

Qu'il est faux, *qu'ils croient que pour cause d'heresie il est permis de tuer un Prince legitime*, puisque luy même avoüe (comme nous avons déja vû) que le Cardinal du Perron, de qui il veut que nous apprenions les sentimens des Catholiques sur ce sujet, a soûtenu comme une verité de foy, *Qu'il n'est jamais permis pour quelque cause que ce soit de tuer les Roys.*

Qu'il est faux enfin, qu'on soit obligé de croire pour estre Catholique, *que pour cause d'heresie il est permis de refuser obeissance à un Prince legitime*, c'estadire de se soûlever contre luy, en ne le reconnoissant plus pour son Prince. Car il y a des choses où tout le monde convient qu'on ne luy devroit pas obeissance; estant bien certain qu'on ne devroit pas pour luy obeir embrasser son heresie. Ainsi pour éviter l'equivoque il vaut mieux reduire la question en ces termes, si pour cause d'heresie il est permis de se soûlever contre son Prince & de se servir de la voie des armes pour le deposseder, de peur qu'il ne nuise à la veritable religion. Et c'est ce que je soûtiens encore une fois qu'on ne peut attribuer à tous les Catholiques, & que sur tout en France, dont il s'agit principalement dans le livre auquel je réponds, on ne le peut faire sans une insigne

mau-

mauvaise foy, puisque tout le monde sçait que la doctrine contraire y est établie par autorité publique.

Mais laissons là les Catholiques. Nous les avons assez justifiez cy-dessus: arrestons nous aux seuls Protestans. Ils se font honneur de tenir tous cette maxime. QUE POUR CAUSE D'HERESIE *il n'est point permis aux sujets de se revolter contre leur Prince.* Et comme on voit assez, que ce seroit une illusion si on ne l'entendoit generalement, cela veut dire, que deux religions estant telles que ceux qui sont engagez dans l'une prennent pour heretiques ceux qui sont de l'autre, ce n'est point une raison aux sujets qui seroient de l'une de ces Religions, de se revolter contre leur Prince qui seroit de l'autre.

Nous avons vû ce qu'enseignent plusieurs de leurs Auteurs sur ce sujet, & que s'ils se font quelquefois un merite de cette doctrine *d'une fidelité à toute épreuve* pour la speculation, ils en ont une autre toute opposée pour la prattique, selon laquelle ils ont toûjours crû qu'il leur estoit permis de prendre les armes contre leurs Rois legitimes pour maintenir leurs Eglises reformées. Mais comme ce qui se passe maintenant dans le Parlement d'Angleterre saute aux yeux, cet Auteur n'a pas crû le pouvoir dissimuler, & il s'en fait faire l'objection par son *Parisien* en ces termes. P. 159.

Le Par. *Vous pouviez luy demander, si ce que les Anglois font aujourd'huy contre le Duc d'Yorck*

Ch. 12. *d'Yorck s'accorde bien avec cette Theologie. Parce qu'il est Catholique, ils veulent le déclarer incapable de succeder à son frere, & font une ligue pour un bastard contre le legitime successeur.* A quoy il fait répondre ainsi le Provincial.

Le Prov. *Je n'eus pas le temps de luy faire cette difficulté, car il la prévint. Il est vray, me dit-il, que les troubles qui sont en Angleterre semblent aller à refuser l'obeïssance au Duc d'Yorck, acause qu'il est Catholique.*

Que veut dire *semblent aller.* Ces brouillons, en qui revit l'esprit de Cromwel, n'y vont-ils pas tout droit & sans dissimulation ? Ils refusent à leur Roy tous les secours dont il a besoin, s'il ne consent à deux choses, qu'ils ont l'impudence de luy demander : L'une que le Duc son frere qui ne peut certainement avoir embrassé la Religion Catholique que par conscience, soit exclus de la Couronne : L'autre que tous les Catholiques qui luy ont témoigné tant d'affection dans ses disgraces soient exterminez & chassez de l'Angleterre. On sçait assez que ce ne sont point les Evêques Protestans & leur Clergé, qui sont auteurs de ces furieux emportemens : leur conduite passée dans les plus mauvais temps a fait voir qu'ils haïssent ces violences, & qu'ils aiment la Maison Roiale. Ce sont les Puritains admirateurs de Calvin qui sont les mêmes que nos Pretendus Reformez de France, qui n'ont que trop verifié depuis prés de quarante ans, ce qu'en avoit predit

predit le Roy Jacques, qui les regardoit avec raison comme les plus dangereux ennemis de son Etat. Ce sont ces ennemis de la Monarchie, (comme leur ont souvent reproché les Episcopaux) qui dominent maintenant dans le Parlement d'Angleterre, qui sont les veritables causes de tout ce qui s'y fait d'emporté & d'illegitime contre l'autorité roiale. Leur fureur est telle contre la religion Catholique qui est celle de plus de soixante de leurs Rois, que plûtost que d'avoir un Catholique pour Roy, ils sont disposez à renverser la loy fondamentale de tous les Royaumes hereditaires, qui est que le sang & la nature donnent les Rois, & d'exposer leur pays à estre dechiré par des guerres intestines qui ne peuvent manquer d'arriver, quand on entreprend contre toute sorte de justice d'oster à un Prince genereux le droit qu'il a par sa naissance à une Couronne.

Ceux qui témoignent ne pas improuver ce que font ces gens-là, peuvent-ils avoir quelque chose à reprocher aux Ligueux sur ce qu'ils ont voulu faire au regard de Henry le Grand. Ils vouloient empêcher qu'un Prince ne devinst Roy estant engagé dans une Religion qui renverse entierement celle que tous les Rois de France ont embrassée depuis Clovis, & qu'ils font serment dans leur sacre de maintenir, & de n'en point souffrir d'autres. Tous les Catholiques ne crurent pas qu'ils eussent raison. Mais ils en avoient davantage que ces Puritains,

Ch. 12. tains, qui ont sans doute bien moins de droit d'exclure de la couronne d'Angleterre un Prince fils de leur dernier Roy qui ne fait que reprendre l'ancienne Religion de tous les Rois de cette Isle hors les 4. ou 5. derniers, & qu'ils ne peuvent nier avoir la même foy que S. Edoüard, dont ils ne sçauroient s'empêcher de loüer la pieté, & le regarder comme un Saint en l'appellant *le Confesseur*.

Mais voions tout ce que cet Auteur a pû trouver de couleurs & de mauvaises raisons pour justifier une entreprise si illegitime, & si contraire à la maxime qu'il venoit de donner pour le fondement qu'avoient les Princes de s'assurer de la fidelité des Protestans, qui est que la diversité des Religions ne leur estoit point une occasion d'y manquer.

Il se fait faire une objection qui vient naturellement dans l'esprit: *Que quand un Souverain est monté sur le throsne par des voies legitimes, il semble qu'il doit avoir autant de Privilege que ses sujets, & joüir comme eux de la liberté de conscience*: & il répond en ces termes: *Cela est vray quand il ne s'est pas lié les mains par ses propres loix. Mais par les loix du Roïaume d'Angleterre qui sont les loix du Roy aussibien que celles de l'Etat, le Roy s'est obligé à ne souffrir point d'autre Religion dans l'Etat, que la Religion Protestante.*

C'est l'abregé & la substance des maximes damnables des Cromwellistes soûtenuës par Milton avec tant de rage & de fureur contre

la

POUR LES CATHOLIQUES. 151
la Souveraineté des Rois. Il n'en faut que developer le venin par trois ou quatre remarques.

1. Il ne s'agit dans l'objection qu'il s'est proposée que de la seule *liberté de conscience*, & il faut remarquer qu'il y est parlé d'un *Roy monté sur le throsne*. Il n'y a donc que des Cromwellistes, qui regardent les Rois comme des Esclaves du peuple, qui puissent dire qu'un Roy se soit pû lier les mains sur cela par ses propres loix. Quoy ? un Roy s'est lié les mains pour ne pouvoir embrasser la Religion Catholique si Dieu luy en fait connoistre la verité ? C'est ce que nous avons vû de nostre temps estre arrivé à plusieurs Princes d'Allemagne qui de Protestans sont devenus Catholiques. Les Anglois n'oseroient nier que le Roy Jacques n'en ait eu la pensée, & il est certain qu'il en confera avec un Archevêque de France qui l'estoit allé trouver exprés. Le livret d'un Presbyterien Anglois de l'an 1672. intitulé, *Traité Politique sur les mouvemens presens d'Angleterre*, en demeure d'accord. P. 31. *Le Roy Jacques*, dit-il, *traitoit en secret pour rétablir l'impieté Romaine. L'Archevêque d'Ambrun en fit un voiage à Londres, où il vit le Roy qui menagea la chose à Rome; & alloit reüssir, si Dieu n'eust pris soin de son Eglise par la mort d'un Prince qui vouloit estre luy-même la mort de la Religion & de l'Etat.* Ce Roy ne croioit donc pas que ces pretenduës loix luy eussent *lié les mains*, & luy eussent osté la liberté de sa conscience.

G 4 2. Il

Ch. 12. 2. Il est si faux qu'il y ait des loix en Angleterre qui ostent aux Rois mêmes *la liberté de leur conscience*, qu'il n'y en a point qui l'ostent aux particuliers. Car la Reyne Elisabeth affecta de ne l'oster à personne, mais d'empêcher seulement l'exercice de toute autre Religion, que de celle qu'elle avoit établie par ses nouvelles loix. Rien n'est donc plus ridicule que de supposer que ces loix *aient lié les mains aux Rois mêmes* au regard *de la liberté de conscience*.

3. Cet Auteur voulant monstrer que les Catholiques ne sont pas plus mal traitez en Angleterre que les Huguenots en France, en donne pour preuve en la p. 131. *Que dans la ville de Londres il y a vingt-cinq maisons, sans conter celles des Ambassadeurs, dans lesquelles on dit la messe en plein jour, sans qu'on en fasse jamais aucune recherche: Qu'à la verité la liberté n'est pas si grande à la Campagne; mais que tous les Gentilshommes y ont leurs Aumosniers, & que tous les Catholiques y vont à la messe.* Pourquoy donc ne pourra-t-on pas souffrir dans le legitime heritier de la Couronne ou dans le Roy même qui auroit repris par conscience la Religion de ses Ancestres qui a esté la seule dans ces trois Roiaumes pendant plus d'onze Siecles, ce que l'on souffre selon cet Auteur au regard de tous les gentilshommes de la campagne?

4. Mais on n'a point besoin icy de tolerance. Car afin qu'on en eust besoin il faudroit

deux

deux choses : & qu'il y eust dans l'Angleterre des loix qui defendissent aux Rois mêmes l'exercice de toute autre Religion que de celle qui y est maintenant la dominante ; & de plus, que ce qu'avance icy cet Auteur ; *Que les loix du Roiaume d'Angleterre sont les loix du Roy aussi-bien que de l'Etat*, fust vray au sens qu'il le prend ; c'estadire, que le Roy y fust soûmis, & qu'elles eussent à son égard *vim coactivam*, comme parlent les Jurisconsultes. Or l'un & l'autre est faux & ne peut estre soûtenu que par des Cromwellistes ennemis mortels de toutes les Monarchies. Car au regard du premier il faut, comme ces tueurs de Rois, ne pas reconnoistre dans les Souverains le rang élevé au dessus des autres hommes qu'ils tiennent de Dieu, ou demeurer d'accord de ce qui est reçû de tout le monde, qu'ils ne sont jamais compris dans les loix humaines, s'ils n'y sont nommez expressément. Or y a-t-il une loy en Angleterre qui dise expressément, que si le Roy se faisoit Catholique, il ne pourroit avoir aucun exercice de sa Religion non pas même dans son Palais ? Ce seroit une folie que de le pretendre : & l'exemple des deux dernieres Reynes en fait assez voir la fausseté ; sans parler des Ambassadeurs, à qui il ne devroit pas estre permis de faire dire la messe chez eux, si les Rois mêmes devenans Catholiques n'avoient pas ce pouvoir. Et pour le second ; Il faut estre aussi enragé contre la Roiauté que Milton, pour vouloir que les Rois

Rois soient tellement soumis aux loix de leurs Roiaumes, & mêmes aux plus nouvelles, & dont la justice peut estre plus contestée, que s'ils manquent à les observer, ils puissent estre chastiez par leurs sujets, & depossedez de leurs throsnes.

5. La premiere de toutes les loix dans les roiaumes hereditaires, & celle qui peut avec plus de raison en estre appellée la *loy fondamentale*, est celle qui en regle la succession. Car la tranquillité publique estant la fin des Etats, ce qui est le plus propre à la conserver en doit estre regardé comme le fondement qui doit estre le mieux étably, & qu'on doit le moins remuer. Or l'experience de tous les Siecles a fait voir, que rien n'est plus capable d'assurer la tranquillité publique dans les roiaumes, que de s'attacher inviolablement aux loix qui en reglent la succession, en donnant la couronne à celuy qui a esté legitimement élu, si le Roiaume est électif, ou à celuy à qui elle appartient par sa naissance, si le roiaume est hereditaire, comme l'est certainement celuy d'Angleterre. Il n'y a donc point de loy particuliere à l'Angleterre qui ne doive ceder à celle-là: parce qu'on n'y sçauroit toucher sans exposer ce royaume à estre ruiné par des guerres sanglantes, n'y en ayant point d'ordinaire de plus cruelles, de plus irreconciliables, & de moins faciles à accommoder, que quand un même pays est ravagé par les armes de deux chefs qui s'en disent tous deux les Rois. Et par con-

conſequent, il n'y a que des ennemis de leur patrie qui puiſſent oppoſer d'autres loix à celle-là.

Mais ce que cet Auteur ajoûte nous donnera lieu de faire voir que ces Puritains d'Angleterre, qui ſont nos huguenots de France, ſe joüent quand il leur plaiſt de ces mêmes loix, auxquelles ils voudroient que leurs Rois fuſſent tellement aſſujettis, qu'ils n'y pourroient deroger ſans eſtre privez de leur Couronne.

Ces loix, dit-il, *par leſquelles on s'eſt obligé à ne ſouffrir point d'autre Religion que la Proteſtante, ne peuvent eſtre caſſées que par le Parlement conjoinctement avec le Roy, parce que dans ce roiaume pour faire ou caſſer les loix le Roy ne peut rien ſans le Parlement, ny le parlement ſans le Roy.*

Je ne diſpute point en quel ſens cela ſe doit entendre: mais ſuppoſant que les choſes ſont comme il le dit, c'eſt par là même, que l'on peut voir quelle eſt l'injuſtice de ces Puritains. Car en quoy conſiſtent ces loix touchant la Religion que le Roy ne peut caſſer ſans le Parlement ny le Parlement ſans le Roy? Cet Auteur nous l'apprend en la p. 162. C'eſt dit-il, *qu'il fut ordonné ſous Edoüard & enſuite ſous Eliſabeth, qu'on ne tolereroit aucune autre Religion que celle dont l'Egliſe Anglicane faiſoit choix, & qu'on ne ſouffriroit point les aſſemblées de ceux qu'ils appellent aujourd'huy non Conformiſtes.*

Et quelle eſtoit cette Religion dont l'Egliſe Anglicane faiſoit choix? On ne peut douter que ce ne fuſt celle qui eſtoit gouvernée par des Evêques & dont la liturgie avoit retenu beaucoup de choſes de celle de l'Egliſe Romaine. C'eſt ce que reconnoiſt Hornius dans le livre intitulé *de ſtatu Eccleſiæ Britannicæ hodierno*. p. 9. & c'eſt ce qui le fait parler d'une maniere aigre & emportée de la Religion établie par les loix ſous Edoüard & Eliſabeth. *La primauté du Pape*, dit-il, *avec ſa fauſſe doctrine, aiant eſté chaſſées du Roiaume d'Angleterre ſous Edoüard premierement & puis ſous Eliſabeth; on retint l'Epiſcopat & la Hierarchie Papale, hors ſon chef, avec le culte exterieur de l'Egliſe Romaine & ſes ceremonies, & ainſi toute l'adminiſtration exterieure des choſes ſacrées demeura Papiſtique & toute la Hierarchie Papale.* Et cet Auteur ſe plaint enſuite que les Puritains ont eſté fort tourmentez en vertu de ces loix comme eſtant *Non conformiſtes*. Voilà donc la Religion que cet Auteur doit pretendre ne pouvoir eſtre changée, ny par le Roy ſans le Parlement, ny par le Parlement ſans le Roy. Et il faut qu'il avoüe, amoins que de ſe declarer ouvertement Cromwelliſte, que l'autorité ſouveraine, qui s'appelle autrement *la Majeſté de l'Empire*, reſidant en la perſonne du Roy, ces loix peuvent eſtre encore moins changées par le Parlement ſans le Roy que par le Roy ſans le Parlement. Cependant ſans ſe mettre en peine de leurs propres regles ils ont eu l'audace de faire ſans le Roy & malgré le Roy ce qu'ils pretendent que le Roy ne ſçauroit faire

re sans eux. Ce malheureux Parlement, qui Ch.12.
se fit perpetuel, & dont la rebellion se termina au meurtre du Roy & à l'extinction de la Roiauté, estant revolté contre son Souverain qui vivoit encore, abolit tout le gouvernement Ecclesiastique étably par les loix d'Edoüard & d'Elisabeth, que cet Auteur veut faire passer pour *fondamentales du Roiaume*. Il se servit pour cela d'un synode de Presbyteriens, qu'il fit assembler de son autorité sans se mettre en peine de celle du Roy: Et Hornius Professeur à Leyde, dans l'Epistre dedicatoire du livre dont je viens de parler met ces trois degrez de la pretenduë Reformation de l'Eglise en Angleterre.

La I. sous Henry 8. par la separation d'avec l'Eglise Romaine. La 2. sous Edoüard & Elisabeth, par l'établissement de ce qu'on appelle l'Eglise Anglicane gouvernée par les Evêques, & retenant beaucoup de ceremonies de l'Eglise Catholique. Et la troisiéme par le Parlement non seulement sans le Roy, mais dans une actuelle rebellion contre le Roy, qui avoit renversé tout le regime de cette Eglise confirmé par tant de loix, en abolissant l'Episcopat & tout ce qui estoit resté de l'ancien gouvernement de l'Eglise Catholique. N'est-ce donc pas une effronterie qui ne se peut concevoir d'opposer au legitime heritier de la Couronne comme un obstacle pour la recoeüillir s'il survit le Roy son frere, de nouvelles loix touchant la religion qu'ils appellent quand il leur plaist

fon-

fondamentales de l'Etat, & dont ils sont eux-mêmes si peu de cas quand il y va de leur interest, qu'ils ont trouvé bon qu'un Parlement revolté contre son Roy les ait cassées, ne se souvenant point alors de ce qu'ils établissent icy: *Qu'elles ne le pouvoient estre ny par le Roy sans le Parlement ny par le Parlement sans le Roy?*

CHAPITRE XIII.

De l'infame calomnie de cet Auteur contre les Catholiques, qu'il accuse d'avoir fait mourir le feu Roy d'Angleterre sur une consultation signée par le Pape & approuvée par la Sorbonne.

ON a de la peine à comprendre comment les Pretendus Reformez osent ouvrir la bouche pour reprocher aux Catholiques de n'estre pas fidelles aux Rois, eux qui ont encore les mains sanglantes du parricide d'un Roy de leur Religion, qui n'aiant peché à leur égard que par trop de bonté & trop de douceur, a finy ses jours après une honteuse captivité par la mort du monde la plus tragique, non par la fureur de quelque particulier, mais par la conspiration des Independans & des Presbyteriens qui sont les vrais Calvinistes d'Angleterre. Mais tant s'en faut que nostre Auteur se trouve en peine de les laver d'une tâche si honteuteuse, qu'il en rejette toute l'infamie sur les Catholiques, en soûtenant que ce sont eux & non pas les Calvinistes qui ont fait mourir ce pauvre Roy. C'est donc un procés qu'il faut vuider, & pour le faire d'une maniere convainquante, je prendray tout ce que j'en diray de deux Auteurs Calvinistes, & puis j'éxamineray ce que nostre Ecrivain apporte au contraire.

Toute l'Europe sçait que cette funeste tragedie a esté la suite & le couronnement des guerres criminelles que les Ecossois firent premierement à leur Roy, & en suite les Anglois. Voions donc si ce furent les Catholiques de ces deux royaumes ou les Protestans qui exciterent ces guerres ; & si entre les Protestans ce furent ceux de la Religion Anglicane qu'on appelle Episcopaux, ou les Puritains ennemis de l'Episcopat qui sont la même chose que les Calvinistes de France. C'est ce que nous pourrons apprendre d'un Auteur dont j'ay déja parlé qui ne peut estre suspect à Messieurs les Pretendus Reformez, puisque c'est un tres zelé Calviniste nommé Georgius Hornius Professeur en histoire à Leiden, qui fit en 1646. un livre *De l'Etat des Eglises Britanniques* sous le faux nom d'Honorius Reggius qui est son anagrame, & le dedia aux Anciens & Pasteurs de Zelande qu'il appelle des hommes illustres pour leur pieté, & pour le pur zele de la Religion reformée.

Il reconnoist dans ce livre: *Que les Puritains*

ch. 13. tains Calvinistes estoient les VRAIS REFORMEZ qui avoient toûjours protesté contre l'Episcopat. Que c'estoient des gens *craignans Dieu sans fard & sans artifices.* C'est pourquoy il rapporte avec approbation cette parole d'un Puritain d'Angleterre: *Que nous ne lisons point qu'il y ait eu en aucune nation faisant profession de l'Evangile une plus grande persecution* CONTRE LE PEUPLE DE DIEU *que dans l'Angleterre, principalement depuis la mort d'Elisabeth.* Ce peuple de Dieu sont les Puritains, & cette persecution qu'ils décrivent en termes si tragiques, n'est autre chose que les precautions que prenoient les Rois & les Evêques pour empêcher que cette malheureuse secte ne les accablast, comme elle a fait sous Cromwel. Ils regardoient donc leurs Rois comme leurs Persecuteurs. Mais cela n'y fait rien si nous en croions ce *faiseur d'Entretiens.* Car *leur fidelité est à toute épreuve.* Et il n'y a point de gens dont les Souverains puissent estre si parfaitement assurez qu'ils leur seront toûjours fidelles. Cependant ce que rapporte Hornius de l'origine de cette funeste guerre n'en est pas une bonne preuve.

Il dit que le Roy Charles 1. aiant fait dresser une liturgie pour l'Ecosse, parce que les Ecossois avoient de l'éloignement de celle d'Angleterre, on commença à la lire dans toutes les Eglises d'Edinbourg le 20. Juillet de l'an 1637. Mais *que cette nation toute brulante du zele de la maison de Dieu, fit bien paroistre combien elle estoit*

estoit animée contre le *Papisme*. Car le peuple Ch. 13. en conçut une si grande indignation, qu'ils chasserent l'Evêque avec ses habits Pontificaux de lin & de laine, & sa malheureuse liturgie, & que peu s'en fallut qu'il ne fust tué. Que ce fut là le commencement des troubles de l'Ecosse, parce *que l'Archevêque de Cantorbery crut qu'il falloit punir ces rebelles: & que les Ecossois de leur costé preferoient la mort à la tyrannie des Evêques, & à une liturgie qui ressembloit à la Messe; Que de là vinrent la colere & les plaintes; & que comme on ne les satisfaisoit pas, ils chercherent le remede à leurs maux dans la guerre*. Ce fut cette guerre qui donna la naissance aux troubles d'Angleterre, qui finirent par le parricide du Roy & le renversement de la Monarchie.

Voilà la Theologie de ces bons sujets qui se p. 204. vantent d'estre *le seul party de la fidelité duquel le Roy puisse estre parfaitement assuré.* Ils attribuent à une pieté *brulante du zele de la maison de Dieu* la fureur de ces Puritains d'Ecosse qui chasserent leur Evêque, & peu s'en fallut qu'ils ne le tuassent, parce qu'il estoit habillé de lin & de laine, & qu'il leur avoit lû une liturgie qui leur deplaisoit.

Mais peuteſtre que les Puritains Anglois ont eſté plus ſages que ceux d'Ecoſſe, & qu'ils ont condamné la guerre que des ſujets revoltez faiſoient à leur Roy. C'eſt au moins ce qui devroit eſtre, afin que les huguenots de France puſſent dire au Roy avec quelque ſorte de couleur

leur, comme ils font dans ces Entretiens ; qu'ils font d'une religion qui recommande de telle sorte la fidelité aux Rois, *qu'ils sont le seul party, de la fidelité duquel il peut estre parfaitement assuré.* C'est donc ce qu'il faut que nous apprenions encore d'Hornius.

Le témoignage qu'il en rend ne peut estre contesté. Car il rapporte une lettre Synodale des Puritains assemblez à Londres sous l'autorité du Parlement aux Eglises reformées des autres pays. Nous y trouvons donc le sentiment de la nouvelle Reformation touchant l'obeïssance que l'on doit aux Rois. Ils les font sçavoir à toute l'Europe par la declaration qu'ils firent en ce temps-là : Qu'ils avoient pris les armes contre le party du Roy pour maintenir les droits du peuple, & pour empêcher que la Religion ne se corrompist. *Adversus hujusmodi homines contestamur & profitemur arma à nobis sumpta.* Voilà les grandes & parfaites assurances que les Souverains doivent avoir de la fidelité de ces bons Reformez. Il faut qu'elles soient fondées sur la profession ouverte que font ces zelez Reformateurs de l'Eglise d'estre toûjours prets à prendre les armes contre leur Roy, aussi-tost qu'ils craindront qu'on ne fasse quelque changement dans leur nouvelle Religion, non seulement dans les choses qu'ils croiroient essentielles, & qu'on ne pourroit souffrir sans blesser sa conscience, mais dans celles mêmes qu'ils avoient toûjours pretendu estre indifferentes, & ne point empêcher

pêcher qu'une Eglise où elles sont établies ne jouisse du titre illustre *d'Eglise Reformée.* Car pendant les regnes d'Elisabeth, & de Jacques, comme la religion de l'Eglise Anglicane conduite par les Evêques, estoit la dominante dans l'Angleterre, les Pretendus Reformez de France n'en parloient qu'avec éloges, & ils se faisoient honneur de mettre cette Eglise entre les plus celebres des Reformées. Ils ne croioient donc pas alors que la Hierarchie de cette Eglise composée comme la Romaine d'Evêques, de Prestres & de Diacres, fust un obstacle à leur pretenduë reformation, ny un si grand desordre que leurs vrais fidelles ne l'auroient pas pû souffrir sans interesser leur conscience. Cependant cette Hierarchie Anglicane qui n'avoit point de venin tant que les Rois ont esté assez forts pour la maintenir, aussitost que les Puritains ont trouvé le temps propre pour se soulever, leur est devenuë un sujet suffisant pour se revolter contre leur Roy & pour luy faire la guerre. Hornius ne le dissimule pas, il paroit au contraire qu'il en fait gloire. Les Ecossois, dit-il, ont arraché du Roy par les armes l'abolition de toute la Hierarchie. Et les Anglois à leur exemple ont commencé à demander la même chose. *Scoti armis extorserunt Regi abolitionem totius Hierarchiæ. Eorum exemplo exciti Angli, paria flagitare & cogitare cœperunt.* Ayant écrit en 1646. il ne nous en a pû dire d'avantage. Mais avant que de passer à un autre du même party qui nous en apprendra la
suite,

suite, afin de sçavoir, qui seront les Acteurs du dernier acte de cette tragedie dont nous venons de voir le commencement, apprenons encore de luy quel estoit selon les Puritains l'Etat de l'Eglise d'Angleterre au commencement du Parlement perpetuel, & un peu avant qu'il eust aboly l'Episcopat. Il le represente par cette table.

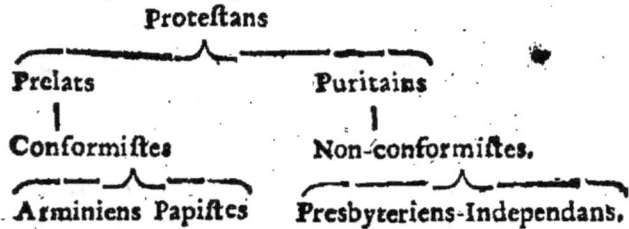

Cela veut dire qu'il y avoit deux sortes de Protestans. Les uns Episcopaux ou Conformistes, qui estoient les seuls comme l'avoüe nostre *faiseur d'Entretiens*, qui fussent approuvez par les loix d'Angleterre. Car il reconnoist comme nous avons déja vu, qu'il avoit esté ordonné par ces loix qu'on ne tolereroit aucune autre Religion que celle dont l'Eglise Anglicane faisoit choix, & qu'on ne souffriroit point les assemblées des *Non-conformistes*. Mais Hornius voulant faire entendre qu'on avoit bien fait de les opprimer, en foulant aux pieds ces loix que nostre Auteur appelle *fondamentales de l'Etat*, il suppose qu'on avoit trouvé que ces *Conformistes* estoient tous *Arminiens* ou *Papistes*, ce qui n'estoit pas difficile. Car il paroist qu'ils prennent pour
here-

heretiques *Arminiens*, toux ceux qui ne peuvent approuver l'abominable dogme de la justice inamissible detesté de tout ce qu'il y a de Chrestiens dans le monde, hors les Gomaristes : & pour Papistes, tous les Protestans qui croient devoir retenir quelques ceremonies de l'Eglise Catholique, quelques anciennes qu'elles puissent estre. Ces deux pretextes d'*Arminianisme* & de *Papisme* aiant donc fait chasser & opprimer par le Parlement Perpetuel révolté contre son Roy tous les Evêques & tous les Episcopaux, c'estadire tous ceux qui estoient de la Religion de l'Eglise Anglicane authorisée par les loix; il ne resta plus que les *Puritains & non-conformistes*, à qui ces mêmes loix avoient interdit l'Exercice de leur Religion. Et Hornius en fait de deux sortes : Les Presbyteriens qui sont entierement semblables aux Huguenots de France, & les Independans dont Cromwel estoit le chef, que le même Hornius soûtient estre Orthodoxes, n'estant differens des Presbyteriens qu'au regard du regime de l'Eglise, ce que le besoin qu'ils avoient alors de Cromwel ne leur permettoit pas de prendre pour un sujet suffisant de douter de leur *Orthodoxie*. (C'est un mot qu'ils aiment & dont on me permettra de me servir aprés eux.) Et le Presbyterien Auteur du *Traité Politique sur les mouvemens presens de l'Angleterre de l'an 1672.* parle en ces termes de ce fanatique: *Cromwel fit bien quelque temps la guerre à la Hol-*

Ch. 13. Hollande; mais il en desista par l'horreur qu'il eut à troubler la Religion: *& comme il* BRULOIT D'UNE PIETÉ SAINTE *il envoia des sommes considerables à nos freres des vallées de Lucerne, que M. de Savoie persecutoit en Tyran.* Nous n'allons donc plus voir sur le Theatre d'Angleterre que de bons *Puritains*, c'estadire des *Presbyteriens* ou des *Independans Orthodoxes*. Et un autre sçavant & celebre Reformé, nous rendra compte de leurs *faits & gestes*. Ce sera M. Saumaise dans le livre intitulé *Defensio Regia*.

Il suppose pour fondement dans le chap. dernier, comme une chose incontestable, qu'en suite des mouvemens d'Ecosse, *la ligue que les Ecossois & les Anglois firent pour se soutenir mutuellement, n'avoit point d'autre pretexte que le besoin qu'ils disoient qu'avoit la Religion d'estre reformée quant à la doctrine, le culte, la discipline, & le regime. Et qu'on ne demandoit principalement au Roy que cette reformation laquelle on faisoit particulierement consister à remedier au schisme, à exterminer les heresies, & à abolir l'Episcopat. Le Roy leur accordoit sans peine les deux premiers chefs. Mais il ne pouvoit consentir au troisiéme.* Ce fut donc la vraye source de la guerre. Le Parlement aiant fait de luy même ce qu'il n'avoit pû obtenir du Roy qui est l'abolition de l'Episcopat, & s'estant porté ensuite, à demander au Roy avec la derniere impudence, *qu'il les rendist maitres de l'armée, & qu'il consentist qu'ils*

P. 418.

qu'ils fussent toûjours assemblez, c'estadire qu'il ne fut plus Roy que de nom: On sçait assez ce qui arriva depuis. La guerre s'alluma. Le Roy fut defait. Il se retira parmy les Ecossois, qui le livrerent aux Anglois. Il fut longtemps en prison sous la puissance du Parlement qui n'estoit composé que de Presbyteriens & d'Independans. Mais Cromwel qui s'estoit rendu maistre de l'armée, par une detestable fourberie, fit des plaintes de la captivité où on retenoit le Roy, & feignit de luy vouloir rendre la liberté. Il engagea le Roy par cet artifice à se mettre entre ses mains, & d'abord il le traita assez bien. Mais bien-tost après il fit demander par l'armée qu'on luy fist son procés pour avoir esté cause du sang qui s'estoit repandu, & on a horreur de dire quelle en fut la fin. Mais ce sera M. Saumaise que tout le monde sçait avoir esté un tres zelé Presbyterien, (comme Milton a bien sçu le luy reprocher) qui nous apprendra qui ont esté les veritables Auteurs de ce crime horrible.

Examinons, dit-il, *si les Independans seuls en sont coupables, & si les Presbyteriens n'y ont point de part? Pour juger des choses équitablement il faut reconnoistre, que la fin & la consommation de ce detestable attentat doit estre attribué aux Independans, mais que les Presbyteriens se pourroient donner la gloire de l'avoir commencé & bien avancé, si c'estoit aussibien une action digne de loüange, que c'en est une qui merite l'execration de tous les hommes. Les Presbyteriens*

Ch. 13. riens avoient poussé cette tragedie jusqu'au 4. acte & par de là, les Independans n'ont eu que le cinquiéme à achever aprés avoir chassé de la scene les premiers Acteurs. Peuteſtre que ceux qui l'avoient commencée ne luy auroient pas donné une si barbare cataſtrophe. Les commencemens neanmoins en avoient eſté tels qu'on n'en pouvoit attendre qu'une tres funeſte iſſuë, ne se pouvant faire que cela n'aboutiſt au moins à voir le Roy depoüillé de toute son autorité, si on luy avoit laiſſé la vie & un vain titre de Roy. On doit donc regarder comme coupables de l'avoir tué ceux qui ont preparé tout ce qui eſtoit neceſſaire pour commettre ce parricide. C'eſt à eux & non à d'autres qu'on s'en doit prendre. Si un voleur se jettoit sur un paſſant & qu'aprés luy avoir oſté sa bourſe & son épée, il le lioit tout nud à un arbre, & qu'une beſte farouche le trouvant en cet état l'euſt devoré, ne seroit-ce pas au voleur plûtoſt qu'à la beſte qu'on imputeroit ce meurtre? C'eſt l'image de ce qu'ont fait les Presbyteriens. C'eſt ce qu'il prouve au long en repreſentant toute leur conduite seditieuſe & criminelle, que je ne rapporte point pour n'eſtre pas ennuieux. Mais voicy ce qu'il en dit d'une maniere plus abregée en la p. 375.

Jamais, dit-il, *les Parlemens n'avoient pretendu avoir aucun droit d'ordonner rien d'important sans le conſentement du Roy, & encore moins en ce qui regarde la Religion, qu'en toute autre choſe. C'eſt par là que les Presbyteriens ont commencé à se rendre criminels de Leſe Majeſté.*

Ils

Ils ont osté aux Evêques leurs seances dans le Parlement, *& les ont chassez de leurs Eglises contre la volonté du Roy. Et ils ont de même sans son consentement donné liberté de conscience à toutes les Sectes, qui ont trouvé leur asyle parmy les Independans. C'est ce qui les a rendu si forts. Ce sont donc eux qui ont fourny la hache qui a coupé la teste à ce Prince, & qui a esté souillée du sang sacré de cette innocente victime. Et ainsy pour dire en un mot, les Presbyteriens ont amené la victime liée, & les Independans l'ont égorgée.* Mais Hornius nous apprend comme nous avons déja vû, que les uns & les autres estoient de bons *Puritains*, c'est adire les vrais reformez d'Angleterre, & tellement ennemis des Catholiques, que lorsque ces *Puritains* accorderent generalement à toutes les Sectes, quelques impies qu'elles pussent estre, le libre exercice de leur Religion, les Catholiques seuls en furent exceptez, comme le témoignent d'un même accord Saumaise & Milton.

Tout cela ne nous apprend rien qui ne soit connu de toute l'Europe. Et Milton qui a eu l'impudence d'élever jusques au ciel les auteurs de ce patricide, n'a eu garde d'en donner la gloire à d'autres qu'à des Reformez. Cependant nostre *faiseur d'Entretiens* en est bien mieux informé que tous ces gens-là. Nous n'avons qu'à l'écouter. Il nous fera bien voir qu'ils ne sçavent tous ce qu'ils disent, & que ce sont les Catholiques & non pas les Protestans qu'on doit

13. doit regarder comme les veritables Auteurs de la mort du feu Roy d'Angleterre. Voicy ce qu'il en fait dire à l'un de ses personnages comme luy aiant esté raconté par un Gentilhomme Huguenot. C'est en la p. 136.

Il me conta une histoire qui me surprit extremement. Il me la lut avec toutes ces circonstances dans un petit écrit qui a esté mis au jour par un Ministre Anglois qui se dit Chapelain du Roy d'Angleterre : La voicy en abregé. Un Ecclesiastique qui avoit esté Chapelain du Roy Charles qui a eu la teste tranchée, se fit Catholique quelque temps avant la mort de son Maitre, & il entra si avant dans la confidence des Jesuites Anglois, qu'ils luy firent part d'une piece terrible. C'estoit une consultation répondue par le Pape sur les moiens de rétablir la Religion Catholique en Angleterre. Les Catholiques Anglois voiant que le Roy estoit prisonnier entre les mains des Independans, formerent la resolution de profiter de cette occasion pour abbatre la Religion Protestante, & pour rétablir la Religion Catholique, & casser toutes les loix qui avoient esté faites contr'elle en Angleterre : c'estoit de se défaire du Roy & d'abbattre la Monarchie. Afin d'estre autorisez & soûtenus dans cette grande entreprise, ils deputerent 18. Peres Jesuites à Rome, conduits par un des Grands du Royaume, pour demander au Pape son avis. La matiere fut agitée dans des assemblées secretes, & il fut conclu qu'il estoit permis & juste de faire mourir le Roy. Ces deputez en passant par
Paris

Paris avoient consulté la Sorbonne, qui, sans attendre l'avis de Rome, avoit jugé que cette entreprise estoit juste & legitime: & au retour, les Jesuites qui avoient fait le voiage de Rome, communiquerent aux Sorbonistes la réponse du Pape, dont on tira plusieurs copies. Les Députez, qui avoient esté envoiez à Rome, estant de retour à Londres, confirmerent les Catholiques dans leur dessein. Pour en venir à bout les zelez se fourrerent entre les Independans, en dissimulant leur Religion. Ils persuaderent à ces gens-la qu'il falloit faire mourir le Roy; & il en cousta la vie à ce pauvre Prince quelques mois aprés. Mais cette mort du Roy Charles n'aiant pas eu toutes les suites que l'on en esperoit, & toute l'Europe s'estant recriée avec horreur contre le parricide commis en la personne de ce pauvre Prince, l'on voulut tirer toutes les copies qui s'estoient faites de la consultation du Pape & de celle de la Sorbonne. Mais ce Chapelain Anglois, qui s'estoit fait Catholique, ne voulut point rendre la sienne; & il la communiquée depuis le retour de la Famille des Stuarts à la couronne d'Angleterre, à plusieurs personnes qui vivent encore aujourd'huy, & qui sont témoins oculaires de ce que je viens de dire.

On ne doit pas s'attendre que je m'amuse à refuter serieusement une imposture si abominable. Il faut estre fou pour la croire, & enragé pour la debiter. Quand les Catholiques dont parle ce Ministre Chapelain auroient esté plus méchans que tous les Demons, auroient-

Ch. 13. ils esté assez insensez pour croire, qu'un bon moien de rétablir la Religion Catholique en Angleterre estoit de tuer un Roy qui avoit toûjours esté favorable aux Catholiques, pour retomber sous la domination de leurs plus cruels ennemis, tels qu'estoient Cromwel & un Parlement composé de Presbyteriens & d'Independans ? Ces 18. Jesuites qui vont à Rome avec un grand Seigneur à la teste sont quelque chose de bien imaginé pour traiter cette affaire avec le secret qu'elle demandoit. La consultation de la Sorbonne y fait aussi une agreable Episode. La Censure de Santarel avoit sans doute persuadé aux Jesuites, que ces Docteurs estoient fort disposez à approuver ce dessein. Il ne reste plus qu'à nous apprendre par quelle addresse on avoit pu assembler 60. ou 80. Docteurs qui est ce qu'on appelle la Sorbonne, sans avoir sujet de craindre que cela n'eventast un si detestable complot. Mais quel besoin avoit-on en tout cela de mettre de la partie ce Chapelain du Roy Charles premier nouvellement converty ? Voilà une belle demande ? Comme si ce n'estoit pas le personnage le plus necessaire de toute la piece. Car quel usage auroit-on pû faire de cette fable diabolique si on n'y avoit mis un autre *Docteur Oates*, par qui on seroit venu à la connoissance de toute l'intrigue ? Il a donc fallu feindre que les Jesuites avoient decouvert à ce Chapelain du Roy, comme une nouvelle qui luy devoit estre fort agreable, qu'ils avoient des-

dessein de tuer son maistre. On voit bien que c'est une autre folie aussi extravagamment inventée que tout le reste. Mais on en avoit besoin. Et cela même ne suffisoit pas. Il a fallu encore supposer, qu'ils avoient repandu plusieurs copies de l'approbation que le Pape & la Sorbonne avoient donnée à cet abominable dessein de faire mourir le Roy : Qu'ils en avoient donné une à ce Chapelain : Que la mort du Roy n'aiant pas eu toutes les suites qu'ils en esperoient, ils avoient voulu retirer toutes ces copies. Mais que ce Chapelain non seulement n'avoit pas voulu rendre la sienne, mais qu'il l'avoit communiquée à plusieurs personnes qui vivent encore, à ce que dit nostre Auteur : C'est à dire qu'il avoit bien voulu s'exposer à estre pendu & écartellé, en fournissant luy même des preuves, qu'il avoit sçu une si horrible conspiration contre la vie de son Roy sans en avoir donné avis. Enfin tout cet amas de circonstances toutes plus folles & plus incroiables les unes que les autres, ne suffisoit pas encore. Il falloit que la connoissance de tout cela eust passé, (on ne dit point comment) de ce premier Chapelain de Charles I. devenu Catholique, à un autre Chapelain Huguenot de Charles II. Car *c'est*, dit nostre faiseur d'Entretiens p. 139, *un Ministre qui se dit Chapelain du Roy d'apresent qui a publié cette histoire depuis peu, & qui l'avoit déja publiée une fois en* 1662. *pour répondre à un petit livret qui insultoit aux Calvinistes Anglois sur*

Ch. 13. ce qu'ils avoient fait mourir leur Roy. Ce Theologien qui sçavoit cette histoire la publia pour prouver que les Catholiques estoient coupables du crime dont on accusoit les Calvinistes. Mais ce qu'il ajoûte pour une nouvelle confirmation de la verité de cette extravagante fable merite

p. 140. sans doute d'estre rapporté icy. *C'est*, dit-il, *que quand elle parut au jour il y eut une grande émotion dans la maison de la Reyne Mere du Roy d'Angleterre parce que cette maison estoit pleine de Jesuites.* (Mensonge ridicule ? il n'y en avoit aucun, & elle n'a jamais eu en France ny pour Confesseur ny pour Aumoniers que des Peres de l'Oratoire.) *Et même ce grand Seigneur qui avoit mené les* 18. *Jesuites à Rome, & qui s'estoit fait chef de cette conjuration estoit l'un des principaux Officiers de la maison.* (Ce devoit donc estre M. le Chevallier Digby Chancelier de cette Reyne ; c'est à dire l'homme du monde le plus incapable d'attenter contre la vie de son Roy, dont il estoit fort aimé, & qui estant l'un des plus sages, & des plus habiles Seigneurs d'Angleterre, n'avoit garde d'estre assez extravagant pour croire que cette mort estoit propre à y rétablir la Religion Catholique.) *D'abord ils demanderent justice au Roy par le moien de la Reyne Mere de l'outrage que celuy qui avoit publié cette histoire scandaleuse leur avoit fait. Le Docteur s'offrit de prouver son accusation en justice, & de produire ses témoins qui estoient vivans. Le Grand Seigneur Officier de la maison de la Reyne & les Jesuites*

voiant

voiant la resolution de cet homme n'oserent le Ch. 13. pousser & ils obtinrent seulement du Roy qu'on luy imposeroit silence.

Qu'on ne s'imagine pas qu'en rapportant tout cela j'aie la moindre apprehension qu'il n'y ait des gens assez sots pour en croire quelque chose. Je pretends au contraire pouvoir poser pour un principe certain, que tout le monde jugera qu'il n'y eut jamais de fable plus ridicule, & qu'elle approche du bruit, que Cromwel fit courir à Londres contre les Royalistes & les Catholiques ; qu'ils avoient fait une mine sous la Tamise pour la renverser sur la ville & la noier. Mais je croy pouvoir tirer de là deux grands avantages.

Le premier est qu'un Auteur (comme ce *faiseur d'Entretiens*) qui est capable de debiter comme des veritez de telles fadaises, & qui adjoûte en la p. 221. *que cette Histoire concernant la mort du feu Roy d'Angleterre, fait voir que la Sorbonne est toûjours dans le même esprit* d'approuver les revoltes contre les Roys, quand il s'agit de la Religion : doit estre ou un fou à enfermer, ou un impie sans conscience & sans honneur, qui ne merite aucune creance en tout ce qu'il dit sans preuve, & sur tout en ce qu'il raconte des injustices particulieres qu'il pretend que l'on a faites à quelques Ministres de France.

Le 2. est qu'aiant conté cette pretenduë conjuration des Catholiques contre Charles I. comme un preambule pour faire croire plus
faci-

Ch. 14. facilement celle qu'il pretend qu'ils ont faite contre le Roy d'apresent, qu'il dit avoir esté decouverte il y a deux ans, il n'a fait que se mettre parce qu'il dit de cette premiere, en état d'estre encore plus facilement convaincu de la fausseté de la derniere. C'est ce que nous allons faire voir dans les Chapitres suivans.

Chapitre XIV.

De la pretenduë conjuration des Catholiques d'Angleterre contre la vie de leur Roy decouverte depuis deux ans. Que la maniere dont s'y prend cet Autheur pour faire croire que ce n'est pas une fable, prouve manifestement que c'en est une.

CEt Auteur ne peut pas ignorer, que la pretenduë conjuration des Catholiques pour tuer le Roy d'Angleterre, & renverser le gouvernement aprés avoir égorgé la moitié du Roiaume, ne passe dans toute l'Europe pour une détestable calomnie, & que parmy les Protestans mêmes des autres pays, ces deux ou trois faux témoins dont on s'est servy pour allarmer les Puritains d'Angleterre, & les remplir de fureur contre les Catholiques, ne soient regardez comme ces enfans de Belial que l'on porta à dire contre Naboth, *qu'il avoit maudit Dieu & le Roy.* Mais il n'en est que plus hardy à faire valoir cette fausse accusation, &

comme c'est l'ordinaire de ces gens-là, de se ch. 14.
promettre que la confiance avec laquelle ils
assurent les plus grandes faussetez les fera croire, il ne tient pas à luy qu'on ne prenne pour
des bestes tous ceux qui osent douter de la verité de son histoire.

Car aiant fait dire à son Provincial, *que son* P. 141.
gentilhomme Huguenot avoit fort appuié sur la
derniere conjuration d'Angleterre qui fut decouverte il y a deux ans, par laquelle on vouloit égorger la moitié du Royaume pour se rendre
maistre de l'autre: Il fait répondre le Parisien
en ces termes.

Le Par. *Vous aviez un beau moien de l'arrester tout court là dessus. Car vous sçavez bien*
que nos Catholiques soûtiennent, que c'est une
pure calomnie inventée par les Calvinistes pour
avoir occasion de perdre les Catholiques. Les Jesuites de Sainct Omer n'ont-ils pas fait voir que
leurs témoins Oates & Bedlow, sont de faux
témoins? A quoy il fait repliquer ainsy le Provincial.

Le Prov. *Je ne manquay pas de luy opposer*
cela: mais je vous avoüe que ma conscience ne
me permit pas d'appuier beaucoup sur cette réponse. Car pour dire la verité, je suis tres persuadé qu'elle est fausse...... Aussi mon vieux
Huguenot, qui est plein de feu, & qui a beaucoup de bon sens, me releva aussi-tost avec
beaucoup de vigueur en disant: Est-il possible
qu'un homme comme vous me puisse dire une
semblable chose? Ah? laissez faire ces mau-

H 5 *vais*

vais contes aux Jesuites de Saint Omer ; Ils sont accusez, il n'est pas étrange qu'ils se defendent, & l'action est si noire & si detestable, qu'ils ne sçauroient moins faire que de la desavoüer.

Il a cru sans doute que nous serions assez simples pour nous paier de ces gasconades de son gentilhomme de Province, & que la peur de passer pour sots nous empêcheroit de le contredire. Mais il s'est bien trompé: Car nous les connoissons un peu. Et nous sçavons que c'est leur coustume de s'emporter contre leurs adversaires avec plus de hardiesse & plus de fierté, lors qu'ils se sentent plus foibles, & plus depourvus de bonnes raisons. Et cependant ce sont de bonnes raisons & de bonnes preuves que l'on demande, & non pas des paroles en l'air, ou de miserables lieux communs qui se peuvent alleguer de part & d'autre. *S'il ne faut,* dit-il, *que se justifier il n'y aura jamais de coupable.* Comme s'il n'estoit pas encore plus vray: *Que s'il ne faut qu'estre accusé pour estre coupable, il n'y aura jamais d'Innocent.* Et au regard de ces faux témoins, n'ai-je pas encore plus de droit de dire: *Que s'il suffit d'assurer que des depositions sont veritables, sans oser repliquer un seul mot à un tres grand nombre de preuves qui monstrent évidemment qu'elles sont fausses, il n'y aura jamais de faux témoins.*

C'est justement de quoy il s'agit icy. Cet Auteur n'a pu dissimuler que les Jesuites n'aient

pre-

pretendu avoir monstré par un écrit imprimé Ch. 14. à Mons *que leurs témoins Oates & Bedlow sont de faux témoins.* Or ce n'est point par des discours & par des declamations en l'air, qu'ils l'ont fait voir. C'est par un grand nombre de faits singuliers bien marquez & bien circonstantiez. C'est donc à quoy il falloit repondre, & les convaincre au moins de fausseté sur 5. ou 6. des principaux, & non pas se contenter pour toute preuve, d'une impertinente réponse, qui va à faire que les plus gens de bien soient infailliblement accablez par les scelerats. Car que pourront-ils trouver de manifeste & de convainquant contre la malice de leurs accusateurs, qu'on ne puisse eluder par un discours semblable à celuy de cet Auteur?

Ils se justifient, dit-il, *d'une belle maniere.* P. 144. *Ils mandient des certificats & des attestations pour prouver les contradictions qu'ils imputent à Oates: ce sont des pieces fort mal aisées à faire & à obtenir. Dans une severe morale, comme est celle des Jesuites, c'est une grande affaire à des gens qui sont instruits dans leurs écoles, de donner de faux certificats pour sauver l'honneur de toute la societé des Jesuites, & même de toute l'Eglise Romaine.*

Que Messieurs les Pretendus Réformez ne nous viennent point parler de Morale severe ou relâchée. Car on leur a prouvé, & on est prest de le faire encore, qu'il n'y en eut jamais de plus corrompuë que la leur: & qui oste le plus la crainte de se damner à tous ceux de leur

H 6. secte

secte qui sont tentez de commettre des crimes ; puisque s'estant une fois persuadez qu'ils sont vraiment fidelles & regenerez en Jesus Christ, ils sont assurez d'une certitude de foy divine, qu'en quelques desordres qu'ils tombent ils ne laisseront pas d'estre sauvez, & de demeurer toûjours enfans de Dieu par la grace de l'adoption. Ils ne trouveront rien dans le Casuistes les plus relâchez qui soit si abominable que cela, & si capable de lâcher la bride à la nature corrompuë pour se deborder en toutes sortes de crimes. Laissons donc là ces reproches generaux de morale relachée. Ils ne sçauroient faire que cette réponse ne soit ridicule quand on en demeure là. Car il paroist par le procés de M. Coleman qui est imprimé, que selon les loix d'Angleterre, un accusé est reçû à se justifier par témoins contre les depositions de son accusateur. D'où il s'ensuit necessairement qu'on est obligé d'avoir égard à ce que disent ces témoins, & qu'on ne peut pas les rejetter par cette raison generale qu'ils peuvent avoir esté gagnez ; mais qu'il faut prouver qu'ils l'ont esté. Et en effet estant admis à cette preuve, comme ils le sont en Angleterre, si pour n'avoir aucun égard à ce que disent des témoins ouys en justice qui attestent des faits dont ils sont tres bien informez, il n'y a qu'à dire en l'air qu'ils peuvent avoir esté corrompus, sans prouver qu'ils l'ont esté ; pourquoy a-t'on eu égard à ce qu'ont dit deux ou trois frippons pour faire mourir des Prestres, & des Gentilstils-hommes de qualité. Est-ce que ces derniers ont pu estre moins gagnez que ceux dont on a pris le serment dans les attestations d'Espagne & de Saint Omer. Je ne m'arresteray qu'à ces dernieres. Quatorze personnes ont esté oüies devant le Mayeur & les Echevins de Saint Omer & ont attesté avec serment, *que connoissant tres bien ledit* TITUS OATES, *& aiant demeuré avec luy au seminaire de cette ville-là, ils sont tres assurez que depuis le* 10. *Decembre* 1677. *qu'il y est entré, jusques au* 23. *Juin* 1678. *qu'il en fut renvoié, il n'a passé hors le seminaire que deux nuits qu'il coucha à* 2. *lieües de là. Et qu'ils se souviennent en particulier qu'il a esté present audit seminaire le* 1. 2. 3. 4. *&* 5. *jour de May* 1678. *selon le nouveau style: ce qu'ils sçavent, pour avoir conversé & demeuré durant tout ce temps avec le dit Oates, & pour avoir remarqué que le* 5. *du dit Mois il fut present au partement du Sr. Killenbeck pour l'Angleterre.* Ce qui fait voir qu'il n'a pu depuis estre arrivé à Saint Omer porter à Paris des lettres au P. de la Chaise, ny avoir eu à Londres au mois d'Avril *Stylo vet.* Et au mois de may *stylo novo*, les entretiens qu'il dit y avoir eus avec divers Jesuites & Monsieur Coleman. Or à qui persuadera-t'on, que le témoignage de ces 14. personnes ne soit pas plus croiable que celuy de deux miserables, que cet Auteur n'a osé entreprendre de justifier d'aucun des reproches qui leur sont faits dans cet écrit des Jesuites imprimé à Mons?

H 7

Mais

Ch. 14. Mais cette réponse toute pitoiable qu'elle est, a encore un autre defaut. C'est qu'elle ne touche en aucune sorte beaucoup d'autres chefs de cette justification soûtenus dans cet Ecrit, contre lesquels cet Auteur n'a osé dire un seul mot. Car c'est une tres mauvaise foy de supposer comme il fait, que cette justification ne consiste que dans des attestations, qu'il veut faire croire fausses sans en apporter aucune preuve. Elle contient outre cela beaucoup d'autres faits tres-importans, dont il auroit esté tres facile de monstrer la fausseté s'ils n'estoient pas veritables. Desorte que n'aiant point esté contredits par des gens à qui il eust esté si facile d'en justifier la fausseté, & qui avoient tant d'interest de le faire s'ils l'eussent pu, ils doivent passer pour certains en toute bonne justice. J'en rapporteray icy quelques uns des plus importans.

I. FAIT.

Dans le procés de Monsieur *Coleman*, imprimé par autorité publique, page 8. M. L'Avocat *Mainard*, dit : *M. Oates est le premier qui a sçû & découvert cette trahison : il est le Seul, qui a découvert tant de personnes, qui travailloient puissamment pour la faire reüssir.* Il est donc tres important de sçavoir qui est cet *Oates*. Il est fils d'un Tisseran qui aiant quitté son mestier pendant les guerres civiles se fit predicateur des Anabaptistes. On doute si le fils a esté baptisé. Il dit qu'il l'a esté à 17. ans. Quoy qu'il en soit Oates le fils exerça quelque temps l'office de Ministre à Hastings, petit Port de mer, jusqu'à ce qu'aiant accusé le Mayeur du lieu d'un grand crime, & estant convaincu de parjure (les Registres du lieu en font foy) il fut mis en prison. D'où il trouva moien de s'échapper, crainte du chastiment qu'il avoit merité. Mais il a obtenu du Roy par l'entremise de ses amis grace de cette faute-là. Ce qui peut bien empêcher qu'on ne l'en punisse, mais ne peut pas empêcher, que le témoignage de ce fripon sur lequel on fait mourir tant de gens de bien, ne soit le témoignage d'un homme déja infame pour des parjures.

II. FAIT.

LE 2. Témoin est Bedlow fils d'un violon de village, connu aux Pays-bas, en France & en Espagne aussi-bien qu'en Angleterre par ses vols, ses friponneries, & ses debauches, qui se faisoit appeller à Saint Omer *Brudenell*, à Douay, Cambray, Paris, & Roüen, *Le Milord Cornwallis*, & en Espagne *Milord Gerard*. Oates a juré qu'il n'avoit jamais connu Bedlow avant qu'ils se joignissent à Londres. Mais on a à Saint Omer une lettre écrite de sa main, dans la quelle il avoüe le contraire, & le maltraite extremement. Entre autres choses il dit, que Bedlow luy avoit derobé dix écus pendant que luy (Oates) luy alloit chercher à manger.

III. FAIT.

III. FAIT.

IL y a un 3. témoin nommé Dugdale, qui a accusé le Lord *Stafford* & 4. Jesuites. Il a esté Vallet de M. *Aston* Seigneur Catholique: L'aiant quitté & estant en prison pour dettes les Juges de paix luy demanderent s'il ne sçavoit rien de la conspiration. Il leur jura qu'il n'en avoit aucune connoissance. Mais ne voiant point de moien d'en sortir parce qu'il devoit plus qu'il n'avoit vaillant, & aiant appris qu'il y avoit 200. livres Sterling à gagner & d'autres émolumens, le 23. Decembre de la même année il se porta pour témoin du Roy: & l'Orateur de la Chambre basse pour le mettre en liberté entreprit les dettes pour lesquelles il estoit prisonnier.

IV. FAIT.

UNe des principales accusations d'Oates est qu'il a vû beaucoup de commissions du General des Jesuites, par lesquelles (en vertu d'un *Bref du Pape*) il creoit de nouveaux Officiers de la Couronne, & de nouveaux Evêques; Par exemple M. *Coleman* estoit fait Secretaire d'Estat: le Lord *Arundel*, Chancelier: le Lord *Bellasis* General des Armées: le *Provincial des Jesuites*, Archevêque de Cantorbery, &c. Mais quoy qu'on ait promis grace à chaque prisonnier quelque coupable qu'il fust, pourvu qu'il declarast en avoir reçu quelqu'uqu'une, il ne s'en est pas trouvé un seul qui l'ait avoüé. On a même offert outre son pardon une recompense de 500. livres Sterling (ce qui fait plus de 6000. liv.) à un homme d'une condition fort mediocre (c'est un Comedien) qu'on accusoit d'en avoir reçu une, pourvu qu'il le reconnust ; & il l'a constamment nié.

V. FAIT.

Oates a accusé le P. Ireland de choses dites & faites à Londres au temps que plus de 30. témoins la pluspart Protestans jurent qu'il en estoit à plus de 40. lieües.

VI. FAIT.

Oates jura en plein Parlement que le S^r. *Marc Preston* estoit *Prestre & Jesuite*, & qu'il s'estoit souvent confessé à luy, & le dit Sieur fit voir qu'il avoit Femme & Enfans, & qu'il demeuroit à *Londres*, connu de ses voisins : ce qui estoit convainquant, mais cela n'a pas empêché qu'on ne l'ait envoié en prison.

VII. FAIT.

LE même Oates au même lieu jura une autrefois, avoir livré une de ces pretendües commissions venües de Rome à M. le Chevalier *Ratecliffe*, dans le jardin de l'Ambassadeur d'Espagne à *Londres*, durant l'Esté 1678.

186 APOLOGIE

ch. 14. 1678. & un du Parlement même fit voir à tous la fausseté de ce serment, parce que le dit Chevalier n'avoit pas esté à *Londres* depuis 4. ans: qu'il le sçavoit fort bien, estant son voisin, & que depuis quelque temps il ne sortoit quasi plus de sa maison, qui est à cent lieuës de *Londres*. Cela estoit decisif: mais avec tout cela l'accusation n'a pas laissé de subsister, & ledit Chevalier est demeuré dans la liste des criminels.

VIII. FAIT.

IL jura, qu'au mois de Juin 1678. il avoit livré une autre Commission au Sieur *Pierson*, Secretaire du Comte de Powis: & il y a 500. témoins, qui jureront, que le dit *Pierson* depuis le 9. Aoust, 1677. jusqu'au 5. Octob. 1678. n'a jamais esté à Londres, ny à 40. lieuës à la ronde.

IX. FAIT.

IL a accusé la Reyne en plein Parlement d'avoir consenty à la mort du Roy son mary. Surquoy un des Messieurs du Parlement, demanda, qu'on leust dans les Registres ce qu'Oates avoit dit, un tel jour. On y trouva qu'il avoit juré qu'il n'avoit plus rien à dire *contre aucune autre personne considerable, outre celles qu'il avoit nommées.* Cela ayant esté lû, le Parlementaire dit: *Je vous demande,* Messieurs, *si la Reyne est une personne considera-*

derable? Si elle l'est, cet homme à presté un faux serment.

Tous ces faits, & principalement les 4. derniers qui sont de choses passées en plein Parlement, sont tels que rien n'auroit esté plus facile à cet Auteur que d'en verifier la fausseté, s'ils estoient faux. Il les avoit vus dans cet Ecrit des Jesuites de Saint Omer imprimé à Mons, puisqu'il en parle. Pourquoy donc n'entreprend-il pas d'en monstrer la fausseté? *Son Gentilhomme Huguenot qui est plein de feu & qui a beaucoup de Sens*, à ce qu'il dit, n'auroit esté qu'une beste, s'il n'avoit pas vû, que tant que ces faits ne seront point contredits, ils doivent passer pour vrays, & que tant qu'on les regardera comme vrays, il est impossible qu'on puisse avoir d'autre opinion de ces témoins, & sur tout d'Oates le premier Auteur de cette pretenduë decouverte, sinon que bien loin de meriter aucune creance, ils ne meritent que la Roüe. Ce qui est sur tout incontestable au regard de Oates; s'il est vray, comme on n'en peut douter, qu'il ait accusé la Reyne en plein Parlement d'avoir consenty au massacre du Roy son mary. Car y a-t-il un assez grand supplice pour punir une si noire calomnie contre une si pieuse Reyne?

Il n'estoit donc point necessaire d'emploier 8. pages en des discours vagues qui ne signifient rien, comme nous le ferons voir. Il n'y avoit qu'à rapporter de bonne foy tous ces faits, & prouver que les Jesuites les ont faussement

Ch. 14. sement & calomnieusement avancez dans cet écrit imprimé : en monstrant par exemple.

Qu'il est faux qu'Oates ait déja esté condamné pour un parjure, dont le Roy luy a fait grace.

Qu'il est faux que Bedlow ait joué tant de divers personnages en tant de pays, & que Oates se soit plaint dans une lettre qu'il luy avoit volé 10. Escus.

Qu'il est faux que Dugdale ait nié sçavoir rien de la conjuration, lorsque les Juges de paix le luy ont demandé.

Qu'il est faux que plus de 30. témoins la pluspart Protestans aient juré que le Pere Ireland estoit à plus de 40. lieües de Londres dans le temps qu'on l'accuse d'y avoir fait & dit plusieurs choses.

Qu'il est faux qu'Oates ait juré en plein Parlement, qu'un Bourgeois de Londres qui a prouvé qu'il avoit femme & Enfans, estoit Prestre & Jesuite.

Qu'il est faux qu'il ait juré au même lieu, qu'un Gentilhomme qui n'avoit point esté à Londres depuis 4. ans, & qui en estoit à cent lieües, y avoit reçu une de ces commissions chimeriques venuës de Rome.

Qu'il est faux qu'il ait fait la même accusation contre un autre qui en estoit aussi au temps qu'il avoit marqué à plus de 40. lieües.

Qu'il est faux enfin que par une malice plus que diabolique, il ait accusé une Sainte Reyne d'avoir consenty à la mort du Roy son mary,

après

aprés avoir juré quelques jours auparavant, qu'il Ch. 14.
n'avoit plus rien à dire *contre aucune autre per-*
sonne considerable outre celles qu'il avoit nom-
mées.

Voilà ce qu'il falloit faire, si on le pouvoit, pour agir de bonne foy, & en homme d'honneur; & non pas employer 8. pages à s'efforcer inutilement de prouver par de vaines conjectures, & d'impertinentes declamations, que l'on ne voit pas ce que l'on voit, & ce qui saute aux yeux de tout le monde.

Je pourrois donc me mocquer de tout cela. Car écoutet-'on des, EST IL CROIABLE, contre des preuves positives & convainquantes, que l'on laisse dans toute leur force sans oser entreprendre de les refuter? Mais je trouve deux avantages à ne les pas laisser sans réponse. L'un qu'on en verra mieux la foiblesse & l'impertinence. L'autre que la peine que ce *faiseur d'entretiens* prend pour rendre croiable par tant de méchantes raisons le mensonge diabolique de sa pretenduë conjuration, au lieu de prendre la voie naturelle de l'établir qui eust esté d'infirmer les faits qui en demonstrent la fausseté, faitvoir manifestement qu'il a bien senty que cela n'estoit pas possible.

CHAPITRE XV.

Refutation de toutes les raisons generales que cet Auteur apporte pour faire voir, qu'il n'est pas croiable que la pretenduë conjuration des Catholiques contre la vie du Roy d'Angleterre ne soit pas vraie.

Nous venons de voir ce que cet Auteur devoit faire pour nous rendre croiable sa pretenduë conjuration; & c'est ce qu'il n'a eu garde de faire, parce qu'en rapportant seulement les faits qu'il auroit du refuter, il luy eust esté impossible d'empêcher que tous ceux qui auroient lû son Livre, ne fussent demeurez persuadez, que jamais il n'y eut rien de plus faux; comme il n'y a rien de plus detestable, que le dessein qu'on a eu d'en charger les Catholiques.

Il a donc esté réduit à mettre en la bouche de *son Gentilhomme Huguenot* de ces sortes d'argumens communs qui ne prouvent rien, ou qui prouvent trop. Car on n'en peut rien conclure contre l'innocence des Catholiques d'Angleterre, que l'on n'en concluë en même temps qu'on n'a jamais condamné que des coupables, & qu'on n'a jamais fait mourir d'innocens. Il n'y a qu'à l'entendre parler pour estre convaincu de ce que je dis.

1. *Pourroit-on croire qu'il y auroit des juges assez*

assez méchans pour condamner à la mort tant Cx. 15. *de personnes innocentes?*

Resp. Il s'est bien trouvé des juges qui ont condamné *Jesus Christ*. Il s'en est bien trouvé qui ont condamné une infinité de Martyrs non seulement comme refusant d'adorer les Dieux de l'Empire, mais comme coupables de meurtres d'enfans & d'incestes. Il s'en est bien trouvé parmy ces mêmes Puritains qui dominent aujourd'huy dans le Parlement d'Angleterre qui ont condamné leur propre Roy à perdre la teste par la main d'un Bourreau.

Mais deplus il n'est point necessaire que ces juges aient eu une mechanceté fort extraordinaire pour avoir condamné ces personnes quoy qu'innocentes. Il faut seulement qu'ils aient esté fort ennemis de la Religion Catholique & fort entestez de la leur. Car il y a deux choses toutafait differentes dans ces procés. L'une est la conjuration contre la vie du Roy & contre l'Etat. L'autre est quelques negotiations qui alloient selon les propres termes du Lord Chef de justice à la fin du procés de M. Coleman, *à établir la Religion Catholique par la dissolution du Parlement, & par un Edit de liberté de conscience*. On ne nie pas qu'il y ait eu des preuves de ce dernier point. Car on en trouve dans le Procés de M. Coleman, qui est le seul que j'aie vû. Or comment ces Juges n'auroient-ils pas jugé tous les Catholiques accusez, dignes de mort pour ce seul point; estant animez de ce même esprit, qui leur vient

pre-

presentement de faire declarer *traistres* ceux qui avoient empêché qu'on ne presentast des Requêtes seditieuses au Roy pour luy faire assembler le Parlement malgré luy, aussibien que ceux qui luy presteroient de l'argent, afin que n'en pouvant avoir que par leur moien ils le puissent tyranniser à leur volonté? Les croiant donc déja coupables & dignes de mort pour ce pretendu crime des negotiations en faveur du Roy ou de la Religion Catholique; ce n'a esté qu'une corruption de cœur assez commune, qui les a disposez à croire plus facilement ce que de faux témoins leur ont dit d'une pretenduë conspiration pour faire mourir le Roy & bouleverser l'Etat.

Mais tournons la medaille, & voions d'un autre costé, si on peut croire qu'un si detestable dessein dont on n'a point d'autre lumiere que ce qu'en disent deux scelerats, non seulement ait pu estre pris par ceux qu'on en accuse, mais estre approuvé par un aussi Sainct Pape qu'est celuy qui est maintenant sur la chaire de S. Pierre, de l'aveu même des Protestans; & que de plus ce Pape si ennemy de la méchante morale, & qui a condamné en particulier toutes les palliations des parjures par les équivoques & les restrictions mentales; ait donné des indulgences plenieres à ceux qui mourant dans cette entreprise feroient les plus horribles sermens, pour desavoüer contre leur propre conscience ce qu'ils sçauroient de cette conjuration. Car c'est le seul moien qu'ont trouvé

Voiez les 25. 26. 27. des 65. Propositions.

trouvé les Auteurs de ce complot contre les Catholiques, pour rendre probable, que de tant de personnes qu'on a fait mourir pour ce sujet, il n'y en a eu aucune qui ne se soit resolu à faire toutes sortes de sermens, pour assurer qu'ils mouroient innocens de ce que ces miserables Oates & Bedlow leur avoient malitieusement imposé. Je laisse à tout le monde à juger si de ces deux, PEUT ON CROIRE, celuy de cet Auteur est mieux fondé que le mien. Mais voions ce qu'il ajoûte.

2. *Si l'on avoit eu dessein simplement de se defaire de ces sept personnes, l'on avoit des voies clandestines pour en venir à bout.*

Resp. Cromwel en avoit eu aussi pour se defaire du Roy d'Angleterre. Car estant en sa puissance, il ne luy estoit pas difficile de l'empoisonner. Et neanmoins il aima mieux le faire mourir par des juges & par l'infame main d'un bourreau. Mais deplus à quoy auroit servy de se defaire de ces sept personnes par des voies clandestines, ce que cet Auteur semble supposer qu'on auroit fait sans scrupule ? Cela auroit-il pû servir à faire croire au peuple qu'il y avoit une grande conspiration contre le Roy & contre l'Etat ? Or c'est le dessein qu'ont eu les fabricateurs de ces accusations calomnieuses.

3. *Mais il faudroit, avoir renoncé au bon sens aussi bien qu'à sa conscience pour faire le procés en public, & à la veüe de toute l'Europe à des gens dont l'innocence sautant aux yeux de*

Ch. 15. *toute la terre convriroit d'infamie ceux qui les auroient condamnez.*

Resp. Cet argument ne sçauroit prouver qu'il n'y a point d'apparence que les 8. personnes dont il s'agit ne fussent coupables, qu'il ne prouve de la même sorte que le feu Roy d'Angleterre l'estoit aussi. *Car il faudroit*, dira-t-on, *que les Independans & les Presbyteriens joints à Cromwel, eussent renoncé au bons sens aussi bien qu'à leur conscience, pour faire le procés en public & à la vuë de toute l'Europe à un Roy dont l'Innocence sautant aux yeux de toute la terre auroit couvert d'infamie ceux qui l'auroient condamné.* A quoy on peut ajoûter que des Juges aussi animez contre la Religion Catholique que le sont ceux-là, & qui font un crime aux Catholiques du moindre zele qu'ils peuvent avoir pour leur Religion, n'ont garde de croire que leur innocence saute aux yeux de toute la terre, quelques innocens qu'ils puissent estre des autres crimes qu'on leur impose. En veut-on un exemple illustre? Ne faut-il pas estre bien criminel pour meriter une aussi grande punition qu'est la privation du droit à une couronne? C'est la peine que ces factieux imposent au Duc d'Yorck; & cependant en quoy peuvent-ils dire qu'il est criminel, sinon en ce qu'il est Catholique?

4. *Si c'est une querelle d'Allemand qu'on a voulu faire aux Catholiques Anglois, afin d'avoir un pretexte de les perdre, pourquoy ne les a-t-on pas perdus?*

Resp.

Resp. Parce qu'on ne l'a pû faire sans le consentement du Roy, & que le Roy n'a pas esté assez cruel pour y consentir. Car à qui a-t-il tenu qu'on ne les ait perdus ? Et ne sont-ils point à la veille de l'estre ? N'est-ce point les perdre que de les exterminer & les chasser tous de leur pays ? (N'est-ce point assez ? Ne les croira-t-'on perdus que quand on les aura tous égorgez.) Or n'est-ce pas ce que ce Parlement seditieux a eu la barbarie de demander au Roy, qu'ils fussent tous chassez d'Angleterre, en luy declarant qu'ils ne luy donneroient point d'argent, qu'il n'eust consenty à cette inhumanité, & à ce que le Duc son frere fût privé du droit de regner aprés luy ? Et aprés cela cet Auteur nous viendra dire encore ce qui suit.

5. Qu'a-t-'on fait aprés tout contre eux que du bruit. Il n'en a cousté la vie à personne qu'à ces sept miserables ?

Il trouve que cela n'est rien, de faire mourir un Seigneur d'une des plus illustres maisons du Royaume, un gentilhomme de probité, & 5. ou 6. Prestres. Et si quelque Ministre seditieux est interdit en France de son employ, il crie que tout est perdu, *& qu'on les opprime, comme on feroit des Turcs & des infidelles.*

6. Les Catholiques Romains ont esté obligez quelque temps de s'éloigner de Londres. Voila un grand chastiment pour une si detestable conjuration.

Resp. Et c'est de quoy il s'agit, Monsieur le Sophiste: Si cette conjuration est veritable, ou si c'est un complot pour perdre les Catholiques. Vous entreprenez de prouver que ce dernier n'est pas vraysemblable par cet argument : Si ç'avoit esté un complot pour les perdre, pourquoy ne les a-t-on pas perdus. Or on ne l'a pas fait, & tout ce qu'on a fait contre eux n'est que du bruit. Ce n'a donc pas esté un complot pour les perdre. Et quand vous voiez que l'on vous peut dire que c'est plus que du bruit de les chasser de Londres, & de leur defendre sous de grandes peines d'en approcher de plus de dix milles, vous vous avisez de nous dire : *Voilà un grand chastiment pour une si detestable conjuration*, en supposant ridiculement ce qui est en question, & ce qui est regardé par toute l'Europe, comme une pure calomnie, pour opprimer les Catholiques.

Mais voions encore comment il prouve contre le jugement de toute l'Europe que ces deux témoins *Oates & Bedlow*, ne sont pas deux sacres & deux scelerats.

6. *Oates est un faux témoin. Il en dit trop pour estre cru.* C'est l'objection qu'il se fait en la p. 148. Et voicy sa réponse. *Il faut avoüer que si les dépositions de cet homme-la sont fausses, c'est la chose du monde la plus nouvelle & la plus inoüie. Tous les exemples de fureur des siecles passez ramassez ensemble, n'approchent point de celuy qui se remarque dans ce faux témoin. Il n'y eut jamais une suite de crimes si terribles que ceux dont cet homme charge les accusez. Ils ont, dit-il, embrazé la ville de Lon-*

Londres plusieurs fois ; ils veulent assassiner le Roy, les Princes, les Grands, & presque les deux tiers des habitans du Roiaume, bouleverser un Etat, renverser la Religion, changer son gouvernement, & faire couler pour cela des fleuves de sang. Est-il croiable qu'il y ait au monde un homme assez méchant pour charger des innocens de tant de crimes ?

Resp. Il n'y a donc qu'à prouver qu'un homme peut estre assez méchant pour cela, & cet Auteur nous en fournit une bonne preuve. Il ne faut que le prendre par ses paroles. Nous avons déja vû, ce qu'il dit en la p. 136. Qu'un Ministre se disant Chapelain du Roy d'Angleterre a publié par deux fois un Ecrit où il soûtient que le Roy Charles I. estant en prison entre les mains de Cromwel, 18. Jesuites aiant à leur teste un grand Seigneur d'Angleterre, allerent à Paris & à Rome pour consulter la Sorbonne & le Pape sur le dessein qu'ils avoient de faire mourir ce Roy, & qu'ils en rapporterent *une consultation repondüe par le Pape, qu'ils communiquerent à la Sorbonne,* où il estoit conclu *qu'il estoit permis & juste de le faire mourir.* Nous avons vû qu'il ajoûte que ce Ministre Chapelain du Roy s'offrit *de prouver son accusation en justice, & de produire ses témoins qui estoient vivans, qu'il pretendoit avoir vû de leurs propres yeux cette consultation repondüe par le Pape.* Or je prends pour juges tous ceux qui ont un peu de sens commun, & je suis assuré qu'il n'y en aura aucun

Ch. 15. qui n'avoüe; qu'on ne peut s'imaginer de calomnie plus noire, plus diabolique, plus insensée contre le Pape, contre la Sorbonne, & contre tous les Catholiques d'Angleterre, que l'on fait sur cela Auteurs de la mort funeste de ce pauvre Roy, pour en decharger les Calvinistes. Il n'est donc pas incroiable qu'un homme tel qu'Oates, convaincu de parjure dans une autre accusation calomnieuse ait esté assez méchant pour dire faussement contre les Catholiques, qu'ils avoient embrazé la ville de Londres plusieurs fois; & qu'ils vouloient assassiner le Roy, les Princes, les grands, & presque les deux tiers des habitans du Roiaume: puisque cet Auteur nous en produit non seulement un, mais plusieurs, qui ont esté aussi méchans: Sçavoir ce Ministre Chapelain du Roy d'apresent, qui s'offrit à ce qu'il dit de justifier par plusieurs témoins, que le Pape avoit signé la consultation qui permettoit aux Catholiques de se defaire du Roy Charles I. & que la Sorbonne l'avoit approuvée, & que ç'a esté en effet par les intrigues des Catholiques ensuite de cette consultation Papale, que ce Prince avoit eu la teste coupée par la main d'un bourreau.

7. Peutestre, qu'une passion de vengeance pourroit porter un homme à ourdir une trame aussi infernale pour se satisfaire de quelque outrage qu'il auroit reçu. Mais quel outrage paroist il qu'Oates & Bedlow aient reçu des Catholiques Romains? La plus-part des accusez sou-

soûtiennent que ces gens leur sont inconnus; ils ne leur ont donc fait aucun outrage qui les ait pû porter à une si prodigieuse vengeance.

Resp. Voilà certes une preuve bien solide de la sincerité de ces témoins. Est-ce que les crimes ne se commettent que par un seul motif? Est-ce que Judas avoit reçû quelque outrage de Nostre Seigneur & que ce fût par un desir de vengeance qu'il le livra aux Juifs? Est-ce que ceux qui calomnioient les premiers Chrestiens d'estre des incestueux & des mangeurs de chair humaine avoient reçû quelque outrage de ces premiers fidelles si pleins de douceur & de bonté? Est-ce enfin que Cromwel avoit reçû quelque outrage du feu Roy d'Angleterre qui ne le connoissoit seulement pas, lorsqu'il se mit à la teste de ses sujets rebelles, & qu'il le fit ensuite mourir par la main d'un bourreau?

Mais pour confondre ce declamateur par ce qu'il vient de dire; on prouvera de la même sorte, qu'il faut que le Chapelain du Roy Charles I. devenu Catholique qu'il fait le premier Auteur de l'abominable calomnie de la mort de ce Roy par les Catholiques ensuite d'une consultation signée par le Pape, ait dit necessairement la verité. Car il n'y a dira-t-'on, *qu'une passion de vengeance qui pourroit porter un homme à ourdir une trame si infernale pour se satisfaire de quelque outrage qu'il auroit reçu.* Or quel outrage paroist-il que ce Chapelain ait reçu des Catholiques: & pourquoy auroit-il il voulu deshonorer la religion qu'il avoit embrassée, & qu'on ne dit point qu'il ait quittée pour redevenir Protestant? Or on ne persuadera jamais à un homme sage que cette histoire de la consultation signée par le Pape & le reste ne soit une imposture diabolique. Il n'est donc pas vray qu'il n'y ait qu'un homme outragé qui puisse estre le premier Auteur d'une imposture diabolique, puisque nostre *faiseur d'Entretiens* assure que ce Chapelain converty a esté le premier Auteur de celle-là.

8. *Deplus, par le témoignage de ceux d'entre les accusez, qui confessent connoistre leurs accusateurs, il est constant que l'un & l'autre de ses témoins estoient Catholiques Romains: Ils ne changent point de Religion; ils ne deviennent point Apostats; ils n'ont aucune raison d'estre poussez d'un esprit de haine contre la Religion Catholique & contre ceux qui la professent. C'est donc la seule horreur du fait qui les a frappez & qui les a obligez à prevenir une si horrible effusion de sang.*

Resp. Il faut estre bien possedé de l'esprit de mensonge pour fonder la justification de ces deux faux témoins sur un fait aussi notoirement faux qu'est celuy qu'il avance icy, qu'ils sont encore Catholiques Romains; & qu'ainsi n'aiant point changé de Religion, & n'estant point devenus Apostats, ils n'ont eu aucune raison d'estre poussez d'un esprit de haine contre la Religion Catholique & contre ceux qui la professent. Il ne seroit donc pas étrange qu'ils qu'ils eussent calomnié les Catholiques s'ils ne l'estoient plus & qu'ils fussent devenus Apostats. Or il est certain qu'ils sont presentement Calvinistes. Le Lord chef de Justice appelle Oates *Ministre* dans le procés de M. Coleman. *Vous avez fait serment* (luy dit-il) ET ESTANT MINISTRE *vous sçavez ce que l'on doit à la Sainteté du serment.* Ils peuvent donc selon cet Auteur avoir avancé toutes les impostures y *estant poussez par un esprit de haine contre la Religion Catholique & contre ceux qui la professent.*

Deplus nostre Chapelain converty Auteur de l'Imposture de la consultation signée par le Pape, à ce que dit cet Ecrivain, revient encore icy. Car il ne dit point qu'il fust devenu Apostat. Il faut donc croire que ce qu'il luy attribuë estoit vray, ce qui seroit la derniere extravagance.

Mais voions le fondement qu'il a de dire *qu'il n'y a que la seule horreur du fait qui a frappé Oates & qui l'a obligé de prevenir une si horrible effusion du sang.* Je n'ay besoin que des propres mensonges de ce scelerat rapportez dans le procés de M. Coleman pour luy oster ce faux masque. Il dit, *qu'il avoit appris en Avril selon l'ancien style, & en May selon le nouveau qu'il s'estoit fait une consultation de Catholiques en vertu d'un bref de Rome envoié par le Pere General de la Societé, & qu'il y fut determiné que Pikering & Growes tâcheroient de tuer le Roy en quelque maniere*

I 5

Ch. 13. *que ce fuſt: Que cette reſolution fut communiquée à M. Coleman à Wild-houſe*, CE QUE (dit-il) J'ENTENDIS DE MES PROPRES OREILLES. *On l'a communiqua*, ajoûte-t-il, *& l'on en fit mention dans pluſieurs lettres*; (cela eſt fort croiable; car ce ſont-là des choſes qu'on a accouſtumé de mettre en pluſieurs lettres) *& même lors, comme je croy, que j'eſtois allé quelques milles hors de Londres, M. Coleman m'envoia une lettre par un meſſager, en laquelle il deſiroit que le Duc puſt eſtre engagé dans le deſſein de tuer le Roy. Il diſoit qu'on emploieroit toutes ſortes de moiens pour y faire conſentir le Duc. Cette lettre eſtoit addreſſée à un nommé Ireland. Et* JE LA LÛS.

Je monſtreray plus bas que rien n'eſt plus indigne de toute creance que cette horrible calomnie. Mais jugeons-le parce qu'il dit. Il ſçait que deux hommes ont entrepris de tuer le Roy par une conſpiration des Catholiques: Que leur recompenſe eſt arreſtée: On luy envoie une lettre pour un autre où il eſt parlé de ce deſſein abominable: Il l'ouvre, il la lit & il y trouve qu'outre cela on faiſoit ce qu'on pouvoit pour faire approuver ce parricide au Duc d'Yorck: Et cet homme qu'on veut faire croire *n'avoir agy que par l'horreur du ſang que les Catholiques vouloient répandre*, ne garde point cette lettre, ne va pas auſſi-toſt la porter au Roy, pour l'avertir du deſſein qu'on avoit contre ſa vie, aiant de quoy en convaincre

cre les complices par une preuve par écrit. A-t-on pû après cela écouter cet homme ? Car si les choses s'estoient passées comme il dit, auroit-on pû le regarder que comme un méchant, qui par son propre aveu auroit esté assez traistre à son Roy pour ne luy pas découvrir la resolution qu'on avoit prise de le tuer, que non seulement il sçavoit certainement, mais dont il avoit entre les mains une preuve si convainquante ? Et si cela n'estoit pas ainsi, c'estoit donc un faux témoin qui meritoit la potence. Mais reprenons nostre Auteur.

9. *Il me semble que des faux témoins, afin de n'estre pas exposez au peril de se couper & de se contredire, ne se chargent pas d'un si grand nombre de faits. Il n'y avoit qu'à dire en deux ou trois articles, tels gens ont conjuré contre l'Etat & contre la Religion, & cela se devoit executer de cette maniere. Mais on voit qu'Oates propose jusqu'à quatre-vingt chefs d'accusation, & fait une histoire de plus de 15. ans bien poursuivie & bien soûtenuë. Il faut avoir une imagination qui n'a gueres de pareille, pour inventer un tel Roman si bien poursuivy.*

Resp. De faux témoins qui ne deposoient que contre des personnes d'ailleurs odieuses & qu'on estoit bien aise de perdre, & qui estoient bien assurez d'estre supportez par les juges, faisoient tres-bien de faire de grandes histoires accompagnées de beaucoup de circonstances, parce que c'est ordinairement ce qui les rend plus vraysemblables. Il est vray qu'on se met au hazard de tomber dans des contradictions. Et c'est aussi ce qui leur est arrivé comme nous avons déja vû, & que nous verrons encore plus bas. Mais ils s'attendoient bien qu'on n'auroit point d'égard aux contradictions où ils pourroient tomber, comme en effet on n'y en a point eu. Et enfin pour monstrer combien cette consideration est peu capable de donner quelque creance à ces faux témoins, c'est qu'il faudroit aussi qu'elle en donnast au Ministre Auteur de l'histoire de la mort du Roy Charles I. par la conjuration des Catholiques sur une consultation signée du Pape. Car on dira de même que si c'estoit un faux témoin, il n'y a pas d'apparence qu'il se fust exposé à estre convaincu de faux en se chargeant d'un si grand détail de 18. Jesuites qui sortent d'Angleterre aiant à leur teste un grand Seigneur, qui vont à Paris consulter la Sorbonne, & de Paris à Rome pour consulter le Pape, & de là reviennent à Paris pour monstrer à la Sorbonne ce que le Pape leur avoit donné par Ecrit pour confirmer les Catholiques d'Angleterre dans le dessein qu'ils avoient pris de faire mourir leur Roy, & le reste de ce Roman diabolique. Or il faudroit estre fou pour dire, que ce narré estant accompagné de tant de circonstances si bien suivies, il n'est pas croiable qu'il soit faux. Il faut donc aussi n'estre pas sage pour croire qu'une semblable raison doit faire prendre pour des verités d'aussi incroiables calomnies que le sont celles d'Oates contre les Catholiques.

10. S.

10. *Si Oates & Bedlow sont de faux té-* Ch. 15. *moins ils sont de grans fous, de s'exposer à un aussi grand peril dans cette vie pour se damner encore dans l'autre, en inventant des depositions si horribles contre des gens qui sçavent si bien se servir du couteau pour se defaire de leurs ennemis, comme il paroist par le meurtre de Godfroy.*

Resp. On sçait bien que le meurtre de Godfroy a esté imputé aux Catholiques, & c'est peuteftre pour cela qu'on l'a commis afin de le leur pouvoir imputer. Mais je ne sçache point qu'on ait eu aucune preuve certaine qu'ils en soient coupables, ny qu'aucun l'ait avoué. Car pour des témoins semblables à Oates & à Bedlow, les juges feront mourir qui il leur plaira sur leurs témoignages, mais il paroist dans cette affaire, que tant d'innocens sont peris par cette voie, qu'amoins que les criminels n'auoüent avantque de mourir, le moins que puissent faire des gens sages est de demeurer en suspens. Quoyqu'il en soit c'est une impertinence d'alleguer ce fait comme aiant dû donner de la crainte à Oates, n'estant arrivé que depuis sa deposition, & par consequent estant impossible, qu'il ait pu le detourner de la faire, puis qu'assurement il n'estoit pas Prophete pour deviner que cela arriveroit. Mais que dira t'il encore de son Ministre Chappelain, qui a debité l'imposture horrible de la mort du feu Roy d'Angleterre par les Catholiques. Car si la crainte que les Jesuites ne le

I 7 fis-

fissent poignarder, non plus que celle de se damner, ne l'a pas empêché de commettre une si noire mechanceté, peut on estre plus ridicule que ce *faiseur d'Entretiens*, quand il nous apporte de telles raisons, pour prouver qu'il n'est pas croyable qu'Oates & Bedlow aient inventé des depositions si horribles. Mais j'avois oublié une autre raison qui est de même genre que les autres c'estadire aussi insensée.

11. Il dit P. 147. *Qu'il n'y a pas d'apparence qu'Oates & Bedlow soient de faux témoins par ce qu'ils n'ont pas deposé contre les mêmes personnes, & que de faux témoins devoient un peu mieux s'entendre.*

Resp. Quelle impertinence? Ne devoient ils pas au contraire agir ainsi pour ne pas faire paroistre que ce fust un complot. N'est-ce pas ce qui les fit jurer (ou plustost se parjurer) qu'ils ne s'estoient jamais connus avant que de s'estre joints à Londres? Et puis en deposant des mêmes choses, il auroit fallu qu'ils eussent toûjours esté aux mêmes lieux, ce qui auroit donné plus de moien de les convaincre de faux, comme on a fait Oates.

12. Enfin, *me dit mon Gentilhomme Huguenot, qu'avons-nous affaire d'Oates & de Bedlow pour prouver la verité de cette conjuration? Ostons les si vous voulez de dessus la scene, & ne jugeons de l'affaire que par les lettres de Coleman au P. de la Chaise & à quelques autres.*

Resp.

POUR LES CATHOLIQUES. 207

Resp. Il n'a encore dit que cela de raisonnable. Ce ne sont pas là des paroles en l'air. Il abandonne ses témoins, & il nous renvoie à des pieces, sçavoir aux lettres de M. Coleman. C'est où nous l'attendions, & il nous sera bien facile de luy faire recevoir sur cela la derniere confusion. Car sans avoir besoin d'examiner ces lettres (ce que nous ferons neanmoins dans un autre chapitre) nous trouvons dans le procés même de M. Coleman, la demonstration de cette fausseté, qu'il ait esté convaincu par ses lettres *d'avoir conspiré la mort du Roy de la Grand-Bretagne*, qui est le premier des chefs pour lesquels on l'a condamné, & qui est aussi ce que l'on entend par *la conjuration*, dont cet Auteur prétend qu'on trouve des preuves dans ces lettres. C'est à la fin de ce Procés que le Lord Chef de justice luy parla ainsi avant que sa sentence luy fut prononcée. *M. Coleman vous avez esté jugé criminel de haute trahison, & en plusieurs manieres. Vous avez esté trouvé coupable d'avoir voulu détruire nostre Religion, & d'établir le papisme en sa place contre nos loix fondamentales, & pour parvenir à ce but d'avoir imploré l'aide & le secours des puissances étrangeres. On vous a encore jugé coupable pour avoir approuvé & voulu ayder le meurtre & l'empoisonnement du Roy; qui est la seule chose qu'il semble que vous niez. Vous avez tâché de paroistre innocent: mais vous n'avez pu tromper ceux qui vous ont jugé criminel pour avoir voulu renverser nostre Religion, & établir*

blir en sa place le Papisme par le secours des puissances étrangeres. On ne vous a pas convaincu par vos propres écritures que vous avez voulu tuer le Roy : Mais deux témoins l'ont deposé.

Il est donc clair que les juges mêmes qui l'ont condamné ne l'ont jugé coupable par ses lettres que d'avoir voulu rétablir la religion Catholique en Angleterre & d'avoir imploré pour cela l'aide & le secours des puissances étrangeres : (& c'est ce que nous éclaircirons en un autre endroit.) Mais que pour ce qui est de la conspiration contre la vie du Roy de la Grand-Bretagne, & les massacres que l'on pretend qui devoient l'accompagner, ils avoüent qu'il n'avoit point esté convaincu par ses propres Ecritures, mais qu'on l'en avoit jugé coupable sur la deposition de deux témoins Oates & Bedlow. C'est donc une manifeste imposture de nous renvoier, comme fait cet Auteur, aux lettres de M. Coleman écrites au P. de la Chaise & à d'autres, pour y trouver des preuves de la verité de la conjuration. Ses propres juges n'y en ont point trouvé. Et ainsi c'est uniquement sur la bonne ou la mauvaise foy de ces deux témoins que l'on doit juger, si les Catholiques sont vraiment coupables d'avoir conspiré avec le Pape (car c'est ce que ces témoins ont fait entendre) de faire mourir le Roy de la Grand-Bretagne, ou si ce sont leurs ennemis qui leur ont imposé ce crime horrible. Or nous avons déja fait voir dans le chapitre precedent par des faits

faits certains & incontestables, que ces deux témoins ne sont que des scelerats qui ne meritent aucune creance, & nous l'allons encore monstrer dans le chap. suivant, par le procés de M. Coleman, auquel cet Auteur nous renvoie aussi.

CHAPITRE XVI.

Preuves convainquantes de la fausseté de la conjuration par le Procés de M. Coleman.

NOus venons de voir par le discours du Lord Chef de Justice qui est à la fin de ce procés de M. Coleman, qu'il a esté condamné à mort pour deux chefs: L'un d'avoir conspiré de faire mourir le Roy d'Angleterre, & de changer ensuite le gouvernement en commettant beaucoup de Massacres: L'autre d'avoir voulu ruiner la Religion Protestante. Mais qu'il n'a esté jugé coupable du premier crime, que sur la déposition de deux témoins: & que ses lettres n'ont fourny aucune preuve que pour le second, que ce même Lord explique en ces termes dans la suite du même discours. *Vous vouliez établir vostre Religion par la dissolution du Parlement & par un Edit de Liberté de conscience.* C'est tout ce qu'on a prouvé contre luy par ses lettres: & ce qu'ajoûte le Lord le monstre bien. *Outre que cela n'auroit esté*

que

Ch. 16. *que pour mieux tromper, & ne pas trouver tant de resistance; on sçait par quelques uns de vos confederez que vous aviez resolu de faire un grand massacre.* On n'en a donc rien sçu par luymême, c'estadire par ses lettres. Et ainsi n'aiant esté condamné pour la conjuration contre la vie du Roy d'Angleterre que par les deux témoins Oates & Bedlow, on doit demeurer convaincu, que cette pretenduë conjuration n'est qu'une pure calomnie pour rendre les Catholiques odieux, si on peut monstrer par le procés même de M. Coleman qui a esté imprimé par Autorité publique, que les témoins de qui seuls on la sçait sont manifestement de faux témoins. Or c'est ce qui ne sera pas difficile. On ne peut lire ce Procés qu'on n'en soit persuadé. mais en voicy les principales preuves que je suis asseuré qui convaincront toutes les personnes équitables.

I. PREUVE.

ON voit par ce Procés que M. Coleman a esté un Gentilhomme d'honneur, d'esprit, & de jugement, bon Chrestien & bon Catholique, & à qui on n'a jamais reproché avant cette accusation d'avoir fait une action indigne d'un honneste homme. Oates au contraire, sans parler des faits que j'ay rapportez dans le chap. 11. qui font voir que ce ne peut estre qu'un miserable & un fripon, paroist tel par le procés même de M. Coleman. Car le le fondement qu'il prend de ses fausses depositions, est qu'on ne luy a jamais donné une lettre à porter qu'il ne l'ait ouverte, & qu'il ne l'ait leuë. On peut voir les pages 48. 53. 56. 72. N'est-ce pas là le procedé d'un fripon ? Et qu'on ne dise pas qu'il n'en usoit ainsi que par un bon zele afin de découvrir s'il n'y avoit rien dans ces lettres contre la vie du Roy. Car d'une part estant alors Catholique, d'où luy estoit pû venir ce soupçon lors qu'il ouvrit à ce qu'il dit la premiere lettre ? Et de l'autre si c'estoit un zele pour le Roy, qui luy eust fait ouvrir les pacquets qu'il suppose que luy donnoit M. Coleman, pourquoy, comme j'ay déja dit, n'auroit-il pas gardé & porté au Roy la lettre où il dit que M. Coleman parloit ouvertement *du dessein de tuer le Roy, & du soin qu'il vouloit prendre d'y faire consentir le Duc son frere ?*

Voilà les deux caracteres de ces deux personnes. Le fripon jure que ce qu'il a dit contre l'honneste homme est vray : & l'honneste homme jure, qu'il n'a jamais vu ce faux témoin ny son compagnon Bedlow, & que tout ce qu'ils deposent contre luy est faux. Et il le jure dans tous les temps, avant que d'avoir esté condamné, & aprés l'avoir esté, lorsqu'il n'avoit plus aucune esperance de sauver sa vie. *Je suis*, dit-il, *un homme mourant. Je jure en cette qualité & sous l'esperance du salut, que la premiere fois que j'ay vu M. Oates ç'a esté au Conseil, & que je n'ay jamais vu Bedlow qu'icy.*

Ch. 16. *qu'icy.* Et sa sentence luy aiant esté prononcée.

P. 234. Monseigneur vous avez parlé en bon Chrétien, lorsque vous m'avez averti que la Confession est entierement necessaire à un homme mourant. Mais cette confession ne se doit point faire des crimes dont l'on n'est pas coupable, comme effectivement je suis innocent des crimes dont l'on m'accuse. Ecoutez, je vous prie, les parolles d'un homme mourant. si je n'ay point dit à la Chambre des Communes tout ce que je sçavois de la conjuration soit directement, ou indirectement ; si j'ay entrepris contre la vie du Roy ; si j'ay voulu détruire le gouvernement, & établir le Papisme par la violence, que Dieu ne me pardonne jamais. J'ay bien souhaité que ma Religion fust tolerée, & même établie par des voies douces ; j'ay offencé Dieu en bien des manieres, dequoy je luy demande pardon en presence de toute la compagnie. Mais j'assure que je ne suis point coupable des crimes pour lesquels on vient de me condamner à mort. Je reçois pourtant cette condamnation, comme une grace que Dieu me fait pour la luy offrir de bon cœur en sacrifice de mes pechez, desquels, estant lavez au sang de NOSTRE SEIGNEUR JESUS-CHRIST & diminuez par les indulgences du Pape, j'espere obtenir la remission.

LE LORD. CH. JUST. *Il n'est pas possible que vous ne soiez point coupable.*

COLEMAN. *Il est vray que je ne suis pas toutafait innocent à l'égard de tous les Arrets*

du

du Parlement, parce qu'ils deffendent à tous d'estre Catholiques Romains: Mais je suis entierement innocent des crimes dont l'on m'a accusé. L'un ou l'autre s'est parjuré, ou le condamné ou le témoin. Mais à juger de la probité & de l'honnesteté de l'un & de la fourberie & de la méchanceté de l'autre par les pieces mêmes du procés, peut-on ne pas croire que c'est plûtost le témoin que le condamné?

II. PREUVE.

EN lisant toute la suite des depositions d'Oates contre M. Coleman depuis la p. 47. jusqu'à la 77. on voit clairement que si elles étoient vraies, il faudroit necessairement qu'Oates eust connu tres particulierement M. Coleman, & que M. Coleman se fiast à luy de ses plus importantes affaires comme à son confident & à son amy. Cependant M. Coleman luy aiant laissé tout dire, & le Procureur General aiant dit à M. Coleman qu'il luy pouvoit faire quelques demandes, il parla ainsy.

LE PRISONNIER. *Je suis extremement joieux de ce que Sir* THOMAS DOLMAN *est à la Cour. Car je croy qu'il estoit present lorsqu'on m'examina au Conseil. Cet homme qui depose maintenant contre moy, dit alors au Roy qu'il ne m'avoit jamais vû auparavant, quoyqu'il dise à present qu'il me connoissoit tres bien, & a-*

On. 16. *& avoit quelque liaison avec moy. Mr. Oates parla de moy en cette maniere, lorsque j'eus ordre d'aller à Newgate: Je ne l'avois jamais plus vû, que si je n'eusse fait que de naistre.*

M. OATES. *Monseigneur, quand M. COLEMAN fut interrogé par le Conseil, il dit que j'avois dit que je ne l'avois jamais vû auparavant. Je dis bien que je ne voudrois pas jurer que je l'eusse vû auparavant, parce que les yeux me faisoient mal à la Chandelle, & que la Chandelle altere d'elle même la vuë. Mais quand je l'ay oüi parler, j'aurois bien juré que c'estoit luy: mais ce n'estoit pas de quoy il estoit question.*

Le Lord Chef de Justice à qui l'embarras où se trouvoit Oates ne plaisoit pas, tâcha de l'en tirer en luy faisant une autre question en ces termes. *Il ne s'agit point icy de la bonne vuë: mais pourquoy vous n'avez pas auparavant accusé M. Coleman de cela?* (Et c'est de quoy nous parlerons dans la preuve suivante.)

Mais Mr. Coleman aiant laissé passer ces détours reprit sa demande en ces termes.

LE PRISONNIER. *Je vous prie, Monseigneur, de demander à M. OATES, s'il n'estoit pas aussi prés de moy que de ce Gentilhomme, parce qu'il dit qu'il avoit mal aux yeux.*

M. OATES. *La Chandelle estoit placée en*

en un lieu desavantageux à ma vuë, & M. Co-
LEMAN estoit dans un lieu obscur.

LE PRISONNIER. *Il dit qu'il m'a vû plusieurs fois, tantost en un lieu, tantost en un autre, & en 3. ou 4. lieux sur le sujet dont il est icy question.*

M. OATES. M. COLEMAN changeoit souvent de perruque: la perruque deguise fort un homme: Mais toutes les fois que je l'ay oüy parler, j'ay connu que c'estoit luy.

Vit-on jamais un homme plus embarassé & plus manifestement convaincu de fausseté? Il est contraint d'avoüer qu'il a dit lors que M. Coleman fut examiné au Conseil en sa presence, *qu'il n'auroit pas voulu jurer qu'il l'eust vû auparavant*, mais qu'il le reconnut à la voix: Et quand on le pousse sur cela & sur ce qu'il n'estoit pas possible qu'il ne le connust au visage s'il l'avoit vû autant de fois qu'il a dit dans ses depositions, il ne sçait plus où il en est, ny comment s'échaper. Il dit que c'est que les yeux luy faisoient mal à la chandelle: Que la chandelle altere d'elle même la vuë: Qu'elle estoit placée dans un lieu desavantageux à sa vuë: Que M. Coleman estoit dans un lieu obscur. Et comme il sent bien que tout cela estoit ridicule, son dernier refuge est de dire: Que M. Coleman changeoit souvent de perruque, & que la perruque deguise fort un homme, ce qui est la derniere impertinence. Car il paroist par tout le procés que M. Coleman vivoit dans le grand monde, & il n'est point

point accusé de s'estre jamais travesty ny deguisé. S'il changeoit donc de perruque, ce ne pouvoit estre que pour en prendre de neuves. Or il est ridicule de dire qu'une perruque neuve deguise tellement un homme qu'il puisse n'estre pas connu d'une personne qui l'auroit vû aussi souvent qu'il faudroit qu'Oates eust vû M. Coleman si ses depositions estoient veritables.

Aussi le Lord Chef de Justice qui favorisoit Oates en tout ce qu'il pouvoit, n'eut garde de s'arrester à cela; mais il luy fit une autre demande pour luy donner occasion de parler d'autre chose & le tirer ainsi de ce mauvais pas. Il luy dit, *l'avez vous oüy parler? Que disoit-il? combien de fois l'avez vous vû?* Et Oates ne manque pas de prendre cette occasion aux cheveux. Mais il estoit tellement hors de luy qu'au lieu de répondre à l'interrogation que le Lord luy avoit faite, il s'amuse à raconter un discours entre M. le Chancelier & M. Coleman; ce que tout le monde verra estre un *Franc Coq à l'asne* en conferant la demande à la réponse. Les voilà toutes deux.

LE LORD CH. JUST. *L'avez vous oüy parler? que disoit-il? combien de fois l'avez vous vû?*

M. OATES. *Lorsque Monseigneur le Chancelier demanda à M.* COLEMAN, *quand il avoit esté la derniere fois en France, il luy demanda en même temps s'il n'avoit point vû le P. de la Chaise. Il répondit, qu'il l'avoit*

une

POUR LES CATHOLIQUES. 217

une fois visité par hazard. Monsieur le Chancelier luy demanda s'il avoit eu un passeport; Il répondit que non. Alors Monsieur le Chancelier luy dit que c'estoit une grande faute de sortir hors du royaume sans passeport. Il luy demanda de plus s'il avoit à Saint Omer un parent qui s'appelle PLAYFORT. *Il répondit qu'il en avoit un agé de* 10. *ans, lequel en verité en a bien* 16. *Je souhaittois qu'on luy fist ces demandes. Alors le Roy me commanda de sortir.*

Jamais un témoin fut-il mieux convaincu d'estre faux témoin. On luy demande *combien de fois il a vû M. Coleman.* Ce n'est pas là un accessoire. C'est un capital qui va à tout decider. Car s'il ne l'a vû tres souvent, ses depositions sont fausses. Et s'il l'a vû plusieurs fois, il est hors de toute apparence qu'il ne l'eust pas connu au visage lors qu'il le vit au Conseil. Or il avoit avoüé qu'il avoit dit au Conseil, *qu'il n'auroit pas juré que ce fust luy*, c'estadire qu'il ne l'avoit pas connu. De peur donc de se couper, on a beau luy demander *combien de fois il a vû M. Coleman*, il n'ose le dire, & répond à toute autre chose qu'à ce qu'on luy demande.

Et ce n'est point pour une seule fois qu'il ne veut point répondre à cela. Le Lord luy demande de nouveau en la p. 88. en ces termes.

LE LORD. CH. JUST. *Vous a-t'on demandé si vous connoissiez M. Coleman, répondez en peu de paroles.*

K

M. Oates. Je ne m'en souviens point.

Le Lord Ch. Just. *L'aviez vous effectivement vû, & combien de fois?* Et comme il differoit de répondre le Prisonnier dit. *Il a dit, qu'il ne m'avoit jamais vû.* Ce qui obligea le Lord de repeter la même demande.

Le Lord Ch. Just. *Je vous ay demandé si vous aviez vû M. Coleman, & combien de fois. Ne m'aiant rien répondu, il semble que vous doutiez si vous l'avez vû acause de la mauvaise situation de la lumiere, ou acause de la foiblesse de vostre vuë.*

On voit assez que le Lord luy fournissoit luy même une defaite pour s'échapper. Mais la peur qu'il avoit de se mettre la corde au cou, le reduit encore au silence sur cette question importune, & qui luy coupoit la gorge, qu'on luy avoit déja faite quatre fois: *Combien de fois il avoit vû M. Coleman.* Que répondra-t-il donc? toute autre chose à son ordinaire.

M. Oates. Le Roy sçait quelle réponse je fis à M. Coleman. Quelle impudence? Est-ce-là ce qu'on luy demandoit. On le presse pour la quatriéme fois de dire: *Combien de fois il a vû M. Coleman.* Mais il se gardera bien de le dire. Il voit trop les consequences qu'on en tireroit contre luy quoiqu'il pust répondre. Il aime donc mieux se rendre ridicule par cette réponse impertinente. *Le Roy sçait quelle réponse je fis à M. Coleman.* Et ajoûter pour detourner encore davantage le discours,

cours, *il admire qu'aiant dit au Conseil qu'il ne m'avoit point connu, j'aye donné connoissance de tant d'intrigues.*

Il faut n'avoir qu'un peu de bon sens pour estre convaincu, qu'un témoin qui fuit de la sorte, & qui s'obstine à ne point répondre à une demande importante qui luy est faite 4. fois par le juge, est un faux témoin, & qu'un juge qui en demeure là, & qui ne le contraint pas de répondre precisément, est un juge qui contrefait quelquefois l'homme de bien, mais qui n'a pour but dans le fond que de sauver le faux témoin, & faire perir l'accusé à quelque prix que ce soit. C'est ce que les preuves suivantes feront voir encore davantage.

III. PREUVE.

NOus avons déja vû que M. Coleman aiant eu permission de faire quelque demande à Oates témoigna de la joie de ce que le Sieur Thomas Dolman estoit au lieu où on luy faisoit son procés, parce qu'on pourroit sçavoir de luy, si Oates n'avoit pas dit alors au Roy qu'il ne l'avoit jamais vû auparavant, & nous avons vû aussi dans la preuve precedente, qu'Oates confirma assez par ses fuites & par ses deguisemens que cela estoit veritable. Mais en voicy une nouvelle preuve par le témoignage de ce Monsieur Thomas Dolman. Car M. Coleman aiant dit encore une fois. (p. 90.) *J'en appelle au Sr. Thomas Dolman qui est icy,*

16. *& eſtoit alors au Conſeil.* Le Lord interrogea le Sieur Thomas en ces termes.

Le Lord Ch. Just. Sr. Thomas, Mr. Oates, *dit-il, qu'aprés avoir oüy* Mr. Coleman *parler, il ne le connut pas bien?* M. Coleman *fut-il interrogé avant que* Mr. Oates *parlaſt?*

Sr. Thomas Dolmam. *Oüy.*

Le Lord Ch. Just. Mr. Oates, *vous aviez vû* Mr. Coleman *à la Savoye & à Wild-houſe,* Sr. Thomas, *dit-il, qu'il ne l'avoit point connu, ou qu'il l'avoit vû là?*

Sr. Thomas Dolman. *Il dit qu'il ne l'avoit point connu.*

Voilà qui eſt net. Peut-on rien deſirer de plus clair? Mais les juges qui favoriſoient Oates en eſtant frappez comme d'un coup de foudre, tâcherent d'embroüiller ce Mr. Thomas Dolman qui le condamnoit. C'eſt pourquoy ils luy parlent encore pour le faire varier. Mais ils n'en peuvent tirer autre choſe, que la confirmation de ce qu'il avoit dit.

Le Lord Chef. Just. *S'il le connoiſſoit ou non, ce n'eſt pas de quoy il s'agit; mais ſeulement s'il répondit qu'il le connoiſſoit, ou ne le connoiſſoit pas.*

Le Just. Dolben. *Dit-il n'avoir pas bien connu* Mr. Coleman, *ou qu'il n'avoit pas bien connu cet homme?*

Sr. Thom. Dolman. *Il dit autant que je me puis ſouvenir,* qu'il n'avoit point

POINT EU DE CONNOISSANCE AVEC CET HOMME.

Que reste-t-'il que de faire pendre Oates, aprés sur tout qu'il s'estoit condamné luy même par tant de deguisemens & de fuites au regard du même fait, qui ne pouvoit estre vray que toutes ses depositions ne fussent fausses?

Mais le Lord chef de justice tourna promtement à une autre chose, & laissant là son Oates qui se trouvoit confondu en toutes manieres, il engagea un certain Robert Southwell à dire une fausseté qui nous fournira une 4. preuve non moins convainquante que les autres.

IV. PREUVE.

LA collusion du Juge avec le Témoin est si visible qu'elle saute aux yeux; & c'est une des plus fortes preuves du dessein qu'on avoit pris de perdre M. Coleman à quelque prix que ce fust. Le Lord voulant détourner la demande qu'on avoit faite à Oates *s'il n'avoit point connu M. Coleman*, luy en fait une autre à laquelle il est important de bien considerer ce qu'il répond. p. 78.

LE LORD CHEF. JUST. *Il ne s'agit point icy de la bonne vuë: mais pourquoy vous n'avez pas auparavant accusé Mr. COLEMAN de cela.*

M. OATES. *Je n'avois pas dessein de deposer*

16. *plus contre M#r#. Coleman que ne requeroit l'inquisition: Car le Prisonnier peut nier ce qui est vray, & changer les circonstances de la personne, du lieu, & du temps. Je n'estois pas obligé de donner plus contre M#r#. COLEMAN qu'une Instruction generalle. M. COLEMAN nie qu'il ait eu correspondance avec M. la Chaise: je dis alors qu'il luy avoit donné connoissance de plusieurs transactions. Je vous assure, Monseigneur, que j'estois si fatigué d'avoir esté debout deux nuits à l'information des Prisonniers, que je ne pouvois me tenir sur mes jambes.*

Qu'on remarque bien qu'il dit positivement qu'il n'avoit donné au Conseil qu'une Instruction generale contre M. Coleman.

LE LORD CHEF. JUST. *Quelle instruction donnâtes vous alors au Conseil contre M. COLEMAN?*

M. OATES. *L'instruction que je donnay alors (autant que je me puis souvenir, je ne m'en veux pas entierement rapporter à ma memoire) fut d'avoir écrit de Nouvelles lettres dans lesquelles j'excusay quelques reflexions perfides, & les appellay basses & pueriles. Le Roy & le Conseil en furent sensiblement touchez. J'estois si las d'avoir esté tout l'aprés-midy dans le Conseil, & d'avoir veillé quelques nuits, que le Roy voulut me laisser aller reposer; si l'on m'eust interrogé davantage, j'aurois donné des instructions plus amples.*

Que l'on remarque encore, qu'il declare
ex-

expressément que tout ce qu'il avoit dit de M. Coleman en particulier, est qu'il avoit écrit de Nouvelles lettres, *dans lesquelles,* dit-il, *j'excusay quelques expressions perfides en les appellant basses & pueriles.*

LE LORD CHEF JUST. *Vous accusez Mr. Coleman d'avoir donné un Guinée pour faire haster le messager qui alloit à Windsor, &c. Quand vous fustes examiné dans le Conseil, vous donnastes des instructions sur l'entreprise qu'on avoit faite de tuer le Roy à Windsor, & de lever 10000. livres & autres choses; pourquoy n'accusastes vous point Mr. Coleman d'avoir donné ce Guinée, n'y d'avoir dit qu'il avoit trouvé un moyen de faire transporter 200000. livres en Irlande pour le sujet de la rebellion? Il fut du nombre de ceux qui resolurent & approuverent le massacre du Roy, & il dit que 10000. livres ne suffisoient pas pour faire empoisonner le Roy. Quand vous donnastes vos instructions au Conseil sur le dessein qu'on avoit eu de tuer le Roy à Windsor, & que vous distes qu'on avoit voulu presenter 10000. livres au Docteur* WAKEMAN *pour luy persuader d'empoisonner le Roy, pourquoy n'avertistes vous point que M. Coleman avoit donné ce Guinée, & qu'il avoit dit que 10000. livres estoient trop peu?*

M. OATES. *La lassitude que je sentois, ne me permit pas de me souvenir de tout: Et elle estoit telle qu'un du Conseil s'en appercevant, dit que Mr. Oates pourroit encore deposer quand*

Ch. 16. *on interrogeroit Mr. Coleman ; & m'ordonna de me retirer.*

Voilà qui est encore plus clair & plus positif. Car estant interrogé en particulier de la raison qu'il a euë de ne point parler au Conseil ny du Guinée donné par M. Coleman au messager qui alloit à Windsor presser ceux qui vouloient tuer le Roy, ny des 5000. l. qu'il avoit ajoûtée au 10000. pour le prix de celuy qui le devoit empoisonner : il dit formellement qu'il n'en a point parlé, parce que sa lassitude ne luy permit pas de se souvenir de tout. Et cependant un certain Robert Southwell, que le Lord s'avise d'interroger quoy qu'il ne fust point du procés pour donner temps à Oates de respirer aprés la confusion qu'il avoit reçuë, comme j'ay déja dit, a la hardiesse de soûtenir qu'Oates avoit dit, ce qu'Oates luy même estoit convenu en tant de manieres & en general & en particulier qu'il n'avoit point dit. Voicy les propres termes, p. 91.

LE LORD CH. JUST. Sr. ROBERT SOUTHWELL, *vous estiez au Conseil, lors qu'on interrogea Mr.* OATES, *en quelle maniere accusa-t'il M.* COLEMAN ?

Sr. ROBERT SOUTHWELL. *La question a tant de particularités que je n'y puis satisfaire en peu de parolles. Mais M. Oates declara alors des choses d'importance qu'il omet icy : Car il deposa contre Sr.* GEORGE WAKEMAN ; *que* 5000. *livres furent ajoûtées aux* 1000. *& que Mr.* COLEMAN *en paya* 5000. *à Sr.* GEORGE.

LE

Le Lord Ch. Just. *Cela fait encore plus contre luy. La Cour a demandé à Mr. Oates pourquoy il a icy accusé Mr. Coleman d'avoir voulu empoisonner & tuer le Roy, & qu'il n'en a point parlé dans le Conseil. Mais Sr. Robert Southwel rapporte qu'il vous y accusa d'avoir ajoûté 5000. livres aux 10000. pour faire empoisonner le Roy.*

Le Prisonnier. *Sa deposition contre moy renfermoit si peu de choses, que le Conseil ne le crût point. Le premier avis fut de m'envoyer à Newgate: Mais Sr. Robert Southwell eut ordre de dire au messager de ne point éxecuter cet ordre. Je demande humblement si l'on peut raisonnablement concevoir, que le Conseil eust diminué la punition, posé que Mr. Oates leur eust donné sujet de crainte.*

Sr. Robert Southwell. *Mr. Oates donna au Conseil une instruction si generalle qu'il n'y avoit rien à quoy l'on pust certainement s'arrester.*

Comment cela s'accorde-t-il avec ce qu'il avoit dit auparavant qu'Oates avoit accusé M. Coleman d'avoir ajoûté de son argent 5000. livres pour la recompense de celuy qui devoit empoisonner le Roy? Estoit-ce-là une instruction si generale qu'il n'y eust rien à quoy on pust s'arrester? En pouvoit-on faire une plus particuliere & d'un fait plus atroce? Qui ne voit donc que ce Sieur Robert ne pouvant répondre à la preuve qu'avoit apportée Mr. Coleman contre ce qu'il avoit dit de cette accusa-

Ca. 16. tion d'Oates dans le Conseil, il se dedit le plus honnêtement qu'il peut de ce qu'il avoit avancé contre la verité ou malignement ou tres temerairement. Et en effet la suite de l'affaire, que le Sieur Robert conte luy même en peu de mots, fait voir, qu'il ne peut estre vray qu'Oates eust accusé M. Coleman dans le Conseil d'avoir donné ces 5000. livres pour empoisonner le Roy, comme l'avoit dit le Sieur Robert, & comme le Lord en avoit pris grand avantage contre Mr. Coleman: mais qu'il s'en faut tenir à ce qu'Oates luy même avoit avoüé, qu'il n'avoit point parlé de cela, & qu'il n'avoit donné qu'une instruction generale. Car voicy comme tout se passa au rapport du Sieur Robert p. 93.

On avoit le dimanche au soir donné prise de corps contre Mr. Coleman, & ordonné que ses Papiers fussent saisis. Ses Papiers furent trouvez & saisis; Mais on ne pût de toute la nuit trouver M. Coleman. Aiant appris qu'il y avoit prise de corps contre luy, il vint luy même le Lundy matin au Logis de Sr. Jos. Williamson. Comme il y avoit une grande quantité de Prisonniers à examiner, il ne fut oüy qu'aprés midy, & il traitta l'accusation de Mechanceté & de fausseté, se disant luy même Innocent. Il fit un si beau discours en sa faveur que les Seigneurs du Conseil, bien qu'ils eussent déja ordonné de le conduire à Newgate (c'estadire en prison) crurent alors que c'estoit assez de le confier à la garde d'un messager. (c'estadire d'un Huissier)

Le

Le meſſager me pria de luy faire obtenir un or- Ch. 16.
dre particulier, qui annulaſt le premier, par
lequel il devoit eſtre mené à Newgate; il l'ob-
tint. Le Roy alla le Mardy matin à Newmar-
ket, & ordonna une aſſemblée particuliere pour
examiner les Papiers qu'on avoit apportez de
chez M. Coleman & de chez d'autres. Ses pa-
piers furent trouvez dans une boëte de ſapin: la
Lecture en épouvanta tellement les Seigneurs du
Conſeil, qu'ils commanderent alors de le con-
duire à Newgate.

Il eſt clair par là que ce qu'on trouva dans ces papiers où il parloit fort librement contre pluſieurs entrepriſes du Parlement, mais où il n'y a rien certainement qui marque aucune conjuration contre la vie du Roy, fut jugé plus criminel, que tout ce qu'Oates avoit juſques alors depoſé contre luy: puiſque ce qu'avoit dit Oates avant la lecture des Papiers avoit eſté trouvé ſi leger qu'on s'eſtoit contenté de le mettre ſous la garde d'un Huiſſier, & que ce ne fut qu'aprés la lecture des Papiers qu'il fut mis en priſon. Or le pretendu don de 5000. livres pour empoiſonner le Roy eſtoit quelque choſe d'infiniment plus noir que tout ce qui eſtoit dans ces papiers. Il eſt donc indubitable, qu'Oates n'avoit point dit cela contre M. Coleman avant la lecture des Papiers, & que par conſequent il ne l'avoit point dit lors qu'il fut examiné au Conſeil.

Que s'il l'a dit depuis l'empriſonnement de M. Coleman, ce n'eſt point de quoy il s'agiſ-

K 6 ſoit.

Ch. 16 soit. Car on luy avoit demandé & à luy & à Robert Southwell pourquoy il ne l'avoit point dit au Conseil, lorsque Mr. Coleman y fut éxaminé avant que d'estre mis en prison, parce que ne l'aiant point fait alors, c'estoit un grande marque, que c'est qu'il n'avoit pas encore bien concerté cette horrible calomnie. Et ainsy le Lord broüille tout cela pour favoriser le faux témoin, & accabler l'accusé, lorsqu'il dit p. 96.

LE LORD CHEF JUSTICE. *Il paroist clairement par ce témoignage, qu'il vous accuse d'avoir vous même paié 5000. livres des 15000. qui estoient destinées pour faire empoisonner le Roy, & que cela estoit communement crû parmy les vôtres, quoy qu'il ne les ait pas vû payer. Il ne vous accuse pas apresent d'une autre maniere qu'alors. Les depositions donc qu'il a faites icy, ne sont pas nouvelles.*

Rien n'est moins sincere que tout cela. Quoy qu'ait pû dire Robert Southwell, il ne sçauroit estre vray qu'Oates ait fait cette accusation à M. Coleman lorsqu'il fut examiné au Conseil. Je l'ay prouvé demonstrativement & par la propre confession d'Oates, & par la suite de tout ce qui s'est passé. Or c'est uniquement de quoy il s'agissoit, & non point de ce qu'Oates avoit pû dire depuis la prison de Mr. Coleman. Il est donc faux de dire que ces horribles depositions d'Oates contre M. Coleman ne fussent pas nouvelles à l'égard de celles qu'il avoit faites contre luy lors qu'il fut éxaminé au Conseil.

V. PREU-

V. PREUVE.

OAtes avoit accusé M. Coleman d'avoir donné une piece d'or à un Meſſager qui alloit à Windſor pour haſter les conjurez de tuer le Roy: & il avoit dit que cela eſtoit arrivé au mois d'Aouſt. Et le priſonnier luy demande, quel jour du mois d'Aouſt: il répond. *Je crois que c'eſtoit le 21. Aouſt.* A quoy M. Coleman replique en ces termes.

LE PRISONNIER. *A ce 21. d'Aouſt qu'il conjecture, je puis prouver que j'eſtois en Warwikshire à 80. milles d'icy.*

Mais le Lord qui ne penſoit qu'à ſauver ſon faux témoin, luy parle ainſy.

LE LORD CHEF JUST: *Vous pouvez dire tout ce que vous voudrez. Mais Mr. Oates depoſe que dans le mois d'Aouſt ſelon le vieux ſtyle vous eſtiez à Wild-houſe (qui eſt un lieu de Londres,). C'eſt une choſe rude de ſe voir preſſé de dire preciſement le jour du mois, mais il dit poſitivement que c'eſtoit au mois d'Aouſt. Mais aprés quelque diſcours que fit M. Coleman pour l'explication de ſes lettres, qui ne plaiſoit pas au Lord, parce qu'il y eſtoit parlé du Roy d'Angleterre & du Duc d'Yorck, il luy dit. Si vous avez à dire quelque choſe pour voſtre defenſe* PRENES DES TEMOINS VOUS SERES E'COUTE'.

LE PRIS. *Je puis prouver que j'eſtois en Warwikshire.*

Ch. 16. LE LORD CH. JUST. *Boatman temoin, où eſtoit M. Coleman à ce dernier mois d'Aouſt?*

BOATMAN. En Warwikshire.

LE LORD CH. JUST. *Combien de temps?*

BOATMAN. *Tout le mois d'Aouſt autant que je m'en puis ſouvenir.*

P. 227. *Et ſur la fin du Procés M. Coleman eſtant déja condamné, mais eſtant encore reçu, ſelon le ſtyle d'Angleterre, à parler pour ſa defenſe, (comme le Lord le témoigne en ces termes *Demandez luy ce qu'il peut dire pour ſa defenſe*) il dit ce qui ſuit. *Mes papiers & mon livre de compte, où je marquois journellement ma depenſe, ont eſté ſaiſis & ſcellés par l'ordre du Roy: Si j'avois ce livre, je ferois évidemment voir que je fus à la campagne juſques au dernier d'*AOUST; *& ſi je ne le fais point, je n'eſpere aucune grace. On ne ſe peut pas imaginer que ce livre ait eſté fait tout exprés pour couvrir un jour des actions de traiſtre, puiſque je ne pouvois pas deviner ce que diroit M*r. *Oates. S'il y avoit eu quelque juſtice dans toute cette procedure n'auroit-on pas examiné une preuve auſſi convainquante que celle-là, ſur tout s'eſtant paſſé 4. jours depuis ce jour-là qui eſtoit le 29. de Nov. juſques à ſon execution qui ne fut que le 3. de Decembre. Ils pouvoient ne le pas juger neceſſaire à ſon égard, parce quelque innocent qu'il puſt eſtre de la conjuration ils le trouvoient aſſez coupable pour avoir voulu établir*

la

la Religion Catholique par la dissolution du Parlement, & par un Edit de liberté de conscience. Mais s'ils n'avoient apprehendé de decouvrir la mauvaise foy de ces faux témoins, auroient-ils manqué de faire une enqueste aussi facile que celle-là, aiant en leur puissance les Papiers, où on les asseuroit qu'ils trouveroient dequoy convaincre leur Oates de faux témoignage?

VI. PREUVE.

PLus les crimes sont grands plus on est obligé de ne les pas croire jusques à ce qu'ils soient bien prouvez. Et quand ils ne le sont que par des témoins, il faut que l'on ne puisse alleguer contre eux de justes reproches, & qu'il n'y ait point de contradiction dans leurs depositions, pour y avoir égard jusques à condamner à mort comme coupables de crimes noirs & atroces, ceux qui d'ailleurs n'auroient donné aucun sujet de croire qu'ils fussent capables de si abominables desseins. Et cela seul oblige toutes les personnes équitables de ne rien croire d'une aussi horrible chose & aussi mal prouvée qu'est cette pretenduë conjuration d'Angleterre, qui n'est principalement appuiée que sur le témoignage d'un scelerat qu'on dit *estre le premier qui l'a decouverte, & le seul qui en a marqué toutes les particularitez*, lorsqu'il se trouve convaincu de tant de contradictions.

Mais

Сн. 16.   Mais les crimes qu'on peut le moins croire font ceux, qui outre leur enormité ont quelque chose de tellement contraire au bon sens & à la raison, qu'il faudroit estre fou & insensé pour en avoir la pensée. Or c'est ce qui se rencontre en deux choses dont ce frippon d'Oates a accusé M. Coleman.

P. 55.   La 1. est que luy *Oates* estant hors de Londres M. Coleman luy avoit envoié une lettre par un Messager pour faire tenir au P. Ireland: qu'il la lut & qu'il y trouva; *qu'outre des complimens & des recommandations, il n'y estoit parlé de rien autre chose que des moiens qui pouvoient estre emploiez pour faire consentir le Duc au massacre du Roy. C'estoient,* dit-il, *les propres termes de la lettre autant que je m'en puis souvenir*. Rien peut-il estre moins croiable? On ne sçauroit lire les lettres de M. Coleman qui sont imprimées avec le procés, qu'on ne reconnoisse qu'il avoit beaucoup d'esprit, & une extréme passion pour le Duc; ce qui a esté la principale cause de sa mort. Or que peut on s'imaginer de plus contraire à l'une & à l'autre de ces deux qualitez, que ce que ce frippon luy attribuë? Pourquoy envoier à Oates une lettre qui n'auroit pas esté pour luy, & qui auroit contenu des secrets si importans? Il faudroit avoir moins de raison qu'une beste pour user de si peu de precaution, dans une affaire où il y alloit d'estre écartelé. Mais M. Coleman estant d'une part tres sage, & aiant de l'autre tant d'affection pour le Duc, rien n'est plus

éloi-

éloigné de toute vrayſemblance, *que ces moiens* Ch. 16. *qu'on luy fait employer pour faire conſentir le Duc au maſſacre du Roy.* Car ſi on en croit ce miſerable, M. Coleman avoit déja trouvé bon ſans que le Duc en ſçuſt rien, que Picquering & Grows le tuaſſent, & que 4. Irlandois ſe devoüaſſent à ce meurtre. Si donc la choſe eſtoit toute reſoluë, qu'auroit-on gagné d'y envelopper le Duc? Mr. Coleman l'aimant autant qu'il faiſoit, auroit ſans doute jugé au contraire, qu'il luy eſtoit plus avantageux, que ſi le Roy avoit à perir, ce fuſt ſans ſa participation, afin qu'il n'euſt ny le blaſme devant les hommes, ny la conſcience chargée devant Dieu, d'eſtre monté ſur le throſne par un auſſi horrible crime qu'auroit eſté *le maſſacre* de ſon Roy & de ſon frere, avec lequel il avoit toûjours eſté ſi uny. Il faut donc reconnoiſtre que cela a pû entrer dans l'imagination d'un ſacre auſſi méchant qu'Oates: Mais qu'un Gentilhomme auſſi ſage que M. Coleman n'a point eſté capable d'une ſi folle & ſi deteſtable penſée.

VII. PREUVE.

UNe choſe non moins inſenſée que celle-là, eſt la principale des depoſitions d'Oates; Qu'il avoit vû beaucoup de commiſſions du General des Jeſuites, par leſquelles, (en vertu d'un Bref du Pape) il créoit de nouveaux officiers de la Couronne & de nouveaux Evêques:

On. 16. ques: Que M. *Coleman* estoit fait Secretaire d'Etat. Le Lord *Arundel*, Chancelier : Le Lord *Bellasis* General des Armées : Le Provincial des Jesuites, Archevêque de Cantorbery. Mais voicy ce qu'il dit en particulier de celle de M. Coleman. P. 68.

M. OATES. *Au dernier mois de May suivant le nouveau stile, & en Avril selon l'Ancien, il eut plusieurs commissions qu'il appella Patentes. Parmy ces commissions j'en vis une, qui en vertu d'un Bref du Pape luy donnoit l'investiture de cette charge.*

Il falloit que cet homme eust l'esprit troublé. Car que veut dire *l'investiture de cette charge*, n'aiant point parlé auparavant d'aucune charge. Mais le Lord à son ordinaire vient à son secours, & luy donne moien de sortir de cet égarement.

P. 69. LE LORD CH. JUST. *Quel estoit le sujet de la commission ?*

M. OATES. *C'estoit pour le faire Secretaire d'Etat : J'ay vû la commission & luy ay oüy dire à luy même.*

JUST. WILD. *N'y avoit-il point encore d'autres commissions en la chambre de M.* LANGHORNS ?

M. OATES. *Beaucoup d'autres, du nombre desquelles je ne me souviens pas. Il y en avoit pour Monseigneur* ARUNDEL D'WARDOUR, *le Seigneur* POWIS, *& plusieurs autres personnes. Mais elles ne regardoient point Mr.* COLEMAN.

Il

Il n'y a point de folie qu'on ne puisse croire, Ch. 16. si on peut croire celle-cy sur la parole d'un seul frippon. Car Oates est le seul qui dit avoir vû ces pretenduës commissions. La vertu & la sagesse du Pape qui est presentement assis sur la chaire de Saint Pierre, sont si universellement reconnuës, que cet Auteur même, pour faire paroistre sa sincerité, n'a pû s'empêcher de faire dire à l'un de ses personnages. *Pour* p. 84. *moy je croy que c'est le plus honneste homme qui soit dans l'Eglise. Il y a long temps que le Saint Siege n'a esté occupé par une personne d'aussi grande probité : il est d'un caractere tout afait Apostolique.* Et à l'autre. *J'ay veu des Huguenots qui avoient de l'estime pour luy, & qui le croioient capable de travailler à une bonne reformation s'il estoit aidé & suivy.*

Estant donc si homme de bien & si sage par le consentement de tout le monde, il faudroit avoir perdu le sens, pour le juger capable d'une action aussi folle, que seroit celle, d'avoir donné commission par un Bref au General des Jesuites d'expedier des *Patentes signées*, *Jean Paulus Oliva*, pour conferer les principales charges du Royaume d'Angleterre. Mais il faudroit d'autre part que les gens, à qui on dit que ces pretenduës commissions estoient addressées, eussent esté plus simples que des enfans pour avoir reçu ces Patentes de *Jean Paulus Oliva*, comme des presens bien considerables, dont ils estoient bien obligez à sa Sainteté, & à la Reverendissime Paterternité du General des Jesuites. On n'a pas besoin de faire sentir combien ces mensonges sont extravagans ; & il faut que Dieu ait frappé d'un étrange étourdissement non seulement ceux qui les ont inventez, mais ceux qui ont eu assez peu de jugement & d'honneur pour s'estre exposez à la mocquerie, & à l'indignation de tous les hommes, en feignant de les avoir crus.

CHAPITRE XVII.

Huitiéme & derniere preuve de la fausseté de la conjuration de M. Coleman prise des depositions de l'autre temoin nommé Bedlow.

BEdlow n'estant qu'un miserable Soldat fils d'un violon de village a eu autant de méchanceté pour mentir que son compagnon, mais ces mensonges sont encore plus grossiers, & plus sottement inventez. Desorte qu'il n'y a rien de plus insensé & de plus mal concerté que sa deposition. La voicy toute entiere pour tout ce qui regarde M. Coleman.

P. 97.   LE SOLLICITEUR GENERAL. *Nous desirons que M. Bedlow, aiant sçu ce qu'on a tramé contre la personne du Roy, dise ce qu'il a connu de ce Prisonnier.*

Il faut bien remarquer, que la chose dont ils estoient en peine estoit de faire confirmer par un second témoin qui estoit Bedlow, ce qu'avoit dit Oates, que M. Coleman estoit complice *de ce qu'on avoit tramé contre la person-*

ſonne *du Roy* pour le faire maſſacrer ou empoiſonner, parce qu'un ſeul témoin ne ſuffiſoit pas pour l'en faire declarer coupable. Je prie donc ceux qui liront cecy de prendre bien garde s'ils trouveront cela dans les depoſitions de Bedlow. Et je puis les aſſurer par avance qu'ils ne l'y trouveront point.

Le Proc. Gen. *J'ay deux petites demandes à luy faire. La premiere eſt de declarer ce qu'il a vû ou oüy touchant les Commiſſions addreſſées à M. Coleman. Que dites vous?*

Mr. Bedlow. *Je n'ay par moy même rien connu des commiſſions addreſſées à M. Coleman, n'en ſçachant autre choſe que ce que m'en a dit Sieur* Henry Tichbourn, *ſçavoir qu'on l'avoit chargé d'une commiſſion pour Mr. Coleman & les Seigneurs, laquelle venoit de la part des principaux Jeſuites de Rome par l'ordre du Pape.*

Le Proc. Gen. *Dequoy parloit cette commiſſion?*

Mr. Bedlow. *Ne l'aiant point vuë, je ne ſçay point quel titre elle portoit; mais elle eſtoit addreſſée au principal Secretaire d'Etat.*

C'eſt la folie des *Commiſſions ou Patentes* dont nous venons de parler. Cet homme dit n'en avoir rien connu que par oüy dire. Et il ſe contredit en deux lignes. Car d'une part il dit *que n'aiant pas vû celle qui eſtoit pour Mr. Coleman, il ne ſçait pas quel titre elle portoit.* Et au même temps il aſſure *qu'elle eſtoit addreſſée au principal Secretaire d'Etat.* Cela
s'ac-

Cʜ. 17. s'accorde-t-il avec ce qu'il venoit de dire qu'il n'en sçavoit pas le titre?

Lᴇ Pʀᴏᴄ. Gᴇɴ. *Je desire de sçavoir quel entretien vous eustes avec M. Coleman sur ce dessein?*

M. Bᴇᴅʟᴏᴡ. *S'il plaist à vostre Seigneurie je le rapporteray brievement.*

Que l'on remarque bien cette demande & cette réponse. On luy fait sa leçon en l'interrogeant. On luy marque ce que l'on voudroit qu'il dit, qui est qu'il a eu des entretiens avec M. Coleman sur le dessein de tuer le Roy d'Angleterre. Ils avoient besoin qu'il en eust entretenu ce Bedlow. Car comme j'ay déja dit estant defendu par la loy de Dieu aussi bien que par celles d'Angleterre de faire mourir personne sur la déposition d'un seul témoin, les mensonges *d'Oates* ne leur suffisoient pour justifier ce qu'ils ont mis au titre du procés de Mʳ. Coleman; qu'il a esté pendu & écartellé, *pour avoir conspiré la mort du Roy de la Grand-Bretagne*, dequoy ils ont esté contraints d'avoüer qu'il n'y avoit point de preuves dans ses lettres: Mais il leur estoit necessaire de trouver un autre *Oates*, qui voulust bien assurer que M. Coleman l'avoit entretenu de cet abominable dessein. Voilà pourquoy le Procureur General, l'avertit de faire ce qu'on attendoit de luy, en leur declarant *quel entretien il avoit eu avec M. Coleman sur ce dessein.* Et l'autre répond *qu'il le rapportera brievement.* Cependant il ne le fait en aucune sorte. Et on
verra

verra par toute la suite de ces depositions que je rapporteray fidellement, qu'il n'a osé dire qu'il ait eu aucun entretien avec M. Coleman, touchant le dessein de faire mourir le Roy d'Angleterre.

Le Lord Ch. Just. *Consultez vos tablettes pour soulager vostre memoire: mais ajoûtez y ce que vous sçavez deplus.*

Peut-on mieux connoistre la peur qu'il avoit que ce faux témoin ne se contredist. Il sçavoit bien *qu'un menteur doit avoir bonne memoire*. Il craignoit que celui-cy n'en manquast. C'est pourquoy il a grand soin de luy recommander de consulter ses tablettes. Comme s'il estoit croiable qu'on en eust besoin pour se souvenir de choses de cette importance.

M. Bedlow. *Au mois d'Avril, 1675. je portay au P. La Chaise Confesseur du Roy de France un Grand Paquet de la part de Mr. Coleman: & je vis que M. Coleman delivra ces lettres au P. Harcourt dans sa maison de Dukestrées.*

La Cour. *Et Harcourt vous les delivra.*

Mr. Bedlow. *Oüy. Ces lettres devoient estre delivrées à M. La Chaise, je les luy donnay à luy même, & en rapportay une réponse de La Chaise & d'autres Moines de Paris. Je n'en sçay point le contenu, parce qu'elles estoient écrittes en une langue que je n'entendois pas bien. C'estoit pourtant sur la reüssite de la conjuration.*

Peut-

Peut-on croire des mensonges si peu croiables ? On luy donne des lettres de M. Coleman au P. de la Chaise. Il dit qu'il les luy a données à luy même. Or il n'y a point d'apparence qu'il les luy ait données ouvertes. Aussi ne le dit-il pas. Elles estoient donc fermées : C'est pourquoy aussi il ajoûte *qu'il n'en sçait pas le contenu.* Mais il en donne une raison ridicule, qui est *qu'elles estoient écrites en une langue qu'il n'entendoit pas bien.* Car les aiant donné fermées comment pouvoit-il sçavoir en quelle langue elles estoient écrites. Et en même temps il a l'effronterie d'asseurer, *que c'estoit pourtant sur la reüssite de la conjuration.* Qui ne voit que c'est le rollet qu'on luy avoit donné à joüer ? Qu'il falloit qu'il parlast *de la conjuration,* & qu'il en parle à tort & à travers, sans sçavoir s'il y avoit du sens & de la vraisemblance à ce qu'il disoit ? Mais la suite est encore pis.

A la consultation de Paris il y avoit deux Abbez de France & plusieurs Moines d'Angleterre. Ce que je leur entendis dire, regardoit le renversement du Gouvernement d'Angleterre, & la ruine du Roy & des Seigneurs du Conseil : Mais ils en vouloient particulierement à la vie du Roy, au Gouvernement, & à la Religion Protestante.

La COUR. *Quand estoit-ce ? quand deviez vous recevoir la réponse ?*

Mr. BEDLOW. *J'estois à la consultation. Il y avoit un Pacquet de lettres de la part de M. Co-*

M. Coleman. Ils ne sçavoient pas que j'entendisse le François; ou s'ils le sçavoient, ils avoient si long-temps éprouvé ma fidelité, que je crois qu'ils vouloient prendre confiance en moy.

Autant de parolles, autant de contradictions & de mensonges insensez. Deux Abbez & plusieurs Moines Anglois consultent entr'eux pour faire tuer le Roy d'Angleterre & renverser le Gouvernement : Et ils traittent de cela comme d'une bagatelle devant un porteur de lettres. Il auroit fallu que c'eust esté des fous à lier. Mais pourquoy ne luy demande-t-on point les noms des deux Abbez, & de ces Moines qu'il devoit bien connoistre, puisqu'il dit, *qu'ils avoient long-temps éprouvé sa fidelité?* Si ces Juges avoient crû de bonne foy que cette conjuration contre la vie de leur Roy estoit veritable, & que ce qu'en disoit ce témoin estoit vray, auroient-ils esté si peu touchez du peril de leur Roy, que de ne pas se mettre en peine de sçavoir qui estoient donc ces scelerats d'Abbez François & de Moines Anglois, qui avoient conspiré de le faire assassiner? Sa Majesté tres-Chrestienne auroit-elle refusé de s'asseurer de ces gens-là & de les faire punir s'ils se fussent trouvez coupables d'un si abominable dessein? Mais ce n'auroit pas esté leur compte de tant approfondir les choses. Cela n'auroit pû servir qu'à decouvrir la fourberie, qui n'est d'ailleurs que trop visible, par la maniere dont ce frippon la raconte. Car il dit qu'il assista à cette consultation. Mais il ne dit

L point

point pourquoy, ny comment. L'avoit-on mandé? Cela est-il bien croiable? S'y estoit-il rencontré par hazard? Ces Abbez & ces Moines estoient donc de bien bonnes gens de parler de choses de cette nature devant le premier venu.

Bedlow a bien vû qu'on auroit de la peine à croire cela. Mais il a pretendu qu'on ne devoit pas s'en étonner par une raison ridicule qui se contredit. Car ces Moines & ces Abbez ne pouvoient avoir éprouvé long-temps sa fidelité qu'ils ne le connussent fort bien, ny le connoistre particulierement sans sçavoir s'il sçavoit ou s'il ne sçavoit pas le François. Et de plus sçachant assez le François pour entendre tout ce qu'il pretend s'estre dit en cette consultation; comment a-t-il pû dire auparavant qu'il n'avoit pas sçu le contenu de la lettre de M. Coleman au P. de la Chaise, parce qu'elle estoit écrite en une langue qu'il n'entendoit pas, puisque c'estoit en François que M. Coleman écrivoit au P. de la Chaise, comme il paroist par les lettres produites au Procés? Mais c'est une nouvelle preuve, qu'il n'avoit point ouvert cette lettre, puisqu'il ne sçavoit pas qu'elle fust écrite en François: D'où il s'ensuit qu'il n'a pû asseurer sans un mensonge évident, qu'il y estoit parlé *de la reüssité de la conjuration*. Car comment auroit il pû sçavoir sans estre Sorcier dequoy il estoit parlé dans une lettre fermée.

On n'a donc pû sans une manifeste collusion

sion faire aucun fond sur cette premiere partie de la deposition de Bedlow qui est pleine de contradictions, & de folies. La suite est de même.

LE LORD CH. JUST. *La lettre que la Chaise écrivit, à qui s'adressoit elle?*

M. BEDLOW. *A Mr. Coleman. Le Pacquet estoit addressé à Harcourt; & dedans estoit la réponse de La Chaise qui s'addressoit à M. Coleman en particulier.*

LE LORD. CH. JUST. *Comment le sçavez vous?*

Mr. BEDLOW. *L'inscription estoit telle en François, à Monsieur, Monsieur Coleman. L'autre lettre s'addressoit au Pere Harcourt.*

Je le dis encore une fois. Il faut qu'ils aient supposé que cet homme estoit Sorcier. Car à moins de cela, ne luy aiant esté donné qu'un Pacquet addressé au P. Harcourt, comment auroit-il pû deviner quelles lettres il y avoit dedans, & sçavoir en particulier qu'il y en avoit une dont l'inscription estoit, *à Monsieur Monsieur Coleman?*

LE MAISTRE DES REGISTRES. *Sçavez vous quelque chose de l'Argent que M. Coleman dit avoir reçu? Combien en a-t'il reçu, & pour quelle fin?*

Mr. BEDLOW. *C'estoit pour le dessein de la ruine du Gouvernement d'Angleterre, pour tirer l'Angleterre de la damnation & de l'ignorance, & pour delivrer tous les Catholiques de la Tyrannie & oppression des Heretiques.*

L 2

CH. 17.   Il répond ridiculement ce qu'on veut qu'il dise : Sans marquer d'où il peut avoir sçu que Mr. Coleman avoit reçu de l'argent, & de qui, & pourquoy. Est-ce là comme on doit interroger des témoins ? Cependant il faut encore remarquer qu'il n'y a rien dans tous ces mensonges de la conjuration contre la vie du Roy d'Angleterre.

Le PROC. GEN. *Entendistes vous dire quelque chose à Mr. Coleman sur ce qu'il feroit pour le parti Catholique ?*

Bedlow ne répond sur cela que des impertinentes. *Qu'il avoit eu un Pacquet de Harcourt lequel l'avoit reçu de M. Coleman.* Ce n'est pas là avoir entretenu M. Coleman. *Qu'il avoit porté ce Pacquet à Doüay. Que des Moines luy avoient parlé de la conspiration d'Irlande.* Tout cela, quoy qu'apparemment tres faux, regarde-t-il M. Coleman ? Aussi le maistre des Registres se trouva obligé de le redresser & de le faire parler à propos.

Le MAISTRES DES REGISTRES. *Qu'entendistes vous dire à M. Coleman ?*

M. BEDLOW. *Qu'il respiroit après l'occasion d'introduire la Religion Romaine en Angleterre.*

Il pouvoit bien le croire & le dire, sans l'avoir entretenu. Car qui est le Catholique qui n'ait pas le même desir, & qui ne fust prés de donner sa vie pour un si grand bien. Mais n'aiant que cela à dire des entretiens que

l'on

l'on vouloit qu'il eust eu avec M. Coleman, il passe à autre chose.

Aprés la consultation je delivray les lettres à un nommé LE FAIRE, *qui les porta & delivra à Harcourt; mais comme Harcourt ne se portoit pas bien, il les delivra ensuite à Mr. Coleman. J'allay jusques au Logis de M. Coleman sans y entrer, & m'arrestay à l'autre costé de la rüe. Harcourt y entra, & aiant parlé à Mr. Coleman, il me fit signe d'y entrer. J'entendis que Mr. Coleman disoit:* Que s'il avoit cent vies & une mer de sang à répandre pour quelque sujet, il la verseroit pour la cause de Rome, & pour établir la Religion Romaine en Angleterre; & s'il y avoit cent Roys Heretiques à deposer, il les voudroit voir tous détruire.

Jamais Poëte pour impertinent qu'il fust, n'a feint une intrique si mal concertée. Il a des lettres à rendre à M. Coleman. Il ne les luy porte pas luy même. Il les donne à un nommé *Le Faire* qui les delivre au *P. Harcourt* pour les rendre à M. Coleman. Mais le P. Harcourt estant malade, c'est ce *Le Faire* qui les luy rend. S'il avoit esté particulierement connu de Mr. Coleman, auroit il fallu tant de detours pour luy donner des lettres d'importance qui auroient esté la réponse de celles qu'il dit avoir portées luy même à Paris. Dieu permet que la méchanceté a toûjours quelque chose qui l'arreste & qui la rend timide. Il sçavoit en sa conscience que Mr. Coleman ne l'avoit jamais vû, & ne luy avoit jamais parlé, comme M. Coleman

Ch. 17. man la assuré avec serment jusques à la mort. C'est ce qui l'empêche de passer sur cela du blanc au noir, en se representant comme aiant esté son ami particulier, quoique cela fust necessaire pour rendre croiable qu'il l'eust entretenu de la pretenduë conjuration. Il ne sçait donc quel personnage joüer. Et en voicy un qu'il se donne qui n'a nul rapport à ce qu'il auroit dû estre, pour qu'on luy confiast de tels secrets. *Il va au logis de M. Coleman sans y entrer : & il s'arreste de l'autre costé de la ruë.* Il n'y avoit plus que faire, les lettres estoient renduës. Mais il falloit qu'il pust dire qu'il avoit entretenu M. Coleman. On l'en avoit déja pressé inutilement deux au trois fois. Comment feindra-t-il qu'il la entretenu ? Il ne s'y pouvoit plus mal prendre, pour donner quelque couleur à son mensonge. N'aiant osé entrer chez Mr. Coleman, & s'estant arresté à l'autre costé de la ruë, le P. Harcourt qu'il avoit laissé malade, se trouvant sans doute guery par miracle, y vient tout à propos. Il y entre & aiant parlé à M. Coleman, il fait signe à cet homme qui estoit demeuré dans la ruë d'y entrer, afin qu'il pust entendre que M. Coleman disoit : (car il falloit qu'on l'attendist pour cela) *Que s'il avoit cent vies, & une mer de sang à repandre pour quelque sujet, il la verseroit pour la cause de Rome & pour établir la Religion Romaine en Angleterre. Et s'il y avoit cent Rois Heretiques à deposer, il les voudroit voir tous détruire.*

A quoy

A quoy pouvoit revenir cette saillie, si indigne de la sagesse & du jugement de M. Coleman? Et quel besoin avoit-on de faire entrer cet homme de neant, pour luy faire entendre cette parole? Y-eust-il jamais rien de plus grossierement inventé? Cependant ç'auroit esté un zele fort indiscret & fort emporté à M. Coleman, si on pouvoit croire que cela fust vray. Mais il n'y a rien encore en tout cela, qui marque l'abominable dessein d'entreprendre contre la vie du Roy, ny de faire consentir le Duc au massacre de son Frere. Et par consequent il est plus clair que le jour que M. Coleman n'en a esté accusé que par un seul de ces deux scelerats. D'où il s'ensuit qu'on ne la pû condamner comme il est porté par le titre de son procés, comme *aiant conspiré la mort du Roy de la Grand-Bretagne*, que par un manifeste violemment non seulement des loix d'Angleterre, mais aussi de la loy de Dieu, qui défend expressement de faire mourir personne sur la deposition d'un seul témoin. Deut. 17. 6. *In ore duorum aut trium testium peribit qui interficietur.* NEMO OCCIDATUR UNO CONTRA SE DICENTE TESTIMONIUM. Aussi le Lord de Justice n'a pû se tirer de là que par un mensonge manifeste en assurant contre la foy des pieces du procés qu'ils ont eux mêmes fait imprimer : Que tous les deux témoins avoient deposé qu'il avoit voulu tuer le Roy. *On ne vous a pas convaincu*, dit-il, *par vos propres écritures, que vous*

Ch. 17. *vous avez voulu tuer le Roy*, MAIS DEUX TEMOINS L'ONT DEPOSÉ. Et en la p. 192. *Ils jurent* TOUS DEUX *que vous avez consenty au deffein de tuer le Roy.* Si L'UN dit que vous avez consenty à l'empoisonnement du Roy, n'est-ce pas le vouloir tuer? Si L'AUTRE jure que vous avez approuvé le deffein de le massacrer, n'est-ce pas de même vouloir tuer le Roy? Il suppose donc que *l'un* sçavoir Oates avoit accusé M. Coleman d'avoir *consenty à l'empoisonnement du Roy :* & il est vray qu'il l'en a accusé quoique très calomnieusement. Et que *l'autre* c'estadire Bedlow l'avoit accusé d'avoir *consenty au massacre du Roy :* ce qui est très faux. Car il n'y en a rien dans les depositions de Bedlow que j'ay toutes rapportées. On n'a qu'à les lire pour en estre convaincu. Et ainsi pour faire que ce crime *d'avoir voulu tuer le Roy* ait esté prouvé par deux témoins (sans quoy il ne pouvoit estre condamné pour ce pretendu crime que par une horrible injustice) il dit que l'un des témoins a parlé de *l'empoisonnement* & l'autre du *massacre*, quoique ce ne soit que le seul Oates qui a parlé de l'un & de l'autre. Nous voions la même supercherie

P. 199. dans le discours du solliciteur general. Il dit en l'air aussi bien que le Lord, *que le meurtre de la royale personne du Roy a esté prouvé par deux témoins M. Oates, & M. Bedlow.* Mais il se trouve que dans le detail des preuves qu'il avoit fait auparavant, dans les pag. 200. 201. 202. 203. Il n'y a pas un seul

seul mot de Bedlow, & que tout roule sur le seul Oates.

CHAPITRE XVIII.

Que les dernieres paroles de Mylord Stafford doivent convaincre toutes les personnes raisonnables de la fausseté de la conjuration.

Quoique je doive encore parler de M. Coleman sur le sujet de ses lettres, j'aime mieux differer ce que j'en ay à dire pour achever l'éxamen de ce qui regarde la verité ou la fausseté de la conjuration par la consideration des témoins dont on s'est servy pour en répandre le bruit dans le monde. Ce ne sera neanmoins que pour dire quelque chose de la fin tragique & heureuse de la plus illustre de ces victimes qui ont esté sacrificées à la fureur des Auteurs de ce complot diabolique. Car j'avoüe que j'ay esté si touché des dernieres paroles de Mylord Stafford, dont la substance estoit contenuë dans la Gazette de Harleim, mais tres infidellement rapportée dans la Françoise de Hollande, que j'ay crû qu'il n'y avoit qu'à les representer pour convaincre tous ceux qui liroient cette Apologie non seulement de l'innocence de ce Seigneur Catholique, mais encore plus de la malice enragée de ces faux témoins, qui ont eu l'impudence de feindre qu'ils ont esté les confidens & les depositaires

des

Ch. 18. des plus Secrettes pensées de ceux qui ne les ont jamais vûs, ou qui ne les ont jamais vûs que par rencontre, & jamais en particulier. Je ne demande qu'on peu d'équité & de bon sens pour tirer cet aveu des Protestans mêmes, pour veu qu'ils ne soient pas de ces obstinez à qui on a tellement remply la teste de *l'Antechrist, de la beste, & de la grande paillarde*, que ne se representant jamais les Papes de ce temps icy que sous ces formes hideuses, quelques bons & quelques vertueux qu'ils puissent estre, tel qu'est certainement celuy que Dieu nous a donné, ils sont toûjours prets d'en croire les choses les plus folles & les moins croiables. Il faut envoier ces gens là au Medecin, ou les recommander à Dieu, & ce seroit n'estre pas sage que d'entreprendre de les guerir par la raison. Car que faire à des gens qui sont capables de croire, que *Jean Paul Oliva* General des Jesuites envoie par ordre du Pape des patentes en Angleterre, pour y faire des Secretaires d'Etat, des Chanceliers, des Generaux d'Armées, & des Archevêques de Cantorbery? que ce même Pape, dont la conduite édifie toute la Chrestienté, a donné des indulgences plenieres, à tous ceux que l'on fait mourir pour avoir voulu tuer le Roy d'Angleterre, pourveu qu'ils fussent bien fermes à mentir & à se parjurer en assurant jusqu'au dernier soupir avec les plus horribles sermens, qu'ils sont entierement innocens de ce dont on les accuse? & qu'il s'est trouvé plusieurs personnes,

que

que l'on ne dit point avoir perdu le sens, à qui une proposition si insensée a pû faire étouffer tous les reproches de leur conscience, & hazarder leur salut éternel dans le moment même où ils ne pouvoient plus estre touchez que du soin de se preparer à comparoistre devant Dieu? Mais je ne puis m'imaginer que hors les Puritains d'Angleterre, à qui la fureur contre la Religion Catholique semble avoir troublé le sens, il y ait beaucoup de Protestans à qui de si grands & si extraordinaires renversemens de la raison puissent paroistre croiables. Cependant à moins que de s'aveugler soy même par ces ridicules preventions dont on amuse les simples, je soûtiens encore une fois qu'on ne sçauroit lire les dernieres paroles de Mylord Stafford qu'on n'en soit enlevé, & forcé de reconnoistre qu'un homme de cette qualité qui meurt dans des sentimens si Chrestiens, n'a point eu l'ame assez noire pour avoir voulu tuer son Roy, ny le cœur assez endurcy, pour témoigner tant de confiance en la bonté de Dieu en allant comparoistre devant luy, lorsqu'il ne s'y seroit preparé qu'en l'offençant mortellement par tant de parjures. Ce sont donc principalement tous les Protestans raisonnables que je prie de lire le discours qui suit, & je ne ferois point de difficulté de m'en tenir à leur jugement, pourveu qu'ils s'obligeassent de bonne foy à en juger conformément aux impressions qu'il auroit fait sur leur cœur & sur leur esprit.

APOLOGIE

DISCOURS

DE

MYLORD STAFFORD

Prononcé sur l'Echaffaut avant que de mourir, le 8. Janvier, 1681.

„ PAr la permission de Dieu Tout-puissant, je
„ suis amené presentement en ce lieu, pour
„ souffrir la mort, comme si j'estois coupable du
„ crime de haute trahison. Je proteste pourtant
„ avec le plus de verité que je puis, & sur mon
„ salut devant Dieu Eternel & Tout-puissant, &
„ qui connoist toutes choses, que je suis autant
„ innocent qu'il est possible à aucune personne
„ de l'estre : n'ayant pas même eu la pensée des
„ crimes qu'on a avancez contre moy.
„   J'avoüe que c'est une grace particuliere, &
„ une faveur d'un Dieu en trois personnes, de
„ m'avoir tant donné de loisir pour me preparer
„ pour l'Eternité.
„   Je ne me suis pas si bien servy de cette grace,
„ que je devois faire, en partie par ma faute, de
„ n'avoir pas rentré en moymême, autant que
„ je pouvois avoir fait ; & en partie, parce que
„ depuis quelques jours il a esté defendu à mes
„ Amis, même à ma Femme & à mes Enfans,
„ de me voir, sinon en presence d'un de mes
„ Gardes ; ce qui m'a esté une grande peine, &

une

une distraction. Mais j'espere que Dieu par « sa misericorde infinie, perdonnera mes defauts « & aggrera mes bonnes intentions. «

Depuis si long-temps que je suis prisonnier, « j'ay souvent examiné ce qui pouvoit estre la « premiere cause de me voir ainsi accusé, veu « que je ne me sens point coupable, non pas mê- « me dans mon esprit: & je ne puis croire que « c'est sur aucun autre sujet où fondement, que « parce que je me trouve estre de l'Eglise Ro- « maine. «

Je n'ay pas raison d'avoir honte de ma Re- « ligion, puisqu'elle n'apprend rien que le culte « de Dieu, l'obéissance deuë au Roy, & la sou- « mission deuë aux Loix temporelles du Royau- « me: & je fais ma soûmission à tous les Articles « de la Foy, comme elle est cruë & enseignée « dans l'Eglise Catholique; & cette croyance est « tres conforme à la parole de Dieu. Et là où il « a esté tant & si souvent objecté, que cette Egli- « se tenoit que les Princes Souverains estant ex- « communiez par le Pape, pouvoient estre de- « possedez & massacrez par leurs sujets, je dis « qu'à l'égard du meurtre des Princes, j'ay esté « bien autrement instruit & enseigné en matiere « de Foy dans la Religion Catholique; & j'a- « joûte que cette doctrine est diabolique, hor- « rible, & detestable, & contraire à la Loy de « Dieu & de la nature, & contre le droit des « Gens: & comme telle je la rejette & je la de- « teste du fond du cœur. «

Quant à la doctrine de la deposition des «

Ch. 18. Princes, je sçay bien qu'il y a quelques Theologiens de l'Eglise Catholique, qui sont de ce
sentiment, mais des gens aussi habiles & aussi
éclairez qu'eux, ont écrit contre, & personne n'a jamais pretendu que ce fust la doctrine de l'Eglise, ny un article de la Foy Catholique.

C'est pourquoy je declare en conscience
que mon sentiment veritable, fidelle, & sincere est, que cette doctrine de la deposition,
ou degradation des Rois, est contraire aux
Loix fondamentales de ce Royaume; injurieuse à la Puissance souveraine; & par consequent que je la tiens impie & detestable
en ma personne, & dans tout autre sujet de
sa Majesté.

Je crois & je confesse qu'il y a un Dieu, un
Sauveur, & une Sainte Eglise Catholique, de
laquelle je meurs un membre, par la misericorde, la grace, & la bonté divine.

Je confesse d'avoir offensé plusieurs fois
mon Dieu à mon grand & indicible regret par
quantité de grands crimes: mais je rends aussi
tres-humbles graces à sa Toute-Puissance, que
ce n'est pas par ceux dont on m'a accusé.

Tous les Membres de chaque Chambre
du Parlement, ont la liberté de proposer ce
qui leur semble expedient pour le bien du
Royaume, & sur ce pied j'ay proposé ce que
j'ay crû à propos. La Chambre seule est le
Juge s'il estoit bien ou mal fait. Et je ne crois
pas que j'aye jamais rien dit qui fust mal-seant

dans

dans ce lieu-là, ou avancé chose qui fust contraire aux Loix & aux coûtumes du Parlement. "Car assurement si je l'avois fait, les Seigneurs, "suivant leur pouvoir, m'auroient puny en "quelque chose; tellement que je ne suis point "criminel, ny devant Dieu, ny devant les hommes.

"On fait beaucoup de contes à l'égard des Indulgences, des dispenses & des pardons accordez dans l'Eglise pour des assassinats, des "rebellions, mensonges & parjures, & pour "commettre impunement d'autres crimes. Je "proteste devant Dieu que je n'ay jamais appris, "cru ou prattiqué aucune de ces choses, mais "bien le contraire, & je le dis sans équivoque "& sans reserve : & constamment si j'estois coupable, ou que je connusse quelqu'un atteint "des crimes, dont je suis accusé, je serois le plus "insensé, & aussi méchant qu'aucun de ceux "qui m'ont si faussement accusé, si je ne decouvrois pas icy tous ces mauvais desseins de quelque nature qu'ils fussent, pour sauver par ce "moyen ma vie; les plus belles occasions s'estant offertes pour cela si souvent à moy. Car en "effet je me rendrois coupable de ma propre "mort, ce qui est le plus criminel & le plus detestable. Et encore qu'on m'ait fait mon procés à la Barre de la Chambre des Seigneurs, "j'ay pourtant de grandes raisons, pour croire "qu'on m'a fait mon procés dans la supposition, "que pour me sauver, j'aurois decouvert de "grandes machinations, & je l'aurois fait assurement,

Ch. 18. rement, si j'avois eu connoissance de quelque
» chose, qui regardast un mauvais dessein, ou
» injuste & dangereuse conspiration, soit à mon
» égard, ou à l'égard d'un autre, sans excepter
» personne? Mais quand j'aurois mille vies, je
» les perdrois volontiers plutost que de m'accu-
» ser faussement, ou qui que ce fust: & si j'a-
» vois connu la trahison ; & que je l'eusse de-
» niée, comme je fais encore, & cela pour
» me sauver pour un temps la vie, je n'au-
» rois pas l'esperance du salut éternel, comme
» je l'ay maintenant, par les merites de Jesus
» Christ.

» Je prie Dieu de benir sa Majesté, qui est mon
» Roy & mon Souverain legitime, auquel j'ay esté
» toûjours obligé d'obeïr par toutes les Loix hu-
» maines & Divines, & je suis tres-certain qu'au-
» cune Puissance sur terre, soit en general, soit
» en particulier ne me peut permettre legitime-
» ment, ny à aucun autre de lever la main con-
» tre luy, ou contre son autorité legitime. Je
» tiens que la forme & la constitution du pre-
» sent Gouvernement de ce Royaume est le seul
» moyen qui luy donne la paix & le repos, dont
» le bon Dieu le fasse joüir long-temps.

» Aprés les crimes de Leze-Majesté j'ay une
» horreur pour le meurtre, & je l'ay toûjours
» euë, & je proteste sincerement, que si a cet
» instant même je me pouvois mettre en liberté,
» & établir telle Religion que je voudrois, &
» tel Gouvernement qui me plairoit, & si je
» pouvois me rendre aussi puissant que je pourrois

rois souhaiter, par la seule mort d'un de ces « miserables, qui sont cause que je suis en ce lieu « par leurs faux sermens ; je deteste tellement « d'estre cause de la mort de personne, que rien « au monde ne me pourroit persuader de con- « courrir à leur ruine. Comment donc pourrois- « je me resoudre à faire assassiner le Roy, que « j'estime estre un Prince aussi debonnaire qu'au- « cun qui ait jamais gouverné ce Royaume, & « sous lequel le peuple peut joüir de ses libertez « autant que jamais Peuples ont fait : Et s'il plaist « à Dieu de luy donner la vie & le bonheur, « comme j'ay toûjours prié & souhaité, je suis « moralement persuadé, que son regne & ses « Royaumes seront aussi heureux & florissans « que jamais Peuples ont esté, ce que je prie le « bon Dieu de vouloir accorder. «

Je demande tres-humblement pardon à « Dieu Tout-puissant, & tout misericordieux, « de toutes les grandes offenses que j'ay commi- « ses contre sa Majesté Divine : & je sçay bien « qu'il ne veut pas la mort & confusion du pe- « cheur, mais qu'il se convertisse & qu'il vive. « Dans cette assurance, j'espere, sçachant bien « qu'il ne méprise jamais un cœur contrit & per- « cé de douleur & de regret : & encore que ma « contrition ne soit pas telle que je la voudrois, « neanmoins j'en ay autant que je puis, & je « ne doute point qu'il n'accepte ma bonne vo- « lonté. «

Je prie tout le monde de me pardon- « ner toutes les injures & les offenses que je «

leur

Ch. 18. „leur ay faites, ou volontairement, ou cafuele-
„ment, & du fond de mon cœur je pardonne
„à tous ceux qui m'ont fait aucune injure. Je
„pardonne même à ces hommes fans foy, qui
„par leurs parjures & fauffetez m'ont amené
„icy.

„ Et maintenant je protefte fur ma mort, &
„fur mon falut, que je n'ay jamais parlé une feu-
„le parole à Oates, ny à Turberville, ny, felon
„que je me puis fouvenir, je ne les ay jamais
„vûs avant mon procés ; & quant à Dugdale, je
„ne luy ay jamais parlé d'aucune chofe, fi ce n'eft
„d'un Laquais, ou valet de pied, ou d'une cour-
„fe à pied, & alors je ne fus jamais feul avec luy.
„Toute la punition que je leur fouhaite, eft
„qu'ils puiffent fe repentir, & confeffer le tort
„qu'ils m'ont fait, & alors il deviendra public
„comment je fuis innocent. Dieu le leur par-
„donne. J'ay une grande confiance qu'il plaira
„un jour à Dieu Tout-puiffant, & même en
„peu de temps de faire paroiftre au jour la verité,
„alors vous & tout le monde verra la verité, &
„connoiftra l'injure qu'ils m'ont faite.

„ J'efpere d'avoir fait comprendre, que j'ay
„quelques peu de confcience : car fi je n'en avois
„point, je m'aurois affurement fauvé la vie,
„en m'avoüant criminel : ce que je pour-
„rois avoir fait, encore que je fçache bien
„que je ne fuis pas coupable en la moindre cho-
„fe : Et ayant quelque confcience, fi je m'en
„fers mal, je me precipite dans les peines éter-
„nelles, en niant fi ouvertement & fi conftam-
ment

ment à l'article de la mort d'avoir la moin- "
dre connoissance des choses dont je suis ac- "
cusé. "

Je dis tout cecy pour décharger ma con- "
science, & je proteste sur l'esperance de mon "
Salut, que tout ce que j'ay dit, est tres ve- "
ritable. "

Je diray quelque chose de mon procés; & "
si le tout s'est passé selon les Loix, je suis une "
partie trop interessée pour en parler beaucoup ; "
& s'il n'est pas passé ainsi, Dieu le leur pardon- "
ne, & à tous ceux qui en sont cause. "

Mes Juges sont toutes personnes d'honneur, "
qui ont esté obligez de juger justement sur ce "
qui a esté prouvé par les formes, conformé- "
ment au serment par Eux presté, & ils ont dû "
rendre leur avis seulement, & opiner selon ce "
qu'ils trouvoient en leurs consciences ; & si "
aucun d'Eux a fait autrement, par quelque mo- "
tif que ce soit, je prie Dieu de leur pardon- "
ner, & je le fais de tout mon cœur. "

Je finiray par mes ardentes prières pour la "
prosperité de sa Majesté, afin qu'elle puisse "
joüir de toute sorte de felicité dans ce monde, "
& dans l'éternité, & afin qu'elle puisse gou- "
verner ses Peuples selon les Loix de Dieu, & "
afin que ceux-cy puissent reconnoistre la be- "
nediction que Dieu a si miraculeusement ré- "
panduë sur Eux, & qu'ils luy obeïssent selon "
leur devoir. Je demande tres-humblement "
pardon à Dieu Tout-puissant, de toutes les "
grandes offenses que j'ay Commises contre sa "
Ma-

260 APOLOGIE

Ch. 18. Majesté Divine, & j'espere d'obtenir la vie éter-
» nelle par les merites, & la Passion de Jesus-
» Christ, entre les mains de qui, je recomman-
» de mon ame, demandant pardon à un chacun
» du tort, que je luy puis avoir fait : je pardon-
» ne de tout mon cœur à tous ceux qui m'ont
» fait tort, & j'implore avec beaucoup de devo-
» tion, & avec tout le regret possible, en toute
» humilité la misericorde de mon Sauveur.
»   Je prie Dieu estant pour mourir de ne point
» venger mon sang innocent sur cette nation ni
» sur les Auteurs de ma mort : & avec ce dernier
» soupir je proteste de mon innocence & j'es-
» pere que le Dieu Tout-puissant qui n'ignore
» rien & qui est juste me traitera selon cette in-
» nocence.

J'Ay fait par avance les reflexions que l'on doit faire sur ce discours, pour peu qu'on ait de bon sens & d'équité. Je ne les repete point. J'y ajoûte seulement une remarque importante.

On ne peut supposer raisonnablement qu'un Seigneur de cette qualité & de cet âge, & d'une famille si Catholique, ne sçust pas sa religion, ny qu'il ait voulu mentir quand il declare estant prest d'aller à Dieu ; *qu'il embrasse tous les articles de la foy comme elle est cruë & enseignée dans l'Eglise Catholique.* Rien n'est donc plus faux que ce qu'assure nos-
P. 133. tre faiseur d'Entretiens: *Que les Catholiques*
font

font serment de fidelité au Pape, qui les oblige de croire qu'un Souverain tombé dans l'heresie est décheu des droits de Souveraineté, qu'on ne luy doit aucune obeïssance, qu'on peut impunement se revolter contre luy, & même l'assassiner. Car si cela estoit vray, ce Seigneur Anglois si zelé pour la Religion Catholique, auroit-il osé dementir si hautement ceux qui imputent à l'Eglise de tenir; *Que les Princes Souverains excommuniez par le Pape peuvent estre depossedez & massacrez par leurs sujets?* Auroit-il distingué avec tant de jugement entre *massacrer les Rois* & *les depossder*, & auroit il fait cette declaration si precise, si nette & si forte au regard du premier: *Je dis qu'à l'égard du meurtre des Princes, j'ay esté bien autrement instruit & enseigné en matiére de foy dans la Religion Catholique; & j'ajoûte que cette doctrine est diabolique, horrible & detestable, & contraire à la Loy de Dieu, & de la nature, & contre le droit des Gens: & comme telle je la rejette & je la deteste du fond du cœur?* Et enfin se seroit-il expliqué sur le dernier avec tant de sincerité & de bonne foy en ces termes: *Quant à la doctrine de la deposition des Princes, je sçay bien qu'il y a quelques Theologiens de l'Eglise Catholique, qui sont de ce sentiment, mais des gens aussi habiles & aussi éclairez qu'Eux, ont écrit contre, & personne n'a jamais pretendu que ce fut la doctrine de l'Eglise, ny un article de la Foy Catholique. C'est pourquoy je declare en conscience que mon sentiment veritable, fidelle, & since-*

Ch. 18. *sincere est, que cette doctrine de la deposition, ou degradation des Rois, est contraire aux Loix fondamentales de ce Royaume, injurieuse à la Puissance Souveraine; & par consequent que je la tiens impie & detestable en ma personne, & dans tout autre sujet de sa Majesté?*

N'est-ce pas ce que j'ay déja dit en plusieurs endroits de cette Apologie, avant même que j'eusse vû ce discours de Mylord Stafford, qu'au regard du meurtre des Rois tous les Catholiques conviennent que c'est une doctrine damnable, & frappée d'Anatheme, qu'on les peut assassiner quand ils sont heretiques & excommuniez; & que pour ce qui est de les deposer, si quelques Theologiens ont enseigné qu'ils le peuvent estre, d'autres Catholiques les ont refutez, & qu'ainsi l'on ne peut dire sans imposture, que cette doctrine fasse partie de la foy de l'Eglise, & qu'on soit obligé de la tenir pour estre Catholique?

Mais deplus il ne s'agit pas icy de ce dernier point, qui est la deposition des Rois heretiques. Car il ne s'est point parlé dans tout ce qu'on a dit de la *conjuration*, de deposer seulement le Roy d'Angleterre. On n'a parlé que de le tuer, de l'empoisonner, de le massacrer. Et ce n'auroit point esté seulement des particuliers qui par une tentation diabolique auroient pris cet abominable dessein, mais, si ce que disent ces miserables témoins estoit veritable, il faudroit qu'il eust esté autorisé & approuvé par le Pape, par le General des Jesuites, par un grand

grand nombre d'autres de cette Compagnie, par le P. de la Chaise Confesseur du Roy, par deux Abbez François, & plusieurs Moines Anglois qui sont à Paris, par M. Coleman, & Mylord Stafford, que les Puritains & nostre Auteur pretendent avoir agy en cela par principe de leur Religion, quoiqu'il ny en ait point qui ne fust prest de dire comme a fait le dernier, & même les Jesuites qu'on a fait mourir, aussi bien que tout ce qu'il y a de Catholiques dans le monde: *Que cette doctrine qui permet de tuer les Rois heretiques & excommuniez est diabolique, horrible, & detestable & contraire à la loy de Dieu & de la nature, & contre le droit des gens.*

Peut-on accorder cela avec ce que les Auteurs de ces sanglantes éxecutions nous reprochent en nous insultant, qu'on fera un Martyr à Rome de Mylord Stafford ? Car on les prie de chercher dans tous les Martyrologes pour y trouver quelqu'un que l'on ait tenu pour Saint qui soit mort en se parjurant, ou en declarant *qu'il detestoit de tout son cœur* quelque point de la doctrine Catholique. Que si ce seroit une chose ridicule de s'imaginer qu'on en pust trouver, il faut donc que la pensée qu'ils ont, qu'on en pourroit bien faire un Martyr, les oblige de reconnoistre, qu'on ne croit point à Rome qu'il soit mort en faisant de faux sermens, ny que ce qu'il a dit : *Qu'il detestoit de tout son cœur comme une doctrine diabolique*, puisse estre regar-

Ch. 18. regardé à Rome comme une bonne doctrine.

CHAPITRE XIX.

Qu'il n'y a rien dans les lettres de M. Coleman, produites en son Procés, qu'on puisse dire estre une preuve de la verité de la conjuration.

JE reprends M. Coleman. Car je ne puis laisser passer la fausseté que commet nostre *faiseur d'Entretiens*, pour trouver dans ses lettres Ecrites au P. de la Chaise & à d'autres, des preuves de la Conjuration contre la vie du Roy d'Angleterre, quoique ses propres juges aient reconnu le contraire en termés exprés en luy declarant : *Qu'on ne l'avoit pas convaincu par ses propres Ecritures d'avoir voulu tuer le Roy, mais que deux témoins l'avoient deposé.*

P. 231.

Nous avons déja vû, comment nostre Auteur, entre dans cet éxamen des lettres de M. Coleman. *Enfin*, dit-il, *qu'avons nous affaire d'Oates & de Bedlow pour prouver la verité de cette conjuration? Ostons les si vous voulez de dessus la Scene, & NE JUGEONS DE L'AFFAIRE QUE PAR LES LETTRES DE M. COLEMAN AU P. DE LA CHAISE ET A QUELQUES AUTRES.*

Il faut donc qu'il trouve dans ces lettres la verité de la conjuration telle qu'elle a esté re-

présentée par Oates & Bedlow. Voyons com- Ch. 19.
ment il y réüssira. " Il y en a une, dit-il, au Non- P. 53.
ce du Pape à Bruxelles en datte du 9. d'Aoust, "
1674. qui dit en propres termes, *que leur des-* "
sein s'avançoit fort, & qu'on verroit bien-tost, "
l'entiere ruine du parti Protestant. Y a-t-il rien "
de plus fort, que ce que Coleman dit au P. de "
la Chaise dans une des lettres qu'il luy écrit. "
Nous avons entrepris un grand ouvrage; il n'y "
va pas moins que de la conversion de trois "
Royaumes, & de l'entiere subversion de cette "
pestilente heresie qui depuis quelque temps à do- "
miné sur cette partie Septentrionale du monde: "
Et nous n'avons jamais eu de si grandes esperan- "
ces depuis le regne de nostre Reyne Marie. Et "
sur la fin de la lettre, il sollicite puissamment "
le P. la Chaise à obtenir du secours d'argent, "
& d'armes pour arriver à l'éxecution de ce "
grand dessein. C'est peut-estre par la voie de "
la predication que Coleman prétendoit con- "
vertir ces trois Royaumes? Les armes & l'ar- "
gent sont fort necessaires pour donner efficace à "
la grace & à la predication. "

On ne voit dans les deux endroits de ces lettres dont il a cité les propres termes, que de grandes esperances qu'avoit M. Coleman de voir rétablir la Religion Catholique en Angleterre. Mais y a-t-'il un seul mot qui marque que ce fust *en tuant le Roy & en massacrant la moitié du Royaume pour se rendre maistre de l'autre*, qui sont les propres termes de cet Auteur 142. pour décrire cette conjuration? C'est

M une

Ch. 19. une pure calomnie de les prendre dans ce sens, contre la propre reconnoissance des Juges. On y voit assez qu'il esperoit venir à bout de ce dessein, comme le reconnoist le Lord Chef de Justice, *par la dissolution du Parlement, & par un Edit de liberté de conscience.* Et c'est ce qui luy fait assurer avec tant de confiance estant

P. 235. déja condamné : *Qu'il avoit bien souhaité que sa Religion fust tolerée & même établie* PAR DES VOIES DOUCES: *Mais qu'il vouloit que Dieu ne luy pardonnast jamais s'il avoit voulu détruire le gouvernement, & établir le Papisme* PAR LA VIOLENCE.

Neanmoins nostre Auteur ne perd pas courage. Il emploie encore deux supercheries pour trouver la *conjuration* dans ces lettres.

La 1. est que n'osant pas citer les propres termes de la fin de la lettre dont il avoit rapporté quelques paroles, il se contente de dire: *Que sur la fin de la lettre, il sollicite puissamment le P. de la Chaise à obtenir du secours d'argent & d'*ARMES *pour arriver à l'éxecution de ce grand dessein.* Or il n'y eut jamais de mensonge plus infame que cette citation. Car le mot *d'Armes* qui pourroit seul marquer *une voie violente*, n'est point dans la lettre. Cet Auteur l'y a ajoûté par une insigne mauvaise foy. Cette lettre commence par ces mots.

P. 181. *Le 29. de Septembre j'envoiay à vostre Reverence une longue & ennuieuse lettre, pour l'informer du progrés des affaires durant deux o trois ans.* On ne la peut donc bien entendr

qu

que par cette premiére lettre, par laquelle on voit en quoy consistoit les assistances que M. Coleman attendoit du Roy.

Il dit d'abord, qu'il avoit averty le P. Ferrier, que dans le Parlement qui se devoit tenir au mois d'Octobre de l'an 1672. le Roy d'Angleterre seroit obligé de faire quelque chose au prejudice de la France, & de faire la paix avec les Hollandois. Qu'on s'asseuroit du contraire en France, mais que la chose estant arrivée comme il l'avoit predit, cela avoit fait desirer au P. Ferrier la continuation de sa correspondance. *Je la desirois*, dit-il, *ardemment connoissant que* LES INTERETS DE NOTRE Roy (il ne pensoit donc pas à le faire mourir) *de mon Maistre le Duc, & de sa Majesté tres-Chrestienne, estoient d'estre si bien unis, qu'on ne les pust separer qu'en les détruisant tous. Sur cela je remonstray que nostre Parlement de la maniere qu'il estoit menagé par les timides Conseils de nos Ministres qui Gouvernoient alors, ne seroit jamais favorable à l'Angleterre, à la France, ny à la Religion Catholique; que nous serions certainement forcez à la premiere assemblée du Parlement de rompre la neutralité, que nous avions esté l'année passée contraints de renoncer à nostre alliance avec la France, que suivant les circonstances qui regnoient, une paix estoit bien plus à desirer que la continuation de la guerre; qu'enfin la dissolution du Parlement procureroit asseurement la paix, parce que les Confederés se reposant plus sur le pouvoir qu'ils*

CH. 19. avoient dans noſtre Parlement que ſur toute autre choſe, eſtoient encouragez à continuer la guerre, & partant que ſi l'on renvoicit le Parlement, les Confederez voiant leurs meſures rompuës, ſe verroient en quelque maniere obligez à demander la paix. Il dit enſuite, qu'il entraita avec M. de Rouvigny & qu'il luy fit deux propoſitions: L'une que la diſſolution du Parlement procureroit la paix: L'autre qu'une ſomme d'argent feroit obtenir la diſſolution du Parlement. Il en parle encore en la p. 129. J'eus pluſieurs entretiens avec M. de Rouvigny: & j'allay juſques à luy dire, que je deſirois que mon Maiſtre nous donnaſt le moyen d'offrir à noſtre Roy 300000. livres pour la diſſolution du Parlement, & luy monſtray que la paix s'enſuivroit

P. 130. infailliblement. Il dit que la même propoſition de cet argent pour le même deſſein de la diſſolution du Parlement fut faite à M. de Pomponne. Il ajoûte plus bas parlant d'un autre Parlement dont il eſperoit mieux que de l'autre.

P. 139. J'aſſuray M. de Ruvigny que les Seſſions du Parlement ne nuiroient point, parce que je pouvois aſſurement en prevoir le mal & que je ſatisferois à ma parole, pourvû qu'on me fourniſt dequoy faire des amis. Les Flamans & les Eſpagnols n'eſpargnoient point l'argent pour animer contre la France le Grand Treſorier, le Seigneur Garde, tous les Evêques, & tous ceux qui s'appellent vieux Chevaliers: Il n'eſtoient pas moins habiles à décrier le Papiſme. Ils ſe ſervoient trop bien de la Bourſe, qui eſt le moien
le plus

le plus efficace de se faire des amis, pour ne pas Ch. 19. animer tout le monde contre le Duc, comme contre le Patron de la France, & de la Religion Catholique. Pour resister à de si grandes forces, nous n'avions pas assez d'argent, & les sommes que quelques particuliers fourniroient ne suffisoient pas.

J'ay crû devoir rapporter tous ces endroits, afin d'oster l'idée que la malice de cet Auteur voudroit donner de ces *assistances d'argent* dont il est parlé dans ces lettres, comme si elles avoient esté destinées, ou à achetter des assassins pour tuer le Roy, ou à lever des troupes *pour massacrer*, comme il dit, *une partie du Royaume, & se rendre maistre de l'autre*. Au lieu qu'on voit clairement qu'on ne les demandoit que pour deux fins: L'une de dissoudre le Parlement quand il estoit trop contraire aux interets du Duc & de la France qui estoient unis, & dans l'esperance d'en avoir un autre qui y fust plus favorable, & dont on pust obtenir la liberté de conscience pour les Catholiques: L'autre pour se faire des amis dans le Parlement quand on pouvoit par là en prevenir les mauvais effets. Et on voit encore que tout cela se traittoit avec la participation du Roy: estant même marqué, *que le Roy com-* p. 127. *manda à M. de Rouvigny de traitter avec le Duc & de recevoir & d'éxecuter ses ordres; mais qu'il desiroit qu'on ne luy fist aucune proposition, qui concernast la religion, & que de telles propositions fussent renvoiées au P. Ferrier*

M 3 *ou à*

Ch. 19. ou à *M. de Pomponne*. Or on sçait assez, qu'on n'écrit à aucun Ministre d'aucune affaire dont le Roy ne soit informé.

Mais je ne puis m'empécher de faire icy une reflexion. N'est-ce pas une chose honteuse à un Ecrivain François qui vante le zele des Huguenots pour le Roy, & qui releve si fort leur fidelité au dessus de celle des Catholiques, de faire un crime à M. Coleman de ce qu'il a traité avec les Ministres du Roy pour l'avantage de la France dans le dessein que sa Majesté Britannique & le Duc son Frere, en fussent toûjours amis, & pour empécher que le Parlement gagné par l'argent des Espagnols & par les intrigues des Puritains n'engageast l'Angleterre, comme il a fait depuis, à se declarer contre nous, & à fortifier la ligue que presque toute l'Europe avoit faite pour nous accabler? On ne s'estonne pas que des Anglois qui ne pensent qu'à élever la puissance de leur Parlement sur la ruine de l'autorité Royale aient trouvé dans ces lettres de quoy condamner un homme qui s'estoit intrigué avec la France pour augmenter au contraire la puissance de son Roy & du Duc son Maistre, par la diminution de celle du Parlement. Mais qui peut souffrir qu'un François oubliant ce qu'il doit à son Roy & se revestant de toutes les passions de ces Parlementaires, veüille aussi que ce soit un crime à M. Coleman d'avoir esté dans les interests de la France qui estoient joints à ceux de ses Princes, comme on ne la que trop vû

par

par l'evenement? Ne donne t-il pas sujet de luy dire ce qu'il dit si faussement du Clergé de France: *Qu'on honore Messieurs les Pretendus Reformés, & qu'on veut croire qu'ils ont le cœur bien François: Mais qu'ils ont une Religion*, qui les oblige souvent de ne pas faire des choses qui seroient fort avantageuses au bien des affaires du Roy lors qu'elles le sont aussi à la Religion Catholique, qu'ils haïssent, plus qu'ils n'aiment le Roy? Et cet Auteur en donne icy un terrible exemple. Car on voit par ces lettres de M. Coleman qu'il n'écrivoit au P. Ferrier, & aprés sa mort au P. de la Chaise qu'afin qu'ils fussent ses entremetteurs auprés du Roy, & que rien aussi ne se faisoit sans la participation de sa Majesté. Et cependant cet homme à l'impudence de dire: *Qu'il paroist que ce Jesuite Confesseur du Roy estoit de la partie, & qu'il estoit entré bien avant dans le dessein de rétablir la Religion Catholique en Angleterre par le fer & par l'effusion du sang.* Peut-on dire cela aprés avoir vu ces lettres, qui marquent que tout se traittoit avec le Roy par l'entremise du P. de la Chaise ou de M. de Pomponne, sans faire soupçonner sa Majesté d'avoir approuvé ces desseins cruels & sanguinaires qu'on attribuë faussement aux Catholiques, ce qui seroit une calomnie si diabolique, que l'on ne peut en avoir donné la moindre idée, sans meriter d'estre en éxecration non seulement à toute la France, mais à tout le genre humain?

M 4 L'au-

Ch. 19. L'autre fupercherie de noftre Auteur pour rendre M. Coleman coupable de la conjuration par fes propres lettres, eft qu'aprés avoir dit *qu'il n'avoit point befoin d'Oates & de Bedlow pour en prouver la verité: Qu'il vouloit bien qu'on les otaft de la Scene, & qu'on ne jugeaft de l'affaire que par les lettres de Coleman*; comme il n'y trouve pas fon compte, il revient à fes faux témoins, & remet *Bedlow fur la Scene* par cette Saillie imprevue & ridicule. " C'eft affurement dans cet
" efprit de zele & devotion bien reglée que
" Coleman difoit: *Quand j'aurois une mer de*
" *fang & mille vies, je les perdrois toutes volon-*
" *tiers pour l'éxecution de ce deffein, & fi pour en*
" *venir about il falloit détruire cent Rois hereti-*
" *ques je le ferois.* Ces paroles font un peu fortes:
" c'eft Bedlow qui les a rapportées, & qui dit
" de les avoir oüies. S'il les a inventées de fang
" froid & fans eftre ému de colere, je le trouve
" admirable dans l'art de feindre les paffions.
Qu'elle impertinence de nous venir encore parler de fon Bedlow (qu'il appelle *un homme de guerre* pour en faire un homme d'importance, quoique ce ne foit qu'un miferable Soldat fils d'un Payfan) aprés avoir dit qu'il le laiffoit là, & qu'il ne fe fervirait plus de fon témoignage, qu'il n'a pu même rapporter qu'en le falfifiant, afin d'une part de le rendre plus éloquent à ce qu'il a cru, & de faire de l'autre qu'il y fuft parlé *de l'éxecution de ce deffein*, c'eftadire de la conjuration,

tion, & de *détruire luy même cent Roy hereti-*
ques: Au lieu que le mensonge de Bedlow
est seulement, qu'il avoit entendu dire à
M. Coleman : *S'il avoit cent vies, & une mer*
de sang à répandre, il la verseroit POUR LA
CAUSE DE ROME, ET POUR ETA-
BLIR LA RELIGION ROMAINE EN
ANGLETERRE : *Et s'il y avoit cent Rois*
heretiques à deposer il les voudroit tous VOIR
détruire. L'un & l'autre est faux. Mais c'est
bien mal se connoistre en éloquence, que
d'en trouver dans ce discours emporté, de
quelque manière qu'on le rapporte, afin d'en
conclure ridiculement, qu'il n'y a pas d'apparence que cela ait esté inventé par un Soldat.

Cependant aprés n'avoir dit que des sottises
qui ne peuvent persuader que ceux qui veulent
bien estre trompez, comme s'il n'avoit rien
dit que de convainquant, il prend son air grave pour prononcer cet Arrest. *Parlons serieu-*
sement, il faut avoir renoncé à toute pudeur
pour oser soûtenir que toute cette grande action
n'est qu'une comedie & une feinte. Il a raison
en partie. On auroit tort de vouloir que ce
qui se passe aujourd'huy en Angleterre, ne fust
qu'une comedie & une feinte. C'est une tragedie barbare & cruelle dont le Poëte & le
principal Acteur est le Demon de la colomnie.
Mais il faut autre chose que des paroles en l'air
accompagnées d'une grande confiance, dont
les plus grands menteurs ne manquent jamais,

Ch. 19. pour nous y faire trouver une conjuration reelle & effective contre la vie du Roy, & un dessein formé de massacrer la moitié du Royaume. Il faut refuter tous les faits qui font voir la fripponnerie des témoins ; répondre à toutes les preuves tirées du procés de M. Coleman imprimé par Autorité publique, & arrester les impressions naturelles que produisent necessairement dans tous les esprits bien faits les dernieres paroles de Mylord Stafford, pour empécher qu'on ne soit persuadé qu'il n'y eut jamais rien de plus faux, que tout ce qu'on a dit jusques icy de cette pretenduë conjuration.

CHAPITRE XX.

Que le Procés de Mylord Stafford imprimé par autorité publique fournit beaucoup d'argumens qui font voir la fausseté de la présente Conjuration.

J'Avois entierement achevé cette premiere partie de l'Apologie des Catholiques, & je ne pensois plus à rien dire d'avantage de la Conspiration d'Angleterre, lorsque j'en ay reçu deux Ecrits qui m'ont obligé d'en parler encore, parce que j'ay trouvé qu'ils donnoient plus de lumiere à cet ouvrage de tenebres que tout ce que j'en avois vû auparavant.

Celuy

Celuy que j'ay reçu le premier est intitulé.

La malice decouverte : ou, une courte relation de l'accusation & de la decharge d'Elisabeth Cellier : dans laquelle ses procedures devant & durant son emprisonnement sont déduites en détail ; le Mystere *du Baril à Farine*, & le Secret de la Conspiration d'Angleterre sont fidellement découverts. Avec un extrait du procés qui luy a esté fait, mis en lumiere par elle même, & presenté aux Amateurs de la verité, toute nuë sans déguisement. Traduit de l'Anglois en François."

L'autre a pour titre. "Procés de Guillaume Vicomte de Stafford, pour crime de haute Trahison. Accusé par la Chambre des Communes d'avoir Conspiré contre la vie du Roy. D'avoir voulu extirper la Religion Protestante. D'avoir voulu renverser le gouvernement. Et d'avoir voulu introduire la Papisme. Commencé à West-Munster le 30. Novemb. & achevé le 7. Decembre, 1680. Traduit sur l'Original Anglois. Lequel a esté imprimé dans l'imprimerie Royale à Londres."

Ce n'est voila presentement qu'à ce dernier que je m'attache parce qu'il est imprimé par autorité publique. Je verray dans la suite ce que je pourray faire du premier, ne pouvant sçavoir quelle creance il merite que je n'en sois plus informé, quoiqu'il soit vray qu'on ne le peut lire sans en estre touché, parce qu'on y trouve par tout un certain air si naturel, & tant de temoi-

CH. 20. témoignages de sincerité & de courage, qu'on ne sçauroit se persuader que la mechanceté & le mensonge puissent jamais si bien contrefaire la bonne conscience & la verité.

Mais pour ce qui est du Procés de Mylord Stafford on ne peut rien desirer de plus autentique. Il a esté imprimé d'abord en Anglois *dans l'Imprimerie royale de Londres*, & celuy qui la traduit en François, fait assez voir qu'il est Protestant parce qu'il dit dans la Preface : *Que toute l'Europe n'est que trop informée qu'on a decouvert en Angleterre il y a plus de deux ans une malheureuse conspiration contre la personne du Roy, l'Etat & la Religion.* A quoy il ajoûte : *qu'il luy a semblé qu'il suffisoit de donner ce Procés dans une langue un peu plus universelle que l'Angloise, pour faire connoistre au monde les particularitez de ces grands desseins, & de ces hautes entreprises.* Voilà donc quel a esté le but des Protestans tant au regard de l'impression de Londres que de la traduction Françoise, de persuader la verité de la pretenduë conjuration au monde incredule, qui n'en a rien cru jusques icy.

Mais il est bien à craindre que ce ne soit tout le contraire, & que la lecture de ce fameux Procés au lieu de convertir le monde ne l'affermisse dans son incredulité. Je suis si convaincu que c'est l'effet qu'on en doit attendre : que je pretends faire avoüer à toutes les personnes raisonnables qu'on ne peut gueres s'imaginer d'aveuglement plus prodigieux, que celuy des
Au-

Auteurs de la publication de ce procés. Car bien loin qu'ils s'en puissent promettre ce qu'ils pretendent, il n'est propre certainement qu'à les faire declarer par toute l'Europe pour aussi méchants que cet inique juge de l'Evangile qui ne craignoit point Dieu & qui ne se soucioit point de ce que les hommes penseroient de luy: *qui Deum non timebat, & hominem non reverebatur.* J'en excepte le 31. Pairs qui malgré le torrent ont rendu justice à l'innocence opprimée, en declarant que le Mylord n'estoit point coupable des crimes dont on l'accusoit: & c'est une obligation que l'on a à ceux qui ont publié ce procés de nous avoir conservé leurs noms, afin qu'ils ne demeurassent point confondus dans la posterité, avec ceux qui n'ont point fait conscience de repandre le sang innocent.

Pour mieux comprendre cette grande affaire il faut remarquer que sur la fin de l'année 1678. Sur le seul témoignage d'un scelerat qui est le Docteur Oates (car c'est la qualité qu'il se donne dans tout le procés du Mylord) la Chambre des Communes requist qu'on arrestast prisonniers cinq Seigneurs Catholiques, le Comte de Powis, Mylord Arundel de Wardour, Mylord Peters, Mylord Belassis & le Vicomte de Stafford, & qu'elle se rendit leur partie. Ce Parlement qui fut appellé le long Parlement aiant esté cassé quelque temps aprés, & un autre ensuite, ce n'a esté qu'au troisiéme assemblé l'année derniere 1680. que la Chambre

bre des Communes envoia dire à la Chambre haute qu'elle avoit resolu de travailler au Procés des cinq Seigneurs prisonniers à la Tour, & de commencer par celuy du Vicomte de Stafford. La Chambre haute y consentit, & resolut qu'on le commenceroit le 30. Novembre.

Il faut donc considerer dans ce jugement le Chancelier qui y presidoit en qualité de *Grand Senechal* qui est une charge supprimée, mais que l'on crée de nouveau dans ces occasions pour autant de temps seulement que dure l'affaire pour laquelle on la créée.

Les Seigneurs qui sont les juges estoient au nombre de 86. Les membres de la Chambre des Communes estoient au nombre de 4. a 5. cent : Entre lesquels on en avoit choisy une douzaine plus ou moins qui devoient parler au nom de la Chambre des Communes & de toutes les Communes d'Angleterre comme les accusateurs & les parties du Prisonnier. Et ce furent eux qui produisirent les témoins contre luy, & qui répondirent aux objections qu'il fit à leurs témoignages. Nous les appellerons les Commissaires ou Accusateurs.

Toutes ces personnes estant placées on amena le Prisonnier : on luy dit de se mettre à genoux & puis de se lever. Ce qu'aiant fait le Grand Senechal luy parla en ces termes. *Mylord Vicomte de Stafford. Les Communes d'Angleterre assemblées en Parlement vous ont accusé de haute trahison, & vous estes amené icy*

icy pour eſtre jugé ſur cette accuſation.... Le Ch. 20. *Corps entier de la Chambre des Pairs doit eſtre voſtre juge dans cette affaire ſi grande & de ſi grande importance: Cette Cour de juſtice & la plus conſiderable & la plus noble de cette partie du monde, & peut-eſtre de toute la Chreſtienté. Vous eſtes aſſuré qu'il ne ſera trouvé icy ny faux poids ny fauſſes meſures* (il n'auroit pas pû ajoûter, *ny faux témoins*) *que la balance ſera tenuë droitte, & que tout ce que vous pourrez juſtement & raiſonnablement demander pour voſtre defenſe vous ſera aſſurement accordé.*

Il eſt certain que tout cela fut en apparence. Ce Tribunal fut tres-Majeſtueux & tres-Auguſte. Le priſonnier y fut traité fort civilement de la part des Pairs, mais fort incivilement & fort durement par ces Meſſieurs de la Chambre baſſe. Car ce furent eux entre autres choſes, qui contre l'avis du Grand Senechal luy firent refuſer un jour d'intervalle, qu'il avoit demandé pour prendre un peu de repos. Mais laiſſons là les incidens, venons au fond.

Aprés que l'accuſation fuſt lue avec la réponſe de l'accuſé, où il declaroit *qu'il n'eſtoit coupable d'aucun des crimes y contenus, & que pour ſon jugement il ſe mettoit volontiers & avec ſoûmiſſion entre les mains des Pairs du Royaume ſes ſemblables*; trois des Commiſſaires parlerent, & diviſerent leurs pretenduës preuves en celles qui regardoient la conſpiration en general, & celles qui touchoient le

pri-

prisonnier en particulier. Je suivray le même ordre, & feray voir qu'elles sont également foibles sur l'un & l'autre de ces deux points. Je marqueray ce qu'ils disent en renvoiant au Procés, & feray sur chaque chose quelque reflexions qui en monstreront l'absurdité.

§. I. *Plan general de la pretenduë Conspiration.*

LEs Commissaires qui parlerent d'abord pretendirent faire voir que cette conspiration estoit un complot general de tous les Catholiques d'Angleterre, de la Cour de Rome, de France & d'Espagne. *Les confederez (dit l'un d'eux.) estoient plusieurs & agissoient en plusieurs endroits, en Angleterre, en France, en Espagne, en Ecosse en Irlande. Ils se servoient aussi de plusieurs moiens. Ils avoient des grands & des maudits desseins sur le tapis pour détruire nostre Roy, & l'oster du monde; Et pourquoy cela, Messeigneurs? parce qu'ils esperoient avoir un meilleur temps sous celuy qui luy devoit succeder. Une autre partie du dessein estoit de perdre non pas seulement celuy-cy ou celuy-là qui leur nuisoit; mais le corps entier des Protestans en Angleterre: ils ne vouloient pas seulement commettre un assassinat ou un meurtre, mais ils vouloient faire un massacre, & une boucherie de tous ceux qui les approcheroient, & il n'en devoit échapper aucun: Car si quel-*

si quelques uns pretendoient fuir, ils avoient resolu de les arrester & de les tuer.

Cela est fondé sur la deposition d'un de leurs témoins qui s'explique en ces termes. *J'ay oüy dire que dans le temps qu'on tueroit le Roy, on armeroit du monde qui seroit prest à se soulever en moins d'une heure, & qu'on se jetteroit sur les Protestans auxquels on couperoit la gorge: c'estoit là ce qu'on proposoit de faire, & on ajoûtoit que s'il en échappoit quelques uns, on auroit une Armée pour les dissiper & les égorger à mesure qu'ils fuïroient.*

P. 81.

Les moiens estoient proportionnez à la grandeur de l'entreprise. Car le même témoin assure *qu'il avoit oüy dire, que l'armée destinée pour massacrer tous les Protestans devoit estre de deux cent mille hommes au moins.* Car sur ce qu'il avoit dit qu'il sçavoit la conspiration il y avoit 15. ou 16. ans, & qu'on se pourvoioit d'armes & d'argent. Le Mylord de Stafford luy fit demander qu'elle quantité d'armes on avoit preparé, a quoy il répondit en ces termes. *Je n'ay jamais oüy dire absolument combien, j'ay oüy parler de quelques nombres. On a parlé depuis peu qu'on devoit lever de delà de la Mer pour armer 30000. hommes. J'ay oublié combien il en devoit avoir en Angleterre. Mais je croy avoir oüy dire à Mr. Gavan, & à quelques autres Prestres, que s'il estoit necessaire, ils pourroient avoir du moins 200000. hommes pour les assister, je suppose, qu'ils avoient preparé des armes aussibien que des hommes.* Et

P. 227.

sur

sur ce qu'on luy demanda de quelle religion devoient estre ces 200000. *Je compris* dit-il, *ainsi je crois que fit toute la Compagnie qui l'entendit, qu'ils estoient Catholiques Romains.* Mais le Mylord aiant repliqué. *C'est une chose étrange qu'on d'eust lever 200000. Catholiques, & qu'il n'y en a pas 20000. en Angleterre capables de porter les armes.* Le G. Seneschal dit pour soûtenir son témoin. *He? Milord, ne pouvoient ils pas venir de delà la Mer, & ainsy on auroit pû assembler icy un tel nombre de Catholiques Romains, bien qu'il n'y en ait pas tant en Angleterre.*

Et afin que l'on ne fust pas en doute de sçavoir d'où viendroit ces troupes de delà la Mer qui avec les Catholiques devoient achever de composer cette armée de deux cent mille hommes, ils disent nettement que c'estoit la France qui les devoit fournir. *Cette armée*, dit l'un de ces Commissaires, *ne se devoit pas seulement lever icy au milieu de nous, mais on en devoit faire venir une partie de France, on avoit pour cela écrit des lettres de part & d'autre, on avoit eu des correspondances, & des promesses de la part des Ministres de ce pays-là.* C'a esté peut-estre par retenuë qu'il n'a pas nommé le Roy tres-Chrestien. Mais le témoin sur la foy du quel il parle le nomme expressement. *Il a aussi esté dit en ma presence que le Roy de France avoit connoissance de toutes ces entreprises, & qu'il nous fourniroit des troupes, & nous donneroit toute sorte d'ayde & d'assistance s'il arrivoit aucun*

cun changement, *si le Roy mourroit, ou si* on *s'en defaisoit, ou s'il arrivoit enfin quelque chose de cette nature.*

Voilà donc le plan qu'ils nous donnent eux-mêmes de cette affreuse conjuration, *dont la découverte,* dit un des Commissaires, *est l'ouvrage de Dieu & non pas des hommes.* On devoit tuer le Roy, & dans le même temps armer du monde qui seroit prest de se soûlever en moins d'une heure, & se jetter sur les Protestans auxquels on couperoit la gorge : & s'il en échappoit quelques-uns, on eut fait marcher contre eux cette armée de 200000. hommes dont une grande partie devoit estre envoiée par le Roy de France, qui les auroit dissipez & égorgez à mesure qu'ils fussent fuis.

§. 2. I. *Reflexion.*

JE ne sçay quelle opinion ces Messieurs ont de toutes les autres nations de l'Europe. Mais ils se trompent fort s'ils s'imaginent qu'elles en puissent avoir une grande de la sagesse ou de la probité de ceux qui veulent bien que l'on croie qu'ils ont ajoûté foy à de si grandes folies, & que c'est sur cela qu'ils ont assis un jugement de mort contre une personne d'une si grande qualité, sans parler des autres qu'ils avoient fait mourir auparavant. Je ne dis encore rien du pretendu complot de faire mourir le Roy. J'en ay déja parlé dans les Chapitres

Ch. 20. tres precedens, & j'en parleray encore dans la suite. Je ne m'arreste icy qu'au massacre general des Protestans, dont ces Commissaires parlent si tragiquement sur la foy de leur témoin. Dans le temps même qu'on assassineroit le Roy on devoit armer du monde qui seroit prest de se soulever en moins d'une heure pour égorger les Protestans. Afin que cela pust avoir quelque ombre de vraysemblance il falloit ajoûter, que ces Conspirateurs Papistes estoient magiciens ou Sorciers qui avoient tous les Demons à leurs gages: Que ce seroient ces Demons qui dans le temps même qu'on tueroit le Roy avertiroient tous les Conspirateurs repandus par l'Angleterre; (car il est clair qu'il auroit fallu de la magie afin que ce soulevement se pust faire en moins d'une heure) Que d'autres Demons en dormiroient tous les Protestans afin qu'ils fussent plus faciles à égorger. Car sans cela y aiant en Angleterre cent Protestans pour un Catholique, le moien que ces Catholiques soulevez en une heure pussent égorger presque tous les Protestans: Que la plus grande partie de l'armée de 200000. hommes devant venir de delà la Mer, d'autres Demons fourniroient des Hippogryphes pour la Cavalerie, & des Vaisseaux enchantez pour l'Infanterie, afin qu'ils fussent à temps en Angleterre pour égorger à mesure que s'enfuiroient les Protestans qui auroient échappé à la fureur des *soulevez en une heure.* Par tout ailleurs on enfermeroit comme des fous, ou on puniroit comme des sce-

scelerats des témoins qui viendroient deposer de si ridicules chimeres. Mais ces honnestes gens de la Chambre des Communes ne trouvent rien en cela que de raisonnable. Ils veulent que l'on prenne pour indubitable tout ce que disent leurs frippons qu'ils produisent pour témoins, quelque extravagant qu'il puisse estre, & c'est sur ce pretendu massacre de tous les Protestans si bien concerté, & si facile à executer selon le projet que ces témoins assuroient qu'on en avoit fait, qu'ils voudroient qu'on exterminast tous les Catholiques. Je me souviens d'avoir lu dans une Gazette Burlesque que le Roy d'Ethyopie avoit fait pendre son Cordonnier parce qu'il avoit découvert qu'il l'avoit voulu faire perir par une mine qu'il avoit faite dans le talon de son Soulier. Quelque fou que cela fust, & on le donnoit aussi pour tel, il l'estoit moins certainement que ces Protestans égorgez par toute l'Angleterre par ces Papistes soulevez en moins d'une heure, & soutenus par une armée de 100000. hommes de deça & delà la Mer qui auroit achevé ceux qui s'en seroient enfuis, & auroient évité le premier massacre.

§. 3. 2. Reflexion.

IL faut estre plus barbare que les Cyclopes pour n'avoir point de respect pour les Rois. Le Christianisme nous oblige de les regarder comme les oints de Dieu, & les Ministres dans le goule gouvernement des Peuples, en qui on doit reverer l'image de sa puissance. Les Rois entre eux sont trop interessez à donner l'exemple de cette Veneration pour ne se la pas témoigner les uns aux autres. Ils n'y manquent pas aussi dans les guerres mêmes les plus échaufées. Ils ravagent les provinces les uns des autres, sans que chacun cesse de respecter dans son ennemy comme une chose sacrée le caractere de la dignité royale. Que si les Romains à qui le nom de Roy estoit devenu si odieux depuis qu'ils les avoient chassez de leur ville, ne laissoient pas de le respecter dans les autres nations: Et s'ils ont regardé comme execrable, quelque avantage qu'ils en eussent pu tirer, la trahison de ce Medecin qui leur promettoit d'empoisonner Pyrrhus, qui peut concevoir qu'un Roy & un Roy Chrestien fust assez brutal pour consentir à l'assassinat d'un autre Roy son parent & son allié, & pour promettre à ces parricides de leur envoier une armée de plus de 100000. hommes pour les aider à égorger la plus grande partie de leur nation.

Cependant c'est ce qu'un sceletat, un infame parjure, un Dugdale à l'impudence d'attribuer au Roy Tres-Chrestien; & c'est ce que ces Messieurs de la Chambre des Communes, non seulement n'ont pas rejetté comme une abominable calomnie, mais ce qu'ils ont appuié comme une verité certaine, & dont la decouverte avoit esté le salut de l'Angleterre. C'est sur cela qu'ils se fondent pour demander l'exl'extermination des Catholiques avec autant de fureur que les payens demandoient autrefois dans leurs theatres celle des Chrestiens. Ils supposent comme indubitable ce que dit un frippon, qu'apparemment ils ont fait parler comme ils ont voulu; & c'est sur cela qu'ils representent d'un accent lugubre ce carnage general de tous les Protestans, que les *Papistes* Anglois avoient dessein de faire, non par leurs seules forces (car ils avoüent qu'ils sont trop foibles pour cela) mais estant assistez par une armée tres nombreuse que le Roy de France devoit envoyer à leur secours aussi-tost qu'ils se seroient defait de leur Roy. On ne sçauroit croire que sa Majesté Britannique ait connoissance de cette particularité du Procés du Vicomte de Stafford. Il a trop d'honneur & trop de courage pour laisser sans aucune reparation une injure si atroce faite au plus grand Roy de la Terre son Parent & son allié, par ces miserables restes du party de Cromwel. Ou si quelque raison l'obligeoit de dissimuler ce ne pourroit estre que la crainte de la brutalité de ces factieux, qu'on est peut estre obligé de menager, pour ne leur pas donner occasion de se porter aux dernieres extremitez. Quoiqu'il en soit qu'ils soient si enragez qu'ils voudront, ils ne sçauroient empécher que cette seule accusation si folle, si outrée, si incroiable, qu'ils ont relevée avec tant de soin, & qu'ils ont pris tant de peine à appuier, ne fasse voir à toute l'Europe, que tout ce qu'ils ont

dit

dit de cette pretenduë conjuration qui leur a déja donné lieu de répandre tant de sang innocent, n'est qu'un pur ouvrage du Pere de mensonge.

§. 4. *De la part qu'ils donnent au Pape Innocent XI. dans cette conjuration.*

ILs ne se contentent pas de supposer à leur ordinaire que tout ce que les Catholiques ou font veritablement, ou sont soupçonnez de faire vient de la Cour de Rome comme de son premier mobile, ils descendent dans le particulier, & marquent entre autres choses trois sortes de machines qu'ils pretendent avoir esté emploiées par le Pape Innocent XI. l'un des plus Saints Papes qui se soient assis depuis long-temps sur la chaire de Saint Pierre, pour donner le branle à cette grande Conspiration.

L'une est de l'avoir pourvüe de Chefs tant pour la guerre que pour les affaires de l'Etat en donnant charge par un Bref au General des Jesuites *Jean Paul Oliva*, d'envoier aux principaux Seigneurs Catholiques des commissions pour les plus grandes charges d'Angleterre, que le Sieur Oates, dit avoir vües, & qu'il assure que ces Seigneurs ont reçues avec beaucoup de joie, & de grands Sentimens de gratitude. C'est presque tout ce que portoit la premiere deposition du Docteur Oates rappor portée dans le procés p. 320. qui fust luë dans la Chambre haute le 25. Octobre 1678.

Le Deposant dit qu'au mois de May dernier il vit dans la Chambre de Langhorn, une Patente scellée du Sçeau du General de la Societé des Jesuites, residant à Rome, nommé Jean Paul d'Oliva, contenant qu'en vertu du Bref du Pape, il constituoit le Seigneur Arundel de Wardour, Grand Chancelier d'Angleterre, laquelle Patente fut envoyée exprés à ce Seigneur par le fils du Sieur Langhorn. Qu'il vit une lettre signée par ledit Seigneur Arundel (à ce qu'il croit) par laquelle il reconnoissoit avoir reçu la ditte Patente qu'il avoit acceptée, & promettoit de répondre aux bonnes Esperances que la Societé avoit conçües de luy.

Il en dit autant d'une autre patente de même nature pour faire Mylord Powis grand Thresorier d'Angleterre.

D'une autre pour faire le Chevalier Godolpin garde du Sçeau privé.

D'une autre pour faire M. Coleman Secretaire d'Etat.

Et aprés avoir parlé des patentes pour ces 4. personnes, il n'en donne point dans cette premiere deposition au Vicomte de Stafford; mais il se contente de dire, à son égard qu'il avoit vû plusieurs lettres signées de luy par lesquelles il paroissoit qu'il estoit de la conspiration tramée contre le Roy. Et puis il revient aux commissions en ces termes: «Le deposant «vit au mois de Juillet dernier une commission «

entre les mains de Fennwick à Mylord Bellasis
» pour estre general de l'armée qu'on devoit le-
» ver en Angleterre contre le Roy. Et une autre
» pour faire Mylord Peters Lieutenant General
» de l'armée : & il ajoûte sur chacun qu'il avoit
» vû les remercimens qu'ils en faisoient.

La 2. machine qu'ils font employer au Pape est de donner de grandes sommes d'argent. Voicy ce qui en est dans le procés p. 86.

MYLORD STAFFOD. *Je voudrois bien luy demander qu'elles sommes d'argent le Pape a contribuées ?*

G. SENESCHAL. *Qu'elles sommes d'argent le Pape a t-il données pour cette entreprise ?*

Mr. DUGDALE. *J'ay oüy dire en general qu'il devoit contribuer beaucoup pour avancer la conspiration.*

G. SENESCHAL. *Avez vous oüy parler de quelque certaine somme ?*

M. DUGDALE. *Je ne suis pas bien certain là dessus, mais je croy avoir oüy parler quelquefois de dix mille Livres Sterling ou quelque chose d'approchant.*

La 3. machine dont ils pretendent qu'un Pape aussi Saint & aussi Sage que celui-cy s'est servy pour animer les Conspirateurs à executer leur abominable dessein, est de faire publier par les Jesuites parmy les Catholiques Anglois une indulgence pleniere pour celuy qui tueroit le Roy. Ce fut un des Commissaires de la Chambre des Communes, qui fit dire cela à Dug-

Dugdale. Il paroist que ce bon témoin avoit oublié son rollet, & ce Commissaire l'en fait ressouvenir.

*M*r. TREBY. *Mr. Dugdale, vous parlez d'Armes & du serment de Secret qui vous a esté administré, ne se servoit-on point d'autres Armes Spirituelles? n'y avoit-il point d'indulgences ou quelque chose de semblable?*

*M*r. DUGDALE. *Il y eut une indulgence environ l'an* 1678. *qui aiant esté envoiée de delà la Mer, fut addressée à Mr. Ireland, & de luy vint à Evers. Le Sieur Gavan eut ordre de la publier, ce qu'il fit une fois à Boscobel & en plusieurs autres Chapelles particulieres, voicy ce qu'elle portoit, que quiconque agiroit pour introduire la Religion Romaine,* ou POUR TUER LE ROY *auroit remission de tous ses pechez. Et il dit en un autre endroit p.* 142. *qu'il s'attendoit à estre Canonisé par le Pape s'il eust continué dans ce dessein.*

§. 5. 1. Reflexion.

JE n'ay rien a ajoûter sur ces commissions en general à ce que j'ay dit dans le ch. 16. au sujet du procés de M. Coleman. Il faudroit que le Pape dont la vertu & la sagesse sont universellement reconnuës mêmes parmy les Protestans, comme il paroist par leurs Gazettes; Que le General des Jesuites qui doit avoir du sens aiant esté choisy pour chef d'une si grande compagnie ; Et que ces Seigneurs d'Angleterre

terre qui ne font pas des enfans euffent perdu l'efprit par quelque maladie inconnuë & fuffent plus foux que ceux qu'on enferme, afin qu'on puft attribuer au premier avec quelque vrayfemblance une auffi grande folie qu'auroit efté celle d'ordonner par un Bref au General des Jefuites d'expedier des Patentes fignées *Jean Paul Oliva* pour donner à tel & à tel les principales charges du Royaume d'Angleterre : Et au fecond d'avoir éxecuté un ordre fi extravagant : & aux derniers d'avoir pris ces feüilles de chefne pour des piftolles réelles, & en avoir fait de fi grands remercimens. Des Coquins, des fcelerats qui n'ont ny efprit ny jugement, mais feulement une hardieffe effrenée de tout feindre & de tout dire, peuvent avoir inventé de fi impertinentes chofes, mais c'eft faire injure au genre humain de s'imaginer que perfonne les puiffe croire hors ceux qui font aveuglez par une paffion envenimée de perdre les Catholiques.

2. *Reflexion.*

ON fçait en quel eftat le Pape a trouvé la Chambre Apoftolique, & le foin qu'il prend de la degager. Les apprets des Turcs pour s'affujettir les Etats des Princes Chreftiens, le pourront obliger à faire un effort pour les affifter en ce qu'il pourra contre l'ennemy commun de la Chreftienneté. Mais il fera plus aifé de faire paffer pour des Veritez

les

les plus extravagans songes des frenetiques, que de persuader le monde, qu'il a promis de donner plus de 40. mille écus, pour aider des sujets à se revolter contre leur Roy & à le tuer.

3. Reflexion.

ON croira encore moins de ce digne Successeur de S^t. Pierre, qu'il a envoié des indulgences pour des massacreurs de Rois. Il falloit engager ces faux témoins à en representer au moins des copies pour sçavoir comment elles estoient conçues. Mais ils ont bien fait d'ajoûter, que des Jesuites les avoient *publiées en plusieurs chapelles particulieres.* C'est ce qui rend la chose plus vraysemblable. Car il paroist qu'ils avoient grande envie d'estre pendus & écartellez. Je suis asseuré que quiconque auroit dit de telles choses en France auroit esté enfermé pour toute sa vie dans les petites maisons. Mais on voit presentement qu'en Angleterre un seul témoin pourvû qu'il soit gagé pour bien mentir en qualité de *témoin du Roy*, a le privilege de se faire croire, quelque frippon qu'il puisse estre, & quoique ce qu'il dise ne soit pas plus vraysemblable que *la vraye histoire de Lucien.*

N. 3.   §. 6. Rai-

§. 6. Raisons generales pour rendre la Conspiration probable.

Les Commissaires de la Chambre des Communes ont apporté d'abord des raisons generales, pour prouver qu'il est probable que les Catholiques ont conspiré de tuer le Roy & d'égorger tous les Protestans. Ils disent qu'ils n'apportent pas ces raisons comme une preuve qu'ils l'aient fait, mais seulement pour monstrer qu'ils sont capables d'avoir eu un tel dessein.

La 1. est que c'est un point de la Religion Catholique qu'on peut tuer les Rois heretiques, & que c'est une action tres loüable devant Dieu. C'est ce que le Sieur Maynard le premier de ces Commissaires a avancé avec une hardiesse inconcevable. Aprés avoir supposé comme une chose certaine, que les Catholiques Anglois aidez de la France devoient faire un massacre des Protestans, il raisonne en cette maniere sur cette belle hypothese. *C'est une chose surprenante, Messeigneurs, que des Anglois cherchent les moiens de faire venir les étrangers dans leur païs; Et il faut qu'ils soient les pires de tous les Bigots, de pousser leur zele jusqu'à détruire leur Nation; estoient-ils assez foux pour croire, que si les François estoient entrés dans ce Royaume ils auroient toûjours esté grands Seigneurs? Voilà pourtant l'etat où estoient les affaires en general. Vous voiez*

voiez qu'il n'en doute point. Il n'est en peine Ch. 20. que d'en sçavoir la cause, & il la donne en ces termes.

Mais, Messeigneurs, si nous regardons ce qui les y a portez, ce qui les a confirmés dans ce dessein, & ce qu'ils ont publié de leur Religion, nostre étonnement cessera, puisqu'ils nous disent qu'il est legitime de tuer un Roy Heretique; le Roy d'Angleterre, selon eux est Heretique, & il est declaré tel par leur Eglise, desorte que quiconque entreprendra de le tuer, rendra service à Dieu, & fera une action non seulement legalle & pieuse, mais même meritoire & glorieuse, & pour laquelle il pourra estre canonisé. Ils rebattent cela en plusieurs autres endroits du procés. Et Dugdale l'exprime en ces termes. *Ils* P. 81. *m'ont dit dans leurs assemblées que le Roy estoit un Heretique, un excommunié, & qu'il estoit hors le sein de l'Eglise, que parconsequent il estoit permis de le tuer & qu'il n'y avoit pas plus de mal qu'a tuer un chien.*

La 2. raison qui rend probable à ce qu'ils disent cette pretenduë conspiration, est l'exemple des Poudres. *Souvenons nous, dit-il, de la* P. 36. *trahison des poudres, par laquelle on devoit perdre toute la Nation. Le Roy, les Seigneurs & les Communes assemblés en Parlement devoient sauter en l'air, ils en devoient faire un holocauste, ou plutost une offrande de paix, car c'est ainsi que Messieurs de la Religion Romaine traitent les sacrifices de sang, & s'en servent pour nous reconcilier avec le Pape.*

§. 7. 1. *Reflexion.*

JE n'ay point besoin de parler de la premiere raison qui n'a pour fondement que cette horrible calomnie que nous tenons qu'il est permis & meritoire devant Dieu de tuer les Rois heretiques. J'ay prouvé le contraire en tant de lieux de cet ouvrage que ce seroit perdre le temps de le repeter encore icy. Mais comme ils ne se sont servis de cette raison generale que pour fortifier leur accusation particuliere contre le Vicomte de Stafford, c'est par les sentimens de ce Seigneur qu'on doit juger si on a pu la luy appliquer sans une manifeste injustice. Car c'est un principe de l'equité naturelle de ne pouvoir attribuer à un homme en matiere de Religion le contraire de ce qu'il proteste hautement de croire, quand il le fait sur tout avec tant de zele & tant de force qu'on n'a aucun lieu de le soupçonner qu'il parle contre sa pensée. Or nous avons déja vû dans le chapitre 18. avec quelle force il a condamné dans les derniers momens de sa vie & lorsqu'il ne pensoit plus qu'à aller rendre compte à Dieu, cette doctrine damnable du meurtre des Rois qu'on avoit attribuée à tous les Catholiques pendant son procés pour en faire retomber le soupçon sur luy. Mais il n'a pas attendu à cette derniere heure à s'expliquer sur cela, & c'est bien en vain que les Protestans ont fait courir le bruit que ce dernier discours

luy

luy avoit esté donné par un Benedictin, pour faire douter par là si c'estoit sa veritable pensée, puisqu'il ne contient que ce qu'il avoit dit sur cela avec tant de zele en divers endroits de son procés. Voilà ce qu'il en dit dans le discours par où il commença à se defendre.

Je vous assure, Messeigneurs, comme si j'estois devant Dieu, que je suis frappé d'étonnement, lorsque j'entends parler d'aucune chose qui approche de cette doctrine. Et que je ne pûs lire qu'avec horreur ce que je trouvay dernierement dans la Gazette de quelques peuples mal avisez d'Ecosse & de leurs principes & de leurs pratiques detestables. Je proteste & declare solemnellement en presence de Dieu qui connoit toutes choses, de ses Anges qui sont continuellement autour de nous, & devant vous, Messeigneurs, qui estes mes Pairs & mes Juges, que je hais & deteste toute opinion de cette nature ny plus ny moins que ma propre damnation; Et que je ne souhaite pas mon salut avec plus d'ardeur que je suis sincere & cordial, dans la hayne que j'ay pour cette doctrine. Je sçay, Messeigneurs, qu'aucune personne qui soit sur la terre, ny toutes les personnes du monde ensemble, ny tout leur pouvoir ne me sçauroient aucunement dispenser de la fidelité que je dois à mon Prince, je reconnois le Roy pour mon Souverain, & que je dois luy obeïr autant que la Loy de la Nation oblige aucun de ses sujets à luy rendre obeïssance. Vous sçavez, Messeigneurs, que j'ay presté le serment de fidelité, vous en avez esté tous témoins,

Ch. 20. moins ; *& je croy que si je ne le prestois pas mille fois (s'il estoit autant de fois requis que je le fisse) je meriterois mille morts & tous les tourmens imaginables pour l'avoir refusé.*

p. 654. Et il reprend la même chose à la fin du procés en ces termes. *Pour ce qui est de cette damnable doctrine de tuer les Rois, si j'estois de quelque Religion dont les principes fussent tels, je la quitterois incontinent ; je dis cela avec la plus grande sincerité du monde.*

Si on ne croit pas un homme qui parle de la sorte, on pourra s'imaginer qu'il n'y a pas aucun des Juges qui l'ont condamné qui ne soit Juif ou Mahometan quelque semblant qu'ils fassent d'estre Chrestiens. Car comment empécheront ils, que quiconque voudra ne fasse d'eux ce jugement, puisqu'ils ne sçauroient faire voir, qu'on n'ait pas autant de droit de n'adjoûter aucune foy à toutes les Protestations qu'ils pourroient faire au contraire, qu'ils peuvent s'imaginer en avoir de ne faire aucun estat de ces protestations si fortes & si expresses d'un homme de cet âge & de cette qualité. Cependant ce n'est que par l'entestement de ne vouloir rien croire de ce qu'il asseuroit avec tant de sermens, qu'ils peuvent justifier la sentence inique qu'ils ont prononcé contre luy. Car ces accusateurs reconnoissent qu'il y a eu tant d'honnesteté dans sa vie qu'on ne peut donner d'autre cause de son pretendu crime, d'avoir voulu engager des gens à tuer le Roy que les maximes de la Religion Catholique.

Il est, disent ils, *notoirement connu pour Catholique Romain. Et comme il n'y a rien au monde, qui soit plus capable d'engager les plus honnestes gens dans les mauvaises actions, qu'une conscience mal conduite, nous croyons aussi que les principes de cette Religion là sont tels, qu'ils sont plus capables de pervertir les hommes de leur devoir & de leur fidelité, qu'aucune autre Religion.* Or il faut pouvoir douter de la foy de tous les hommes quelques sermens qu'ils emploient pour persuader qu'ils approuvent & qu'ils condamnent une certaine doctrine, ou il faut demeurer d'accord qu'on ne peut raisonnablement douter que ce Seigneur Catholique n'ait toûjours regardé comme une doctrine damnable celle qui enseigne, qu'on peut tuer les Rois quand ils ne sont pas dans la vraye Religion, puisqu'on ne peut l'assurer d'une maniere plus forte. On ne peut pas donc supposer sans se vouloir aveugler soymême que ce soit cette doctrine qui luy a toûjours donné tant d'horreur qui l'ait porté à chercher des assassins pour faire mourir son Roy. Et par consequent on avoit bien plutost lieu de juger, que deux frippons qui l'en accusoient, & dont aucun ne rendoit témoignage que d'un fait tout different de celuy dont l'autre avoit deposé, ne meritoient aucune creance.

N 6 §. 8.

§. 8. 2. Reflexion.

JE croy devoir faire la même chose touchant l'exemple de la conjuration des poudres : c'est à dire, rapporter d'abord ce que le Vicomte de Stafford a répondu, afin que l'on puisse juger si l'opinion qu'il en a eu a esté propre à le porter à entreprendre quelque chose de semblable.

P. 170. *Messeigneurs, ces Messieurs de la Chambre des Communes qui ont la conduite de cette affaire vous ont depeint la trahison avec ses couleurs les plus noires & dans la plus horrible forme, mais j'avoüe, Messeigneurs, que quand ils l'auroient representée encore plus vilaine, ils ne pouvoient la faire paroistre plus execrable, que je me la suis souvent figurée dans mon imagination. J'ay toûjours regardé & regarde encore la trahison comme le plus grand peché du monde, & ne trouve point de termes assez forts pour en faire voir la laideur & l'enormité........ Aprés la trahison je tiens le meurtre le plus grand de tous les pechez : Mais j'estime que le meurtre d'un Roy est si fort au dessus de tous les autres crimes, qu'il n'y a point de parolles qui en puissent exprimer la grandeur. Messeigneurs, j'ay fort oüy parler d'une chose dont ces Messieurs de la Chambre des Communes ont fait mention & fort à propos, c'est de la trahison des Poudres : Je n'estois pas encore né en ce temps-là, mais quelque temps aprés qu'elle fut commise, on* en parloit beaucoup & fort diversement. Je fis CH. 20. une recherche fort éxacte de cette affaire, & plus particuliere peut estre qu'aucune autre personne. Je m'en enquis à mon Pere, à mon Oncle, & à plusieurs autres, je suis convaincu & crois fortement par les preuves que j'en ay reçües que cette trahison estoit un horrible & detestable dessein de quelques Jesuites avec quelques autres gens, & je la considere commé une action si éxecrable, que je ne crois pas que la malice des Jesuites ny l'esprit de l'homme veüille ou puisse l'excuser..... On m'a dit que tous les gens qui a- P. 172. voient esté engagez dans ce party miserable, en estoient tres faschés & s'en estoient repentis avant leur mort, sans laquelle repentance je suis certain qu'il n'y a point de salut; c'est ce qui me fait croire que ce ne fust pas l'interest de la Religion, mais leur interest particulier qui leur fit entreprendre cette detestable Conspiration.

Il en parle encore en un autre endroit avec la même force. Aprés avoir dit, qu'il y eut une mauditte conspiration la premiere année du regne du Roy Jacques dont les Auteurs estoient de l'une & de l'autre religion, il ajoûte. Aprés P. 649. cette conspiration vint celle des poudres dont j'ay déja parlé. Je proteste devant Dieu que dés mon enfance j'ay detesté & abhorré ceux qui en estoient complices: & je crois & ay toûjours crû que tout l'esprit des hommes & la malice des Demons ne peuvent pas l'excuser. Ceux qui y estoient engagez reconnurent leur faute la con-

N. 7 fesse-

Ch. 20. *fesserent, & demanderent pardon à Dieu, au Roy & à tous les honnestes gens de cette méchanceté.*

Voila la pensée de ce Milord, touchant cette abominable conjuration. Jamais personne aussi n'en a parlé autrement de quelque religion qu'il fust. Car si les Jesuites ont taché de justifier quelques uns des leurs qui furent punis comme en estant complices, ce n'est pas en cherchant des couleurs pour excuser une action si horrible, mais c'est en pretendant qu'ils en avoient esté accusez à tort.

Voilà ce qu'en dit Mr. Mezeray en l'an. 1606. ,, dans la vie de Henry le Grand. " Le Pape se ju- ,, stifia clairement du reproche de cet horrible at- ,, tentat, & montra par de bonnes preuves litte- ,, rales qu'il avoit defendu aux Anglois de se ser- ,, vir de ces voyes sanguinaires. Les Peres Jesui- ,, tes travaillerent aussi de leur costé à faire voir ,, l'innocence de Garnet: Et le Roy Henry IV. ,, dont l'honneur estoit fort interessé en leur con- ,, duite puisqu'il les avoit rappellez, envoya le ,, P. Cotton vers l'Ambassadeur d'Angleterre, ,, l'assurer que la Société n'avoit nulle part à cette ,, conjuration, & que si quelques particuliers ,, des siens y avoient trempé, elle les desavoüoit ,, & les detestoit. "

Tant s'en faut donc que cet exemple ait esté propre à engager tout le corps des Catholiques (car c'est à tout le corps qu'ils attribuent cette derniere Conspiration) à entreprendre la même chose en ce temps-cy, que c'est manifestement tout

tout le contraire. Car peut on dire sans extra- Ch. 20.
vagance que ce qui a esté en horreur à tout le
monde ait esté un puissant motif pour engager
à faire la même chose ceux à qui on reproche
d'avoir agi non comme les voleurs & les scelerats par une extinction de conscience, & par
un abandonnement à toutes sortes de crimes,
mais *par une conscience mal conduite.*   P. 608.

§. 9. 3. Reflexion.

Ceux qui crient tant contre les Catholiques
en les accusant d'une detestable Conspiration contre le Roy & contre l'Etat d'Angleterre ne peuvent par nier qu'il n'y ait bien des gens
qui croient que ce bruit de Conspiration n'est
pas toutafait sans fondement, mais que ce sont
les Presbyteriens qui en sont les veritables auteurs. C'est la découverte de ce Secret qui a
tant fait tourmenter la pauvre Elisabeth Cellier.
Mais quelques traitemens indignes qu'ils luy
aient pu faire n'aiant pu empécher que ce qu'elle a écrit sur cela avec autant d'esprit que de
fermeté, ne parust en public ils n'empecheront pas aussi quoiqu'ils puissent faire, que la
posterité ne juge, qu'il est infiniment plus aisé
de croire ce qu'elle dit des Puritains, que ce
qu'ils disent des Catholiques.

Mais ce qui est manifeste, est que si on allegue les exemples du passé pour rendre probable ce que l'on pretend s'estre entrepris en
ce temps-cy de part, ou d'autre, les Protestans
trou-

Ch. 20. trouveront tant de desavantage dans cette sorte de preuve, qu'on aura peine à comprendre qu'ils aient esté assez imprudens pour nous donner lieu de comparer ce qu'ils ont fait sous le Roy Charles I. avec ce qu'ont voulu faire sous le Roy Jacques quelques Catholiques qui ont esté condamné de tous les autres.

Entre les exemples que l'on peut croire estre capables de nous toucher & de nous porter à entreprendre quelque chose de semblable il est certain, que ce ne sont pas tant les anciens dont nous n'avons plus qu'un foible souvenir, que ceux des choses qui se sont passez devant nos yeux & dont la memoire est encore toute recente. Ce n'est pas neanmoins a quoy je m'arreste : & il y a bien d'autres differences plus considerables entre les deux histoires dont on voit bien que je veux parler. Celle des poudres a esté entreprise par quelques furieux sans aucune autorité même apparente, en tremblant & en se cachant à eux-mêmes l'enormité de leur crime, & dans l'esperance qu'il pourroit demeurer caché : l'evenement en a esté funeste, & il n'est resté à ceux qui s'estoient engagez dans cette barbare conspiration, que la punition de leur attentat, & l'execration du genre humain, sans que personne ait jamais osé ny justifier, ny excuser un si diabolique dessein. Ce ne sont pas là des choses à estre proposées pour attirer les gens, & pour leur donner envie d'en faire autant.

Mais il n'en est pas de même de la tragedie dont

dont les Protestans ont esté les Acteurs. Elle Ch. 20. s'est jouée a face découverte sur un theatre exposé aux yeux de toute l'Europe. Ceux qui l'ont conduite, & qui y ont fait les principaux personnages n'en ont point rougy. Ils ont pretendu ne rien faire que de juste & de legitime. Ils ont suivi les maximes de ces grands Politiques reformez les Bucannans, les Brutus, & les Parées. Ils ont étably comme ces Docteurs seditieux la Majesté de l'empire, & l'autorité Souveraine dans le peuple & dans les corps qui le representent & non dans le Roy: Et c'est sur ces principes qu'aprés une revolte continuée pendant plusieurs années, & accompagnée de succés trop favorables, ils ont cité leur Roy devant leur tribunal sanguinaire, & ont scellé de son sang la maxime capitale des Calvinistes dont je viens de parler, qu'un Roy n'est que le premier des officiers du peuple à qui il doit rendre compte de son administration quand il luy plaist de la luy demander par les corps qui le representent, & que ces corps ont droit de le punir, comme le moindre des particuliers, s'ils trouvent qu'il a mal gouverné. On ne vit paroistre dans cette piece ny Catholiques ny Episcopaux. Elle fut toute jouée par les Puritains, dont Hornius fait deux branches les Presbyteriens & les Independans. Les premiers la commencerent en foulant aux pieds l'autorité de leur Roy: Et les derniers l'acheverent en sacrifiant sa personne à leur fureur sur l'autel du Demon de la revolte. Et afin que ce

fust

fust un exemple qu'on pust estre tenté d'imiter, le même Demon leur a fourny d'Apologistes qui bien loin de rougir pour eux de ces inhumanitez plus que barbares, les ont fait passer pour des actions heroïques, & ont appris aux fanatiques dont cette Isle est pleine, qu'il y avoit de la gloire & des grandeurs à acquerir en marchant sur les pas de ces defenseurs zelez de la plus pure reformation.

Voilà ce qui est bien plus capable pour un infinité de raisons de donner une damnable emulation à cette faction de republiquains, qu'on ne voit que trop depuis quelque temps qui domine dans les Parlemens d'Angleterre, que la malheureuse & detestable affaire des poudres ne l'est d'inspirer aux Catholiques qui l'ont en horreur, de former de semblables desseins, dont ils n'auroient à attendre que des supplices en ce monde, & l'enfer en l'autre. Je ne suis pas le seul à qui cette pensée soit venuë. Je la trouve dans le Livre de Madamoiselle Elisabeth Cellier qui n'a point feint de reprocher à un des plus ardens persecuteurs de la religion Catholique, qu'ils tendoient à la même fin que les massacreurs du feu Roy. *Je tiray*, dit elle, *de mes poches le tribunal sanguinaire d'Angleterre: Je luy monstray le cruel meurtre du feu Roy, de plusieurs des Pairs de son royaume, & de la premiere noblesse, & je luy dis: Voilà le jeu auquel vous voudriez estre: la partie est déja faite. Il le nia, mais si froidement, qu'il ne falloit pas estre*

estre trop éclairé pour voir qu'il n'y trouvoit point de grand crime.

Je ne ferois pas entré de moymême dans ce discours. Mais on nous y force. Car qui peut souffrir qu'ils nous viennent parler sans cesse du meurtre des Rois, comme si c'estoit la doctrine Catholique, eux qui ont encore les mains toutes teintes du sang du leur, qu'ils n'ont fait perir sur un échaffaut par la main d'un Bourreau, qu'en suivant les maximes de leur Buchanan & de leur Brutus.

§. 10. Témoins pour prouver la Conspiration en general.

LEs Commissaires de la Chambre des Communes produisent six témoins pour prouver la conspiration en general. On n'en avoit pû suborner d'avantage depuis plus de deux ans qu'on y travailloit. Ils n'en ont eu d'ailleurs aucune preuve par écrit. Car pour les lettres de Mr. Coleman, elles monstrent au contraire que si les Catholiques se remuoient, c'estoit seulement pour se procurer quelque repos & tacher d'obtenir la tolerance de leur religion. C'est donc seulement sur ces six témoins qu'est fondé tout ce qu'ils ont voulu faire croire de cette grande conspiration de tout le corps des Catholiques pour tuer le Roy d'Angleterre & égorger tous les Protestans. Or je suis assuré qu'en examinant ce qu'ils disent avec un peu de soin on y reconnoistra

des

Ch. 20. des marques si évidentes de fausseté, qu'on admirera l'aveuglement de ceux qui ont entrepris de faire croire à toute l'Europe une chose aussi incroiable qu'est cette conspiration generale des Catholiques, en reconnoissant eux mêmes dans des écrits publics, qu'il n'en ont point d'autre preuve que ce que leur en ont dit ces six personnes de neant, qui font tous de differentes contes également ridicules, n'y aiant jamais deux qui deposent du même fait. Mais il faut sur tout remarquer qu'ils s'accordent au moins en cela, qu'ils attribuent tous aux Catholiques de qui ils pretendent avoir appris les particularitez de la conjuration, ou qui en devoient estre les acteurs, une conduite si eloignée de toute vraysemblance & si contraire au bon sens qu'il faudroit qu'ils fussent tous des foux & des insensez, si ces frippons n'estoient pas de faux témoins. Qu'on y prenne bien garde. Car c'est sur cela principalement qu'on doit juger qu'il n'y a nulle apparence de verité en tout ce qu'ils disent.

§. 11. I. *Témoin. Smith.*

LEs Commissaires le voulant faire valoir disent *qu'ils commencent par un témoin dont l'education a esté toute Papiste, ce qui luy a donné occasion de connoistre le Secret des affaires.* Et cependant le témoin dit luy même tout le contraire. Car il declare: *qu'il a toûjours esté élevé Protestant*, qu'il est passé en Fran-

France & y est demeuré assez long-temps sans changer de Religion, qu'il en avoit changé sur un entretien qu'il eust avec M. le Cardinal Grimaldy, en allant à Rome où il s'estoit fait Prestre, qu'il estoit retourné en Angleterre dans la même qualité, mais qu'il y avoit deux ans qu'il avoit abjuré la Religion Catholique & estoit redevenu Protestant.

Ce qu'il dit touchant la conspiration se reduit à 3. choses: Car le reste ne contient rien de positif.

1. Que le Cardinal Grimaldy luy avoit dit dans le discours qu'il avoit eu avec luy pour le porter à se convertir: *Qu'il estoit assuré que la Religion Romaine auroit le dessus en Angleterre ; Qu'il n'y avoit qu'une personne qui pust l'empécher, & bien que ce fust un homme de bon naturel, ils n'avoient encore pu l'obliger à les favoriser, mais qu'ils s'en defferoient pour venir à bout de leurs desseins.* C'est à dire comme il le marque plus clairement en la p. 70. qu'on tueroit le Roy.

2. *Qu'estant à Rome au College des Anglois il avoit souvent oüy prescher* EN PUBLIC *& en particulier que le Roy d'Angleterre est Heretique, & qu'il n'y a point icy de Roy reéllement regnant, & que quiconque le feroit mourir, feroit une action meritoire.*

3. *Qu'on ne parloit d'autre chose dans toute l'Italie.*

Faut-il autre chose pour jurer que cet homme est un parjure. Car la sagesse & la pieté de

M. le

Ch. 20. M. le Cardinal Grimaldy sont trop connuës dans toute l'Europe pour avoir besoin qu'on le justifie contre une si impudente calomnie. C'est un des plus grands ornemens de l'Eglise Romaine aussibien que de celle de France. Il n'y a rien de plus Saint, de plus humble & de plus édifiant que sa maniere de vivre, tous ses Domestiques mangeant en même temps avec luy, & pendant que le corps prend sa nourriture, l'esprit ne manque point d'avoir la sienne par une lecture Sainte. Son zele & sa vigilance pour son troupeau sont dignes des plus grands Evêques des premiers Siecles : & s'il y a quelque chose de vray dans le narré de ce témoin est que ce pieux Cardinal pourroit bien l'avoir porté autant par son exemple que par ses paroles à embrasser la Religion Catholique. Tant pis pour luy s'il l'a depuis abjurée. Mais à qui persuadera-t'on, qu'un homme si Saint soit devenu tout d'un coup assez méchant pour approuver le meurtre d'un Roy. Et qu'un homme si sage ait esté si imprudent, ou plutost si fou, que de declarer une si criminelle pensée (quand il l'auroit euë ce qu'on ne sçauroit penser raisonnablement) à un inconnu, à un étranger, à un Protestant, sans considerer que d'une part cela pourroit le scandaliser & empécher sa conversion, & que de l'autre il pourroit estre porté a en aller faire sa Cour à son Roy en découvrant le detestable dessein qu'il avoit appris qu'on avoit de se defaire de luy. Que les Protestans croient s'ils veulent

que

que ce Cardinal estant Catholique n'est pas si Ch. 20.
bon que je le dis. Mais laissant sa vertu à part,
ils ne seront pas si deraisonnables que de ne
pas avoüer, qu'il ne pourroit pas avoir une si
grande reputation s'il n'avoit au moins du sens
commun. Et je n'en demande pas d'avantage
pour obliger toutes les personnes sages à conclure avec moy, qu'il faut que leur témoin soit
un parjure & un infame menteur pour avoir
eu l'effronterie d'assurer avec serment, que ce
Cardinal luy a dit, *que les Catholiques pensoient à se defaire du Roy d'Angleterre pour venir à bout de leurs desseins.* Car au jugement de tout homme de bon sens rien n'est
plus concluant dans les choses humaines que
cette maniere de raisonner. Il faudroit qu'un
tel homme eust perdu l'esprit & qu'il fust entierement fou, pour avoir dit telle ou telle
chose dans telles ou telles circonstances. Or
il est certain qu'il n'a point perdu l'esprit, &
qu'il n'est point fou, mais qu'au contraire il est
tres sage. Il est donc certain qu'il n'a point dit
telle ou telle chose, & que par consequent celuy qui l'accuse de l'avoir dit doit estre un
menteur.

Il en est a peu prés demême de ce qu'il fait
dire & prescher aux Jesuites de Rome & en
public & en particulier, *qu'il n'y avoit point en Angleterre de Roy reëllement regnant & que quiconque feroit mourir celuy qui le pretend estre, feroit une action meritoire.* Il paroist que
cet Apostat est un insigne menteur. Car jamais

mais Jesuite n'a dit, qu'un Prince à qui un Royaume appartient par droit de succession & qui en est en possession paisible en soit privé, *ipso facto*, parce qu'il est heretique. C'est l'heresie de Wiclef condamnée dans le Concile de Constance. Ils ne disent point aussi que chaque particulier puisse tuer un Roy heretique. C'est une maxime detestable qui est frappée d'Anatheme par le même Concile. Mais ce n'est pas neanmoins a quoy je m'arreste. Car ces Presbyteriens d'Angleterre ne sont pas capables d'entendre raison sur ce qu'il leur plaist d'attribuer aux Jesuites. Mais quand on leur permettroit de leur imputer les plus méchants sentimens, au moins qu'ils se souviennent qu'ils ont accoustumé de les regarder comme des gens fins & adroits, qui sçavent dissimuler & ne pas dire étourdiment ce qui ne pourroit estre dit que par des personnes folles & insensées (car c'est où il faut toûjours revenir.) Or ne faudroit il pas que ces Jesuites de Rome eussent esté encore plus foux que méchans, pour avoir *préché souvent & en public & en particulier que le Roy d'Angleterre n'estoit point vraiment Roy, & que quiconque le tueroit feroit une action meritoire*. Ceux qui ont crû ou qui ont feint de croire de telles sottises ont merité qu'on les joüast (comme j'ay oüy dire qu'on avoit fait) en faisant venir un homme sur un theatre à qui on fait le procés sur la parole de deux témoins pour avoir volé & emporté sous son manteau

teau un navire armé de 40. pieces de canon.

Mais l'inventeur de cette infame calomnie se mettoit luy même la corde au cou, puisqu'il ne pouvoit estre cru qu'on ne le prist pour un traistre à son Roy & à sa patrie. Car qui doute qu'un Anglois qui auroit entendu dire à quelqu'un, *que son Roy n'est pas Roy, & que c'est une action meritoire devant Dieu que de le tuer*, ne se rendist criminel & coupable de trahison s'il n'en donnoit point avis. Et cet homme pretend qu'il a entendu dire cela, non une seule fois mais souvent : & qu'on ne luy a pas dit à luy seul, mais qu'on la presché *& en public & en particulier*, & il ne s'en émeut point, il n'en est non plus touché que si on luy avoit dit qu'on vouloit tuer un poulet. Il demeure 6. ou 7. ans à Rome paisible & tranquille dans ce même college, où si on l'en croit on debitoit publiquement de si horribles maximes, & il n'en écrit rien en son pays. Il revient en France, il y voit l'Abbé Montaigu & le Pere Goffe, & il ne leur témoigne point son étonnement des desseins cruels qu'il avoit appris qu'on avoit contre son Roy. Il retourne en Angleterre, il est 6. mois à dire la Messe dans la Chappelle de l'Ambassadeur de Portugal, le danger où pouvoit estre son Prince ne le touche point, il ne se met pas en peine d'empecher qu'il ne prenne envie à quelqu'un de meriter le ciel en l'assassinant. Il va delà au Nord d'Angleterre, il se broüille avec les Jesuites

CH. 20. suites quoiqu'il demeurast toûjours Prestre, *il s'emploie à les chasser de la Province*, & cependant ny l'animosité qu'il avoit contre eux, ny l'amour qu'il devoit avoir pour son Roy ne le porte point à luy découvrir ce qu'il avoit appris des Jesuites de Rome pour le faire veiller à sa sureté. Il abjure la Religion Catholique & redevient Protestant. C'estoit donc alors au moins qu'il devoit parler. Il garde toûjours le même silence, c'estadire qu'il persevere toûjours dans sa trahison, supposé que ce qu'il dit de Rome fust vray. Et aprés même que la decouverte de la pretenduë conjuration a fait tant de bruit, il ne vient point au secours du Docteur Oates qui en fut quelque temps le seul témoin. Il est plus d'un an dans ce même esprit d'insensibilité pour les interets de sa Patrie: & ce n'est comme je pense qu'au procés de Mylord Stafford deux ans aprés son Apostasie qu'il paroist sur le theatre, & y vient faire le personnage de Témoin du Roy. Que pouvoit on faire aprés cela sinon le prendre ou pour un traistre s'il avoit dit vray, parce que sçachant depuis tant de temps qu'on en vouloit à la vie de son Roy, il n'en avoit pas donné avis (celuy qui sçait une conspiration contre la vie de son Prince & ne la revele pas estant par toutes les loix coupable de trahison) ou pour un infame parjure, s'il a inventé tout cela, comme on n'en peut pas douter, tant ce qu'il conte est absurde & indigne de toute creance.

Qu

On en jugera encore mieux par la répon- Ch. 20.
se qu'il fit à la demande d'un des Commiſſaires.

M*r*. TREBY. *Meſſeigneurs, j'ay remar-* P. 70.
*qué que M*r. *Smith a dit que lorſqu'il eſtoit à*
Rome, on luy avoit dit qu'il y avoit une perſonne
qui leur eſtoit un obſtacle, il ſuppoſe, Meſſei-
gneurs, qu'il n'eſt pas difficile de deviner qui
c'eſtoit.

G. SENESCHAL. *C'eſtoit aſſurement le*
Roy.

M*r*. TREBY. *Nous aimerions mieux qu'il*
l'expliquaſt luy même.

M*r*. SMITH. *Les Peres Anderton & South-*
well diſoient que le Roy eſtoit un bon homme,
mais qu'il n'eſtoit pas propre pour leurs deſſeins,
& qu'il n'y avoit que luy qui puſt les empécher
de les éxecuter.

M*r*. TREBY. *Nommoient-ils le Roy?*

M*r*. SMITH. *Oüy, on ne parloit d'autre*
choſe dans toute l'Italie.

La demande de ce Commiſſaire eſt toutafait hors de propos. Car elle ſuppoſe que dans
ce que le témoin avoit dit auparavant avoir
appris lors qu'il eſtoit à Rome, le Roy d'Angleterre n'eſtoit point nommé, mais deſigné
ſeulement par *une perſonne qui leur eſtoit un*
obſtacle. Or cela eſt faux. Car le témoin avoit
aſſuré *qu'il avoit ſouvent oüy preſcher en public*
& en particulier, que le Roy d'Angleterre eſtant
heretique il n'eſtoit point Roy, & que quicon-
que le feroit mourir feroit une action meritoire.

O 2 Quel

Ch. 20. Quel besoin avoit cela d'explication ? Qu'est-ce qu'il y avoit là à deviner. C'étoit M. le Cardinal de Grimaldy Archevêque d'Aix en Provence, & non les Jesuites de Rome, à qui ce témoin avoit fait dire par une infame calomnie : *Qu'il n'y avoit qu'une personne qui pust empécher que la Religion Romaine n'eust le dessus en Angleterre, mais que les Catholiques s'en deferoient pour venir a bout de leurs desseins.* On voioit assez, comme le dit le G. Senechal, que *c'estoit assurement le Roy que ce témoin avoit voulu marquer par la personne qui estoit un obstacle aux Catholiques.* Mais il est bon qu'il l'ait dit luy même, quoique ce soit en prenant les Jesuites pour le Cardinal de Grimaldy parce que les menteurs sont sujets à se broüiller & à manquer de memoire. Et c'est pourquoy sur ce qu'on luy demande une seconde fois si les Jesuites nommoient le Roy. Il répond. *Oüy, on ne parloit d'autre chose dans toute l'Italie.* On ne parloit donc d'autre chose dans toute l'Italie que du dessein qu'avoient les Catholiques Anglois de tuer le Roy d'Angleterre, parce que c'estoit la seule personne qui mettoit obstacle à leurs desseins. Voilà ce que *cette Cour de Justice la plus considerable & la plus noble de toute la Chrestienté*, a du croire pour ne pas croire que ce Mr. Smith estoit un frippon & un parjure. Or certainement elle n'a pas cru qu'on ne parlast dans toute l'Italie il y a trois ou quatre ans que du dessein qu'avoient les Catholiques de tuer le Roy d'Angleterre. Car

Car il est impossible qu'on n'eust rien sçu en Angleterre d'une chose de cette importance dont on auroit parlé dans toute l'Italie qui n'est jamais sans Anglois qui y voiagent, & sans Vaisseaux de cette nation qui y abordent sans cesse. Cette grande Cour de Justice a donc fort bien vu, que ce témoin estoit un menteur & un parjure, mais n'aiant point d'autres gens pour opprimer les Catholiques, elle a cru par une conscience reformée s'en pouvoir servir.

§. 12. 2. Témoin. Dugdale.

Comme ce témoin doit venir deux fois sur les rangs, aiant esté produit par les Commissaires tant pour prouver la conspiration en general, que pour prouver la part qu'ils pretendoient que le Vicomte de Stafford y avoit euë, je n'en diray que ce qui doit faire voir que c'est un frippon qui ne meritoit aucune creance. Et comme je ne veux m'appuier que sur des choses toutafait constantes, ce n'est que pour faire connoistre sa condition & non pour en tirer aucune consequence, que je rapporteray ce qu'en dit Mylord Stafford en la p. 256.

MYLORD STAFFORD. *Vous sçaurez premierement, Messeigneurs, qu'Estienne Dugdale estoit receveur des rentes de Mylord Aston. Je ne l'ay jamais cru honneste homme; c'estoit un serviteur lâche, un cœur bas & rempant;*

pant; *Et au lieu que les autres serviteurs ne servoient à table que jusqu'au second service puis alloient disner, celuy-cy demeuroit jusqu'à ce que les Cochers & les Palfreniers allassent disner & mangeoit avec eux. Je proteste devant Dieu, & il est aussi vray que le soleil nous éclaire, que j'ay plusieurs fois eu tres grande soif à la table de Mylord Aston, & ay plutost enduré ma soif que de demander à boire, parce qu'il estoit derriere moy & que j'en ay souvent refusé parce qu'il m'en presentoit; je le haïssois & le tenois pour un miserable coquin; Et moy j'aurois offert cinq cent livres à un tel homme....... Je le connoissois pour un frippon, pour un grand joüeur, un grand Parjure à ces courses & à de semblables exercices.*

Je ne fais point fort non plus sur ce qu'un Gentilhomme Protestant nommé M. Sambridge en dit dans le Procés en la pag. 307.

P. 307. LORD STAFFORD. *Je vous prie demandez luy en quelle reputation est Dugdale dans la Province.*

Mr. SAMBRIDGE. *Oh il passe pour le plus méchant homme qui soit sur la terre; j'en sçay la pluspart moy-même, & il y a 100. & 200. personnes qui en diront autant.*

G. SENESCHAL. *Dequelle Religion estes vous?*

Mr. SAMBRIDGE. *Je n'ay jamais esté Papiste ny fanatique.*

G. SENESCHAL. *Sçavez vous quelque chose*

chose de particulier de *Dugdale* qu'il soit méchant?

Mr. SAMBRIDGE. Oüy, *Monseigneur*, je vous diray qu'il affrontoit tout le monde, particulierement le Clergé & le Sieur Philips chez qui j'estois en pension, Mylord Aston qui est mort m'en vint parler, je luy dis qu'il estoit mal informé & que Dugdale estoit un coquin & un frippon: tout le pays parle de sa méchanceté. Dugdale me fit ajourner pour avoir dit cela à la Cour Ecclesiastique de Lichfield, pour l'avoir calomnié, & il alla & gagna tous les Procureurs, desorte que je n'en pus pas trouver un pour répondre pour moy a cet ajournement; Mais avant que le jour des assises vinst, il leva l'ajournement & ne parut plus, car nous avions des choses si fortes à dire contre luy, qu'il n'osa comparoistre.

Je ne feray icy que trois reflexions appuiées sur des choses prouvées dans le procés, & non contestées par les Commissaires de la Chambre des Communes.

§. 13. 1. *Reflexion.*

Dugdale se represente dans ses depositions comme aiant esté pendant tout le temps dont il rend compte, l'un des plus zelez Catholiques qui fut jamais. Il y avoit 15. ou 16. ans qu'il demeuroit chez Mylord Aston Seigneur Catholique: Il pretend que depuis ce temps-là qu'il estoit informé [a] de la conspiration

[a] P. 74. P. 227.

Ch. 20. tion par le P. Evers Jesuite son Confesseur:
b P. 78. qu'il en a depuis sçu tout le Secret : *Qu'il avoit vendu son bon bien pour y contribuer, & afin*
P. 141. *de faire prier Dieu pour son ame:* & enfin qu'il s'estoit laissé aller à la proposition qu'on luy avoit faite de tuer le Roy dans l'esperance *que le Pape donneroit le pardon de ses pechez, & qu'il le canoniseroit.* N'est-ce pas pousser le zele de la Religion Catholique jusqu'à la fureur.

Cependant ce même Dugdale n'aiant pas encore inventé tous ses mensonges, & se trouvant entre les mains des Sergeans, consent de
P. 289. faire le serment de *Suprematie* aussi-tost qu'il en est requis par un juge de paix, & il ajoûte : *qu'il avoit eu le malheur de se trouver dans des maisons Papistes, mais qu'il n'avoit jamais approuvé leur Religion.*

C'est ce que témoignent deux Juges de paix le Chevalier Bagott, & le Chevalier Wittgrave p. 284. & 289.

LE CH. BAGOTT. *Messeigneurs, M. Dugdale fut pris à une heure induë de la nuit, par ceux qui faisoient garde comme vous ont dit les autres témoins, & on l'amena devant moy le lendemain matin. Je le fis mener à Stafford où il y avoit plusieurs autres juges de paix; Nous luy presentasmes les sermens de fidelité & de Suprematie qu'il presta.*

LE CH. WITHGRAVE. *J'appellay M. Dugdale & luy dis que j'estois fasché que ce malheur luy fust arrivé, & que le Maire de*
la

la ville & nous eussions cet avantage sur luy, que presentement qu'il avoit presté les sermens je le regardois comme un des nostres, & que je le servirois en tout ce qu'il me seroit possible. Il dit que pour luy il estoit né Protestant & de parens Protestans, & qu'il avoit eu le malheur de se rencontrer dans des maisons Papistes, mais qu'il n'avoit jamais approuvé leur Religion.

On peut tirer de là deux consequences bien naturelles.

La 1. que c'est un impie sans foy & sans religion, & qui par consequent ne merite aucune creance dans tous les Sermens qu'il a faits depuis qu'il s'est érigé en témoin du Roy pour sortir de prison. Car quelle religion peut avoir un homme qui dit à un juge sans même qu'on le luy demande, que quoiqu'il ait fait toutes les actions d'un Catholique Romain pendant plusieurs années, qu'il ait eu un Jesuite pour Confesseur, & qu'il ait souvent communié de sa main, il n'a jamais neanmoins approuvé la Religion des Papistes, & est toûjours dans le cœur demeuré Protestant, c'estadire qu'il a fait dix mille actes de Religion estant persuadé que ce n'estoit que superstition & idolatrie. Y a-t-il personne en Angleterre qui puisse s'assurer de ne pas avoir une fin tragique, si on y fait mourir les plus grands Seigneurs par la main d'un boureau sur les témoignages de tels impies & de tels frippons.

La 2. Consequence n'est pas moins claire. C'est que cette declaration faite de luy même & sans

Ch. 20. & sans aucune induction du Juge qui luy parloit, fait voir manifestement, que tout ce qu'il a dit depuis de son pretendu zele pour la religion Catholique & pour la conspiration sont de purs mensonges auxquels il n'avoit pas encore pensé en ce temps-là. Car puisqu'il a declaré devant un juge *qu'il n'avoit jamais approuvé la Religion Catholique:* Ce qu'il a dit depuis avoir fait en contrefaisant le Catholique & demeurant chez Mylord Aston est donc tres faux: & il faut necessairement qu'il se soit

p. 78. parjuré quand il a dit: *Estant encouragé par de belles promesses que l'on me faisoit, je voulus bien contribuer pour avancer les desseins, & vendis pour cela un bien que j'avois de quatre cent livres, & pour faire prier Dieu pour mon ame. Je promis outre cela de donner encore cent livres Sterling, car je voiois qu'on auroit besoin d'argent.* Car n'estant Catholique qu'en apparence & estant Protestant dans le cœur il estoit impossible qu'il ait rien fait de tout cela.

Il faut encore qu'il se soit parjuré quand il a expliqué les motifs qui l'avoient porté à accepter la proposition qu'on luy avoit faite de tuer le Roy. C'est en la p. 141.

Mr. FOLEY. *Je demande qu'il vous dise, Messeigneurs, qu'elles assurances il avoit d'un pardon s'il eut reüssi.*

Mr. DUGDALE. *On me dit que je n'avois que faire de craindre, & particulierement Mylord Stafford me dit qu'on me pardonneroit*

& c'estoit un traistre, un rebelle & un ennemy de Jesus Christ.

G. SENESCHAL. *Mais comment pouviez vous avoir ce pardon ? qui est-ce qui vous le devoit donner ?*

Mr. DUGDALE. *Le Pape me le devoit donner.*

G. SENESCHAL. *Bon, pour vos péchez ?*

Mr. DUGDALE. *Je n'en attendois point d'autre si j'avois continué.*

Mr. TREBY. *Ne vous promettoit-on rien autre chose de la part du Pape qu'un pardon ?*

Mr. DUGDALE. *Oüy, je devois estre canonisé.*

Y eut-il jamais de contradiction plus manifeste. Ce frippon assure que tant qu'il a demeuré dans une maison Papiste, il a contrefait le Catholique sans l'estre, & sans approuver la Religion des Papistes. Il ne croioit donc pas au Pape. Et n'y croiant pas comment veut-il que l'on croie ce qu'il a inventé depuis : que lorsqu'il demeuroit chez Mylord Aston, c'est-adire dans le temps de son hypocrisie, il s'estoit engagé d'entreprendre de tuer le Roy sur l'esperance d'un pardon que le Pape luy donneroit pour ses pechez, & dans la veuë d'une autre chose qu'on luy promettoit encore de la part du Pape qui est qu'il seroit canonisé. Il auroit fallu pour cela qu'il eust cru au Pape. Or il a declaré qu'il n'y avoit jamais cru : c'est donc un menteur & un parjure.

§. 14. 2. Reflexion.

Rien ne fait encore mieux voir que Dug-dale est un parjure que la preuve qu'il y a au procés non contestée par les Commissaires, qu'avant que de s'estre resolu à estre témoin du Roy pour sortir de sa misere (car il estoit en un prison *a* pour des dettes qu'il n'avoit pas moien de paier) il avoit nié plusieurs fois qu'il sçut rien de la conspiration.

b Il ne l'a osé nier v. p. 418.

P. 285. G. SENESCHAL. *Il dit plus que cela que vous n'entendez pas. Car ils deposent qu'aprés qu'ils l'eurent examiné, ils luy firent prester les sermens de fidèlité & de Suprematie, aprés quoy ils luy dirent qu'il feroit bien de découvrir ce qu'il sçavoit de la conspiration, qu'il ne voulut pas avoüer en avoir connoissance, mais qu'au contraire il le nia.*

Mr. FOLEY. *Nia t'il qu'il en eust connoissance?*

LE CHEV. BAGOTT. *Oüy, il le nia pour lors.*

P. 287. Mr. KINNERSLEY. *Lorsqu'il eut presté ces deux sermens, je luy demanday s'il sçavoit qu'il y eust quelque conspiration ou trahison contre le Roy, & luy dis que c'estoit la saison & le temps de la decouvrir, il répondit qu'il n'avoit connoissance d'aucune.*

P. 289. LE CHEV. WITHGRAVE. *Voicy ce que je luy dis. Mr. Dugdale, vous pouvez vous mêmes vous faire du bien, servir Dieu & obliger*

ger voſtre Roy & voſtre pays. Je ſuis certain que vous ſçavez quelque choſe de l'horrible conſpiration, qui vient d'eſtre decouverte, je vous prie n'étouffez point voſtre conſcience par aucun ſerment que vous aiés fait de garder le ſecret, mais mettés vous dehors. Il y en a pluſieurs qui étreciſſent leurs conſciences pour leurs interets, mais quant à vous, vous pouvez decharger voſtre conſcience, & en même temps faire vos affaires. Il répondit QUE SUR SA DAMNATION IL N'EN AVOIT AUCUNE CONNOISSANCE.

MYLORD STAFFORD. Je demande qu'on faſſe revenir Thomas Sawyer (qui ſe leva) je vous prie qu'on luy demande s'il n'a pas oüy Dugdale jurer que Dieu le damne, s'il avoit aucune connoiſſance de la conſpiration.

G. SENESCHAL. Il a déja dit cela auparavant.

LORD STAFFORD. Meſſeigneurs je vous demande pardon, je ne le feray donc pas revenir.

Une fille nommée Eliſabeth Eld produite pour eſtre témoin en faveur de Dugdale confirme la même choſe p. 463.

ELISABETH ELD. Je vis M. Dugdale prendre un verre de bierre, & je luy entendis dire & ſouhaitter qu'il vouloit qu'il fuſt à ſa damnation, & qu'il puſt abiſmer à la place où il eſtoit, s'il ſçavoit aucune choſe de la conſpiration.

Ch. 20. Les Commissaires n'ont pu répondre autre chose à toutes ces preuves sinon que cela monstre seulement que Dugdale ne s'estoit pas encore resolu de decouvrir la conspiration. C'est tout ce qu'y répond le Sieur Jones dans la recapitulation des témoignages p. 563. Mais qu'il l'eust resolu ou non, ces Messieurs les Reformez trouvent-ils que ce n'est pas un serment que d'assurer une chose SUR SA DAMNATION, que de dire, *Dieu me damne, si je sçay rien d'une telle chose*; ou comme l'atteste un témoin produit par les Accusateurs. *Que ce que je vas boire soit à ma damnation, & que je puisse abismer à la place si je sçay aucune chose de la conspiration.*

Je n'ay pas encore oüy dire que ce soit un point de la Theologie reformée, que ces manieres de parler ne soient pas des sermens. Et si c'en sont comme on n'en peut pas douter il se seroit donc parjuré plusieurs fois & en differentes occasions, s'il avoit sçu quelque chose de la conjuration lorsqu'il asseuroit qu'il n'en sçavoit rien avec tant d'éxecrations contre luy même. Et s'il n'en sçavoit rien alors toutes les depositions qu'il a faites depuis ne peuvent estre que des faussetez accompagnées de parjures. Or un homme convaincu de parjure n'est point un témoin recevable dans un procés criminel, & on ne peut faire mourir personne sur sa deposition sans une manifeste injustice.

§. 15.

§. 15. 3. *Reflexion.*

IL est prouvé dans le procés par trois témoins, dont il y en a deux au moins entierement irreprochables, & contre qui les Accusateurs n'ont osé rien dire, que Dugdale estant sorty de chez Mylord Aston dont il estoit valet, & aiant esté pris à une heure induë de la nuit par ceux qui faisoient garde & mené chez le Chevalier Bagott juge de Paix, il pria diverses personnes d'interceder pour luy auprés de Mylord Aston afin qu'il voulust bien l'avoüer pour son serviteur, parce qu'en ce cas il ne seroit pas mené en prison. Mais que Mylord Aston n'en voulut rien faire, & qu'il répondit à ceux qui l'en prierent, *qu'il n'avoit rien à faire avec luy, & que la justice pouvoit faire de luy ce qu'elle voudroit.*

Trois personnes deposent de ce fait. Sawyer domestique de Mylord Aston, Philips Protestant & Ministre du Tixal. Et le Chevalier Bagott Juge de Paix. La deposition du premier estant conforme à celle des deux autres ne peut estre rejettée. Je la laisseray neanmoins, & me contenteray des deux derniers, que les Accusateurs n'ont point contestées.

MYLORD STAFFORD. (parlant de P. 282. M. Philips) *Je voudrois seulement luy faire une question, s'il alla trouver Mylord Aston de la part de Dugdale pour sçavoir s'il vouloit l'avoüer pour son serviteur?*

G. SE-

Ch. 20. G. SENESCHAL. *Que dittes vous à cela, Mr. Philips?*

Mr. PHILIPS. *Je dis qu'oüy, & que Dugdale le sçait bien puisque ce fust à sa priere que j'allay trouver Mylord Aston, j'eus de la peine à m'y resoudre parce que je n'avois aucun accés auprés de Mylord ny aucun credit, mais il m'en pria & me pressa si fort qu'enfin je me lassay persuader, & allay prier Mylord de la part de Dugdale, qu'il voulust bien l'avoüer pour son serviteur, parce qu'en ce cas il ne seroit point mené en prison, & ne seroit pas obligé de prester les sermens, & éviter ainsi les troubles qui estoient prets de luy arriver. Mylord me repliqua que c'estoit sa faute, & qu'il n'avoit rien à faire avec luy, & que la justice pouvoit faire de luy ce qu'elle voudroit. Les Juges estoient le Chevalier Gautier Bagott, & Mr. Kinnerley.*

MYLORD STAFFORD. *Je souhaite qu'on demande à Monsieur Bagott s'il n'alla pas trouver Mylord Aston, pour luy demander s'il le vouloit avoüer pour son serviteur.*

LE CHEV. BAGOTT. *Oüy, je luy demanday; Car la maison de Mylord, estant sur le chemin du lieu où Dugdale fut arresté à Stafford: j'entray pour luy demander* * *si Monsieur*

---

* On voit par là qu'il n'est point vray, que Dugdale ait esté arresté sur le soupçon qu'il estoit de la conspiration comme les Commissaires le disent souvent dans le Procés. Car si cela eust esté ce Juge de paix n'eust en garde d'avoüer devant tous les Pairs, qu'il avoit demandé à un Seigneur Catholique s'il estoit à son service, en faisant entendre qu'il ne l'avoit mis en prison, que parce qu'il ne l'avoit pas avoüé pour son domestique.

sieur Dugdale estoit à son service. Il me dit que non & qu'il ne vouloit point le recevoir : sur quoy le juge de paix qui estoit avec moy & moy le menasmes à Stafford, où on le mit en prison.

Sur quoy le Vicomte de Stafford fit la reflexion suivante qu'il est impossible qu'aucun homme de bon sens ne fasse avec luy.

MYLORD STAFFORD. *Voicy comment je pretends me servir de ce que vient deposer le Sieur Bagott, c'est que Mylord ne sçavoit pas que Dugdale eust connoissance de la conspiration. Car s'il avoit sçu que Dugdale en eust eu connoissance & qu'il eust apprehendé qu'il l'eust decouvert, il n'auroit pas osé le desobliger.*

Rien n'estoit plus clair : Et il semble que le Grand Seneschal s'en apperçut bien. Car pour empecher qu'on n'y fist trop d'attention, il tourna le discours ailleurs en disant.

G. SENESCHAL. *Il dit plus que cela que vous n'entendez pas. Car ils deposent..... qu'il ne voulut pas avoüer avoir eu connoissance de la conjuration, mais qu'il le nia.* Mais s'il a empéché par cet artifice que les Pairs ne s'appliquassent à bien peser la force de cet argument, il n'empechera pas que tous ceux qu'ils ont rendu juges de leurs procedures les aiant rendues publiques, ne le regardent comme une preuve convainquante du mensonge de ces témoins & de la fausseté de la pretenduë conspiration.

Car il faut remarquer que le Docteur Oates
le

Ch. 20. le chef de tous ces scelerats, en avoit déja fait la premiere découverte, lorsque Dugdale fut mis en prison où il n'auroit pas esté renfermé si Mylord Aston l'eust voulu reconnoistre pour son domestique. D'où il s'ensuit que si cette conspiration eust esté veritable tous ceux qui y auroient esté engagez auroient esté dans de mortelles inquietudes, & dans de continuelles apprehensions d'estre découverts. C'est donc l'estat où auroit esté Mylord Aston, en s'arrestant à ce qu'à dit depuis ce témoin. Il auroit sçu qu'il n'y avoit que deux mois qu'il s'estoit tenu chez luy des Assemblées de plusieurs personnes en presence de Dugdale, *qui leur avoit oüy prendre une derniere resolution sur toutes les deliberations qui avoient esté auparavant agitées de delà mer & à Londres, & qui leur avoit entendu dire que la meilleure resolution qu'ils pouvoient prendre estoit celle de faire mourir le Roy.* Supposé cela dans quelle crainte n'auroit il point dû estre qu'il ne prist envie à Dugdale d'imiter Oates, en decouvrant tout ce qu'il sçavoit, pour s'en faire un grand merite auprés du Roy qui estoit bien capable de le recompenser d'un service si considerable. Or quelles precautions ne prend on point quand on se voit dans un tel peril : & que la vie l'honneur, la Religion sont également menacez des plus grands maux. Car il y alloit, (supposé toûjours que Dugdale eust dit vray) de souffrir le dernier supplice avec la derniere ignominie, & de voir fondre sur la Réligion Catholique une

tres

tres violente persecution. Que ne fait-on point dans ces rencontres pour menager ceux qui nous peuvent perdre par une parole ? Que ne donne t-on point pour achetter leur silence ? Qu'elles caresses ne leur fait-on point pour les engager à ne nous point trahir, & à ne point reveler les choses qui estant sçues nous perdroient sans resource ? Il est donc certain qu'il faudroit que Mylord Aston eust esté plus stupide que la stupidité même, & plus fou que la folie même s'il n'avoit pas accepté ce qu'on luy proposoit *d'avoüer Dugdale pour son Domestique*, afin d'empécher qu'il ne fust mis en prison, & qu'estant là il ne fust pressé de dire ce qu'il sçavoit de la conspiration : & on ne voit pas moins clairement que ç'auroit esté non seulement une extreme imprudence, mais la derniere des brutalitez de l'avoir traité comme il fit, en répondant à ceux qui luy parloient de sa part ; *qu'il n'avoit rien à faire avec luy, & que la justice pouvoit faire de luy ce qu'elle voudroit.* N'auroit-ce pas esté le mettre au pis, & l'inciter par ce mauvais traitement à decouvrir tout ce qu'il sçavoit s'il avoit sçu quelque chose. Or je ne vois point que ny les Accusateurs ny leurs témoins qui ont souvent parlé de Mylord Aston nous l'aient representé comme un homme qui fut stupide, étourdy, insensé, de pourvû de sens commun & de toute prevoiance. Puis donc qu'il auroit fallu qu'il eust esté tel pour avoir manqué à rendre un grand service à Dugdale qui ne luy eust
cousté

cousté qu'une parole, si cet homme qui l'avoit si long-temps servy eust esté depositaire de secrets importants qui estant découverts l'auroient perdu sans resource luy & ses amis, il faut necessairement conclure que ces pretendus secrets ne sont que des mensonges & des calomnies que ce frippon n'avoit pas encore forgées lorsqu'il disoit à tous ceux qui luy parloient de la conspiration, *qu'il vouloit que Dieu le damnast s'il en avoit aucune connoissance.*

§. 16. 3. Temoin. Prance.

Celui-cy ne dit autre chose sinon qu'il avoit oüy dire à un Prestre dans une Auberge ou un Cabaret, qu'il *ne feroit pas plus de difficulté de poignarder 40. membres du Parlement que de disner ce qu'il faisoit alors.*

Si cela estoit ce seroit une preuve de la brutalité de ce Prestre qui peut estre auroit esté yvre, & non pas de la conspiration. Mais je trouve dans la relation de Madamoiselle Cellier quelque chose de fort considerable touchant ce Prance qui pourra faire juger qu'elle foy l'on doit ajoûter à son témoignage. C'est en la p. 12.

„ Le 9. de Janvier 1678. qui fut un Jeudy,
„ je disnay dans une Chambre de Newgate appellée le Chasteau dans le meilleur appartenement de ceux qui y sont detenus pour dettes;
„ vers les quatre heures après midy je descendis
„ dans la Loge avec cinq femmes, dont trois estoient

"estoient de la Religion ; nous entendismes "
"des gemissemens, des cris, & des soupirs ef- "
"froiables, qui sortoient du cachot appellé le "
"Trou-condamné. Je demanday d'un des "
"* Tourne-clefs Harrys, ce que c'estoit que ces "
"gémissemens ? il me répondit que ce n'estoit "
"que les cris d'une femme en travaille d'enfant ; "
"je luy dis que s'il vouloit me mener où elle es- "
"toit je pourrois luy rendre service, mais pour "
"toute réponse il nous chassa hors de *la Loge*, "
"& loin des portes avec empressement & avec "
"rudesse : nous nous mismes derriere la Porte- "
"cochere, & de là nous distinguâmes que c'es- "
"toit la voix d'un homme robuste appliqué à la "
"gêne, & parmy ses cris il nous sembloit que "
"nous entendions le bruit que faisoit la machi- "
"ne dont l'on se servoit pour tourmenter ce mi- "
"serable. Les passans s'arresterent à ce bruit, "
"nous allâmes toutes six à la boutique d'un me- "
"nuisier prés de la porte, toutes remplies d'hor- "
"reur & d'épouvante. Sur ces entre-faites, un "
"des Officiers de la prison en sortit fort pressé "
"& comme se retirant de ces cris lugubres. Il y "
"eut une de nostre compagnie qui le retenant "
"luy demanda ce que l'on faisoit dans la prison : "
"*L'Officier* ; je n'ose pas vous le dire *Mada-* "
"*moiselle N. N.* c'est quelque miserable sur ma "
"vie, que l'on gêne. *L'Officier.* Il y a de l'ap- "
"parence. *Cellier.* Qui est-ce, *Prance ? L'Of-* "
"*ficier* ; Ne m'en demandés rien Madame, car "
"je ne puis pas vous le dire, mais c'est-ce que "
"mes"

---

* Ce sont les valets du Geolier.

" mes oreilles ne peuvent souffrir: Je vous prie
" de ne me pas tenir icy. Ce qu'aiant dit, il se
" défit de nous, & s'enfuit vers la rue d'Holborn
" de toutes ses forces. Nous entendismes ces ge-
" missemens du coin le plus éloigné de l'Ould-
" Baley environ deux grands-jets de pierre de
" l'endroit où s'exerçoit cette cruauté, laquelle
" dura jusques vers les sept heures; & alors un
" homme vêtu de Noir en Ministre, d'une tail-
" le mediocre, les cheveux tirant sur le blanc,
" accompagné de deux autres, entrerent tous
" trois dans la *Loge:* les prisonniers furent enfer-
" més, & les portes de la *Loge* furent fermées:
" j'y mis une personne pour observer tout ce qui
" s'y faisoit autant qu'elle le pourroit. Elle vit ve-
" nir un prisonnier chargé de fers, on le fit en-
" trer dans la *Loge*, & on l'éxamina long-temps;
" les prisonniers qui s'en approcherent le plus
" prés qu'ils purent, entendirent le prisonnier
" répondre souvent, *je n'en sçais rien, j'en suis*
" *innocent, il m'oblige à m'accuser faussement,*
" *que voulez vous que je dise? me voulez vous*
" *tuer parce que je ne veux accuser personne*
" *faussement.*

" Ils entendirent plusieurs semblables protes-
" tations, & d'un ton de voix qui marquoit l'a-
" gonie dans laquelle se trouvoit ce miserable.
" Le lendemain à quatre heures du matin les pri-
" sonniers qui couchoient par dessus le *Trou-*
" *condamné*, entendirent les mêmes gemisse-
" mens qui durerent deux heures, & le Samedy
" matin derechef. Vers les huit heures du même
matin,

matin, une personne que j'avois gagée pour découvrir la fin de toute cette affaire, vist un des *Tourne-clef* qui portoit un lit dans le dit cachot, elle luy demanda pour quel sujet il le portoit, il luy fit sçavoir que c'estoit pour *Prance*, qui estant devenu enragé avoit dechiré & mis en pieces son lit. Le même soir les Examinateurs revinrent, aprés qu'ils eurent consulté une heure durant. *Prance*, fut mené dans un lieu appellé Press-Yard.

Je ne sçay ce que c'est que tous cela. Mais je trouve que c'est une chose bien surprenante que ce livre de Madamoiselle Celliere aiant esté publié 4. ou 5. mois avant le procés du Vicomte de Stafford, on y voie *Prance*, qu'elle avoit dit dés ce temps-là s'estre plaint de ce qu'on le vouloit forcer en le tourmentant cruellement d'accuser faussement des personnes innocentes.

§. 17. 4. *Temoin. Oates.*

ON peut déja connoistre cet honneste homme, parce que j'en ay dit dans le ch. 11. & 13. sur le sujet du procés de M. Coleman. Et j'auray encore à en parler dans celuy qui suit. C'est pourquoy je n'en diray icy que deux choses.

1. Reproche contre Oates.

LA premiere est qu'il a bien voulu que la Cour de Justice des Pairs d'Angleterre *la plus noble & la plus considerable de toute la Chrestienté* sçust de sa propre bouche qu'il estoit un impie, & un homme sans religion: en voicy la preuve. P. 395.

LORD STAFFORD. *Messeigneurs, quand je sortis hier d'icy, je n'avois pas la pensée de faire oüir d'avantage des témoins que ceux qui l'avoient deja esté: mais il est arrivé quelque chose depuis ce temps-là, surquoy je prie qu'on fasse revenir le Docteur Oates, je vous diray ci-après la raison qui m'oblige à cela, c'est sur quelque chose que je luy oüis dire hier au soir.*

G. SENESCHAL. *Qu'on appelle le Docteur Oates*, & il se leva.

MYLORD STAFFORD. *Il dit qu'estant Ministre de l'Eglise d'Angleterre il fit semblant de passer dans l'Eglise Romaine, ou quelque chose d'approchant, je demande qu'il réponde à cela.*

DOCTEUR OATES. *Oüy je l'ay dit & le dis encore, que je fis seulement semblant d'estre Papiste.*

MYLORD STAFFOD. *Je voudrois seulement sçavoir s'il estoit veritablement Papiste, ou s'il pretendoit seulement de l'estre.*

Do-

DOCTEUR OATES. *Je pretendois seulement l'estre, je ne l'estois pas, je le declare.*

G. SENESCHAL. *A quoy cela vous peut-il servir?*

On reconnoistra mieux qu'elle a esté en cela son impieté & son irreligion si on considere ce qu'il declare dans sa deposition p. 89. *Aprés avoir eu*, dit-il, *quelques conferences avec les Jesuites, je feignis estre convaincu par la force de leurs raisons. Et comme je leur eu avoüé que j'estois persuadé, je demanday à estre admis à faire abjuration, ce que je fis un mercredy des cendres* 1676. *Quelque temps aprés Strange qui estoit alors Provincial, me parla à peu prés de cette maniere. Mr. Oates, vous estes à present Catholique Romain, il faut vous dépoüiller de vostre Ministere, car vostre ordination est invalide, & vous ne devez vous considerer que comme un Laïque. Je vous prie, dites moy, ce que vous pretendés faire. Je luy dis que j'avois envie d'estre de leur Societé, & pour cet effet d'estre mis dans leur ordre en qualité de Novice.* Il dit ensuite qu'il y fut admis & qu'il y est demeuré jusqu'au mois de Septembre ou d'Octobre 1678. & le 5. Temoin nommé Dennis dit qu'estant en Espagne Oates sçachant qu'il alloit à Madrit le pria de porter une lettre à l'Archevêque de Tune Irlandois lequel l'aiant lû il se tourna du costé de ce Dennis & de son Aumosnier & leur dit avec un visage riant: *Que Mr. Oates avoit envie de recevoir l'ordre de*

P *Pres-*

Ch. 20. *Preſtriſe de luy, & que cela leur viendroit bien, parce qu'il leur ſeroit fort utile.* Si cela eſt vray, comme il le doit pretendre puiſque c'eſt un témoin produit par ſes aſſociez Meſſieurs des Communes, il falloit donc qu'il fut Diacre. Et on peut juger de là combien de Sacrileges il a commis, pendant tout le temps qu'il eſt demeuré parmy les Jeſuites en qualité de Novice aſſiſtant tous les jours à la Meſſe qu'il croioit eſtre une idolatrie, communiant auſſi ſouvent que les autres Novices & recevant les quatre mineurs & les ordres de Soudiacre & de Diacre, ſelon la depoſition de ſon Confrere en qualité de témoin du Roy le Sr. Dennis. Et nous avons vû qu'il avoit fait une galenterie de tout cela, en diſant hardiment au Mylord Stafford. *Oüy je l'ay dit, & le dis encore que je fis ſeulement ſemblant d'eſtre Papiſte.* Mais tout homme qui ne ſera pas auſſi impie que ce faux témoin, ſera édifié de ce que Mylord repreſenta ſur cela à la Cour des Pairs. C'eſt en la p. 529.

„ Mr. Oates vous dit, Meſſieurs, qu'il n'avoit
„ jamais eſté Papiſte dans le cœur, mais qu'il feig-
„ noit de l'eſtre. Je ne ſçaurois facilement paſſer
„ la deſſus. Et ne crois pas qu'un homme qui
„ feint d'eſtre Papiſte ou d'aucune autre Religion
„ qui paſſe pour ſi mauvaiſe dans l'eſprit des Pro-
„ teſtans, je ne crois pas-dis-je, que cet homme là
„ merite d'eſtre cru, à moins qu'il ne ſe repente de
„ tout ſon cœur, & confeſſe à Dieu & aux hom-
„ mes que c'eſt un crime enorme de diſſimuler de
„ la ſorte, mais hier au contrarie il avoüa avec une
mine

mine riante, & comme en se moquant, qu'il " pretendoit estre d'une Eglise où l'Idolatrie estoit " prattiquée, qui est assurément une offense tres- " grande envers Dieu. Je vous demande donc, " Messeigneurs, si cet homme là peut estre té- " moin dans une affaire de la consequence de cel- " le-cy, luy qui ne doit pas estre estimé Chrestien. " Je sçay qu'il y a eu plusieurs méchants & infames " coquins qui aprés avoir commis plusieurs fau- " tes, ont neanmoins servy de témoins ; mais il " n'y a jamais eu d'hommes assez méchants pour " avoüer une action si infame, laquelle il auroit " pu cacher, qui ait jamais esté cru en aucune " chose. S'il avoit dit ; je reconnois avoir dissi- " mulé avec Dieu, & avoir trahi ma conscience, " mais j'en demande pardon à l'Eternel, j'avois " une bonne fin & une bonne intention, bien " que la reconnoissance n'eust pas esté égale à l'of- " fense, encore eust-il dit quelque chose. Mais ne " monstrer pas plus de repentance qu'il a fait, au " contraire une impudente effronterie envers le " bon Dieu, n'est pas le moyen d'estre un Te- " moin suffisant ; je ne crois pas que vous me " blasmiez d'avoir une telle opinion, laquelle " je me crois obligé de garder jusques au tom- " beau. "

Et en la p. 534. " Je vous supplie tres-hum- " blement de bien remarquer contre Mr. Oates " la dissimulation dont il a usé envers Dieu, & " l'impudence avec laquelle il l'a avoüée : J'in- " siste fort-là dessus, & je proteste devant Dieu " que si j'estois juge je ne voudrois pas faire "

pen-

pendre un chien sur le témoignage d'un tel homme. "

Et il en parle encore en ces termes en la pag. 413.

Messeigneurs je tire encore une autre conséquence de ce que le Docteur Oates vous a dit. Il faisoit, dit-il, profession en apparence de la Religion Catholique Romaine, & je soûtiens qu'à cause de cela, il n'est pas témoin competent ny suffisant en ce qu'il témoigne contre moy, car estant de l'Eglise d'Angleterre (je croy qu'il en fait profession, puisqu'il en porte l'habit,) si luy ou quelque homme qui soit au monde, soit Protestant ou Calviniste, pretend estre Papiste, à quelque fin & sous quelque pretexte que ce soit, dissimule avec Dieu à un si haut degré, & reçoit ce Sacrement, que vous avez declaré ainsi que Messieurs des Communes estre Idolatrie ; cet homme là, dis-je, ne doit pas estre estimé un témoin valide, je vous demande, Messeigneurs, à la Chambre des Communes & à tout le monde, si un homme qui abhorre sa Religion à quelque fin que ce puisse estre, peut estre cru, & si s'engageant dans une Religion que sa conscience luy dit estre idolatre, il n'est pas un parjure, & un témoin insuffisant, un tel homme n'est pas Chrestien, mais un diable & un témoin du diable, j'en appelle à toute la Chrestienté. "

Je ne sçay si je me trompe ne sçachant pas assez bien les formalitez de la justice d'Angleterre.

terre. Mais je croy qu'il auroit fort embarassé ces juges, si au lieu de s'en reposer sur leur bonne foy, il avoit remis cela en question de droit, comme il avoit fait d'une autre chose à la fin de son procés dont on fust obligé de demander l'avis des juges ordinaires qui étoient presens pour determiner ces sortes de cas s'il en arrivoit. Il me semble donc qu'il auroit pu les prier de faire determiner ces deux points, comme deux questions de droit separément: L'un si un impie pouvoit estre reçu en témoignage dans un procés criminel où il s'agit de la mort d'un homme. L'autre si ce n'est pas se declarer impie que d'avoüer publiquement sans aucune marque de repentir, qu'on a abjuré la religion que l'on croioit veritable, & qu'on a feint d'en embrasser une autre que l'on croioit estre idolatre, & qu'on a demeuré plusieurs années dans cette dissimulation criminelle. Qu'auroient-ils pu répondre à cela ? On ne sçauroit croire qu'ils eussent l'effronterie de determiner positivement, ou qu'un tel homme n'est pas un impie, ou qu'un impie reconnu pour tel, peut estre reçu à rendre témoignage dans un jugement de mort. Et cependant il auroit fallu dire l'un ou l'autre, ou delivrer ce Mylord des calomnies de ce méchant homme, & reconnoistre en même temps qu'on avoit fait mourir injustement tous ceux qu'on avoit condamnez sur son témoignage.

On peut juger de l'embarras où ils se seroient trouvez, par la maniere dont les Commis-

Ch. 20. missaires se defendent. Car ce n'a esté que par une honteuse supercherie, en supposant qu'on ne reprochoit à Oates que son changement de religion, & de ce qu'il s'estoit fait Papiste.

P. 577. *Mais supposez*, disent-ils, *que ce Docteur l'ait fait par legereté, ou bien manqué d'estre bien fondé dans la Religion, est-il le premier qui ait commis une semblable faute? Il y a eu des gens de beaucoup de merite & de grande reputation dans l'Eglise Protestante, qui ont changé plus d'une fois de Religion.*

Rien n'est de plus mauvaise foy que cette réponse. Car le reproche que le Vicomte de Stafford avoit fait à leur témoin, n'estoit pas qu'il eust changé de religion: mais de ce qu'il avoit feint d'estre Papiste pendant plusieurs années ne l'estant pas dans le cœur, & de ce que bien loin d'avoir de la honte & de la douleur d'une si méchante action il s'en vantoit comme d'une belle chose. Si ces Messieurs de la Chambre basse ne trouvoient point qu'il y eust en cela d'impieté, ils se declaroient eux mêmes impies: Mais s'ils ne pouvoient pas manquer d'y en trouver une horrible, par les principes mêmes de leur Religion, puisque leurs Theologiens enseignent que c'est un peché contre le Saint Esprit, & une Apostasie dont Hebr. 6. on ne se releve point selon Saint Paul, d'abjurer de gayeté de cœur la veritable Religion pour en embrasser une fausse sans y estre forcé par la crainte de la mort & des tourmens, ny violemment attiré par la tentation d'en recevoir

cevoir une grande recompense : Comment Ch. 20.
peuvent-ils nier que cet Innocent criminel n'eust eu raison de representer à ses Juges, *la dissimulation dont ce malheureux Oates avoit usé envers Dieu, & l'impudence avec laquelle il l'avoit avoüée :* Et d'ajoûter, *qu'il protestoit devant Dieu que s'il eust esté juge, il n'auroit pas voulu faire pendre un chien sur le témoignage d'un tel homme.*

§. 18. 2. *Reproche contre Oates.*

CE 1. reproche en attire un autre qui n'est pas moins convainquant. Car puisqu'il n'a jamais esté Catholique dans le cœur, & qu'il n'estoit entré à ce qu'il dit dans le Noviciat des Jesuites que pour decouvrir leurs secrets, d'où vient, qu'une infinité de lettres qui parloient de la conspiration aiant passé par ses mains à ce qu'il dit, il n'en a gardé aucune pour appuier ce qu'il en vouloit decouvrir? Il dit par exemple qu'estant à Saint Omer on luy commanda d'examiner les papiers & les mettre en ordre, & qu'il y avoit trouvé plusieurs lettres signées Stafford ; & quand Mylord Stafford luy a demandé pourquoy il n'en monstroit aucune, il a répondu p. 407. *Qu'il ne pouvoit garder aucune des lettres qu'on addressoit aux Peres.* Mais qu'entend-il, quand il répond qu'il ne pouvoit garder ces lettres où il pretend qu'il estoit parlé de la conspiration? Veut-il dire que cela ne luy estoit pas permis & qu'il

auroit

Ch. 20. auroit mal fait: ou, que quand il l'auroit voulu, cela n'estoit pas en sa puissance. Il ne le peut pas entendre dans le premier sens, puisqu'un impie comme luy qui faisoit une infinité d'actes de Religion qu'il croioit estre des Idolatries, n'avoit garde de faire conscience de garder des lettres contre l'ordre de ses pretendus superieurs: & de plus il n'a fondé la plupart de ses depositions contre M. Coleman, que sur ce qu'il avoit decachetté à ce qu'il dit plusieurs lettres qu'on luy avoit confiées. Et il le pouvoit encore moins dire, dans le second sens, qui est qu'il n'estoit pas en sa puissance quand il l'eust voulu, de garder ces lettres où il étoit parlé de la conspiration. Car rien n'est plus facile à un homme à qui on se fie & à qui on donne des papiers à mettre en ordre que de souftraire quelques-uns de ces papiers. Il auroit donc pu sans peine garder quelques-unes des lettres les plus criminelles signées *Stafford* qu'il dit avoir vûës a Saint Omer. Il luy auroit encore esté plus aisé de garder celle qu'il dit avoir vû écrire chez le Jesuite Fennwick puisqu'il dit p. 408. que ce fust luy qui la porta à la poste. Et enfin il a esté maistre absolu de la lettre qu'il a soûtenu avoir esté écrite par M. Coleman au P. Ireland Jesuite puisqu'il dit qu'elle luy avoit esté addressée, & que l'ayant ouverte il y avoit vû, que M. Coleman promettoit de s'employer à engager le Duc d'Yorck dans le dessein de tuer le Roy. On peut voir ce que j'en ay dit dans le chap. 15. Mais ce que j'ay a en dire icy est beaucoup

Pour les Catholiques. 345

coup plus fort. Car je ne sçavois pas alors qu'il eust declaré qu'il n'avoit jamais esté Papiste quoyqu'il seignist de l'estre. On ne peut donc pas pretendre que ce fust par une fausse conscience & par un esprit de zele pour la Religion Catholique qu'aiant en sa puissance une lettre qui monstroit si clairement le dessein qu'on avoit de tuer le Roy, il ne l'ait pas gardée. Et comme il n'y a que cette raison, qui l'eust pu empécher d'aller donner au Roy cette preuve de sa fidelité, en luy mettant cette lettre entre les mains, cette raison, toute méchante quelle eust esté, ne se pouvant alleguer, que peut on juger autre chose, sinon qu'il est vray qu'il n'a jamais esté en la puissance de ce miserable de garder des lettres, parce qu'il ne les a jamais vuës, & que tout ce qu'il en dit ne sont que de pures mensonges.

J'auray encore à parler de cet impie dans le chap. suivant, & ainsy je n'en diray pas d'avantage icy.

§. 19. 5. Témoin. Dennis.

CElui-cy est d'une autre espece que les autres. Il se dit Moyne Dominiquain, & assure qu'il est Catholique Romain. Mais pour empécher que cette qualité de Moyne n'effraiast les Puritains l'un des Commissaires dit aussi-tost, *Messeigneurs, il a un pardon :* ce qui fait voir que c'estoit quelque Moyne tout prest à devenir Apostat ; & qu'ils avoient

P 5 mieux

Ch. 20. mieux aimé qui paruſt en Moyne, afin que ſon témoignage fuſt plus conſiderable. Mais aiant dit que les témoins qu'ils alloient produire prouveroient la conſpiration en general, ils ſont ridicules de faire paroiſtre celui-cy puiſqu'avant de le faire entrer, le principale des Commiſſaires dit de luy: *Ce témoin n'eſt que pour confirmer ce que le Docteur Oates vient de dire, à ſçavoir qu'il avoit eſté a Valladolid & en quelques autres lieux de l'Eſpagne.* Et cela même eſtoit inutile. Car on n'a jamais douté qu'Oates n'ait eſté à Valladolid, & en quelques autres lieux d'Eſpagne. Les Jeſuites l'ont toûjours avoüé. On a ſeulement ſoûtenu qu'il n'avoit point vû Don Jean d'Autriche à Madrid comme il l'avoit aſſûré avec ſerment. Et c'eſt dequoy ce témoin ne dit rien. Deſorte qu'il ne prouve point la ſeule choſe qui eſtoit à prouver, & qu'on voit certainement eſtre fauſſe par la maniere dont il tache de s'en tirer dans ce procés même, en diſant, qu'il n'avoit pas affirmé qu'il euſt vû Don Jean d'Autriche, mais qu'on luy avoit monſtré une perſonne qu'on luy avoit dit eſtre Don Jean d'Autriche, & que c'eſtoit un grand homme maigre. Car Don Jean d'Autriche eſtant un petit homme gras, il faudroit d'une part qu'on l'euſt voulu tromper a quoy il n'y a gueres d'apparence, & il y en a encore moins, que le voulant tromper on luy euſt monſtré un grand homme maigre pour un petit homme gras. Mais les Juges eſtant d'intelligence avec luy, il n'y a

point

point de si mauvaises defaites dont ils ne se païassent.

Quoy-qu'il en soit ce témoin ne disant rien du tout de la prétenduë conspiration d'Angleterre on pourroit le laisser là, comme aiant esté impertinemment mis sur les rangs. Mais il est bon de faire remarquer qu'il a le même caractere que tous les autres faux témoins, qui est d'attribuer à ceux dont il rapporte les discours, des imprudences qui eussent tenu de la folie. On en jugera par ce qui suit p. 105.

Lors, dit-il, *que je fus arrivé à Madrid je pris un Dominiquain Irlandois pour aller avec moy rendre la lettre de Mr. Oates a l'Archevêque de Tune (de la même nation) qui la lut en nostre presence, & celle d'un Prestre qui estoit son Aumosnier. Il se tourna de nostre costé en achevant de la lire, & nous dit avec un visage riant, que Mr. Oates avoit envie de recevoir l'ordre de Prestrise de luy; s'il est ainsy, dit-il, cela nous reviendra bien, car il nous sera fort utile, parce, ajoûta-t-il, que le Docteur Plunket, Primat d'Irlande a resolu d'y introduire cette année des forces Françoises, ou bien lorsqu'il se rencontrera une belle occasion, pour soûtenir les Catholiques Anglois & Irlandois, & s'il plaist à Dieu j'iray moy-même en Irlande afin d'aider à accomplir un si Saint ouvrage.*

Il pretend que cela se passa au mois de Juillet 1677. & que l'année d'après il fut admis dans l'ordre des Dominiquains en Irlande.

Ch. 20. Il n'eſtoit donc encore rien, & il n'eſtoit point connu de cet Archevêque, puiſqu'il avoit beſoin d'un Dominiquain pour l'y introduire. Et cependant cet Archevêque qui ne devoit le regarder que comme le porteur d'une lettre, luy decouvre tout d'un coup ſans neceſſité & a propos de rien un ſecret auſſi important à cacher, qu'auroit eſté le deſſein de faire revolter l'Irlande en y troduiſant des troupes Françoiſes, & il luy donne moien en même temps d'accuſer de trahiſon le Docteur Plunket Primat d'Irlande, comme eſtant celuy qui y devoit introduire ces troupes étrangeres. Il faut croire, comme je l'ay déja ſouvent fait remarquer, que tous ceux qui ont eu part à cette conjuration eſtoient en même temps devenu foux, pour s'imaginer que cet Archevêque de Tune l'ait eſté aſſez pour dire cela à un inconnu. Mais il ſe pourroit bien faire que c'eſtoit une pierre d'attente pour perdre Mr. Plunket, & il ſe pourroit encore faire que ce Dennis ait eſté de nouveau produit contre luy. Je n'en ſçay rien. Ce n'eſt qu'une conjecture. Et peut eſtre ſe trouvera t-elle vraye.

Ce qu'il ajoûte qu'on levoit de l'argent en Irlande dans tous les Convens, pour encourager le Roy de France à faire paſſer une armée en Irlande, lorſqu'il en ſeroit temps, & qu'on le luy a dit à luy qui n'eſtoit encore que Novice, eſt encore dans le même genre d'extravagance : comme ſi d'une part tout l'argent qu'auroient pû lever ces moynes euſt eſté capable

pable de defraier la centiéme partie d'un armement de Mer, & que de l'autre c'eust esté là un secret à confier à des Novices, qui ne sont jamais admis dans aucune Religion aux assemblées Capitulaires.

§. 20. *Le 6. Témoin. Jennison.*

CElui-cy a quelque chose de fort rare. Comme il a eu dessein de contrefaire l'honneste-homme, il n'a pas voulu que l'on pust croire de luy qu'il eust donné le moindre consentement à une action si noire & aussi brutale qu'est le meurtre d'un Roy. Mais comme il falloit neanmoins qu'il feignist qu'on luy avoit proposé afin d'en pouvoir rendre témoignage en qualité de *témoin du Roy*, (qui est presentement une tres bonne condition en Angleterre,) il est arrivé delà, que c'est celuy de tous qui attribuë une conduite plus folle à ceux dont il pretend avoir appris les choses dont il depose. On en jugera par sa deposition. Je n'en rapporteray que le principal. P. 3.

Au mois d'Aoust de l'année 1678. J'allay à la Chambre du Sieur Ireland (c'est un des cinq Jesuites qu'on a fait mourir) *le jour même que j'arrivay de Windsor, je le trouvay qui arrivoit de la Province de Stafford, & s'aidoit du pied d'une table pour tirer ses bottes; Il me demanda d'où je venois: je luy dis de Windsor, il s'enquit de moy à quoy se divertissoit la Cour, je luy repondis qu'on disoit que le Roy prenoit*

P. 7 *grand*

Ch. 20. *grand plaisir à la chasse à l'Oyseau, mais principalement à la pesche, où il alloit fort matin avec seulement deux ou trois personnes, le Sieur Ireland repliqua, il seroit facile de s'en defaire, à quoy je m'écriay, à Dieu ne plaise. Comme il vit que je parû surpris, il se reprit, je ne dis pas, dit-il, que cela soit legitime.*

On peut bien croire que si ce Pere Ireland qui ne faisoit que de sortir de la charge de Provincial d'Angleterre, & qui devoit parconsequent n'estre pas beste, eust fait une telle avance, il n'auroit eu garde de la poursuivre en voiant qu'elle avoit esté si mal reçue. Mais ce n'auroit pas esté le compte de ce M. Jennison. Il falloit qu'il en eust dit d'avantage afin qu'aiant plus de choses à deposer il fust mieux paié de ses salaires. Il continuë donc ainsy.

P. 113. *Nous interrompismes nostre discours en cet endroit, pour parler de la Province de Stafford. Nous commençasmes ensuite à parler de leur Religion, qu'il me dit devoir estre bien-tost établie en Angleterre, & me demanda si je voulois bien estre un de ceux qui devoient aller à Vindsor pour aider a se defaire de la personne du Roy, je luy répondis que non.*

Ce Jesuite ne sera donc pas si imprudent que de luy en parler d'avantage. La raison le voudroit ainsy. Mais il faut que ces Conspirateurs n'aient ny raison ny pudeur. C'est ce qui fait que ce Jennison continuë en ces termes.

Il me repliqua qu'il me remettroit les 20. livres Sterling que je luy devois si je voulois aller là pour me joindre à ceux qui devoient faire ce coup. Je luy dis, Messeigneurs, que je ne voulois avoir aucune part dans une affaire de cette nature, & que pour vint fois 20. livres Sterling je ne voudrois pas avoir part à la mort du Roy; Ne voudriez vous rien faire, me dit-il, pour introduire icy vostre Religion ? Je luy répondis qu'elle ne seroit jamais établie par l'effusion du sang; je luy dis de plus, Dieu me pardonne de le dire, mais si le Roy estoit mort, encore passe, mais je ne voudrois avoir aucune part à sa mort.

C'en estoit assez sans doute pour fermer la bouche à ce P. Ireland. Mais ce témoin vouloit faire croire qu'on l'avoit tenté inutilement, & que la tentation avoit esté grande. Il continuë donc encore en cette sorte.

Il passa plus avant & me demanda, si je connoissois quelques Irlandois qui fussent braves & entreprenans : je luy dis que j'en connossois, & les luy aiant nommez, il me demanda encore si je voulois aller avec eux à Windsor pour assassiner le Roy.

O ! pour celuy-là, il n'y a point de patience qui ne soit mise à bout, quand on voit pousser la folie & l'extravagance jusques à ce point. Il est difficile de croire qu'un Jesuite ait parlé froidement à un de ses amis de se defaire du Roy d'Angleterre. Mais le moien de s'imaginer sans renoncer au sens commun, que cet amy aiant témoigné de l'horreur de cette proposition, & ce Jesuite aiant esté obligé voiant sa

sur-

Сн. 20. surprise d'éloigner la pensée qui l'avoit choqué, & luy disant: *Je ne dis pas que cela soit legitime:* Il ait recommancé sur le champ à luy proposer à luy même d'estre un de ceux qui devoient aller à Windsor pour tuer le Roy. Que sera ce donc, si on entreprend de persuader à des gens qui n'ont pas perdu l'esprit: que cet Amy aiant de nouveau témoigné autant d'éloignement d'un si horrible dessein, & l'aiant fait par trois ou quatre fois, ce Jesuite ait toûjours insisté de l'en presser? Peut-on croire des choses si deraisonnables & si éloignées de toute apparence.

Le reste de la deposition est de même nature. Mais rien n'est plus scelerat que ce qu'on
P. 115. a fait dire à ce témoin: *Que le P. Jennison Jesuite luy avoit dit: Qu'il y avoit une entreprise sur pied si bien formée qu'il estoit impossible qu'elle pust estre decouverte; Que les plus grands Papistes & les plus grands Catholiques d'Angleterre y estoient engagés, la Reyne, le Duc, & plusieurs Seigneurs........ & que les commissions pour les troupes qu'on levoit ne seroient delivrées qu'aprés qu'on se feroit defait du Roy.* Car c'est faire entendre que la Reyne, & le Duc d'Yorck estoient complices de ce pretendu dessein de tuer le Roy. Ce qui est une si abominable calomnie, qu'il faut que ceux qui feindront de la croire soient plus méchans que les Demons.

CHA-

CHAPITRE XXI.

Que ce même procés prouve clairement l'Innocence de Mylord Stafford.

JE pretends avoir monstré par les témoins mêmes, que la Chambre des Communes a produits pour prouver la Conspiration en general, qu'ils ne l'ont nullement prouvée, & qu'ils ont au contraire donné tout lieu de croire, que le bruit qui en a esté repandu, n'est fondé que sur des mensonges de 3. ou 4. faux témoins.

Il ne sera pas difficile de faire voir la même chose au regard du Vicomte de Stafford en particulier, & j'ose même dire que de tous ceux que l'on a enveloppez dans cette accusation, c'est certainement le plus innocent. Car il y en peut avoir d'autres, comme M. Coleman, qui ont effectivement travaillé à empécher que les Catholiques ne fussent opprimez par les Puritains, qui estoient devenus tres-puissans dans le Parlement, & qui ont emploié des voies innocentes pour leur faire obtenir quelque tolerance de leur religion, ce qui paroist criminel à ces Puritains. Mais on voit par ce procés, que ce Mylord n'a pris aucune part à cela, & qu'il ne s'est trouvé à aucune des assemblées qui ont pu se tenir sur ce sujet depuis quelques années. Et ainsy ce qui n'est peut-
estre

estre jamais arrivé a aucun homme condamné à mort, on a fait mourir un homme de cette qualité, sur la deposition de trois témoins, dont il y en a deux qu'il a soûtenu avec serment jusques à la mort qu'il n'avoit jamais vus, sans que d'une part il ait rien avoüé, & sans qu'on ait pu aussi trouver dans toute sa vie le moindre *adminicule* (comme on parle dans le droit) qui pust donner quelque vraysemblance à leurs depositions.

Mais pour mettre tout cela dans un plus grand jour, je commenceray par les considerations qui regardent la personne, & ensuite j'examineray chacun de ses trois témoins, *Dugdale*, *Oates*, & *Tuberville*.

§. I. *Premiere consideration touchant la personne du Mylord.*

JE ne puis mieux faire sur cela, que de rapporter le témoignage qu'il rend de luymême, d'une maniere qui ne marque pas moins sa sincerité que la grandeur de sa naissance.

" On m'accuse icy, Messeigneurs d'avoir
" taché à tuer le Roy. Je trouve par les Loix
" dont je me suis instruit par la lecture que j'ay
" faite depuis mon emprisonnement, des œu-
" vres du Chevalier Edoüard Cook, que toutes
" les accusations de trahison doivent estre ac-
" compagnées de circonstances antecedentes,
" concomitantes, & subsequentes, c'estadire
" qui precedent le fait, qui l'accompagnent &
qui

qui le suivent : & je ne vois rien de tout cela "
prouvé contre moy. Tout le cours de ma vie "
depuis mon enfance a esté tout autre. Le Feu "
Roy d'heureuse & glorieuse memoire, me fit "
l'honneur de me faire Pair du Royaume, au "
commencement des dernieres guerres. Je me "
retiray à Anvers avec ma Femme lorsque la "
guerre commença, où je pouvois vivre, sinon "
avec grande splendeur, du moins avec beau- "
coup de sureté ; Mais ma conscience ne me "
put laisser en repos, voiant mon Roy si en des- "
ordre, sans que je fisse mes efforts pour le ser- "
vir, & le delivrer du trouble où il estoit. Je "
revins donc en Angleterre, & servis avec fide- "
lité & affection sa Majesté tant qu'elle vécut. Il "
y a quelques-uns d'entre vous qui sçavent que "
je suivis le Roy d'à present dans son éxil, ce qui "
marque que je n'avois point alors de mauvaises "
intentions. "

J'espere que ce que je viens de dire démon- "
tre assez clairement, que ma vie n'a point don- "
né lieu à cette accusation, mais à tout le con- "
traire de ce que ses infames parjures disent con- "
tre moy : j'espere que je les puis traiter ainsy, "
ne doutant pas de les prouver tels. "

Un mois ou six semaines aprés que j'eus eu "
le malheur d'estre accusé, vous eustes la bonté, "
Messeigneurs de m'envoyer deux de vostre il- "
lustre corps, qui estoient les Comtes d'Essex "
& de Bridgwater, pour m'éxaminer au sujet "
de la Conspiration. J'en appelle à eux mêmes "
s'ils sont icy pour vous rendre compte de ce "
que

que je leur dis. Ils me dirent aprés m'avoir exa-
"miné qu'ils croioient, & pouvoient presque
"m'en assurer, que si je voulois avoüer mon
"Crime, & leur en dire les particularités, les
"Pairs de la Chambre Haute, c'estadire vous
"mêmes, intercederiés auprés du Roy pour ob-
"tenir mon pardon. Mais je protestay alors de
"mon innocence comme je le devois. Quel-
"que temps aprés sa Majesté par une bonté &
"une faveur speciale, envoia six membres de
"son Conseil Privé à la Tour, me dire & m'of-
"frir que quelque coupable que je fusse, si je
"voulois avoüer il me donneroit mon Pardon.
"Je songeois alors en moymême, & je ne pou-
"vois m'imaginer quel fondement il y avoit de
"croire, que vous eussiez des preuves (de ce
"qui n'estoit point) pour me juger coupable;
"& sur ce fondement j'estois si éloigné de faire
"aucune découverte, que je ne pouvois inven-
"ter rien qui me pust sauver la vie, quand j'en
"aurois eu la volonté. Je demeuray 7. jours à la
"Campagne, depuis que j'eus entendu parler
"de la conspiration. Si je m'estois senti coupa-
"ble, je n'aurois pas manqué à me sauver. Com-
"me je revenois à Londres, je rencontray deux
"Seigneurs à Litchfields: ils me dirent, & aussi
"un Gentilhomme membre de la Chambre des
"Communes, ce qu'on disoit de la conspira-
"tion; si j'y avois eu quelque part, cela m'au-
"roit assurement obligé à me sauver. J'ay toû-
"jours oüy dire quand un homme est accusé ou
"soupçonné de quelque crime, c'est un grand
signe

signe qu'il est coupable, lorsqu'il s'en fuit, & " qu'on demande souvent aux jurez, bien qu'il " n'ait aucune preuve du fait, si celuy qui est ac- " cusé a pris la fuite ou non. Comme la fuite est " une marque qu'un homme est coupable, c'est " une marque aussi qu'il est innocent lorsqu'il ne " s'enfuit pas. Puis donc qu'après que je sçay que " la conspiration est découverte, je me laisse ar- " rester, qu'après estre emprisonné & accusé je " refuse mon Pardon & ma Grace, & que n'on- " obstant tout cela je suis coupable, je merite " la mort autant pour ma folie que pour mon " Crime. "

C'est, Messeigneurs, un grand Crime que " commettre trahison, & c'est une grande ad- " dition à ce crime de continuër dans son opi- " niastreté, lorsqu'on peut en reconnoissant sa " faute, sauver sa vie; je dis plus, que si j'avois " me sçachant coupable, refusé les offres qu'on " m'a faites, je me serois rendu en même temps " coupable du plus grand des pechez, car je se- " rois par là homicide de moymême: Et com- " me je tiens qu'après la trahison, le meurtre est " le plus grand des Crimes, aussi estimay je que " de tous les meurtres celuy de soymême est le " plus criant. Et je proteste devant Dieu & cette " Auguste assemblée que si je pouvois presente- " ment me rendre le plus considerable de tous " les hommes, par la mort de cet impudent " Dugdale qui me fait tant de tort, je proteste " devant Dieu, dis-je, que je ne le voudrois " pas estre à ce pris-là. Je ne dis pas que ma "

Cha-

Ch. 21. „ Charité soit si grande, que je ne le visse peut-
„ estre souffrir avec plaisir la punition que les
„ Loix luy peuvent infliger pour ses crimes:
„ Mais je ne voudrois pas estre l'Auteur de sa
„ mort. "

§. 2. *Reflexion sur ce discours.*

EN verité il n'y a gueres que l'innocence qui puisse parler de cet air. Mais ce qui ne souffre point de repartie est qu'on ne luy a point contesté ce qu'il assure, qu'on luy a offert par deux fois de luy donner sa grace, s'il vouloit avoüer le crime dont il estoit accusé. Or comme il le represente fort bien, quelle apparence aprés cela qu'il ne l'eust pas avoüé s'il s'en fust senty coupable. Ce Seigneur qui paroist d'ailleurs si sage & si moderé, auroit-il si peu aimé sa vie qu'il ne l'eust pas voulu conserver en disant la verité. Auroit il esté si ennemy de son salut, qu'il eust voulu se perdre éternellement, en refusant une grace qui ne luy eust cousté qu'un aveu sincere de sa faute, & en s'engageant parlà à commettre d'une part un homicide contre soy-même, & a augmenter de l'autre sa damnation par tant de parjures qu'il auroit emploiez pour infirmer des témoignages veritables, que par une opiniastreté diabolique il auroit entrepris de faire paroistre faux. Un endurcissement de cette nature qu'on ne pourroit attribuer à la crainte de la mort, puisqu'au contraire on l'éviteroit en con-

confessant la verité, ne pourroit estre que la suite d'une vie toute criminelle, ou l'effet d'une passion envenimée contre une personne qu'on haïroit tellement qu'on ne voudroit pas luy estre redevable de la conservation de sa vie. Mais ceux qui se sont trouvez dans cette disposition enragée se sont plustost glorifiez du dessein qu'ils avoient eu de tuer leur ennemy, qu'ils n'ont nié d'en avoir eu la pensée. Rien de tout cela ne se rencontre icy. C'est un grand Seigneur déja fort agé, & en qui on n'a pu trouver dans une si longue vie le moindre sujet de reproche avant ces fausses accusations. Ses ennemis mêmes n'ont pu nier, qu'il n'ait donné des témoignages de la plus grande fidelité dans les plus mauvais temps & envers le feu Roy, & envers celui-cy. Ils n'ont pu dire aussi qu'il eust reçu du Roy d'apresent aucune injure personnelle. Car pour la plainte que luy font faire ces temoins que le Roy ne recompensoit point ceux qui l'avoient le mieux servy, outre que l'on voit assez que ce n'est qu'une imposture, il faudroit avoir l'ame extremement noire pour se porter par cela seul, à une action aussi detestable comme est d'entreprendre sur la vie de son Prince. On ne peut donc gueres s'imaginer d'accusation d'un crime plus incroiable. Mais on peut encore moins s'imaginer, que celuy à qui sa conscience le reprocheroit aimast mieux s'exposer à mourir honteusement, que de l'avoüer estant asseuré de son pardon.

Ii

Ch. 21. Il n'y a presque personne qui ne croit maintenant que les Templiers avoient esté faussement accusez de faire faire des impietez, des idolatries, & des impuretez à tous les Chevaliers qu'ils recevoient dans leur Ordre; quoique ceux qui les aient condamnez l'aient pu faire de bonne foy, parce qu'il y en eut plus de deux cent qui l'avoüoient & à qui on donnoit grace a cause de cet aveu. Mais parce qu'il y en eut aussi, quoique moins en nombre, qui aimerent mieux estre bruslez, que d'avoir leur pardon en reconnoissant ce qu'ils disoient estre faux, le bon sens a fait juger, que dix hommes qui meurent, pouvant ne pas mourir en avoüant les crimes dont on les accuse, sont plus croiables, que cent qui les avoüent, & qui par cet aveu rachettent leur vie. On est icy en bien plus fort termes. Car ce ne sont pas deux cent personnes qui rendent témoignage de la conspiration. Ce ne sont que 4. ou 5. miserables, qui sont devenus à leur aise par l'argent qu'on leur a donné en qualité de témoins du Roy. Et on doutera qu'on ne doive pas plustost ajoûter foy, à ce qu'universellement ont soûtenu tous les accusez jusques à la mort, & sur tout ce qu'en a assuré jusques à sa derniere heure d'une maniere si constante & si Chrestienne, un des Pairs du Royaume qui pouvoit sauver sa vie en avoüant son pretendu crime.

Il est certain aussi qu'il se pouvoit retirer depuis qu'il sçut qu'on l'accusoit de trahison. Messieurs de la Chambre basse le reconnoissent.

sent. Pourquoy ne l'auroit-il pas fait s'il se fust senti coupable : n'y aiant point sur tout de païs où il soit plus avantageux de se sauver qu'en Angleterre, parce qu'on y fait point d'ordinaire le procés aux absents.

§. 3. 2. Reflexion sur la personne du Mylord.

IL paroist par le Procés, & les depositions mêmes des témoins le font assez entendre, que Mylord estoit mal avec les Jesuites, & qu'il n'avoit point de confiance en eux. Cela estoit si connu en Angleterre que les témoins pour rendre leurs mensonges plus vraysemblables feignent avoir vû des lettres de luy, par lesquelles il assuroit les Jesuites qu'il agiroit bien dans la conspiration *quelques differens qu'il y eust entre ces Peres & luy.* Oates feint qu'estant à Saint Omer en 1677. il avoit vû des lettres de Mylord Stafford, *dans lesquelles il insinuoit aux Peres qu'il y avoit eu quelques differens entre les Peres de la Societé & luy. Mais qu'il y avoit plusieurs années qu'ils avoient esté racommodez par le Sieur Caune qui estoit venu exprés en Angleterre l'an 1676.* Cette queue est un mensonge évident : Car comment Mylord Stafford auroit-il pu écrire en 1677. qu'il y avoit déja plusieurs années qu'il avoit esté racommodé avec les Jesuites, s'il l'avoit esté par le Sieur Caune qui n'avoit passé pour cela en

Q Angle-

Angleterre que l'année d'auparavant. Et ainsy tout ce qu'on peut conclure de là est que la mauvaise intelligence du Mylord avec les Jesuites est certaine, & que le racomodement n'est qu'une invention du Docteur Oates si mal concertée, qu'il n'en a pu parler qu'en se contre-disant. Il n'y a donc personne qui ne croie plûtost ce qu'en dit Mylord Stafford en ces termes. *Tout ce que je diray pour le present, c'est qu'il y a 25. ans que je n'ay écri aucune lettre, ny n'ay eu aucune correspondence avec aucun Jesuite.* Il assure la même chose encore plus fortement en la p. 331. *Je n'ay jamais eu de correspondance avec les Jesuites, ny n'ay fait aucune affaire avec eux depuis 24. ou 25. ans. Il est vray qu'on pria les Jesuites de Gand de faire quelque chose pour moy, ce qu'ils refuserent, & c'estoit d'envoyer un homme de delà la Mer, pour servir de Témoin dans un procés que j'avois. Je n'ay point écrit à aucun Jesuite depuis ce temps-là ny eux à moy que je sçache, ny n'ay jamais rien eu affaire avec eux. Je n'avois jamais oüy parler de Fennwick, & de Harcourt avant qu'on parlast de la conspiration, ny des Jesuites Johnson, & Thompson, & s'il y avoit aucune personne qui pust trouver le contraire, je me confesseray coupable de tout ce qui a esté dit contre moy.* Rien auroit il esté plus facile que de prouver qu'il avoit écrit à quelque Jesuite depuis 25. ans, & qu'il avoit vu quelqu'un de ces 4. Jesuites, dont il proteste n'avoir jamais oüy parler avant qu'on eust parlé de la con-

conspiration ? Quelle apparence donc qu'il se fust soumis à passer pour coupable de tout-ce qu'on avoit dit contre luy, si on pouvoit monstrer qu'il eust dit faux en disant cela. Cependant il faudroit qu'il eust eu une liaison & une confidence tres particuliere avec les Jesuites, si ce que ces témoins ont dit de luy estoit veritable. On ne peut donc raisonnablement en croire autre chose, sinon que ce sont de purs mensonges.

§. 4. *Troisiéme consideration sur la personne de Mylord Stafford.*

LA maniere dont il fit sa derniere justification fait voir d'une part, combien il estoit éloigné de cacher ce qu'il auroit sçu de la conspiration s'il en eust sçu quelque chose, & de l'autre qu'il n'a eu aucune part à ce que d'autres Catholiques ont pu faire innocemment pour l'interest de leur Religion.

Je me suis justifié devant vous, & je ne croy pas que vous voulussiez me laisser gourmander par de la canaille, dont il n'y a que Dieu qui sçache quelle sera la fin. Les malheurs du Roiaume commencerent autrefois par Milord Stafford, & continuerent jusqu'à commettre la plus execrable action qui fut jamais. Ce fut un maudit commencement, qui eut une fin encore plus mauvaise & plus malheureuse ; il n'y eut jamais de meurtre plus execrable, depuis la mort de nostre

Q 2

Сн. 21. *Sauveur, que celuy du feu Roy, & quiconque a trempé ses mains dans ce sang Royal, ou a eu part à ce meurtre, ne peut jamais à moins d'une grande repentance estre sauvé. Il est vray que je n'ay jamais esté en estat de servir le Roy, mais aussi ne l'ay-je jamais abandonné de pensée, de parole ou d'effet, a plus forte raison n'ay-je jamais consenty a sa mort : je declare en presence des Anges & de vous tous que je ne sçay pas d'avantage de la conspiration ou d'aucune autre telle chose, que qui que ce soit qui est icy. Je crois que ceux de la Religion Romaine ont fait des assemblées pour obtenir la toleration, dont j'ay parlé, Coleman en fit trop, mais je ne sçay pas jusqu'où va l'enormité de son crime. Il y a eu, dis-je, des Assemblées, mais je ne me suis jamais trouvé à aucune, & ne sçay point ce qui y a esté resolu : je me remets entre vos mains, Messeigneurs, pour rendre justice, comme je ne doute pas que vous ferez, & c'est avec humilité & soumission, que je me resigne à ce qu'il vous plaira d'en ordonner.*

Quand il n'auroit point eu peur d'estre convaincu de mensonge par les Protestans en ce qu'il asseuroit ne s'estre jamais trouvé à aucune des dernieres assemblées ou les Catholiques pouvoient avoir deliberé des moiens innocens de faire tolerer leur Religion ; peut-on croire qu'il eust si peu de pudeur, que de vouloir passer pour un menteur insigne dans l'esprit des principaux des Catholiques qui l'auroient vu dans ces assemblées. Il n'y a point d'homme de bon

bon sens à qui cela puisse entrer dans l'esprit. Et ainsy on ne doute point que toute la posterité ne soit persuadée que de tous ceux qu'on a fait mourir pour cette fausse conspiration, il n'y en a point eu de plus innocent que celui-cy au regard des hommes. Car il seroit plus à craindre qu'il n'eust pas assez fait au regard de Dieu, puisque les Catholiques pouvoient sans manquer à la fidelité qu'ils devoient au Roy, prendre toutes sortes de voies douces & innocentes pour obtenir que leur Religion fust tolerée.

§. 5. *Quatriéme consideration sur la personne de Mylord Stafford.*

JE trouve deux caracteres tout differens dans ce Mylord, une bonté, une moderation, & une douceur presque excessive à l'egard des Pairs ses Juges, & de Messieurs de la Chambre basse ses Accusateurs: & une force étonnante pleine d'indignation & de colere envers les témoins.

Il avoit demandé un jour de relâche estant extremement fatigué. Le Grand Seneschal n'y trouvoit point d'inconvenient. Les communes s'y opposerent par une dureté toutafait étrange. Il s'y soumet, & n'en fait pas la moindre plainte. Il paroist avoir esté si disposé à bien juger de ses Juges & de ses Accusateurs qu'il croioit bonnement qu'il n'y en avoit aucun des uns ny des autres qui n'agist de bonne foy.

Ch. 21. C'est comme il en parle par tout: non seulement avant sa condamnation, ce qu'on pourroit croire qu'il eust fait pour se les rendre favorables, mais depuis même que le Grand Seneschal luy eust declaré qu'il estoit jugé, & qu'on l'avoit trouvé coupable. Car il ne répondit autre chose à une si triste nouvelle sinon : *Le Saint nom de Dieu soit loüé & beny.* Et un peu aprés. *Je ne m'attendois pas à un si rude jugement. Mais la volonté de Dieu soit faite : Je n'en murmure point. Dieu benisse ceux qui ont faussement juré contre moy.* Et aprés qu'on luy eust prononcé sa sentence par laquelle il devoit estre pendu & écartellé, ce qu'il dit est admirable.

p. 682.

p. 694. LE PRISONNIER. *Je vous prie, Messeigneurs, de me permettre de dire encore un mot. Je vous remercie tous en general des bontez que vous avez eües pour moy. Je declare icy en presence de Dieu que je n'ay aucune malice en mon cœur contre ceux qui m'ont condamné ; Je ne sçay point quels ils sont ny ne souhaite point le sçavoir. Je leur pardonne, & vous prie de prier Dieu pour moy. J'ay une tres-humble priere à vous faire, qui est que je ne sois pas si resserré dans ma prison, pendant le peu de temps qui me reste à y demeurer, que je l'ay esté depuis quelque temps. Je vous supplie donc, Messeigneurs, de donner ordre à Mr. le Lieutenant Gouverneur de la Tour, de me laisser voire par ma Femme, par mes Enfans & par mes Amis ; C'est une faveur que*

je

je vous demande avec soumission & que j'espere que vous m'accorderez.

LE GRAND SENESCHAL. *Messeigneurs, je crois vous pouvoir dire avec la permission des Seigneurs, que comme ils ont procedé dans cette affaire avec toute la rigeur que demandoit la justice, aussi agissent ils avec toute la pitié, & la compassion imaginable. C'est pourquoy ils supplieront tres-humblement le Roy qu'il luy plaise adoucir la sentence pronancée contre vous, & en remettre toutes les peines, excepté celle de vous couper la teste.*

Le Prisonnier ne put retenir ses larmes, en disant que ce n'estoit pas la justice de ces Juges qui le faisoit pleurer, mais leur bonté.

La douceur & la patience Chrestienne peuvent elles gueres aller plus loin ? Et le moien de s'imaginer qu'un homme de ce caractere ait esté capable d'achetter des assassins pour oster la vie à son Roy aprés l'avoir servy tres fidellement dans sa plus mauvaise fortune. Pour moy je ne sçay pas comment sont faits les Anglois; Mais je suis persuadé qu'il n'y a point de juge en France qui n'eust d'horribles remors, s'il avoit fait mourir un homme d'un naturel si genereux & si bon, comme coupable d'une entreprise si barbare & si inhumaine, dont il n'y auroit point eu d'autre preuve que le témoignage de deux frippons qui deposent chacun d'un fait tout different de celuy dont parle l'autre.

Mais la maniere dont il traite ses faux témoins.

moins aussi-bien pendant la procés qu'aprés le jugement lorsqu'il se disposoit à aller paroistre devant Dieu n'est pas moins remarquable. Car il ne peut s'empescher de leur donner les noms qu'ils meritoient, *d'infames, de parjures, & de coquins. J'espere,* dit-il, *que ce que je viens de dire demonstre assez clairement, que ma vie n'a point donné lieu à cette accusation, mais à tout le contraire de ce que ces infames parjures disent contre moy. Je puis les appeler ainsy ne doutant point de les prouver tels.* Et en la p. 365. En examinant une fausseté de la deposition de Tuberville. *On m'avoit recommandé un homme, qui pretendoit estre Comte François, mais c'estoit un aussi grand Coquin que celui-cy qui jure contre moy.* Et en la p. 272. Parlant de Dugdale. *Il estoit un si sot & impertinent homme, que je ne pouvois souffrir qu'il m'approchast. Il estoit effronté & impudent menteur.*

Ce n'estoit point par emportement ny par un esprit de vengeance qu'il les traitoit en cette maniere. On en peut juger parce qu'il dit en la p. 181. *Je proteste devant Dieu, & cette Auguste assemblée que si je pouvois presentement me rendre le plus considerable de tous les hommes, par la mort de cet impudent Dugdale qui me fait tant de tort, je proteste devant Dieu, dis-je, que je ne le voudrois pas estre à ce prix-là.* C'est ce qu'il a encore repeté dans le discours qu'il fit avant que de mourir. *Je proteste sincerement que si a cet instant même je pouvois me mettre en liberté, & établir telle Religion que je vou-*

voudrois, & tel Gouvernement qui me plai- Ch. 21.
roit, et si je pouvois me rendre aussi puissant que
je pourrois souhaitter, par la seule mort d'un de
ces miserables, qui sont cause que je suis en ce
lieu par leurs faux sermens ; je deteste tellement d'estre cause de la mort de personne, que
rien au monde ne me pourroit persuader de con-
courir à leur ruine. Mais rien ne monstre un
naturel plus éloigné de toute vengeance, que
ce que nous avons déja vu qu'il avoit dit dans
une surprise aussi étrange qu'estoit celle que luy
devoit causer la premiere nouvelle de sa condamnation. *La volonté de Dieu soit faite. Je
n'en murmure point. Dieu benisse ceux qui ont
faussement juré contre moy.*

A quoy peut-on attribuer dans une même
personne une conduitte si differente ? tant de
douceur envers ses Accusateurs & ses juges
aprés même sa condamnation, & tant d'ai-
greur apparente envers ses témoins. On ne
peut en donner d'autre raison sinon, qu'aiant
jugé par un excés de bonté que les premiers
n'estoient que trompez & non pas méchants ;
Il en a toûjours parlé d'une maniere conforme
au jugement qu'il portoit d'eux. Mais la conviction interieure de son innocence le mettant
hors d'état de juger de même de ces derniers,
il a cru & avec raison qu'il devoit leur donner
les noms qui leur convenoient, lors même
qu'il prioit Dieu de leur pardonner & de les
benir.

Q 5 §. 6. Des

§. 6. *Des trois temoins dont le 1. est Dugdale.*

CE Mylord tel que nous le venons de le representer, de l'une des plus grandes Maisons d'Angleterre, & n'ayant donné aucun lieu dans toute sa vie de le soupçonner de la moindre infidelité, a esté condamné à mort sur les mensonges de trois témoins, qui parloient assez de lettres qu'ils disoient avoir eües entre leurs mains, mais qui n'en ont jamais pu produire aucune, ce qui seul les devoit rendre tres-suspects à toutes les personnes équitables.

Ces trois témoins sont *Dugdale*, *Oates*, & *Tuberville*. Nous avons parlé des deux premiers, & les avons fait connoistre sur ce qu'ils ont dit de la conspiration en general. Il ne nous reste qu'à examiner leurs impostures contre ce Mylord.

Celles de Dugdale se reduisent principalement a 3. chefs, dont il n'y a que le premier & le dernier qui soient considerables.

Le 1. est que sur la fin du mois d'Aoust ou au commencement de Septembre il se fit à Tixal chez Mylord Aston une grande Assemblée où luy Dugdale estoit admis par le Jesuite Evers son Confesseur, & où estoit aussi Mylord Stafford : dans laquelle on prit la resolution de faire mourir le Roy, & qu'il les en-

entendist tous y donner leur plein consentement.

Le 2. est que quelque temps aprés (ce qui dois marquer au moins sept ou huit jours depuis) Mylord Stafford estant a Stafford chez M. Abnet vint un Dimanche matin à Tixall pour entendre la Messe, & qu'il luy avoit dit *qu'il estoit bien facheux que les Catholiques ne pussent prier Dieu qu'en cachette: mais que si les choses reüssissoient la Religion Romaine seroit établie.*

Le 3. que le 30. ou 31. de Septembre, aprés quelques discours dont je parleray dans la suite) il luy avoit offert 500. livres Sterling pour faire mourir le Roy: & que luy (Dugdale) estoit allé trouver le Sieur Evers pour luy dire qu'il estoit surpris des offres de Mylord, & qu'il doutoit qu'il fust capable de païer une telle somme.

Mylord Stafford ne dit qu'un mot sur le 2. chef comme estant peu important. Il assura seulement que ce n'avoit jamais esté sa pensée de se plaindre que les Catholiques ne fissent leurs prieres qu'en cachette, & qu'au contraire il les avoit souvent grondez de ce qu'ils faisoient trop publiquement l'exercice de leur Religion.

Mais pour le 1. & le dernier Chef il en prouva la fausseté d'une maniere tres-convainquante selon les procedures d'Angleterre, ou l'accusé est reçu à infirmer ce que chaque témoin a dit contre luy, par d'autres témoins.

Ch. 21. Dugdale avoit dit que cette Assemblée où on avoit resolu de tuer le Roy s'estoit tenu à Tixal à la fin d'Aoust ou au commencement de Septembre. Mylord l'avoit pressé inutilement d'estre positif & de s'arrester à l'un ou à l'autre de ces deux mois, ou aumoins de dire si c'estoit 5. jours avant la fin d'Aoust, & 5. jours au commencement de Septembre ce qui faisoit 10. jours, ou enfin si c'estoit la derniere semaine d'Aoust ou la premiere de Septembre ce qui en faisoit 15. La peur d'estre surpris en mensonge le fit opiniastrer à ne vouloir dire autre chose, & les juges le favorisant dans cette maniere indecise de s'expliquér qui mettoit l'accusé dans une plus grande difficulté de le convaincre de faux, Mylord Stafford ne pust s'empescher de leur parler en ces termes.

p. 240. MYLORD STAFFORD. *Si vous permettez qu'il rende des témoignages de cette maniere, il n'y a point d'homme assuré de sa vie: Je commenceray la tragedie, mais un million me suivront. Il jura au procés du Chevalier Wakeman, ou a celuy des Jesuites qu'il y avoit eu une assemblée à Tixal chez Mylord Aston à laquelle j'assistay au mois d'Aoust.*

Mr. DUGDALE. *Je ne juray pas cela, Messeigneurs, mais bien au mois d'Aoust ou de Septembre, & c'est ce que je jure encore.*

MYLORD STAFFORD. *Je le prouveray par le procés imprimé & des témoins qui y assisterent.* & aprés quelques contestations de Dugdale.

G. S.

G. SENESCHAL. *Voulez vous appeller des* Ch. *Témoins? Qui sont ils?*

MYLORD STAFFORD. *La Marquise de Winchester ma Fille, pour une, & une Dame de mes Parentes, l'autre.*

G. SENESCHAL. *Qu'elles s'avancent, elles ne doivent point prester serment, vous n'avés rien à dire contre elles, Messieurs des communes.*

LE CHEV. JONES. *Non, Monseigneur, qu'il prouvé ce qu'il pourra.*

G. SENESCHAL. *Madame, vous ne déposés rien icy sur serment, mais vous estes obligée, autant qu'on le peut estre, par la verité & l'honneur, de ne rien dire qui ne soit entierement conforme à la verité.*

M. LA MARQUISE. *Je ne diray pas un mot qui ne soit veritable.*

LE CHEV. JONES. *Nous souhaittons sçavoir le nom de cette Dame.*

MYLORD STAFFORD. *C'est ma Fille, la Marquise de Winchester.*

M. LA MARQUISE. *Cet homme icy, Estienne Dugdale, deposa au Procés du Chevalier Wakeman, qu'il devoit recevoir des ordres de Mylord Stafford aux mois de Juin & de Juillet, qu'il devoit venir à la Campagne, & que Mylord estoit à une assemblée qui se tint à Tixall au mois d'Aoust.*

G. SENESCHAL. *Dit-il positivement au mois d'Aoust, ou au mois d'Aoust ou de Septembre?*

M. LA MARQUISE. Non, il ne nomma pas le mois de Septembre.

Mr. DUGDALE. Messeigneurs, je dis peut estre que Mylord Stafford devoit venir à Tixall, mais je ne dis point qu'il y estoit.

G. SENESCHAL. Mais elle dit que vous ne fistes aucune mention du mois de Septembre.

MYLORD STAFFORD. Voicy une autre Dame.

LE CHEV. JONES. Qui est-elle Mylord?

MYLORD STAFFORD. C'est Madame Howard, Fille du Chevalier Edoüard Blunt, qui a épousé Mr. Howard, lequel estoit mon Parent. Elle est veuve à present.

M. HOWARD. Messeigneurs on demanda à Dugdale, au Procés du Chevalier Wakeman, de dire positivement quand Mylord Stafford estoit allé à Tixall; Il répondit que c'estoit au mois de Juin ou de Juillet, mais il dit que l'assemblée s'estoit tenuë au mois d'Aoust, a laquelle Mylord Stafford avoit assisté.

G. SENESCHAL. Cette Dame dit la mème chose, sçavoir que vous ne voulustes pas estre positif pour le mois de Juin ou de Juillet, mais que vous dites positivement que Mylord y estoit au mois d'Aoust.

Mr. DUGDALE. Pardonnés moy, Messeigneurs, je dis seulement que l'assemblée, ou la consultation, se fit au mois d'Aoust & qu'au mois de Juin ou de Juillet, Mylord Stafford devoit venir à Tixall.

M. Ho-

M. HOWARD. *Je vous assure, Messeigneurs, que nous allasmes exprés entendre ce Procés, à dessein de remarquer chaque parolle qu'il diroit touchant Mylord Stafford & nous nous en sommes toûjours souvenües depuis ce temps-la.*

G. SENESCHAL. *Que dittes vous à cela, M. Dugdale?*

Mr. DUGDALE. *Je suppose qu'il y avoit à ce Procés plusieurs autres personnes que ces deux Dames & j'espere que quelques-uns d'entre eux pourront se souvenir que je ne dis alors que ce que je dis presentement.*

Il falloit donc faire venir d'autres personnes qui eussent assisté à ce Procés, & qui témoignassent que Dugdale n'avoit point dit *que cette assemblée se fut tenüe au mois d'Aoust*. Et Messieurs de la Chambre basse n'auroient pas manqué d'en produire s'ils en avoient pu trouver, puisqu'ils ont fait oüir des témoins sur des bagatelles qu'ils avoient contestées à Mylord Stafford. Mais sur ce point-cy, qui estoit une chose capitale, ils ne purent opposer aux témoignages de ces deux Dames qu'une fausseté. Car ils ne les pouvoient plus recuser quoique parentes de l'accusé, aprés avoir répondu au Grand Seneschal qui leur demanda s'ils n'avoient rien à dire contre elles: *Non Monseigneur, qu'il prouve ce qu'il pourra*. Ils furent donc reduits à dire qu'elles ne s'accordoient pas ensemble, ce qui est dementy par le Grand Seneschal qui dit à Dugdale parlant de M. How-

Ch. 21. Howard qui avoit deposé la derniere: CE-TE *Dame dit* LA MEME CHOSE, *sçavoir que vous ne voulustes pas être positifs pour le mois de Juin ou de Juillet, mais que vous dittes positivement* QUE MYLORD Y ESTOIT AU MOIS D'AOUST. A quoy Dugdale ne put répondre qu'en soûtenant le contraire de ce qu'elles avoient dit toutes deux. Or ce seroit en vain que l'on permettroit en Angleterre de produire des témoins en faveur de l'accusé, pour infirmer ce qu'à dit le témoin de l'accusateur, si ce témoin en estoit quitte pour n'en vouloir pas convenir. C'est pourquoy on ne peut rien opposer raisonnablement à ce que Mylord Stafford dit ensuite.

P. 244. MYLORD STAFFORD. *Messeigneurs, je prouve positivement par deux Témoins que voicy, qu'il a juré que j'estois à Tixall au mois d'Aoust à une assemblée qui s'y fit. Il m'est de consequence de prouver que je n'y estois pas au mois d'Aoust, puisqu'il a positivement dit que j'y estois ce mois-là.* Ce qu'il fit ensuite avec tant d'evidence qu'il est demeuré pour constant qu'il n'avoit point esté à Tixall pendant tout le mois d'Aoust, & qu'il n'y estoit arrivé que le 12. de Septembre. Et ainsi devant des Juges équitables ce premier chef de l'accusation de Dugdale devoit passer pour une imposture, ou au moins pour un fait qui estoit devenu douteux, & sur lequel on ne pouvoit asseoir aucun jugement, & encore moins un jugement de mort.

Mais

Mais on peut encore demonstrer la faussetè de cette assemblée pretenduë par la suite que Dugdale a mise entre ces trois chefs d'accusation. Car aprés avoir parlé du 1. qui est *l'assemblée* il dit: QUELQUE TEMPS *aprés Mylord Stafford estant à Stafford chez Mr. Abnett vint un Dimanche matin au Tixall pour entendre la messe*, &c. Et passant du 2. chef au 3. Il dit encore: QUELQUE TEMPS *aprés le 20. ou le 21. Septemb. &c.* Il s'ensuit de là qu'il faut trouver un Dimanche avant le 20. de Septembre où Mylord Stafford n'estant pas à Tixall, vint de Stafford où il estoit chez Mr. Abnett, pour entendre la messe à Tixall. Or ce Dimanche ne pouvoit pas estre celuy qui arriva cette année là le 15. de Sept. Selon le vieux stile pour deux raisons. La premiere parce que Dugdale fait luymême assez entendre en la p. 135. du Procés: que ce Dimanche n'estoit pas le 15. de Septembre. Car aprés avoir dit *que Mylord Stafford estant chez un nommé Abnett de Stafford vint un Dimanche matin au mois de Septembre entendre la Messe chez Mylord Aston*: Il ajoûte: *que depuis ce temps-là environ le 15. Septembre Mylord Stafford l'envoia querir dans sa Chambre.* La seconde parce qu'il a esté prouvé dans le Procés que Mylord Stafford estant arrivé à Tixall chez Mylord Aston le 12. Septembre qui estoit un Jeudy n'en partit que le 21. qui estoit un Samedy. Et parconsequent le Dimanche qui estoit le 15. ne pouvoit pas estre celuy où

CH.21. où il estoit party de Stafford pour venir entendre la Messe à Tixall. Il falloit donc que ce fut quelque Dimanche d'auparavant. C'estadire ou le 8. ou le 1. de Septembre. Or l'assemblée pretenduë où on avoit resolu de tuer le Roy s'estoit tenue selon Dugdale *quelque temps avant* ce Dimanche là. Il auroit donc fallu que c'eust esté au moins avant le 8. de Septembre. Or Mylord a prouvé d'une maniere qui n'a pu estre contestée par Messieurs de la Chambre basse, qu'il n'avoit point esté a Tixall de tout le mois d'Aoust ny en Septembre avant le 12. Il doit donc demeurer pour constant que tout ce que Dugdale a dit de cette assemblée tenue à Tixall ou en presence de Mylord Stafford on avoit resolu de faire mourir le Roy, n'a esté qu'une calomnie diabolique, pour laquelle on l'auroit dû pendre si on luy avoit fait justice.

Le 3. Chef qui est que le 20. de Septemb. on luy promit 5.000. livres Sterlings s'il vouloit tuer le Roy, ne fut pas moins manifestement convaincu de faux par Mylord Stafford. Car Dugdale avoit dit que Mylord l'avoit envoié querir par ses gens pour luy parler & qu'il les avoit fait sortir pour l'entretenir en secret. Or les gens du Mylord témoignent au contraire que c'estoit luy qui avoit prié l'un d'eux de le faire parler à Mylord, afin qu'il pust obtenir de Mylord Aston qu'il le laissast aller à une course : & qu'il n'estoit point vray qu'il les eust fait sortir de la Chambre, mais qu'ils y estoient toû-

toûjours demeurez tant qu'il avoit esté avec leur Maistre. On peut voir tout cela dans le procés depuis la p. 158. jusqu'à 273.

Mais j'ay trouvé une preuve bien plus claire & plus decisive de la fausseté de ces deux horribles calomnies dans les contrarietez qui se rencontrent entre les deux depositions de Dugdale; L'une écritte & signée de sa main du 24. Decemb. 1678. Et l'autre verbale qui est celle qu'il fit dans le procés même. C'est-ce qu'il est necessaire de mettre dans son jour, pour la parfaite justification de cette innocente victime, & la confusion de ceux qui l'ont immolée à la fureur des ennemis du Roy & du Duc son frere.

§. 7. Contrarietez entre les deux differentes depositions de Dugdale.

J'Ay marqué dans le Chapitre precedent, que Dugdale estant en prison à Stafford avoit affirmé plusieurs fois sur *sa damnation* qu'il ne sçavoit rien de la conspiration. Mais ne voyant point de moyen de sortir de l'état miserable où il se trouvoit reduit, parce qu'il devoit plus qu'il n'avoit vaillant, il se laissa persuader par un nommé Southall de se rendre témoin du Roy, & ce fut un nommé Feac compagnon de Southall qui dressa la deposition qu'il luy firent faire devant deux Juges de Paix Thomas Lane & Jean Vernon.

Or

r i e important de sçavoir qui estoiet ces honnestes gens Southall & Feac qui luy ot donné ce conseil, & qui l'ont porté a si bie mentir.

On l'apprenda par ce qui en est dit dans l procés p. 520.

G. SENESCHAL. *Mylord Forrers, vous estes appellé par Mylord Stafford, & comme vous deposés pour le Prisonnier & contre le Roy, vous ne deves point prester serment.*

MYLORD FERRERS. *Tout ce que je sçay de Southall, n'est que ce que j'en ay oüy dire, de sa conduite & de sa reputation a la Campagne, car je n'ay aucune habitude avec luy, ny ne le connois point du tout, le rapport qui m'en a esté fait dans la Province, est qu'il a beaucoup agy contre le Roy dans les derniers troubles, & regardé comme un homme fort dangereux & tres pernitieux contre le gouvernement.*

MYLORD STAFFORD. *Appellés Dr. Taylord.*

SERVITEUR. *Je ne sçay où il est, on ne sçauroit le trouver.*

LORD STAFFORD. *Appellés donc Guillaume Dale. Messeigneurs, je n'ay jamais oüy parler de ce Southall. Je connois l'autre homme, qui est un nommé Feac qui dressa la Deposition, Southall l'ayant nommé pour luy estre adjoint dans cette Deposition; je sçay qu'il est solliciteur de procés, qu'il a esté Mayre de Staf-*

Stafford, & que ce fut luy qui proclama le Roy traistre.

Messieurs de la Chambre basse n'ont osé contredire ce que Mylord dit de ce Feac. Il falloit que cela fût trop public. Et ainsy n'est-ce pas la chose du monde la plus honteuse à ces persecuteurs des Catholiques, d'employer pour les faire declarer traistres un infame qui avoit cet office envers le Roy même, *en le proclamant traistre.*

Mais croyant pouvoir mieux soûtenir la reputation de leur Southall, ils firent oüir un des membres de la Chambre des Communes qui en dit ce qui suit p. 539.

M^r. G. L. GOWER. *Messeigneurs, il y a prés de sept ans que je demeure en la Province de Stafford, mais je n'ay connu le Sieur Southall que depuis la decouverte de cette conspiration Papistique. Je fis connoissance avec luy aux Assises (car je suis de paix en ce Comté) & le trouvay le plus zelé qui fust dans toute cette Province, à poursuivre les Papistes, plusieurs Prestres Papistes ayant esté par son moyen arrestés & emprisonnés. Et pour le dire en passant, il y en a encore un dans les prisons de Stafford qui, quoique convaincu & condamné, n'a pas encore esté executé. Je ne sçay point quelle opinion on a eüe de luy autrefois; Mais je sçay bien qu'il m'est venu prier plusieurs fois de l'assister à la poursuitte des Papistes, selon les statuts & les actes passés à cet effet.*

Cela prouve fort bien que ce Southall est

ch. 21. un ennemy mortel & envenimé des Catholiques-Romains, & ainsy tres propre à chercher de faux témoins pour les faire deposer contre-eux, mais n'infirme en aucune sorte ce qu'en avoit dit Mylord Ferrers, *qu'il avoit agy contre le Roy dans les derniers troubles, & qu'il estoit regardé comme un homme tres dangereux & tres pernitieux contre le Gouvernement.*

Quoiqu'il en soit il ne faut que comparer la deposition que fit alors Dugdale à la sollicitation de ces deux Cromwellistes Southall & Feac le 24. Decembre 1678. avec celle qu'il a faite deux ans après lorsque Mylord fut jugé, pour reconnoistre qu'elles se ruinent l'une & l'autre, & ne laissent aucun lieu de doute que ce Dugdale ne soit un faux témoin. La premiere fut tirée du Journal de la Chambre haute, ou il est dit, *qu'elle fust lue par le Comte d'Essex le 28. Decemb. 1678. comme une information de tres grande consequence.* Cette particularité est tres remarquable comme on verra dans la suitte.

Pro-

Province de Stafford, 1678. Deposition d'Estienne Dugdale cy-devant Serviteur de Mylord Aston de Tixall au sujet d'une Conspiration contre le Roy nostre Souverain.

Deposition verbale du même Dugdale le 1. Decembre, 1680.

1. LE Deposant dit qu'aussi-tost qu'un nommé Howard Aumosnier de la Reyne fust party pour aller de delà mer, un nommé George Hobson serviteur de Mylord Aston luy dit qu'il y avoit un dessein sur le tapis de reformer le Gouvernement & introduire la Religion Romaine.

2. Le Deposant dit qu'au commencement de Septembre 1678. il rencontra Mylord Stafford auprés de la porte de la maison de Tixall, lequel luy dit qu'on disoit que les Papistes murmuroient de ce qu'ils ne pouvoient dire leurs prieres qu'en

SUr la fin du mois d'Aoust, ou commencement de Septembre, Mylord Stafford, Mylord Aston & plusieurs autres Gentils-hommes, estoient ensemble dans une Chambre chez Mylord Aston, & je fus admis à la conversation par le moyen du Sieur Evers, qui le faisoit pour m'encourager; Je leur vis & les ouys dans cette conference prendre une derniere resolution, sur toutes les deliberations qui avoient esté auparavant agitées de delà la Mer & à Londres, que la meilleure resolution qu'ils pouvoient prendre, estoit celle de faire mourir le Roy, estant le moyen le plus prompt qu'ils pouvoient trou-

trouver pour introduire leur Religion. Quelque temps aprés, Mylord estant à Stafford chez Mr. Abnett....

G. Seneschal. Mylord Stafford estoit il à cette assemblée là où on deliberoit de faire mourir le Roy?

Mr. Dugdale. Oüy, Monseigneur.

G. Seneschal. Consentit-il à cette resolution là?

Mr. Dugdale. Oüy, je les entendis tous donner leur plein consentement.

Cet endroit surprit toute l'assemblée. Le G. Seneschal trouva fort mauvais que les gens qui assistoient à ce Procés, eussent fait une espece de Cry, & dit qu'on ne devoit pas en agir ainsy, qu'il sembloit qu'on fust sur un theatre.

Mr. Dugdale poursuivit ainsy, Messeigneurs, Mylord Strafford estant à Stafford chez Mr. Abnett, vint un dimanche matin à Tixall pour entendre la Messe, j'allay le rencontrer à quelques pas de la porte de la maison *cachette ; mais qu'il y auroit bien-tost un changement, & que si on reüssissoit, ils joüiroient de leur Religion. Que le 20. du mois de Septembre dernier, Mylord Stafford avoit dit au Deposant, qu'il y avoit un dessein sur le tapis, & que s'il vouloit l'entreprendre il auroit bonne recompense, & se rendroit celebre.*

3. Que le même jour immediatement aprés le Deposant alla dans la Chambre d'un nommé vrie autrement Evers Jesuite demeurant à Tixall, & luy demanda ce que Mylord Stafford entendoit par ce mot de dessein ; Qu'Evers aprés luy avoir fait faire à genoux un serment de tenir le secret, luy dit qu'il pourroit rendre service, & seroit bien recompensé, outre qu'il se rendroit Illustre. Il luy dit ensuitte qu'il faudroit qu'il tra-

travaillast avec d'autres, à faire mourir le Roy, soit par un coup de mousquet, de pistolet ou autrement, que le Deposant n'avoit que faire de craindre, parce que le Pape ayant excommunié le Roy, & tous ceux qu'il a excommuniés estant Heretiques, on le pouvoit tuer, & on seroit Canonisé pour l'avoir fait.

4. Le Deposant témoigne que le dit Evers & Hobson luy ont tous deux dit qu'on avoit dessein de tuer le Duc de Montmouth aussibien que le Roy.

5. Que George North neveu de Pickering & serviteur de Mylord Aston, a dit depuis peu au Deposant, qu'on avoit arresté son Oncle Pickering, & qu'on l'avoit mis Prisonnier à Newgate; Qu'il croyoit que le Roy a cause de ses debauches meritoit

maison de Mylord Aston, où il descendit de cheval; aprés luy avoir fait les civilités ordinaires, & qu'il eut dit quelque chose, il se tourna de mon costé, & dit qu'il estoit bien fâcheux que nous ne pussions prier Dieu qu'en cachette; mais que si les choses reüssissoient, nous verrions la Religion Romaine établie. Ce qui me donnoit effectivement autant de joie, qu'à qui que ce soit. Quelque temps aprés environ le 20. ou 21. Septembre, Mylord m'envoya querir dans sa Chambre, je crois que ce fut par son Page ou par son valet de Chambre. quoyqu'il en soit, celuy qui me vint querir, me dit d'aller à Mylord, ce que je fis incontinent aprés, je le trouvay qu'il se levoit & s'habilloit, il fit sortir ses gens & me dit que le Sieur Evers luy avoit donné un tres bon Caractere de ma personne, & que ce Jesuite & plusieurs autres gens luy avoient dit que je leur serois fidele, &

R   qu'on

qu'on pouvoit se fier à moy, & me communiquerent l'intention qu'ils avoient d'introduire leur Religion en Angleterre. Il me dit qu'il avoit part luy même à ce dessein, & qu'il y estoit fort avant engagé. Il m'offrit alors 500. livres Sterling pour faire mourir le Roy, cette somme estant seulement pour m'encourager, & me deffrayer ; qu'au mois d'Octobre suivant j'irois à Londres avec luy, & que je serois quelquefois en ville avec luy & quelquefois à une maison qu'a Mylord Aston à 25. milles de Londres ; qu'en ville Mr. Ireland & luy auroient soin de moy & qu'à la Campagne ce seroit un nommé Mr. Parson qui sçavoit le dessein. Je fis alors paroistre que je serois fidelle à Mylord Stafford, & que je le serois aussi pour les choses auxquelles il m'engageoit. J'allay ensuite trouver le Sieur Evers, & luy communiquay ce que Mylord Stafford m'avoit dit, &

une mort aussi infame que celle qu'on preparoit à Pickering, son Oncle.

6. *Que le Sieur Evers luy avoit dit que le Pere Bedingfield avoit reçu un Pacquet de lettres par la Poste, dont il craignoit que le Grand Thresorier n'en fust averty ; C'est pourquoy il les avoit données au Duc d'Yorck & le Duc au Roy ;* Que S. M. les avoit mises entre les mains du grand Thresorier aprés les avoir leües. Que le Roy ne croyoit rien de ce qui y estoit contenu, en quoy ils avoient esté fort heureux, autrement la Conspiration estoit decouverte.

7. Qu'il avoit reçu plusieurs Pacquets de lettres, dont il avoit ouvert quelques-unes, & avoit trouvé que toutes ces lettres ne tendoient qu'à introduire la Reli-

Religion Romaine dans ces Royaumes, &c.

8. *Qu'il avoit luy-même reçu plusieurs sommes d'argent & connoissoit des gens qui en avançoient pour l'usage des Jesuites.*

Estienne Dugdale.

Cette deposition a esté reçüe sur serment le 24. Decembre, 1678. Par nous Thomas Lane, & Jean Vernon, Juges de Paix.

que j'estois surpris des offres que Mylord Stafford m'avoit faitte, doutant que Mylord fust capable de payer une telle somme, il me dit que je n'avois que faire de craindre cela, que Harcourt, & Ireland avoient de l'argent pour payer cette despense, & les autres qu'on seroit obligé de faire, & que je ne manquerois point d'argent pour avancer le dessein.

Avant que de remarquer les contrarietez qui sont entre ces deux depositions, il est necessaire de considerer, que la premiere n'est que de trois mois aprés toutes les choses qu'il a pretendu dans sa derniere s'estre passées à Tixall entre Mylord Stafford & luy: de sorte qu'on ne peut feindre qu'il les eust oubliées en si peu de temps. Et parconsequent ce seroit vouloir ruiner les plus claires maximes de l'equité naturelle, que de ne pas demeurer d'accord: qu'au regard des choses capitales & importantes tout ce qui ne se trouvera point dans cette premiere deposition reçuë par des Juges de paix & signée de sa propre main, doit estre reputé faux & inventé depuis. Cela supposé

Cʜ. 21. voions ce que ces deux depositions ont de contraire.

1. *Contrarieté.*

IL paroist par ce que nous venons de rapporter du Procés que non seulement les Juges mais toute l'assemblée fut terriblement surprise de ce qui y fust dit par Dugdale du 1. des trois chefs de sa derniere deposition, c'est adire de cette assemblée de la fin d'Aoust ou du commencement de Septembre, où il assure *que Mylord Aston, Mylord Stafford, & plusieurs Gentilshommes avoient donné un plein consentement au meurtre du Roy.* Car il est remarqué que l'assemblée fut si *surprise* d'une si diabolique resolution, qu'il se *fit une espece de cry.* On ne peut donc pas feindre que Dugdale qui dit dans sa derniere deposition qu'il estoit present à cette assemblée en eust perdu la memoire trois mois aprés. Ce ne sont pas là des choses à oublier en si peu de temps. Or il n'en dit pas un seul mot dans sa deposition du 24. Decemb. 1678. Il commence ce qui regard Mylord Stafford par l'entretien qu'il eut avec luy un Dimanche, ce qu'il dit dans sa deposition verbale n'estre arrivé que *quelque temps aprés* cette assemblée. On ne peut donc regarder que comme une impudente calomnie tout ce qu'il a inventé depuis touchant cette assemblée pretenduë.

2. Contrarieté.

LE 2. Chef qui est peu important est presque demême dans l'une & l'autre deposition. Il est neanmoins plus malin dans la derniere & plus contraire aux veritables sentimens de Mylord Stafford, qui a soûtenu qu'il a toûjours grondé les Catholiques de ce qu'ils s'assembloient trop publiquement. Car dans la deposition de 1678. il luy fait dire, *On dit que les Papistes murmurent, &c.* Et dans celle de 1680. il le fait murmurer luymême.

3. Contrarieté.

MAis la contrarieté capitale est touchant ce qui s'estoit passé entre eux le 20. jour de Septembre, dont il dit dans sa deposition verbale de 1680. qu'il s'en estoit bien souvenu à cause d'une circonstance remarquable. Et on ne peut douter qu'il ne s'en souvint mieux en 1678. trois mois aprés, qu'en 1680. deux ans depuis. Et il paroist aussi qu'il pretendoit s'en mieux souvenir dans la deposition écrite, puisqu'il marque precisement le 20. Septemb. (qui estoit le jour de la course à Etching-hill) au lieu que dans celle de 1680. il dit toûjours que ce fut le 20. ou le 21. quoyqu'il avoüe aussi que ce fut le jour de la course. Cependant nous venons de voir que lorsqu'il en auroit du avoir la memoire plus fraiche il dit seulement: *Que le*

Cʜ. 21. *le 20. du mois de Septemb. dernier Mylord Stafford avoit dit au deposant qu'il y avoit un dessein sur le tapis, & que s'il vouloit l'entreprendre, il auroit une bonne recompense & se rendroit celebre.* Au lieu que dans celle de 1680. il soûtint: *que ce même jour 20. Sept. il luy avoit offert 500. livres Sterling pour faire mourir le Roy.* Si cela eust esté vray pourquoy ne l'auroit il pas dit de la même sorte en 1678. où il s'en devoit bien mieux souvenir. Qui ne voit qu'on luy a fait aggraver depuis cette deposition, pour ne point laisser à l'égard de Mylord de mot ambigu, tel qu'estoit celuy *de dessein* de la premiere deposition, laquelle chargeoit d'avantage le Jesuite Evers que le Mylord, parce que ce n'estoit point au Mylord mais au Jesuite à qui l'on faisoit parler de tuer le Roy. Il est donc clair que cette premiere deposition de 1678. signée Dugdale reçûe par deux Juges de Paix, & enregistrée dans la Chambre Haute, est une manifeste conviction de la fausseté de ce qui a esté le principal sujet de la condamnation de Mylord, sçavoir *qu'il avoit offert à Dugdale 500. livres Sterling pour faire mourir le Roy.*

4. Contrarieté.

IL est dit dans l'une & dans l'autre qu'aussitost aprés que Mylord luy eust parlé il alla trouver le Jesuite Evers. Mais ce qu'il pretend qu'il luy dit dans la premiere deposition est tout

tout different de ce qu'il veut faire croire qu'il luy dit dans la seconde. *Immediatement aprés*, (dit-il dans la premiere deposition) *le deposant alla dans la Chambre d'Evers Jesuite demeurant à Tixall & luy demanda ce que Mylord Stafford entendoit par ce mot de* DESSEIN. Il supposoit donc alors, qu'il ne luy avoit parlé que d'un *dessein* en general sans s'expliquer plus particulierement, ce qui auroit pu s'entendre d'un *dessein* ou innocent ou beaucoup moins criminel comme estoit celuy de Mr. Coleman d'obtenir par quelque intrigue, à laquelle il eust esté necessaire que plusieurs s'employassent, une tolerance de la Religion Romaine. Il ne luy avoit donc pas *promis 500. livres Sterling pour tuer le Roy*. Car cela n'auroit pas eu besoin d'explication, & il auroit fallu estre beste pour aller demander sur cela ce qu'on a entendu par ce mot de *dessein*.

Tout cela aussi est bien different dans la deposition verbale de 1680. La consultation avec Evers se rapporte fort bien à la proposition diabolique qu'il avoit forgé depuis qu'on luy avoit faite *de tuer le Roy* en luy promettant 500. livres Sterling. *J'allay ensuitte*, dit-il, *trouver le Sieur Evers & luy communiquay ce que Mylord Stafford m'avoit dit, & que j'estois surpris des offres que Mylord m'avoit faittes, doutant que Mylord fut capable de paier une telle somme*. Voilà deux sortes d'inquietudes bien differentes quoyque l'une soit aussi fausse que l'autre. Il avoit feint en 1678. qu'il avoit esté en peine de sçavoir ce qu'on entendoit par le mot de *deffein*, & il feint en 1680. qu'il avoit esté en peine de sçavoir, si aiant tué le Roy il seroit bien payé de 500. livres Sterling, qu'il suppofoit impudemment que Mylord Stafford luy avoit promises. Peut on s'imaginer de contrarieté plus manifeste dans le point capital d'un Procés de cette importance, & qui peut douter que la seconde deposition estant contredite par la premiere il falloit necessairement qu'elle fust fausse, & que par consequent le témoin fust un parjure, ce qui obligeoit les juges de ne rien croire sur son témoignage. Il n'y eut jamais rien de demonstratif si cela ne l'est.

5. Contrarieté.

DAns la premiere deposition de 1678. Dugdale dit en parlant de ce qui s'estoit passé entre luy & le Pere Evers le 20. de Sept. qu'avant que de luy parler du dessein de tuer le Roy il luy avoit *fait faire à genoux un serment de tenir le Secret*. Or rien n'auroit esté plus ridicule & de plus hors de propos que l'exaction de ce serment selon la derniere deposition de 1680. dans laquelle, il soûtient que quelque temps avent ce 20. Septemb. il s'estoit tenu au même lieu de Tixall, une assemblée dans laquelle le même Jesuite Evers l'avoit fait admettre, & qu'il y avoit esté resolu de faire mourir le Roy. On ne luy auroit donc rien appris le 20. de Septemb. que le même Pere Evers ne luy

luy eut déja fait sçavoir en le faisant admettre en l'assemblée precedente. Et parconsequent il n'avoit pas encore forgé lorsqu'il fit sa premiere deposition de 1678. l'imposture qu'il a inventée depuis, de cette assemblée de Tixall de la fin d'Aoust ou du commencement de Septemb. dans laquelle il pretend qu'on avoit pris la resolution de faire mourir le Roy.

6. Contrarieté.

ON peut remarquer la même contrarieté entre deux articles de la derniere deposition de 1680. Car il rapporte en ces termes ce qu'il pretend s'estre passé entre Mylord Stafford & luy le 20. Septembre. *Il me dit que le Jesuite Evers & plusieurs autres personnes luy avoient dit que je leur serois fidelle, & qu'on pouvoit se fier en moy & me communiquer l'intention qu'ils avoient d'introduire leur religion en Angleterre. Il me dit qu'il avoit part luymême à ce dessein, & qu'il y étoit fort engagé.* Or rien n'auroit esté plus impertinent que ce discours en supposant pour veritable ce que Dugdale avoit soûtenu dans le commencement de cette même deposition, qu'au veu & au sçu de Mylord Stafford il avoit assisté peu de temps auparavant à une assemblee ou la resolution avoit esté prise de faire mourir le Roy. On ne peut donc prendre tout cela que pour des mensonges si mal concertez que l'un détruit l'autre.

§. 8. *Fourberie de Southall pour couvrir un peu la contrarieté des deux depositions de Dugdale.*

Messieurs de la Chambre Basse s'estoient sans doute bien apperçus de la contrarieté entre ces depositions de Dugdale, & ils ont eu recours pour la couvrir à une insigne fourberie. Ils font venir leur Southall pour rendre compte de la maniere dont Dugdale s'estoit resolu de decouvrir ce qu'il sçavoit de la Conspiration, aprés avoir juré plusieurs fois *sur sa damnation* qu'il n'en avoit aucune connoissance. Et ensuitte ils luy font donner un papier où il disoit avoir écrit la substance des choses dont Dugdale avoit presté serment. C'estadire la substance de l'acte passé par devant les Juges de paix Lane & Vernon le 24. Decemb. 1678. qui avoit esté déja lu dans le Procés tiré du Journal de la Chambre Haute, où il estoit marqué qu'il avoit esté lu dans cette Chambre 4. jours aprés, c'estadire le 28. Decemb. Cet extrait pretendu ne pouvoit donc estre qu'impertinemment allegué. Car quelle foy y devoit-on ajoûter, contre la piece originale qui avoit déja esté lüe? Mais on voit assez que cela ne se faisoit que pour faire trouver dans cette premiere deposition par l'extrait infidelle de ce Cromwelliste, ce qui ne se trouvoit point dans l'Original ; sçavoir la promesse de 500. livres Ster-

Sterling pour tuer le Roy. Et voicy comme ils l'y font trouver ?

Ce Southall suppose faussement dans son extrait que le 24. Decembre Dugdale n'avoit point parlé de ce qui s'estoit passé entre luy & le Mylord le 20. Septemb. mais seulement de ce qu'il luy avoit dit le Dimanche quand il vint à la Messe à Tixall. Et pour mieux embroüiller toutes choses cet Extrait luy fait dire ce Dimanche là ce que la deposition originale de 1678. porte n'avoir esté dit que le 20. de Sept. *qu'il y avoit une entreprise en main & que s'il vouloit contribuer à la faire reüssir, il auroit une bonne recompense & se rendroit fameux:* & on joint à cela l'entretien avec Evers, qui dans la deposition originale n'est que du même jour 20. Septemb.

Aprés cette broüillerie, l'Auteur de l'extrait feint, que ce ne fut que le 29. Decemb. 1678. que Dugdale parla de ce qui s'estoit passé le 20. Septemb. d'auparavant, ce qui est une manifeste fausseté puisque dés le 28. du même mois Decembre on lut à la Chambre Haute sa deposition qui contenoit, ce qui s'estoit passé entre luy & Mylord le 20. Septembre, mais le but de cette fausseté estoit de pouvoir faire dire par cet extrait contre la foy de l'Original, *Que le 20. Septemb. dernier Mylord Stafford luy avoit promis 500. livres pour avancer la conspiration.* Ce qui est une honteuse imposture, comme il paroist par la deposition originale qui contient ce que Dugdale pretendoit s'estre passé le 20. Septemb. tant entre luy & Mylord Stafford, qu'entre luy & le Pere Evers. Il est donc clair que tout cela n'a esté qu'une insigne fourberie pour couvrir un peu la contrarieté qui se trouvoit entre les depositions du même témoin, & pour empécher sur tout qu'on ne vit trop clairement que cette promesse de 500. livres Sterling pour tuer le Roy, que Dugdale a dit dans le procés luy avoir esté faitte par Mylord Stafford le 20. de Septembre, & qui a esté la principale cause de sa condamnation, estoit une manifeste calomnie, puisqu'il n'auroit pas manqué d'en parler trois mois aprés dans sa premiere deposition du 24. Decembre de la méme année, si cela eust esté veritable.

§. 9. *Autre argument contre Dugdale tiré de cette 1. deposition du 24. Decembre, 1678.*

MEssieurs de la Chambre basse tirent un grand argument pour la sincerité de Dugdale de ce qu'il a accusé Mylord Stafford des mêmes choses dont il avoit esté accusé par le Docteur Oates. C'est en la p. 594. *Dugdale, disent-ils, ne pouvoit pas sçavoir ce que le Docteur avoit deposé à Londres, luy qui estoit prisonnier & fort resserré à Stafford, avantque le Sieur Oates accusast Mylord Stafford, & qui y demeura fort long-temps aprés. Il estoit donc impossible, qu'ils eussent inventé & concerté l'un avec l'autre d'accuser ce* Mylord DES MEMES

MEMES CHOSES. *Je vous prie, Messeigneurs, de considerer cecy comme chose qui doit avoir un grand poids pour la confirmation de tout ce qui a esté deposé.*

Quand on se donne la liberté de supposer pour vray ce qui est faux, il est aisé d'en tirer de grands avantages pour sa cause. C'est-ce que font ces Messieurs. Il leur plaist de supposer, que Dugdale estant en prison a accusé Mylord Stafford *des* MEMES CHOSES *qu'Oates*. Et c'est-ce qui est tres faux. Car hors le mot general de Conspiration, dont le bruit s'estoit repandu avant que Dugdale fust en prison, il n'y a rien de semblable entre la premiere deposition de Dugdale & celle du Docteur Oates. Il ne faut que les lire pour en estre convaincu.

On trouvera celle de Dugdale dans le §. 7. de ce chap. & je rapporteray celle d'Oates dans le §. 10. C'est pourquoy on doit tirer de là une conclusion toute contraire à celle de ces Messieurs, & rien ne peut mieux faire voir, que ces deux miserables sont deux faux témoins.

Car l'un & l'autre a pretendu avoir appris des Jesuites tout ce qu'il sçavoit de la conjuration. On le sçait assez au regard d'Oates. Dugdale n'en dit pas moins. P. 74. *Il y a*, dit-il, 15. *ou* 16. *ans que je sçay par le P. Evers mon Confesseur, qu'on a dessein d'introduire la Religion Romaine en Angleterre en se pourvoiant d'argent & d'armes lorsque la mort du Roy arriveroit*

Ch. 21. *veroit. J'ay veu plusieurs lettres de Rome, de Paris & de Saint Omer qui toutes disent la même chose touchant ce dessein. J'en ay lu exprés quelques unes, & j'en ay intercepté d'autres: Car elles m'estoient toutes addressées.* Et en la p. 77. *Les Jesuites me confioient* TOUTES CHOSES *de la Conspiration, & particulierement pendant deux années toutes leurs lettres qui parloient de la Conspiration, passoient par mes mains; J'en ouvrois quelques unes & j'en gardois d'autres.*

Supposé que cela fust vray (comme Messieurs de la Chambre basse le supposoient) Dugdale n'auroit pas manqué d'estre informé de tout ce qu'Oates assure qui se prattiquoit par les Jesuites en ce temps-là, de l'entreprise de Pikering & de Growes contre la vie du Roy, de celle des 4. Irlandois, du projet de le faire empoisonner par le Ch. Vakeman, & sur tout de ces fameuses Patentes signées *Jean Paul Oliva* envoiées à tant de Seigneurs par l'ordre du Pape. Or il n'a rien dit de tout cela dans la deposition qu'il a faites estant en prison à Stafford. Et parconsequent c'est une marque certaine, que ces deux miserables n'ont point appris des Jesuites ce qu'ils ont dit de la Conspiration, puisque si cela eust esté ils en auroient dit les mêmes choses avant que de s'estre vus, mais que chacun en a inventé ce qu'il luy a plu.

Je croy aprés cela qu'il n'y aura personne qui ne soit convaincu de l'innocence de Mylord Staf-

Stafford, & des fripponneries du premier té- moin qu'on a emploiées pour l'opprimer. Il nous reste à montrer que les deux autres ne valent pas mieux.

§. 10. *Du 2. Temoin qui est Oates.*

LEs deux autres témoins qui sont Oates & Tuberville ont cela de particulier que le Mylord a soûtenu avec serment & pendant le Procés & estant prest d'aller à Dieu, qu'il ne leur avoit jamais parlé, & qu'il ne les avoit pas seulement oüy nommer avant la pretenduë decouverte de la Conspiration. Il dit d'Oates en la p. 156. *Je veux mourir si j'ay jamais vu ce Docteur en ma vie.* Et en la p. 312. Sur ce qu'Oates assuroit impudemment luy avoir vu donner par Fennwick Jesuite autrement appellé Tompson une de ces fabuleuses patentes signées *Jean Paul Oliva*, le Seneschal luy ayant demandé ce qu'il disoit à cela : Il luy répond en ces termes.

MYLORD STAFFORD. *Qu'est-ce que je puis contre cela ? Je vous proteste devant Dieu que je n'ay de ma vie vu cet homme là, que je n'ay jamais porté d'autres noms que le mien, depuis que j'ay l'honneur d'estre Pair du Royaume. Je n'avois jamais oüy parler de Fennwick, ny le Jesuite, ny sous le nom de Thompson que depuis que cette Conspiration fut decouverte, & qu'il fut pris, vous pouvez le croire,*

Ch. 21. *ou ne le pas croire, mais cela est aussi vray qu'il est vray que je suis en vie.*

Il y a des choses dont on ne peut juger qu'en suivant la plus grande probabilité, & telles sont la pluspart des choses humaines. Deux personnes jurent, l'une le oüy & l'autre le non. Qui croira t-'on qui dit vray ? qui croira t-'on qui se parjure ? Je suppose qu'on ne peut avoir d'ailleurs d'autres preuves de la verité ou de la fausseté de ce qu'ils disent. S'ils sont a peu prés ou aussi gens de bien ou aussi meschans l'un que l'autre, on demeurera en suspens. Mais si l'un à passé jusques là pour fort honneste homme, & que l'autre soit notoirement un impie: pourra t-on s'empescher de croire que c'est l'honneste homme qui dit vray : & que c'est l'impie qui se parjure.

L'application est aisée à faire. Mylord Stafford jusques a ce procés a vecu sans aucun reproche, & comme un des plus honnestes hommes d'entre les grands Seigneurs d'Angleterre. Oates est un miserable qui se vante comme d'une belle chose d'avoir abjuré sa religion sans estre persuadé quelle fust fausse, & d'avoir vecu trois ans durant dans de continuels sacrileges. Ne faudroit-il donc pas renoncer au bons sens pour croire que c'est le premier qui se parjure & que c'est le dernier qui dit vray.

Mais on a plus que cela. Car d'une part ces pretenduës patentes signées *Jean Paul Oliva* sont la plus chimerique chose qui fut jamais.

Et

Et de l'autre on a dans les depositions mêmes Ch. 21. de ce Docteur de quoy prouver que quand ce qu'il dit au regard des autres auroit quelque probabilité, il n'en pourroit avoir aucune au regard de Mylord Stafford.

Il ne faut pour cela que considerer sa premiere deposition du 24. Octobre 1678. qui se voit en la p. 320.

Il n'y est presques parlé que de ces pretendues patentes signées *Jean Paul Oliva* pour donner à divers Seigneurs les plus grandes charges d'Angleterre : a Mylord Arundel de Wardour celle de Grand Chancelier : à Mylord Powis celle de grand Thresorier : au Chevalier Rodolphin celle de garde du sçeau privé : à M. Coleman celle de Secretaire d'Etat : a Mylord Bellasis celle de general de l'armée qui se devoit lever ; a Mylord Petters celle de Lieutenant general de la même armée : & tout au milieu de la même deposition parlant de Mylord Stafford, il n'en dit autre chose sinon ; *Qu'au mois de May, Juin,* P. 322. *Juillet & Aoust il avoit vu plusieurs lettres signées Stafford par lesquelles il paroissoit qu'il estoit de la conspiration tramée contre le Roy ; Qu'il avoit envoié plusieurs sommes d'argent aux Jesuites pour ce dessein, qui estoient addressées à Fennwick, & Ireland. Que le deposant vit une lettre au mois d'Aoust dernier signée Stafford & addressée aux mêmes personnes par laquelle Mylord leur disoit, que bien qu'il eust envoié son fils à Lisbonne*

Ch. 21. *bonne il ne sera pas pour cela moins l'amy des Jesuites.*

Cependant il a soûtenu impudemment dans le procés qu'au mois de Juin de cette même année 1678. il luy avoit vu recevoir une de ses patentes pour estre *Thresorier general* de cette armée chimerique. Est il croiable que si cela estoit vray, il n'en eust pas parlé dans cette premiere deposition du 24. Octob. 1678, ou au regard de toutes les autres personnes qu'il accuse, il ne parle que de ces *patentes*. N'est il pas visible que c'est qu'il n'avoit pas encore trouvé de charge qui fut digne de luy, toutes les grandes charges estant données à d'autres. Mais ayant reconnu la faute qu'il avoit faitte en ne fondant son accusation contre Mylord Stafford que sur de pretenduës lettres qu'il feignoit avoir vues, sans en pouvoir produire aucune ny même en rien dire de precis, il s'avisa quelque temps apres de demembrer de la charge de *grand Thresorier* qu'il avoit donnée au Comte de Powis, celle de Thresorier general de cette armée *qui se devoit lever en l'air*, pour en revestir Mylord Stafford par une patente du general des Jesuites.

Enfin pouvoit on écouter un homme qui avoit eu l'effronterie d'accuser la Reyne d'avoir consenty à la mort du Roy son mary, ayant declaré auparavant qu'il n'avoit plus personne à accuser en Angleterre mais seulement en Irlande. Comme j'ay déja parlé de cela en un autre endroit sur ce qui en est dit dans une écrit fait

par

par les Jesuites, j'ay esté bien aise de le voir confirmé dans ce procés par le témoignage d'un des Pairs. P. 329.

MYLORD STAFFORD. *Je prie Mylord Berkley de declarer ce qu'il a oüy dire à Oates dans la Chambre haute.*

LE COMTE DE BERKLAY. *Je vous diray ce dont-il me souvient dans la Chambre haute. Monsieur le Chancelier, autant qu'il me peut souvenir, fit cette question au Docteur Oates dans la Chambre haute. Les Pairs desirent de sçavoir si vous pouvés accuser aucunes personnes de qualité & condition que ce soit, & les Pairs vous exhortent à le faire. Voicy sa réponse. Messeigneurs, je n'ay plus personne à accuser quant à ce qui regarde l'Angleterre, mais pour ce qui regarde l'Irlande j'en ay encore.*

LE CHEV. JONES. *Nous prions qu'on nous permette de demander à ce Seigneur qui vient de parler, pour satisfaire cette assemblée, en quel temps le Docteur Oates dit ce qu'il vient de dire.*

LE COMTE DE BERLAY. *Messeigneurs, ce fut aprés que le Docteur Oates eut accusé Mylord Stafford, & devant qu'il accusast la Reyne.*

LORD STAFFORD. *Je vous prie, Messeigneurs, de remarquer, (car je suis fort aise de ce qui vient d'estre dit) il dit qu'il n'avoit plus personne à accuser quant à l'Angleterre, & cependant aprés cela il accusa la Reyne.*

On

Ch. 21. On lut ensuite dans le Journal de la Chambre haute, où l'on trouva que cela y estoit en substance, ce qui fit dire à Mylord Stafford.

LORD STAFFORD. *Il dit donc qu'il n'avoit point d'autres personnes à accuser que celles qu'il avoit decouvertes. N'accusa t-'il pas pourtant depuis ce temps-là la Reyne & plusieurs autres, s'il dit la verité il n'en sçavoit point d'autres, sinon il s'est parjuré.*

LE CHEV. JONES. *Prouvez qu'il a accusé la Reyne.*

LORD STAFFORD. *Il l'accusa au Conseil, & ainsy il s'est parjuré en cela, & ne doit pas parconsequent estre cru.*

On peut ajoûter à cela, tout ce que j'ay dit en d'autres endroits de ce Docteur Oates, & on sera convaincu qu'il n'y eut jamais de menteur plus effronté ny plus indigne de toute creance.

§. 11. *Du Dernier Temoin qui est Tuberville.*

RIen n'est plus incroiable que ce que depose ce Tuberville. Il dit qu'en 1675. estant venu à Paris dans le temps que Mylord Stafford y estoit aussi, il s'estoit fait amener chez luy par son frere le *P. Anthoine Tuberville*, & deux autres Religieux *Skerbone & Velson*, & qu'y allant souvent ce Mylord luy dit un jour : *qu'il avoit un petit service à luy proposer* (ce sont les propres termes de sa declara-

laration écritte qui est rapportée en la p. 361.) Сн. 11.
ui non seulement le remettroit bien avec ses Parens, mais qui même les obligeroit & tous ceux de leur party de le rendre heureux pendant toute sa vie, que c'estoit d'oster la vie au Roy d'Anleterre qui estoit heretique & rebelle à Dieu : & qu'il demanda du temps pour y penser.

Rien eust-il jamais plus l'air d'une imposture que cette deposition. Quand Mylord Stafford auroit esté assez méchant pour avoir cette pensée, auroit-il esté assez insensé pour en parler à un homme qu'il n'auroit connu que depuis trois jours, comme d'un *petit service qu'il avoit à luy proposer.* Y eust-il jamais d'exemple d'une pareille extravagance ?

Mais de plus Mylord en fit voir la fausseté.
1. En protestant qu'il n'avoit jamais vu ny ce Tuberville ny les trois Religieux dont-il disoit s'estre fait accompagner pour venir chez luy.

2. En prouvant par ses gens qu'ils ne l'avoient jamais vu dans sa maison.

3. En luy faisant avoüer à luy même qu'il ne connoissoit aucun de ses gens, & qu'il ne pouvoit dire comment estoit faite la Chambre dans laquelle il disoit l'avoir vu.

4. En le convainquant de fausseté en ce qu'il avoit dit dans sa deposition par écrit : *qu'estant party devant Mylord Stafford pour Dieppe, Mylord alla avec le Comte de Grammont par Calais, & qu'il luy avoit envoié ordre de passer en Angleterre, & de le venir trouver à*
Lon-

Ch. 21. *Londres.* Ce sont les propres termes de cette deposition par écrit qui est rapportée p. 362. qui ne peuvent signifier autre chose, sinon que Mylord Stafford estant passé par Calais luy envoia ordre dés qu'il fust arrivé en Angleterre de passer la Mer & de le venir trouver à Londres. Mais Mylord ayant prouvé qu'il estoit allé par Dieppe & non par Calais, & que ce n'avoit point esté avec le Comte de Grammont, Tuberville fut obligé d'avoir recours à un autre mensonge qui est qu'il n'avoit parlé de ce passage par Calais, que parce que Mylord Stafford luy avoit écrit de Paris qu'il ne l'attendist point a Dieppe parce qu'il avoit resolu de passer par Calais. Ce qu'on voit assez ne pouvoir s'ajuster à ce qu'il avoit dit dans sa premiere deposition.

Mais la maniere dont Messieurs de la Chambre basse soûtiennent leur témoin contre les objections de Mylord Stafford est si pleine de faussetez, qu'ils ne pouvoient rien faire de mieux pour les confirmer. C'est en la p. 580.

La 2. Objection, disent-ils, *que l'on fait contre M. de Tuberville est qu'il n'a jamais esté chez Mylord Stafford, voyons un peu comment cela a esté prouvé; car c'est une negative. Le Prisonnier fait venir ses serviteurs Furnese & Leigh. Et que disent-ils? rien sinon qu'ils n'ont jamais vu un tel homme. Il faut remarquer, Messeigneurs, que Mr. Turberville fut introduit auprés de Mylord par des personnes qui auoient plus de part à sa confidence qu'aucun de ces*

ces deux valets; Il l'alla voir avec des Prestres; Et vous avés veritablement oüy le jeune Garçon Leigh, nier qu'il connust Antoine Turberville, mais non pas le Pere Turberville: Mylord luymême ne se deffend pas de connoistre ce Moyne, & ses deux serviteurs ne nient pas non plus que luy, qu'il avoit correspondence avec les deux autres: ainsi il se pouvoit facilement faire que Mr. Turberville allast chez Mylord en compagnie de ces trois Prestres sans estre particulierement remarqué par ce petit Garçon.

Voions donc si ce qu'ils supposent est vray que le jeune garçon Leigh ait *nié seulement qu'il connust Anthoine Turberville, mais non pas* LE PERE TURBERVILLE. Le Jeune garçon Leigh n'a rien nié, ny affirmé sur cela; car ce ne fut point luy, mais *Furnese* à qui on demanda s'il avoit vu celuy dont il s'agit, & ce fut le G. Seneschal qui le luy demanda en ces propres termes p. 552.

G. SENESCHAL. *Estiez vous avec Mylord pendant tout le temps qu'il fut en France?*

FURNESE. *Oüy Messeigneurs.*

G. SENESCHAL. *Y avez vous jamais vu Tuberville.*

FURNESE. *Non.*

G. SENESCHAL. *Avez vous jamais vu en France* le Pere Antoine Tuberville.

FURNESE. *Non Messeigneurs, je n'ay jamais oüy prononcer son nom.*

Sur-

Surquoy donc peut estre fondé ce que disent ces Messieurs, que les gens de Mylord Stafford avoient bien nié qu'il connust Antoine Turberville, mais non pas le *Pere Turberville*.

Il est encore plus étrange qu'ils aient osé dire pour donner quelque vraysemblance à la deposition de leur faux témoin: *Que Mylord luy même ne s'estoit pas defendu de connoistre ce Moyne* (c'estadire le P. Turberville) *& que ces deux serviteurs n'avoient pas nié* NON PLUS QUE LUY, *qu'il avoit correspondance avec les deux autres.*

Voions donc encore si cela est vray. On l'apprendra par ce qui est dit dans la p. 163.

LORD STAFFORD. *Messeigneurs, je voudrois bien qu'il vous dit qui me le recommanda pour l'amener en Angleterre.*

G. SENESCHAL. *Qui est-ce qui vous recommanda à Mylord Stafford pour venir avec luy en Angleterre?*

M. TURBERVILLE. *Ce fut le Pere Sherborne qui estoit alors Prieur des Benedictins de Paris, le Pere Welson Sousprieur, & mon Frere qui est Moyne dans le même Convent.*

G. SENESCHAL. *Il dit qu'il y eu trois personnes qui vous le recommanderent.*

LORD STAFFORD. *Je ne les ay jamais vus de ma vie.*

Est-ce là ne se point defendre de connoistre l'un de ces Moynes? Est-ce là ne point nier qu'il qu'il n'eust correspondance avec les deux autres. Le pouvoit il mieux nier qu'en assurant, qu'il n'avoit jamais vu de sa vie aucun des trois.

Cependant c'est par ces faussetez qu'ils ont tâché de rendre moins incroiables les mensonges de leur témoin, & répondre par ces fausses suppositions à toutes les questions qu'on leur faisoit naturellement.

Qui avoit donné à ce miserable la connoissance de Mylord Stafford ? Ces trois Moynes avec qui Mylord n'a pas nié qu'il n'eust correspondance.

D'où vient que les gens de Mylord ne connoissoient point Tuberville ? C'est que venant voir leur Maistre avec ces Moynes qu'ils connoissoient, ils ne prenoient pas garde à luy.

D'où vient que luy même n'a osé dire qu'il connust les gens de Mylord ? C'est que ces Moynes qui le menoient dans cette maison y estoient si familiers qu'ils n'avoient pas besoin de parler aux gens de Mylord pour entrer tout droit où il estoit.

Tout cela a quelque air de vraysemblance pourveu que la familiarité de ces Moynes soit bien prouvée, & elle l'est, disent ils, *parce que Mylord ne s'est pas defendu de les connoistre*. Or il est si faux qu'il ne s'en soit pas defendu, qu'il a soûtenu positivement *qu'il ne les avoit jamais vû*. Les objections reviennent donc, & demeurent sans repartie,

tie, puisqu'on n'y a pu répondre que par des mensonges.

§. 12. *Tuberville convaincu par luy-même d'estre un faux temoin.*

MEssieurs de la Chambre basse ont dit, que Mylord Stafford avoit jugé leur Tuberville propre à l'entreprise qu'il leur proposoit, *parce que c'estoit un homme de cœur.* Il me seroit aisé de faire voir l'impertinence de cette pensée. Mais j'aime mieux supposer avec eux que c'est *un homme de cœur.* D'où vient donc qu'il auroit attendu si tard à donner un avis, qui importoit à son Roy de la conservation de sa vie. C'est, dit-il, *que j'avois peur qu'on me cassast la teste, si je decouvrois ce que je sçavois.* Messieurs de la Chambre basse doivent croire qu'il n'a pu dire cela sans mensonge ayant autant de cœur qu'il en a. Car ce ne seroit pas avoir du cœur, mais estre un lâche & un miserable que de manquer à son devoir dans une chose de si grande consequence, par la crainte d'un peril qui n'auroit pu estre fort grand estant sous la protection du Roy. Ce n'estoit donc pas cette peur qui le retenoit. C'est qu'il n'avoit pas encore inventé cette abominable calomnie contre Mylord Stafford, ou qu'on ne la luy avoit pas encore suggerée.

Car il est prouvé dans le procés par deux témoins qu'avant que de s'estre declaré témoin du Roy, il avoit juré avec de grandes execrations

tions qu'il ne sçavoit rien de la Conspiration. C'est-ce que je croy devoir rapporter, comme il est dans le procés, p. 388.

Le premier de ces deux témoins est un nommé Porter Protestant, à qui Mylord Stafford fit demander ce que Tuberville luy avoit dit touchant ce qu'il sçavoit de la conspiration. Surquoy il parle ainsy.

PORTER. *Il y a environ un an lorsque je servois Mylord Powis en qualité de Sommelier, que Tuberville me venoit voir, il ne venoit pas chez Mylord, mais il m'envoyoit querir à un certain Ordinaire.*

G. SENESCHAL. *C'estoit l'année passée.*

PORTER. *Oüy Messeigneurs.*

G. SENESCHAL. *En quel temps de l'année?*

PORTER. *Il y a environ un an, je ne sçaurois dire positivement le temps.*

G. SENESCHAL. *Estoit-ce en Esté ou dans l'Hyver?*

PORTER. *Il est venu me voir & l'Esté & l'Hyver, je ne sçay pas positivement lequel, je crois qu'il a esté 40. fois a cet Ordinaire.*

G. SENESCHAL. *En 1680. ou 79.*

PORTER. *En 1679.*

G. SENESCHAL. *Que vous dit-il?*

PORTER. *Il me vint voir, & me demanda comment se portoit Mylord Powis, & me dit, qu'il estoit extremement fasché, qu'il fust dans cette affliction, car il croyoit veritablement* que ny luy ny les autres Seigneurs, n'estoient point engagez dans la Conspiration, & qu'il croyoit que les témoins, qui avoient juré contre eux estoient parjures, & que quant à luy, il n'en pouvoit rien croire.

G. SENESCHAL. Avez vous encore quelque chose à dire?

PORTER. Oüy Messeigneurs, je luy dis que s'il y avoit une Conspiration, il la sçavoit assurement, luy qui avoit esté par delà la Mer, il me dit que sur l'esperance d'estre sauvé, il n'avoit aucune connoissance ny directement ny indirectement d'aucun complot, contre la sacrée personne du Roy, ny contre le Gouvernement. Il dit de plus ces mots. Quoique je sois a present en mauvais estat, & que mes amis ne me veulent pas voir, j'espere neanmoins que Dieu ne m'abandonnera pas jusques là que de me laisser jurer contre des innocens, & me parjurer & me damner.

G. SENESCHAL. Où est-ce que cela vous fut dit?

PORTER. Une fois dans un Cabaret à bierre en Lincolninfeilds, une autrefois dans un Cabaret à vin, qui a pour enseigne la teste du Roy qui est dans le Strand, & une autre fois à la balle d'or dans le Strand.

G. SENESCHAL. Y avoit-il quelqu'un avec vous?

PORTER. Non pas alors, mais il y a icy un Gentil-homme dans cette assemblée qui peut justifier, qu'il a dit d'autres fois la même chose.

G. SE-

G. Seneschal. *Que dittes vous à cela,* Tuberville.

Tuberville. *Je dis que tout cela est faux, mais s'il vous plaist, Messeigneurs, je vous diray ce que je dis une fois; Que je croyois que Mylord Powis estoit le moins engagé de tous, & que je le croyois ainsi, & que cela se trouveroit, je prendray tous les sermens du monde, que je n'en dis pas d'avantage.*

G. Seneschal. *Que dittes vous davantage?*

Porter. *Qu'il a dit souvent la même chose.*

C. Schafsbury. *Je vous prie, Messeigneurs, qu'on luy demande comment Tuberville vint à parler des témoins de la Conspiration.*

G. Seneschal. *Qui est-ce qui obligea Tuberville à parler de ces sortes d'affaires?*

Porter. *Cela vint volontairement de luy-même en parlant de Mylord Powis & des autres Seigneurs prisonniers à la Tour.*

Le Chev. Schafsbury. *Je veux dire de ce qu'il dit de luy même qu'il ne voudroit pas estre témoin.*

G. Seneschal. *D'où vient que Tuberville dit qu'il esperoit que Dieu ne l'abandonneroit pas jusques-là que de permettre de jurer contre des innocents. Il n'avoit jamais esté appellé pour estre témoin.*

Porter. *C'est, Monseigneur, que quelques-uns de ses parens avoient dit qu'ils apprehen-*

hendoient qu'il ne s'erigeaſt en témoin, parce qu'il eſtoit pauvre: ſes amis avoient peur de luy.

G. Seneschal. *Qui eſt-ce qui avoit peur de luy.*

Porter. *Son frere & ſa sœur.*

Mr. Tuberville. *Et ſa femme.*

G. Seneschal. *Vous dit-il, qu'ils avoient peur, qu'il ne vinſt depoſer ſur la Conſpiration?*

Porter. *Oüy, Monſieur Tuberville me le dit luy même qu'ils craignoient, qu'il ne vinſt decouvrir la Conſpiration.*

Peut-on deſirer une depoſition plus circonſtantiée, & rien fut il jamais plus ridicule que de pretendre comme fit Tuberville, qu'il n'avoit autre choſe à faire pour l'infirmer, que de dire impudemment, *que tout cela eſtoit faux.*

L'autre témoin eſtoit encore plus conſiderable. C'eſtoit un Advocat Proteſtant nommé Yalden, à qui le Grand Seneschal demanda ce qui s'eſtoit paſſé entre Tuberville & luy touchant la conſpiration. Et il reſpondit en ces termes, p. 392.

Yalden. *Au mois de Fevrier, ou de mars dernier, je me promenois avec Mr. Tuberville & Mr. Powel dans les Jardins de Grays-Inn. Il diſna avec moy un jour ou deux aprés, & en diſnant nous nous entretenions des malheurs du temps, que le commerce eſtoit ruiné, que tout le Royaume eſtoit en deſordre. Il fut*

fut touché de quelque chose & s'écria: DIEU ME DAMNE, il n'y a plus de bon mestier, que celuy de découvrir ; mais le diable emporte le Duc d'Yorck, Monmouth, Conspiration, & tout le reste, car je n'en ay aucune connoissance.

G. SENESCHAL. Cela ne s'accorde pas, de dire qu'il n'y a plus de bon mestier, que celuy de decouvrir, & qu'en même temps un homme dise, qu'il n'avoit aucune connoissance de la Conspiration.

YALDEN. Je l'entendis ainsy. Il se maudissoit luymême & eux, parce qu'il ne sçavoit rien de la Conspiration qu'il pust decouvrir, car il auroit gagné de l'argent par ce moyen la aussi-bien que d'autres, c'est ainsi que je l'entendis.

Mr. TUBERVILLE. Messeigneurs, Mr. Yalden declara hier, qu'il avoit esté sommé hier au soir par Mylord Stafford, & qu'il ne sçavoit rien que ce qu'il avoit oüy dire.

Mr. YALDEN. Messeigneurs, je declare que ce que je dis icy est tres vray. Mr. Powel me dit hier de prendre bien garde à ce que je ferois, & jura le nom de Dieu qu'autrement je m'en trouverois mal.

G. SENESCHAL. *Qui est-ce qui dit cela?*

YALDEN. Mr. Powel.
G. SENESCHAL. *Qui est-il?*
YALDEN. Il est ami de Mr. Tuberville, je luy dis que je ne comparoistrois devant vous,

Ch. 21. *Meſſeigneurs, comme un témoin volontaire, qui vient de ſoy-même, mais que c'eſtoit par un Ordre de la Chambre Haute, car je ne ſçavois point quel poids auroit mon témoignage car je ne pouvois rien dire que ce que je luy avois oüy dire, & qu'ainſi peut eſtre, on ne prendroit point mon témoignage pour un oüy dire.*

Ces témoignages ſi formels & exprés ne ſont pas détruits parce qu'on dit deux témoins produits par les Commiſſaires, que Tuberville leur avoit dit, *qu'il avoit beaucoup à dire ſur la Conſpiration.* Car cela s'accorde fort bien avec ce que dit Porter, que ſes Parens craignoient que la neceſſité ne le reduiſit à s'ériger en témoin du Roy, & cette tentation luy auroit pu faire dire quelque choſe de ſemblable à ce que rapportent ces témoins des Commiſſaires. Mais cela ne prouve pas qu'il n'ait dit auſſi ce que les autres atteſtent & ce qu'ils ſoûtiennent ſi poſitivement & avec tant de circonſtances.

Et on peut tirer encore une preuve que dans la verité il n'en ſçavoit rien, de ce qui ſe paſſa entre luy & le Miniſtre nommé Matthewes qui luy fit abjurer la Religion Catholique. Les Commiſſaires avoient produit ce Miniſtre comme devant rendre un témoignage avantageux à Tuberville. Il dit donc, *qu'il avoit demeuré quelque temps dans ſon voiſinage, qu'il avoit eſté Catholique Romain. Cela, dit il, me donnoit la liberté de luy parler de Religion, il gouſtoit aſſez les raiſons que je luy donnois, &*
il m'a

il m'a dit plusieurs fois depuis ce temps-là, que *mes raisons estoient les plus grands motifs qui l'avoient engagé à quitter la Religion Papiste pour embrasser la Protestante.* Mais il faut remarquer ce qui suit, p. 495.

G. SENESCHAL. *Vous avoüa t'il qu'il sçavoit quelque chose de la Conspiration.*

Mr. MATTHEWES. *Il ne m'en dit pas un mot.*

LE CHEV. JONES. *Ce n'est pas pour cela que nous l'avons appellé.*

On n'en doute point. Leur Tuberville n'avoit pas besoin de cette réponse du Ministre. Elle luy estoit trop desavantageuse. Car quelle apparence qu'il n'eust point parlé de la Conspiration s'il en eust eu connoissance, à un homme qui de Catholique l'avoit rendu Protestant. Il devoit croire qu'il estoit redevable à ce Ministre de son salut. Comment donc luy ayant parlé plusieurs fois & devant & aprés son changement, ne se seroit il point ouvert sur ce qu'il auroit sçu des pernitieux desseins de ceux qu'il venoit de quitter, si on les luy avoit confiez. Le grand Seneschal crut si bien que cela devoit estre de la sorte, qu'il s'imagina qu'il n'y avoit qu'à luy demander, *si Tuberville ne luy avoit pas avoüé qu'il sçust quelque chose de la Conspiration*, pour en tirer une réponse favorable. Et il n'avoit garde de s'attendre qu'il luy dust répondre *qu'il ne luy en avoit pas dit un mot:* Car cela fait conclure naturellement que Tuberville n'en sçavoit donc rien, n'y aiant personne au monde à qui il en duſt plutoſt parler s'il en euſt ſçu quelque choſe, tant pour decharger ſa conſcience, que pour demander conſeil de ce qu'il avoit à faire.

§. 15. *Concluſion de la juſtification de Mylord Stafford.*

LOrs donc que l'on conſiderera que Mylord Stafford n'a eſté condamné ſur aucun papier, ny ſur aucun ſoupçon qu'il euſt donné en toute ſa vie d'avoir quelque mauvais deſſein contre ſon Roy, & contre l'Etat, mais ſur les ſeules depoſitions de ces trois témoins, que tant de preuves faiſoient voir n'eſtre que des fripons & des miſerables qui ne meritoient aucune creance, il n'y aura perſonne de quelque religion qu'il ſoit pour peu qu'il ait un peu d'equité, qui ne ſoit obligé de conclure, qu'on l'a fait mourir pour de pretendus crimes dont on a dû le croire innocent. Et on en ſera plus perſuadé quand on fera une ſerieuſe reflexion ſur ce que luy dit le Grand Seneſchal avant que de luy prononcer ſa ſentence. *Qui euſt cru qu'une perſonne de voſtre qualité, ſortie d'une famille ſi illuſtre, d'un bien & d'un rang ſi conſiderable, qui a eſſuié ſi genereuſement les diſgraces & les malheurs des derniers troubles, qui avoit tant d'intereſt à la conſervation du Gouvernement, qui devoit eſtre ſi ſenſible à la douceur de ce même Gouvernement, qui avoit tant d'obligations perſonnelles au Feu Roy & à ſon Fils*

Fils qui regne aujourd'huy, puisqu'ils vous avoient tous deux comblé de bien-faits, qui se seroit, dis-je, imaginé qu'une Personne engagée par tant de raisons à la fidelité & à la reconnoissance, voulust jamais entrer dans une Conspiration aussi diabolique que l'est celle où l'on s'estoit proposé d'assassiner le Roy & de renverser l'Etat.

Que prouve cela sinon, que ce qu'on imputoit à ce Mylord estoit tres difficile à croire, par l'aveu même de ceux qui l'ont condamné, & qu'il n'y avoit rien ny dans sa vie, ny dans sa famille, ny dans sa fortune, ny dans les services qu'il avoit rendus aux deux derniers Rois, ny dans les faveurs qu'ils en avoit reçues, qui n'eloignast de luy les soupçons des crimes dont on l'accusoit ? Or quand cela est, il faut que les preuves soient plus claires que le soleil, comme il est dit dans le droit, pour l'emporter dans l'esprit des Juges sur des presomptions si fortes de l'innocence de l'accusé. Et c'est icy tout le contraire. On ne vit jamais de preuves plus foibles ny de témoins plus recusables. Ce sont trois témoins singuliers, ce que dit l'un n'estant confirmé par aucun des deux autres. Les accusateurs en sont convenus, mais ils ont fait dire par les juges ordinaires qui estoient presens, que dans les crimes de trahison, il suffisoit qu'il y eust deux témoins quoyqu'ils ne deposassent pas du même fait. Je n'ay rien à dire contre leurs procedures. Ils peuvent ne pas rejetter absolument ces sortes de témoignages.

Mais

Ch. 21. Mais leur Jurisprudence ne peut pas faire que ce ne soient des preuves tres foibles & tres peu capables de persuader, lors sur tout qu'il y a de l'autre costé de grandes raisons de douter que l'accusé ait esté capable d'une action fort noire qu'on luy attribuë.

On a vu de plus que ces trois témoins sont des gens de neant, & qu'on peut infiniment plutost soupçonner de s'estre érigez en témoins du Roy pour avoir de l'argent, qu'on ne peut soupçonner un homme tel que le Grand Seneschal vient de reconnoistre qu'estoit ce Mylord d'avoir entrepris de faire mourir son Prince.

On a vu que les premieres depositions de Dugdale & d'Oates ruinent les dernieres & en font voir la fausseté.

On a vu que Dugdale & Tuberville ont esté convaincus dans le procés d'avoir asseuré avec grandes execrations contre eux mémes, qu'ils n'avoient aucune connoissance de la Conspiration.

On a vu d'Oates en particulier que c'est un impie, qui a reconnu de luymême sans en témoigner ny honte ny repentir, qu'il avoit abjuré la Religion Protestante en demeurant persuadé que c'estoit la veritable Religion, & qu'il avoit passé deux ou trois ans dans tous les exercices de la Religion Catholique en croiant que ce n'estoit que superstition & idolatrie.

Et enfin on a vu qu'il a eu l'effronterie d'acd'accuser la Reyne, toute sainte qu'elle est, aprés avoir juré qu'il n'avoit plus personne à accuser en Angleterre; mais seulement en Irlande.

On n'a donc qu'à prendre droit sur ce que le Grand-Seneschal a reconnu à l'avantage de ce Mylord si injustement condamné: & au lieu de dire comme luy, *Qui eust cru*, on n'a qu'à dire: *Qui pourroit croire* sur la foy de chaqu'un de ces scelerats (car ils ne s'accordent ensemble sur aucun fait particulier) *qu'une personne de cette qualité, sortie d'une famille si illustre, d'un bien & d'un rang si considerable, qui a essuié si genereusement les disgraces & les malheurs des derniers troubles, qui avoit tant d'interest à la conservation du gouvernement, qui devoit estre si sensible à la douceur de ce même gouvernement, qui avoit tant d'obligations personnelles au feu Roy, & à son Fils qui regne aujourd'huy, l'un & l'autre l'ayant comblé de tant de bien-faits, qui pourroit croire dis-je qu'une personne engagée par tant de raisons à la fidelité & à la reconnoissance, ait esté capable d'entrer dans une Conspiration aussi diabolique*, qu'est celle qu'ont forgée ces faux témoins, *d'assassiner le Roy & de renverser l'Etat.* Il est sans difficulté que tout homme de bon sens aura infiniment plus de peine à croire que trois hommes de neant n'aient pas apprehendé de se parjurer. Or c'est à quoy se reduisoit ce procés.

Les 31. Pairs qui l'ont jugé innocent quoyqu'ils fussent tous de la religion Protestante;

S 7 ont

ont eu sans doute les mêmes considerations sur sa personne, que le Grand Seneschal a tres bien representées, & ils en ont conclu, que tout cela estoit si peu compatible avec l'engagement dans une si detestable Conspiration, qu'il estoit incomparablement plus croiable que des ames basses (comme il paroist assez qu'estoient ces témoins) avoient malitieusement inventé les crimes dont ils le chargeoient. Les autres ont dit qu'il estoit coupable: mais j'ay bien de la peine à me persuader qu'ils l'aient cru de bonne foy. Ils se sont fait une conscience en s'imaginant qu'il leur suffisoit pour le declarer convaincu des crimes dont on l'accusoit que les témoins les luy eussent soûtenus jusques au bout. C'est à eux à voir devant Dieu s'ils n'estoient obligez qu'à cela. Qu'ils se mettent en la place de l'accusé, ils y peuvent estre demain, & ils changeront bien-tost de sentiment. Ce principe de la loy naturelle que le peché même n'a pu entierement effacer, qu'il ne faut point faire à autruy ce que nous ne voudrions pas qu'on nous fit, les forcera d'estre d'un autre avis toutes les fois qu'ils voudront envisager ces mêmes choses d'un œil plus tranquille. Ils reconnoistront alors que la vie de personne n'est en assurance, quelque homme de bien que l'on puisse estre, si l'on pose pour maxime que des juges peuvent rendre une sentence de mort en s'arrestant à ce que disent trois témoins comme ceux la sans vouloir examiner, ny ce qui peut estre en eux qui les doive rendre suspects, ny ce qui

peut

peut éloigner de l'accusé tout soupçon des crimes dont on l'accuse. Mais quelques pensées qu'ils en aient il n'est pas en leur pouvoir de reformer celles du genre humain, ny d'empêcher que dans toute la posterité le jugement de Mylord Stafford ne soit rapporté comme un exemple de l'un des plus injustes jugemens qui fut jamais.

CHAPITRE XXII.

Que c'est une calomnie de supposer qu'il y ait des Theologiens Catholiques qui enseignent qu'on n'est pas obligé de garder la foy aux Heretiques, & que cela est appuié de l'autorité du Concile de Constance. Mais que c'est ce que les Calvinistes ont prattiqué à l'égard des Catholiques.

IL paroist que les Protestans, & sur-tout les Calvinistes ne font que se copier les uns les autres quand il s'agit de dechirer les Catholiques. C'est pourquoy on a beau refuter leurs calomnies, ils les renouvellent sans cesse, sans se mettre en peine de ce qu'on y a répondu.

Il n'y en a gueres qu'ils aient plus fait valoir que d'attribuer à toute l'Eglise cette méchante doctrine, qu'on ne doit point garder la foy aux heretiques, les Ministres l'ont dit tant de fois que la plus part des Protestans le croient de

bonne

Ch. 22. bonne foy, & sont tellement persuadez que nous en faisons un article de nostre creance, qu'ils s'imaginent sans peine qu'apparemment cela a esté ainsi decidé dans le Concile de Trente. Ce ne peut estre que cette pensée qui a fait dire au Gazetier de Hollande l'Eté passé, comme nous l'avons déja remarqué : *Que les Mecontens de Hongrie s'accommoderoient pourveu qu'on leur donnast des suretez suffisantes qu'on ne les troubleroit plus dans l'exercice de leur Religion, ou qu'on fist rayer du Concile de Trente l'article qu'on y a couché portant*; QU'ON PEUT MANQUER DE FOY A CEUX QU'ON APPELLE HERETIQUES.

Au commencement de ce Siecle dans le temps même que se concluoit la Treve entre l'Archiduc Albert & les Etats des Provinces Unies, un Calviniste de Delft nommé *Daniel Plancius* dans le dessein à ce que l'on croit d'en empécher la conclusion, fit un traité sur ce sujet, où il dit d'abord parlant aux Catholiques. *Comme vous nous appellez heretiques c'est une extreme folie de nous attendre que vous nous gardiez aucune foy en ce qui regarde la Religion*. Et il assure dans ce même livre que les Docteurs Catholiques, enseignent formellement qu'on ne doit point garder la foy aux heretiques. Et qu'ils se servent pour appuier cette doctrine de l'autorité du Concile de Constance.

Ce livre fut refuté bien-tost aprés par divers Catholiques, dont l'un est Rosweydus Jesuite, & l'au-

& l'autre Swertius Curé de Boisleduc. L'un & l'autre justifie parfaitement bien les Catholiques contre cette calomnie. Ils satisfont tres solidement à toutes les fausses raisons de ce Plancius. Et font voir que ce qui a embarassé beaucoup de gens au regard du Concile de Constance, est qu'ils n'avoient pas consideré ce que tous les Jurisconsultes enseignent sans en excepter les Protestans ; qu'il y a deux sortes de Saufs-conduits, les uns en forme commune *simplici ac consueta forma*, qui n'assurent que contre la violence que l'on pourroit faire à ceux qui les obtiennent avant que leur cause soit examinée, & non contre l'éxecution de la justice, *contra vim, non contra jus*. Et les autres dans une forme extraordinaire, avec une derogation expresse au droit commun, *cum expressa juris communis derogatione*, qui assurent entierement ceux qui les obtiennent qu'on ne leur fera rien contre leur volonté, quoyque ce fust dans l'ordre de la justice. Or ils monstrent fort bien l'un & l'autre que les Saufs-conduits donnez à Jean Hus par l'Empereur Sigismond, & à Jerôme de Prague par le Concile n'estoient que de la premiere sorte, comme il est bien clair de celuy qui fut donné à Jerôme de Prague, où il y a expressement. *Recepturus & facturus in omnibus justitia complementum, ad quod à violentia, Justitia semper salva, omnem salvum conductum quantum in nobis est, & fides exigit orthodoxa, præsentium tenore concedimus.* Mais qu'ils estoient

bien

Cн. 22. bien différents de ceux qui furent donnez quelque temps aprés par le Concile de Basle aux Principaux Docteurs des Hussites, & par le Concile de Trente à tous les Protestans qui voudroient venir au Concile ; ces derniers portant expressément derogation au droit commun, & une assurance entiere & absoluë, de laisser venir & retourner en toute liberté ceux qui voudroient venir à ces Conciles.

Mais on a eu beau s'estre éclaircy sur cela, cet Auteur ne laisse pas de faire dire (p. 167.) à son Provincial, qu'il feint estre Catholique, *Je n'osois me servir de cette maxime que j'ay vu soûtenir par quelques gens ; qu'on n'est pas obligé de garder la foy aux heretiques.* Et au Parisien, (p. 168.) *Cette doctrine, qu'on n'est pas obligé de garder la foy aux heretiques, est enseignée par quelques Casuistes,* (ce qui est faux) *& ils pretendent qu'elle est appuiée de l'autorité du Concile de Constance,* (ce qui est encore plus faux) *par ce que ce Concile fit brûler* JEAN HUS *contre la foy du Sauf-conduit que l'Empereur* SIGISMOND *luy avoit accordé ; & Jerôme de Prague, nonobstant le Sauf-conduit que le Concile même luy avoit donné.* Il ne laisse pas aussi de faire répondre au Provincial : *Cette morale m'a toûjours paru terrible, & la conduite de ce grand Concile de Constance m'a souvent scandalisé.* Et de faire repliquer à l'autre. *La plus part des Catholiques rejettent cette morale, & soûtiennent qu'on est obligé de garder la foy à tout le monde, sans en excepter les infidelles &*
les

les heretiques. Et ensuite par une collusion visible, il le represente defendant le Concile par de méchantes raisons, ou en proposant foiblement les bonnes, pour en conclure, *que cela n'est pas capable de justifier la conduite du Concile.*

Ce n'est pas aussi de cet Auteur qu'on en attend la justification. Il aura assez à faire à se justifier luy même de ce qu'il impute aux autres. Car il est de l'honneur des Pretendus Reformez de ne pas laisser croire qu'ils agissent dans les choses les plus importantes, avec un dessein formé de violer les plus Saintes loix de la Societé humaine; & ils veulent sans doute que l'on juge que quand ils le font, c'est qu'ils y ont mis des exceptions, & qu'ils ne se croient pas obligez de les observer dans ces rencontres. Or ils ont tant de fois violé la foy qu'ils avoient donnée aux Catholiques par des traitez publics & signez de part & d'autre, qu'on ne leur fait point de tort de croire qu'ils ont pour maxime; qu'on n'est point obligé de garder la foy qu'on a donnée aux superstitieux & aux Idolatres, tels qu'ils s'imaginent que sont ceux à qui ils ont donné le nom de Papistes.

Il est vray que cet Auteur n'a garde d'en convenir. Car il pose comme une verité incontestable que les Protestans n'ont rien promis aux Catholiques qu'ils ne leur aient tenu. *L'un des Chapitres* (dit-il, pag. 162.) *sur lesquels mon Gentilhomme Huguenot m'a parlé avec le plus de zele & de passion, c'est celuy de la bonne foy.*

On

Ch. 22. *On nous oppose, me disoit-il, les Catholiques Anglois & Hollandois: mais qu'à t-on promis à ces gens là qu'on ne leur tienne? Les Provinces Unies-des Païs-bas sont entrées dans l'union avec cette condition, de ne souffrir autre Religion dans leurs Etats que la Protestante.*

Voilà comme parlent ceux qui ne pensent qu'à tromper les simples, ou à qui le vray & le faux, le oüy & le non sont une même chose. Car il est si faux *que les Provinces Unies des Païs-bas soient entrées dans l'union avec cette condition de ne souffrir autre Religion que la Protestante*; que c'est justement tout le contraire; la principale condition de cette union, aiant esté, *que l'on ne souffriroit point qu'on attentast rien contre le repos & la paix commune, & particulierement contre la Religion Catholique & Romaine & l'exercice d'icelle.*

Tous les historiens conviennent que ce qui a donné aux Etats Generaux des Provinces Unies, ce nom de *Provinces Unies* est l'Edit d'Union que Guillaume Prince d'Orange fit faire dans la ville d'Utrecht entre les Provinces de Gueldres, Zutphen, Hollande, Zelande, Utrecht, & les Ommalandes de Frise le 23. Janvier, 1579. & qui fut depuis agreé & accepté par la Province de Frise, & par les autres parties des Provinces Unies.

Cet Edit d'Union avoit pour titre. *Plus étroite & plus particuliére Union, Eternelle confederation, & concorde entre les Provinces de Gueldres, &c.* Et cette union estoit signée

par

ar tous les deputez des dittes Provinces. C'est onc là où on devroit trouver, SI NOSTRE FAISEUR D'ENTRTIENS avoit eu soin de dire la verité, *que ces Provinces ne sont entrées dans cette union qu'à cette condition, de ne souffrir autre Religion dans leurs Etats que la Protestante.* Voyons donc si cela y est. C'est dans les Articles 13. 14. & 15. qu'il est parlé de Religion : & voicy en quels termes.

ARTICLE 13. *Et ce qui touche le point de Religion, ceux d'Hollande & Zelande s'y Gouverneront comme trouveront bon, & les autres Provinces de cette Union se pourront gouverner suivant la teneur de la Pacification de Religions déja conçue par l'Archiduc Matthias Gouverneur & Capitaine General de ces pays, & par ceux de son Conseil, sur l'avis des Etats Generaux, & generalement ou particulierement mettre tel ordre, comme pour le repos & la prosperité des Provinces villes & particulieres parties d'icelles, & conservation de chaqu'un Ecclesiastique & seculier, son bien & droit, ils jugeront utile, sans que par les autres Provinces leur y soit fait quelque empechement ou retardement, a condition que chaque particulier pourra demeurer en sa Religion, & qu'acause de Religion on ne pourra examiner ny enquester personne, suivant la pacification faite à Gand.*

ARTICLE 14. *Aussi cedera t'on à tous les Religieux & Gens d'Eglise selon la Pacification tous leurs biens qu'ils aient reci-*

pro-

Ch. 22. proquement dans quelques unes des Provinces Unies.

ARTICLE 15. *Auſſi que tous ceux qui ſont à preſent aux Convents ou Colleges ou qui cy-aprés y viendront auront franchiſe & liberté de Religion & de veſtements & des habits, toutefois qu'ils ſoient ſujets aux ſuperieurs des Convents en toutes autres choſes.*

Eſt-ce la mettre pour condition à l'union qui s'eſt faite entre les Provinces Unies, de n'y point ſouffrir d'autre Religion que la Proteſtante? N'eſt-ce pas au contraire y en mettre une toute oppoſée? Et ceux qui firent cet accord d'union avoient ſi peur qu'il n'y euſt des Provinces qui n'y vouluſſent point entrer, parce qu'ils ne voudroient pas ſouffrir l'exercice de la Religion Proteſtante, que 8. jours aprés, ſçavoir le 1. Fevrier de la même année ils declarerent: *Que leur intention n'eſtoit point d'exclure de la dite union & confederation quelques villes ou Provinces qui ſe voudroient tenir* SEULEMENT *à la Religion Catholique Romaine, & dans leſquelles le nombre des habitans de la Religion Reformée n'eſtoit pas ſi grand qu'en vertu de la Pacification des Religions, ils puſſent joüir de l'exercice de la Religion Reformée; mais que nonobſtant cela ils eſtoient prets de recevoir dans cette union les villes & Provinces qui ſeulement ſe voudroient tenir à ladite Religion Romaine, s'ils ſe vouloient obliger aux autres points & articles de la dite union & ſe gouverner en bons Patriotes.*

Ainſi

Ainsi tant s'en faut que ce fust une des conditions de cette union de ne point souffrir d'autre Religion dans les Provinces ou les villes qui y entreroient, que la Religion Protestante, que ce n'en estoit pas une, d'y laisser l'exercice de la Religion Protestante avec celuy de la Catholique, & qu'il pouvoit y en avoir où les Catholiques seuls eussent l'exercice public de leur Religion.

On ne peut pas douter d'une verité établie par des Actes si solemnels. Aussi est elle reconnuë par les Ecrivains de l'un & de l'autre Religion. Je n'en puis donner un meilleur témoin que M. Stoupe qui estant de la Religion Pretenduë Reformée en parle ainsi dans le livre intitulé *La Religion des Hollandois* imprimé en 1672. Voicy ce qu'il en dit en la 1. Lettre p. 12. *L'an 1578. Les Etats tant de la Religion Romaine que de la Reformée estant assemblés à la Haye declarerent d'un commun consentement le Roy Philippe décheu de la principauté des Païs-bas. L'an 1579. Les Etats estant assemblés à Utrecht firent une nouvelle union qui leur a donné le nom des Provinces Unies. Dans le 13. Article de ce traitté, il est expressement ordonné qu'on permettra à chacun la liberté de la Religion sans troubler ny persecuter aucun pour ce sujet. Tous ces traittez d'alliance que les Provinces tant Catholiques que Protestantes avoient faits ensemble pour leur deffense contre les Espagnols font voir evidemment que le dessein d'établir une nouvelle Religion*

Ch. 22. gion n'en estoit ny le motif ny le fondement. Le Prince Guillaume luy même dans ses declarations & dans ses Apologies, a toûjours protesté hautement aussi-bien que les Etats dans les leurs qu'ils n'avoient point pris les armes pour la Religion, & que les Provinces ne s'estoient pas unies pour faire profession d'une seule & particuliere Religion. Tant s'en faut, il est constant que tous les traittez comme celuy de Gand & l'union d'Utrecht, toutes les declarations de l'Archiduc Matthias & du Duc d'Anjou établissent hautement le libre exercice de toutes les Religions, & deffendent en termes exprés de persecuter & de troubler aucune homme pour ce sujet. Et sur ce que le Prince Guillaume fit faire une Ordonnance 4. ans aprés, contre la foy de ce traité, par laquelle on ne permettoit l'exercice d'aucune autre Religion que de la Reformée; M. Stoupe fait voir dans la 2. Lettre p. 28. Combien cette ordonnance estoit injuste. *Pour rendre*, dit-il, *cette ordonnance inutile, je pourrois vous dire ce qu'en dirent dés qu'elle fut faite les Catholiques & tous ceux qui n'estoient point de nostre Religion. Ils se plaignoient qu'elle avoit esté faite contre toute sorte de justice & de raison, contre la foy de tous les traitez que les habitans des mêmes Provinces avoient faits & de ceux que les Provinces avoient faits les unes avec les autres. Ils soûtenoient que s'estans unis tous ensemble pour la conservation des loix, & des Privileges au pays, c'estoit une grande injustice d'éta-*

d'établir une seule Religion pour estre la Religion publique, & d'oster l'exercice aux autres & de ne leur donner aucune part dans le Gouvernement de l'Etat. Les Catholiques sur tout trouvoient fort étrange, que n'aiant pris les armes contre les Espagnols, que pour la deffense de leur liberté, on voulust leur oster l'exercice de leur ancienne Religion, comme s'ils n'avoient travaillé que pour s'en priver eux mêmes, & pour acquerir aux autres la liberté de conscience & de faire regner & mettre sur le throsne une Religion contraire à la leur.

En voicy encore un autre aveu. Dans le different entre les Arminiens & les Gommaristes, Barnevelt vouloit qu'on laissast chacun dans la liberté de ses sentimens, & se servoit pour cela du celebre traité d'union fait à Utrecht. Mais un Ministre Gommariste nommé Holder, luy fit bien voir qu'on n'avoit point d'égard à ce qui avoit esté promis par ce traité. *S'il falloit*, dit-il, *que nous gardassions l'union d'Utrecht, tous les Papistes triompheroient. Ils pourroient dire librement toutes leurs messes. Il faudroit même pour observer le 13. article que tous les Moines fussent rappellez dans les Provinces Unies, & qu'on leur rendist leurs Monasteres & tous les biens Ecclesiastiques.*

Il n'est donc pas douteux que tout cela n'ait esté stipulé & accordé par l'union d'Utrecht qui a donné le nom *aux Provinces Unies*. Les

T   Mini-

Ministres reconnoissent eux mêmes qu'ils n'ont eu garde de souffrir que Messieurs les Etats tinssent tout cela aux Catholiques. On n'est donc en peine que de sçavoir par quel principe de conscience ils ont pu donner ce conseil. Et on n'en trouve point d'autre sinon qu'il faut que ce soit une maxime de leur nouvelle Theologie: *Papicolis non servanda fides.* Car n'y aiant point d'impieté & d'idolatrie qu'ils n'enferment sous ce mot, il faut qu'ils se soient persuadez que ceux qu'ils appellent Papistes devoient estre exceptez du nombre des hommes à qui on est obligé de garder la foy qu'on leur a donnée.

Cependant comme peu de personnes en France sçavent ce detail de l'histoire des Pays-bas, & qu'on a de la peine à croire qu'un homme soit assez hardy pour asseurer si hautement ce qui pourroit estre convaincu de faux par des actes publics, & par toutes les histoires, il ne faut point douter que la plus part de ceux qui ont lu ce livre en France n'aient pris pour vray ce qu'il dit avec tant de confiance: *Que les Provinces Unies sont entrées dans l'Union avec cette condition de ne souffrir dans leurs Etats autre Religion que la Protestante.* Et ce qui fait qu'on n'en doute pas, c'est que personne n'ignore, que l'exercice public de la Religion Catholique n'y est pas presentement. Or comme on sçait, que la bonne foy est le plus ferme lien de la Societé humaine, & que sur tout les Unions & Confederations n'ont point

point de fondement plus solide que l'execution sincere de tout ce dont on y est convenu, on ne peut s'imaginer que les Catholiques n'eussent pas presentement l'exercice public de leur Religion dans les Provinces Unies, s'il leur eust esté accordé dans le traité d'Union. Et c'est-ce qui donne la hardiesse à cet Auteur de faire dire à son Gentilhomme Huguenot: *Qu'a t'-on promis aux Catholiques des Provinces Unies qu'on ne leur tienne?*

Cependant ce n'est point de cela dont il s'agit. On n'en a parlé que par contrainte & pour rabattre la fierté de cet Auteur. Les Catholique des Provinces Unies font un partie de leur pieté, de rendre à leur superieurs la fidelité qu'ils leur doivent, sans s'en vanter, sans s'en faire un grand merite, & n'en attendant la recompense que de Dieu. Aussi leur conduite a toûjours esté si sage, & si chrestienne qu'elle a forcé les Protestans mêmes à leur en donner des loüanges. C'est-ce qu'à fait le Chevalier Temple Ambassadeur du Roy de la grand' Bretagne auprés des Provinces Unies & aux Traités d'Aix la Chapelle dans un livre intitulé: *Remarques sur l'Etat des Provinces Unies fait en 1672. Chap. 4. p. 192. Quoique le nombre*, dit-il, *de ceux de la Religion Romaine soit tres-grand à la campagne parmy les païsans, & tres-considerable dans les villes, & qu'ils n'aient point de part aux charges publiques, il semble qu'ils ne laissent pas de faire une saine partie de l'Etat, & d'estre insepa-*

T 2 *rable-*

rablement joints au reste du corps. Aussi n'ont ils jamais troublé le repos de l'Etat, ny monstré la moindre inclination au changement, ou pour quelque puissance étrangere, ny pendant les premieres guerres d'Espagne, ny à l'occasion de la derniere invasion de l'Evêque de Munster.

Voilà un témoignage bien avantageux & qui ne peut estre suspect. On ne sçauroit aussi en disconvenir, & encore moins en ce temps icy que jamais. Ils adorent les ordres de Dieu, & se contentent de l'Etat où ils se trouvent, sans faire aucune plainte du gouvernement. C'est-ce que cet Advocat turbulent des Religionnaires de France feroit bien mieux d'imiter, que de s'emporter en tant d'invectives si mal fondées, pour décrier la conduite que le Roy tient envers eux, & faire croire à toute l'Europe qu'on emploie la violence pour détruire leur Religion, parce qu'on leur refuse des graces que les Princes font à qui il leur plaist, sans manquer à rien de ce qu'ils pourroient croire raisonnablement leur estre dû par justice, en vertu des édits qui ont reglé en quoy devoit consister la tolerance qu'on vouloit bien avoir pour leur nouvelle Religion.

Mais sans m'arrester à tout cela, je soûtiens qu'il n'y a rien de plus ridicule que de pretendre, comme fait cet Auteur, que les Protestans n'aiant rien promis aux Catholiques, les Catholiques n'ont pas sujet de se plaindre de la manière dont ils les ont traitez par tout ou ils

ont

nt esté les plus forts. C'est comme si on disoit
ne les passans n'ont pas raison de se plaindre
e ce que les voleurs les depoüillent & leur
rennent leur bien, parce que les voleurs ne
eur ont pas donné parole de ne les point voler.
ar quand Luther & Calvin sont venu trou-
ler l'Eglise sous pretexte de la reformer, les
atholiques estoient en possession de toutes
es Eglises de l'Europe depuis l'établissement du
Christianisme dans chaque païs par le droit le
plus clair & le plus incontestable qui fut jamais,
qui est qu'il n'y en avoit aucune qu'ils n'eussent
bastie & fondée. Quand donc il seroit vray
qu'on les leur auroit prises, sans leur avoir promis de les leur laisser, s'ensuivroit-il qu'on ne
leur auroit fait aucune injustice ? Est-ce que la
depredation du bien d'autruy n'est un crime
que quand elle est accompagnée de perfidie, &
que pourveu qu'elle soit seule, ceux qui la souf-
frent n'ont pas sujet de s'en plaindre ? Cet Auteur a donc doublement tort ; & en ce que
d'une part il suppose contre la verité que les
Protestans n'ont rien promis aux Catholiques
qu'ils ne leur tiennent ; & en ce que de l'autre
il pretend que pourveu qu'ils ne leur aient
point manqué de parole, ils ont pu sans leur
faire d'injustice s'emparer de leurs Eglises &
des biens consacrez à Dieu par la pieté de leurs
ancestres.

Conclusion.

JE n'ay rien a dire davantage pour cette premiere partie de l'Apologie des Catholique contre l'Auteur *de la Politique du Clergé.* Je ne sçay pas comment elle sera reçuë dans le monde, quoique je me doute bien de quelques jugemens qu'on en pourra faire. Mais Dieu m'est témoin qu'aucun interest ne m'a porté à l'entreprendre. J'y ay parlé sans déguisement, & sans me mettre en peine de ce qui pourroit plaire ou deplaire aux hommes. Je n'y ay envisagé que la verité & la justice, & si j'ay esté assez heureux pour les bien defendre; comme ce n'aura pû estre que Dieu qui m'en aura fait la grace, ce ne sera aussi que de Dieu que j'en attendray la recompense.

ADDITION.

Contenant diverses choses touchant la Conspiration d'Angleterre, qu'on n'a sçuës que depuis que le livre a esté achevé d'imprimer.

Quand j'ay entrepris cette *Apologie pour les Catholiques* contre le livre de *la Politique du Clergé*, je ne croiois pas traiter si au long ce qui regarde la pretenduë Conspiration d'Angleterre, parce que j'en estois peu informé, & que je n'aime point à parler de faits contestez, quand je n'en sçay que ce qu'on en dit dans le monde; les bruits publics estant presque toûjours tellement meslez de vray & de faux, qu'on ne peut que temerairement asseurer la pluspart des choses dont on n'est informé que par cette voie.

On en peut un peu mieux parler quand on voit ce qui en est écrit, quand ce ne seroit que par une des parties; parce qu'il y a des regles de bon sens qui font juger, qu'il n'est pas vray-semblable, qu'une partie, sur tout la plus foible, ait menti grossierement en des choses, où il auroit esté tres facile de la confondre.

Mais quand on a tout ce qui s'est dit & écrit de part & d'autre, il est alors souvent fort aisé de distinguer la verité du mensonge; & j'ose dire après toutes les pieces que j'ay vuës, que cela n'a jamais peut estre esté plus facile que dans cette occasion.

Ainsy

CH. 22. Ainſy j'ay tiré quelque lumiere de l'Ecr des Jeſuites imprimé à Mons. Mais comme il pouvoit eſtre contredit, je ne m'y ſuis pas entierement arreſté.

Le Procés de M. Coleman m'a fait voir bien plus clair dans cet ouvrage de tenebres. Car aiant eſté imprimé par autorité publique, on n'en pouvoit pas conteſter les faits : & il y en avoit plus qu'il n'en falloit pour en conclurre certainement, que n'ayant eſté condamné à regard du premier des trois chefs, pour leſquels on l'a fait mourir, qui eſt *d'avoir conſpiré de faire mourir le Roy*, que ſur les témoignages d'Oates & de Bedlow ; il l'a eſté tres injuſtement à cet égard, eſtant tres facile de reconnoiſtre que ces deux témoins eſtoient des frippons qui ne meritoient aucune creance, comme je pretends l'avoir monſtré dans l chap. 16. & 17.

J'eus depuis la Harangue que Mylord Stafford prononça ſur l'échaffaut. Je ne repete point ce que j'en ay dit au chap. 18. Elle me confirma encore d'avantage dans l'opinion que j'avois déja d'Oates : & elle ne m'en a pas donné une meilleure des deux autres témoins, qui l'ont fait mourir par leurs parjures, Dugdale & Tuberville. Mais je n'avois qu'une connoiſſance confuſe de leur malice, ſur ce qu'il me paroiſſoit incroiable que ce Seigneur Catholique, qui mourroit dans des ſentimens ſi Chreſtiens, euſt perſiſté juſques au moment qu'il devoit aller rendre compte à Dieu, à regarder ces témoins

témoins comme des miserables & des parjures, quoiqu'il témoignast en même temps
qu'il leur pardonnoit de bon cœur, s'il n'eust
esté bien asseuré de la fausseté de tout ce qu'ils
avoient deposé contre luy.

Ne sçachant donc rien de particulier de ce
procés que la qualité de la personne devoit rendre le plus considerable de tous, j'eus bien de
la joie d'apprendre qu'il avoit esté traduit en
François sur l'Original imprimé à Londres
dans l'imprimerie Royale : ne doutant point
que je n'y trouvasse de quoy confondre les accusateurs & ceux d'entre les juges qui avoient
bien voulu pouvoir dire qu'ils l'avoient trouvé
coupable. Car je sçavois déja par les Gazettes
qu'il y en avoit 31, qui l'avoient jugé innocent, ou *non coupable*, qui est leur forme
de prononcer. Je m'imagine qu'on aura vu
par les reflexions que j'ay faites dans les
chap. 20. & 21. que je ne m'estois pas trompé
dans mon attente.

Je vis en même temps la Relation d'Elisabeth Cellier Catholique Angloise mariée à un
marchand François. J'en ay dit peu de choses
jusques icy, parce que n'en voulant rien dire
que de bien certain, j'ay attendu pour en parler plus au long que j'eusse reçu d'Angleterre
quelques éclaircissemens sur son sujet que j'y
ay fait demander. Mais je ne sçay si je les pourray avoir. Car la terreur qu'à jettée par tout le
denontiateur Oates, y est si grande, que les premieres lettres qu'on en a reçuës est qu'on n'o-

se écrire de ces choses, de peur de passer pour fauteur de la conspiration, & qu'on seroit perdu si on estoit decouvert.

Le dernier livre qui m'est tombé entre les mains est celuy qui a pour titre : *Les Conspirations d'Angleterre, ou l'Histoire des troubles suscitez dans ce Royaume depuis l'an 1600. jusques à l'an 1679. inclusivement.* Ce livre est divisé en 6. parties : dont la derniere n'est pas de l'Auteur, mais est la denontiation même de *Tite Oates* telle qu'il l'a fait imprimer à Londres par ordre du Parlement.

Voicy donc ce que cette histoire contient.

1. *La Conspiration du Comte de Gauric contre le Roy Jacques arrivée à Perth l'an 1600.*

2. *Autres Conspirations contre le Roy Jacques principalement celle des poudres de West-Minster en 1605.* Mais il est parlé d'abord dans cette 2. partie, d'une Conspiration de quelques grands Seigneurs d'Angleterre la plus-part Protestans, pour faire mettre sur le throsne la Marquise d'Arbey ou d'Arbelles cousine germaine du Roy.

3. *La Conspiration de quelques traistres Parlementaires qui commirent le plus noir de tous les parricides faisant mourir le Roy Charles I. d'heureuse memoire.*

4. *Premiere Conspiration contre le Roy Charles II. a present regnant.* C'est le nom qu'il donne aux efforts que fit Cromwel pour

se saisir de sa personne, & le faire perir comme le Roy son Pere, aprés la perte de la bataille de Worcester en 1651.

5. *La derniere Conspiration d'Angleterre contre le Roy Charles II. decouverte l'an 1678.* C'est celle dont il s'agit, & dont on est en peine de sçavoir, si ça esté une veritable conspiration, ou une fausse accusation de Tite Oates, dont la denonciation fait la derniere partie de ce livre, & a pour titre : *Recit veritable de l'execrable Conspiration du party Papiste contre la vie de sa Sacrée Majesté, le gouvernement d'Angleterre, & la Religion Protestante : avec une liste des noms de plusieurs nobles, Gentilhommes, & autres conjurez, & des principaux Officiers tant civils que militaires, qui doivent contribuer à son execution ; publiée par l'ordre des tres honnorables Seigneurs spirituels & temporels, assemblez au Parlement ; humblement presentée à sa tres Excellente Majesté, par Tite Oates Docteur en Theologie.*

C'est principalement ce dernier livre qui m'a porté à faire cette Addition, pour éclaircir davantage cette matiere importante de la pretenduë Conspiration d'Angleterre, dont on a fait tant de bruit depuis trois ans. Je la diviseray en plusieurs remarques : dont les premieres regarderont ce que cet Auteur dit de luymême de cette Conspiration. D'autres seront sur la denonciation d'Oates. Et enfin j'y en pourray joindre sur la Relation d'Elisabeth Cellier, se-

T 6   lon

lon les memoires que je recevray d'Angleterre.

Remarques sur le Livre intitulé.

Conspirations d'Angleterre.

I.

ON ne peut douter que l'Auteur de ce Livre ne soit Protestant. Il ne le fait que trop paroistre par ces paroles de *l'Avertissement* qu'il a mis à la teste de son livre: *Chacun sçait ce que l'Angleterre a souffert depuis le regne de Henry VIII. & sur tout depuis le commencement du Siecle, où nous vivons. Mais tous ne sçavent peut estre pas, que le cabinet Jesuitique est la source de ses souffrances, & des accidens qui l'ont mise à deux doits de sa perte.* C'est ce que nous avons dessein d'eclaircir dans ce livre en faisant voir, que toutes les Conspirations que ce Royaume a essuiées depuis ce temps la jusques à cette heure sont des coups des Jesuites: & qu'enfin ces bons Peres ne luy ont donné ces rudes secousses que pour luy faire changer de face à l'avantage de leur Maistre: C'est adire du Pape.

Jamais un Catholique n'auroit parlé de la sorte, quand il seroit du nombre de ceux qui ne sont pas amis des Jesuites. Mais il faut mesme que le zele pour la Religion Protestante ait bien aveuglé cet Auteur en cet endroit,

quoi-

quoique par tout ailleurs il paroisse assez modéré.

Car des 6. Conspirations qui sont rapportées dans ce livre la derniere est contestée, & la plus grande partie de l'Europe est persuadée que ce n'est qu'une fourberie.

La 2. des 3. contre le Roy Jacques qui est de l'an 1603. a eu pour Auteurs des Protestans aussi bien que des Catholiques; & ainsy ne peut estre attribuée aux uns plutost qu'aux autres.

La 1. de l'an 1600. qui est une des plus execrables perfidies qui fut jamais, a eu pour auteurs le Comte de Gauric & Alexandre son frere, deux pretendus reformez si zelés pour cette Religion, que le Docteur Roloc, dont Beze faisoit tant d'estime, avoit dedié à ce Comte de Gauric & à un autre grand Seigneur de ses amis ses commentaires sur l'Epistre aux Romains, en donnant de grandes loüanges à leur vertu. Et Beze même parle fort avantageusement de ce Comte de Gauric dans une réponse qu'il luy fit en vers.

La 4. qui est le meurtre du Roy Charles I. n'est attribuée par cet Auteur même, qu'à *quelques traistres parlamentaires* qu'on sçait assez qui n'estoient pas Catholiques, mais de francs puritains, Presbyteriens, & independans.

Et il en est de même de la 5. contre le Roy d'apresent qui n'a esté qu'une suite de la precedente, & qui n'a proprement consisté qu'en

Cʜ. 22. l'offre que Cromwel avoit faite de donner mille livres Sterling à celuy qui livreroit le Roy entre ses mains, & dans la menace de faire mourir comme traître celuy qui le cacheroit, ou qui l'aideroit à se sauver.

Il n'y a donc proprement de ces six Conspirations que celle des poudres qu'on puisse imputer, non aux Catholiques en general, mais seulement à quelques uns d'eux, comme le Roy Jacques le reconnut avec beaucoup d'equité dans un discours public dont Monsieur de Thou rapporte la substance en ces termes : ˮ ᵃ Il avouoit qu'on ne devoit pas comprendre ˮ dans ce crime tous ceux qui avoient retenu la ˮ Religion de leurs Ancestres ; qu'il y en avoit ˮ plusieurs d'entre eux qui quoy qu'attachez aux ˮ erreurs Papistiques (c'est ainsy qu'il en parloit) ˮ n'en estoient pas moins fideles envers les Prin- ˮ ces & ne laissoient pas de remplir les devoirs de ˮ vrays Chrestiens & de vrais sujets. Que de son ˮ costé il les estimoit & en avoit bonne opinion & ˮ que la cruauté des Puritains, qui nient qu'aucun ˮ de ceux qui reconnoissent le Pape puisse estre ˮ sauvé, meritoit d'estre punie par le feu.

Comment donc cet Historien *des Conspirations d'Angleterre* a-t-il pu dire, par le transport d'un faux zele contre le Religion Catho-

---

a *Non omnes majorum religioni addictos in illo crimine amplectendos dicebat : plures quippe inter eos esse, qui quanquam Pontificiis erroribus involuti (sic loquebatur) nequaquam sinceram in principes fidem exuerant, & Christiani hominis, & integri subditi officium servant. Se quoque vicissim de iis bene existimare, dignamque flammarum severitate Puritanorum sævitiam dicere, qui Pontificium omnem ullum in cælum recipi posse negant.*

tholique, que toutes les 6. Conspirations dont Ch. 22.
il entreprenoit d'écrire l'histoire, ont esté des
coups de Jesuites?

II.

CEt Auteur fait encore assez voir qu'il est
Protestant dans la maniere dont il parle
d'Oates en commençant le discours de la decouverte de la Conspiration, p. 318.

Dans ces temps où tout estoit calme, un homme d'Eglise nommé Tite Oates Anglois de nation âgé d'environ XL. *ans, se porta pour dénonciateur d'une tres grande Conspiration, contre la personne du Roy, & contre la Religion du Royaume. Ce personnage, à ce qu'on dit, est fils d'un Ministre, & prend la qualité de Docteur en Theologie dans le Clergé de l'Eglise Anglicane. L'on dit qu'aprés qu'il eut passé en sa jeunesse quelques années dans les Universitez d'Oxford, & de Cambridge (où il avoit acquis quelques degrez) s'estant presenté par devant son Evêque Diocesain de Londres, il en reçut l'imposition des mains pour faire les fonctions de Ministre. Mais comme il se vit sans aucune Eglise particuliere, & par consequent sans revenu assuré, soit que ce fust par un effet de sa mauvaise fortune, soit que son Evêque n'eust pas trouvé assez de solidité & de moderation en ses discours pour luy confier la conduite des ames, il se depita, & suivant l'exemple de plusieurs, prostitua & trahit sa conscience pour*

don-

CH. 22. *donner carriere à sa passion & à son ressentiment. Il renonça à la religion de ses Peres (dans laquelle il avoit esté assez bien instruit pour en connoistre la pureté) & pour comble de malheur & par un excés d'aveuglement, il se rangea dans la Compagnie de ces Ecclesiastiques remuäns, qui semblent affecter d'avoir & de prendre seuls, fort mal à propos, Jesus Christ pour leur capitaine.*

Voilà ce qu'on disoit alors du Docteur Oates. Car cette histoire ne va que jusques à la fin de 1679. Mais Oates depuis a trouvé à propos de donner une autre idée de luy même. Il a mieux aimé passer pour un impie qui se joüe de la Religion, que pour un inconstant qui en ait changé. C'est ce qu'il a declaré dans le procés de Mylord Stafford. Il y a avoüé,

P. 89. *qu'il avoit demandé aux Jesuites à faire abjuration de la Religion Protestante, & qu'il la fit un mercredy des Cendres, l'an 1677.* Mais que ce n'estoit que par feinte, n'ayant jamais esté Catholique dans l'ame, quoy qu'il en fist toutes les actions, qu'il devoit croire, estant Protestant dans le cœur, n'estre que des superstitions & des idolatries. Et c'est ce qui devoit faire croire à des juges équitables, *qu'on ne devoit pas faire pendre un chien sur le témoignage d'un tel scelerat*, comme dit fort bien Mylord Stafford.

III. Les

III.

LEs divers jugemens qu'on fit d'abord en Angleterre de cette denonciation du Docteur Oates, font assez voir ce que l'on en doit juger. C'est ce que l'on voit dans ce livre des Conspirations, p. 321.

Ce fut environ le 30. Aoust de l'année 1678. que le delateur Oates parut à Withall par l'entremise d'un Gentilhomme nommé Litkby declarant qu'il avoit une grande Conspiration à decouvrir contre la personne du Roy. D'abord l'on parla diversement de cette action. Les uns disoient que c'estoit un effet de son zele pour la sacrée personne du Roy: les autres que ce n'estoient que des visions & des chimeres forgées dans son cerveau. D'autres que c'estoient des mouvemens de depit & de rage contre les Peres de la Societé qu'il avoit quittée, contre les Prestres & les autres Catholiques, desquels dans la misere où il se trouvoit, il ne pouvoit obtenir aucun secours ou assistance considerable, sur tout d'un certain religieux Benedictin qui demeuroit au Palais de Sommerset & qui distribuoit une partie des aumones de la Reyne: (ce Moyne fut un des premiers accusez & emprisonnez) Qu'enfin il n'avoit taché de faire ce grand vacarme que pour se vanger de la dureté & du peu de charité des Prestres & des Jesuites Anglois, qui le méprisoient, le traitoient

Ch. 22. toient de ridicule, d'extravagant, d'inconstant, d'inquiet, de turbulent, d'apostat de leur ordre Jesuitique, & d'homme de neant; ne pensant à la verité pour lors qu'à luy seul, sans considerer les suites; & que d'une petite étincelle il s'allume souvent un grand feu.

Il passoit donc pour constant en Angleterre qu'Oates avoit esté maltraité, rebuté, & méprisé par les Jesuites & par les Benedictins. Et ainsy il ne faut pas s'estonner si les personnes judicieuses en concluoient, que tout ce qu'il disoit contre eux ne devoit estre pris que pour des effets de vengeance. Car s'il avoit esté depositaire de tous les secrets horribles qu'il dit dans sa denonciation que les Jesuites luy avoient confiez, quelle apparence qu'ils eussent esté assez imprudens pour maltraiter un homme qui les pouvoit perdre si facilement en revelant leurs desseins?

On voit aussi par là la fausseté de ce qu'avance avec tant de hardiesse l'Auteur de la Politique du Clergé: *Qu'on ne peut pas dire, qu'une passion de vengeance ait porté Oates à ourdir une trame si infernale, parce qu'il ne paroist point qu'il ait receu aucun outrage des Catholiques.* Car nous apprenons par ce Livre des *Conspirations* que c'estoit un bruit commun en Angleterre, que les Jesuites le traitoient *de ridicule, d'extravagant, d'inconstant, d'inquiet, d'apostat de leur Ordre, & d'un homme de neant.* Et que c'estoit *pour se venger de leur*

leur dureté & de leur peu de charité qu'il avoit Ch. 22. fait ce grand vacarme.

IV.

CE même Livre nous apprend aussi, qu'il ne faut pas s'estonner si on n'ose parler en Angleterre, & témoigner l'indignation que l'on a de ces horribles calomnies qui font perir tant d'innocens. La maniere dont on a d'abord traité ceux qui avoient pris la liberté de dire ce qu'ils en pensoient retient tout le monde dans le silence: & on a quelque raison de ne vouloir pas s'exposer à estre ruiné pour une parole. On ne s'y joüe plus aprés ce qu'il dit estre arrivé à une fille de Londres, p. 325.

Une Damoiselle s'entretenant du costé du Palais de la Savoye avec quelques personnes sur ces matieres, il luy échappa de dire qu'Oates le denonciateur estoit un fou, qui ne disoit rien de solide ny de vray, & que toutes ses depositions se dissiperoient d'elles mêmes. Un de ceux qui l'entendirent, la fit arrester sur le champ: mais moyenant cent livres Sterling, qu'elle consigna, elle fut exempte de prison, à condition de paroître devant les juges toutefois & quantes qu'elle en seroit sommée. Cent livres Sterling c'est environ 13. cens livres.

V. Ainsy

V.

Ainsy la ville de Londres n'estoit remplie que de personnes qui vouloient croire par la haine qu'ils portoient à la Religion Catholique, ou qui feignoient de croire, de peur d'estre maltraitez par la populace, qu'il y avoit une horrible Conspiration contre la vie du Roy. Et quoy qu'on n'en sçeust rien que par la denonciation d'un homme de neant (car ce miserable Oates fut assez long-temps le seul témoin du Roy) on agit par tout comme si on en eust eu les dernieres assurances.

P.323. *On distribua par ordre du Roy 60. commissions pour en arrester les complices.* *P.341.* *On ne parloit que d'emprisonnemens, & des insultes qu'on faisoit à toutes sortes de personnes. On a vû jetter par la canaille de la boüe au visage & sur les habits des personnes reconnuës pour Catholiques.* La bourgeoisie estoit touts les jours sous les armes, ce qui paroissoit affreux & surprenant. Environ ce temps-là, un Prestre fut surpris sortant *P.327.* de dire la messe. *L'on ne luy donna pas le loisir de se deshabiller entierement: il fut emmené revestu encore de son aube, le manteau par dessus, & les Soldats qui l'emmenoient portoient à découvert les ornemens de la messe. L'on desarma tous les Catholiques Romains, sans épargner même les étrangers, & les personnes que leur caractere & leur qualité en devoient exempter.*
P.347. *Toutes les trouppes de Cavalerie & Infanterie estoient*

estoient depuis plusieurs jours sous les armes & Ch. 12.
en garde par toute la ville, & on cassa tous les
Catholiques qui avoient quelque employ auprés
du Roy jusques aux gardes du corps. ᵉ Plusieurs ᵉP.351.
Pairs du Royaume furent mis d'abord dans la
prison des nobles & puis transferez à la Tour à la
requisition de la Chambre haute. ᶠ Le Roy à l'in- ᶠP.344.
stante requisition des deux Chambres du Parlement ordonna à tous les Catholiques Romains
sous peine de son indignation, & d'execution
des loix de l'Etat sur eux à la rigueur, de s'éloigner dix milles de Londres sans esperance de s'en
approcher jamais de plus prés. ᵍ On faisoit estat ᵍP.358.
qu'il estoit sorty de Londres 30000. personnes
faisant profession de la Religion Catholique Romaine, & on prenoit le nom de tous les autres
qui estoient restez. ʰ Le Doyen de Cantorbery ʰP.353.
preschant un jour de jeûne, anima le peuple à
exterminer les Papistes à peu prés en ces termes:
Que comme la Religion de Rome avoit esté en-
sevelie en Angleterre, il falloit aussi ensevelir
tous ceux qui la professoient. ⁱ On fit perdre aux ⁱP.362.
Seigneurs Catholiques le droit qu'ils avoient toû- & 389.
jours eu d'assister au Parlement. ᵏ Et on fit passer ᵏP.371.
à la Chambre haute l'acte de l'exclusion de 14.
qui se trouvoient alors en l'une ou en l'autre des
deux Chambres. ˡ On fit une exacte recherche ˡP.372.
dans tous les comtez, villes, villages & ha-
meaux du Royaume de tous les Catholiques Romains, tant maistres que valets, femmes, filles,
& garçons, Serviteurs & servantes, pour leur
faire prester le serment de suprematié, (ce qui
estoit

Ch. 22. estoit leur faire abjurer leur religion) *& en cas de refus leur faire donner caution ou les arrester prisonniers jusques aux premieres Seances de justice.*
m P. 389. *^m^ On fit aussi prester le serment de suprematie à tous les Officiers, & à tous les Soldats & matelots qui estoient sur la flote du Roy.*
n P. 394. *^n^ On disoit que pour un seul jour on avoit arresté 80. personnes, & qu'il y en avoit environ deux mille dans toutes les prisons de Londres.*

Ce n'est là qu'une partie des desordres qu'ont produit les mensonges d'un seul frippon. Car tant d'innocens à qui il en a cousté la vie donnent encore bien plus de sujet de s'estonner de la facilité qu'on a euë à croire si promptement tant de choses si peu croiables. S'il se trouvoit en France d'aussi méchans esprits, & qu'on y fust aussi disposé a ajoûter foy à tout ce qu'ils voudroient dire contre les Pretendus Reformez, l'Auteur de *la Politique du Clergé* voit assez, combien il seroit aisé de les traiter aussi mal que l'on traite presentement les Catholiques en Angleterre, & avec la même ombre de justice. Mais quelque desir que l'on puisse avoir de voir tous les François reünis dans l'ancienne foy de leurs Peres, à Dieu ne plaise qu'on y emploie de tels moiens, qui ne peuvent qu'attirer sur ceux qui s'en servent, la colere de Dieu & l'indignation des hommes.

VI. Il

VI.

IL ne faut pas s'eſtonner qu'Oates aiant eſté aſſez long-temps le ſeul qui euſt donné avis de cette chimerique Conſpiration, il s'en ſoit depuis trouvé, qui ont voulu profiter de cet exemple, en ſe mettant à leur aiſe de miſerables qu'ils eſtoient auparavant, par cette qualité ſi avantageuſe de témoins du Roy. Le juge Godefroy ſe trouve tué. On ne ſçait par qui. On en ſoupçonne les Catholiques parce qu'il avoit reçu la depoſition d'Oates. Jamais ſoupçon ne fut plus leger ny plus mal fondé. Car a quoy leur euſt ſervy la mort de ce juge? En auroit-on manqué pour cela en Angleterre? Meurtre pour meurtre celuy d'Oates leur euſt eſté ſans doute plus avantageux. Quoiqu'il en ſoit, ſans en avoir aucune preuve, on veut abſolument que ce ſoient les Catholiques qui l'aient tué; & on en donne cette raiſon ridicule dans la fin d'un méchant ſonnet François que l'on fit courir dans Londres.

Ils ont aſſaſſiné Sire Edmond Godefroy:
Car au bout de ſon nom ils ont rencontré Roy.
Pour ſatisfaire en part le chef de leur Egliſe.

On n'avoit donc beſoin que de témoins qui l'aſſuraſſent. Pour en avoir, *on fait publier qu'il ſeroit donné cinq cent livres Sterling* (c'eſt 6500. livres) *à celuy qui découvriroit les auteurs de ce meurtre, & grace avec la même ſomme à celuy de ces ſcelerats qui feroit tomber*

Ch. 22. *les complices ou l'un d'eux entre les mains de la justice.* Pouvoit-on manquer d'en trouver à ce prix là ? On en trouva aussi ; & ce fut le fameux Bedlow l'un des témoins de M. Coleman, qui commença par là son apprentissage de faux témoin. Il ne se declara point, qu'il n'eust assurance de la recompense. *Il fit sçavoir par un*

P. 337. *billet à un des Mylords Secretaires d'Etat que si le Roy vouloit luy donner sa grace & les 500. livres Sterling dont il estoit fait mention dans sa proclamation, il reveleroit toute l'intrigue. Il indiqua une maison à Coffé où l'on pourroit luy envoyer la réponse. Le Roy luy promit sa grace & même les gardes qu'il demandoit, pour estre à couvert des insultes de ceux de qui il devoit reveler le crime.* Nous avons déja vû qui estoit ce Bedlow, & combien de sortes de personnages il avoit jouëz aux Pays-bas, en France, en Espagne. Il ne fut donc pas difficile à ce fourbe d'inventer une histoire telle qu'il luy plut.

P. 355. *Il dit que ce Juge passant par devant le Palais de la Reyne dit Sommerset, fut prié par deux hommes à luy inconnus de leur signer une Requeste, & qu'estant entré dans une Salle basse de ce Palais il fut saisy au collet, couché par terre & étouffé sous un lit de plume : aprés quoy son corps fut porté sous l'autel de la Chapelle de Sommerset desservie par des Peres Capucins Portugais de la nation de la Reyne, où il demeura caché deux ou trois jours, & fut porté ensuite hors de la ville à l'endroit où il fut trouvé. L'Auteur ajoûte, que la Reyne qui estoit pour lors à Sommerset le Roy*

POUR LES CATHOLIQUES. 457

oy estant hors de Londres en parla publique- CH. 22.
*ent en disnant, & fit remarquer que c'estoit
un fait impossible, parce que ses Gardes (de
la fidelité desquels Elle estoit tres assurée) a-
voient la clef de la Chapelle.* Et neanmoins
sur la deposition de cet homme on arresta 4. P. 410.
ou 5. personnes qu'il accusa, & entre autres
trois Prestres Laurent Hil, Robert Green,
& Henry Bury. *Ce dernier*, dit l'Auteur, *est* P. 413.
*un fort bon homme, que la pluspart de ceux
qui le connoissent croient incapable d'aucune
action noire : toutefois il fut accusé du complot de l'assassinat de Godefroy ; mais son innocence estant averée, il fut élargi.* Or comment son innocence put-elle avoir esté averée,
sans que Bedlow fust un faux témoin ?

On chercha un autre faux témoin, parce
qu'il en falloit deux pour faire mourir les accusez. Ce témoin fut Prance dont la deposition
se trouve en ces termes dans cette histoire des
Conspirations, p. 394. *Prance a confessé dans
son examen, qu'il estoit l'un des complices de
cet assassinat, avec les nommez Green, Bur-
ry surnommé Fitzgerald, & Kelley, avec lesquels il avoit cherché l'occasion de le rencontrer en lieu propre pour s'en defaire pendant
huit jours, & que l'ayant enfin rencontré prés
du Palais de Sommerset, ils l'avoient prié d'y
entrer sous pretexte qu'il y avoit deux hommes qui se battoient, afin de les separer, mais
qu'estant prés des écuries, ils s'en estoient saisis
& l'avoient étranglé, & que luy ayant ensuite*

V

Cн. 22. rompu le côu, ils l'avoient caché dans la chambre d'un Prestre ou Jesuite d'entr'eux, qui estoit logé dans cet hostel; que de la ils l'avoient transporté en diverses chambres de ce Palais, & ensuite hors de la ville au lieu où il fut trouvé quelques jours après. Si ces deux témoins avoient dit vray, ils auroient tous deux fait mourir ce juge. Car ils se sont declarez tous deux coupables de cet assassinat, pour lequel ils ont obtenu grace. Ils auroient donc sçu certainement l'un & l'autre comment la chose s'estoit passée. Or l'un dit d'une façon, & l'autre de l'autre. Bedlow dit, *qu'on fit entrer Godefroy dans le Palais de Sommerset pour signer une requeste:* & Prance dit, *qu'on l'y fit entrer sous pretexte de separer deux hommes qui se battoient.* Bedlow dit, *qu'il fut couché par terre & étouffé sous un lit de plume:* Et Prance dit, *qu'il fut étranglé, & qu'ensuite on luy rompit le côu.* Bedlow dit, *que cela se fit dans une Salle basse:* Prance *que ce fut auprés des écuries.* Bedlow, *que son Corps fut porté sous l'autel de la Chapelle de Sommerset desservie par des Peres Capucins:* Prance, *qu'il fut caché dans la chambre d'un Prestre ou Jesuite.* Bedlow, *qu'il demeura caché deux ou trois jours sous cet autel, & porté ensuite hors la ville:* Prance, *que de la chambre du Jesuite où on l'avoit mis d'abord, il fut transporté en diverses chambres de ce Palais.* Une si grande diversité entre ces depositions faites par deux hommes, dont chacun se disoit avoit esté de ceux qui avoient fait mourir Godefroy,

defroy, ne prouvoient-elles pas manifestement qu'il y en avoit au moins l'un des deux qui eſtoit un faux témoin, & qu'apparemment ils l'eſtoient tous deux?

Il n'en a pas neanmoins fallu davantage à des Juges auſſi prevenus que le ſont ceux d'Angleterre contre les Catholiques, pour faire mourir deux Preſtres, Robert Green, & Laurent Hill, comme coupables de cet aſſaſſinat. *Ils furent*, dit noſtre Auteur, *transferez le 21. Fevrier 1679. de Newgathe à Thiburne* (C'eſt à dire de la priſon, au lieu où on éxecute les criminels) *où ils furent éxecutez tout enchaiſnez pour plus d'ignominie. Ils ont toûjours proteſté, qu'ils eſtoient innocens de l'aſſaſſinat de Godefroy, & ſont morts ſans avoüer la moindre choſe.* A quoy il ajoûte. *On les a comparez aux Templiers qui furent éxecutez durant le Concile de Vienne en 1311, qui nioient toûjours leurs crimes, quoiqu'ils en fuſſent pleinement convaincus. Mais c'eſt qu'il y en avoit plus de 200. de cet ordre qui les avoient avoüez, & à qui on avoit fait grace.* Mais quoy qu'un ſi grand nombre de témoins ait donné lieu aux juges de les croire coupables, la pluſpart des hiſtoriens croient, qu'il n'eſtoit point vray qu'ils commiſſent les abominations qu'on leur imputoit, parce qu'on a de la peine à s'imaginer, que tous ne l'euſſent pas avoüé, ſi cela euſt eſté vray; ceux qui l'avoüoient eſtant aſſurez de leur pardon, & ceux qui le nioient ne pouvant éviter d'être bruſlez.

V 2   Quoi-

CH. 22. Quoiqu'il en soit voilà tout ce qu'on a pu decouvrir, selon cet Auteur, de l'assassinat de Godefroy. Or comment veut-on que sur cela toute l'Europe croie que ce sont des Catholiques qui l'ont fait mourir par un zele de Religion; de trois personnes qui en ont esté accusez par un frippon qui n'a voulu rien dire qu'il n'ait esté asseuré de plus de deux mille ecus de recompense, l'un ayant esté élargi comme innocent, & les deux autres estant morts en protestant jusques à la fin qu'on les en avoit tres faussement accusez? Rien n'est plus judicieux que ce que dit Mylord Stafford sur cet offre de si grandes sommes à ceux qui voudroient estre témoins. Il avoit representé que par les loix d'Angleterre on ne doit point oüir des gens qui témoignent pour de l'argent. Messieurs de la Chambre basse avoient répondu: *Que tout homme qui a des témoins leur donne de quoy subsister: que peut estre tout le monde ne donne pas tant que le Roy; mais c'est que tout le monde n'est pas Roy.* A quoy Mylord Stafford avoit repliqué. *Le Roy peut donner autant qu'il luy plaist: mais de donner de si grandes sommes à des gens comme ceux là, & de pauvres qu'ils estoient les faire devenir riches, c'est, je pense, une objection assez forte pour diminuer la creance qu'on pourroit avoir à leur témoignage.*

P. 625.

P. 665.

Mais, dira t-on, qui auroit donc tué ce Juge? Dieu le sçait, & les hommes l'ignoreront peut estre jusques au jour du jugement. Combien se commet-il de crimes dont on ne sçau-

sçauroit decouvrir l'auteur? Il avoit peut estre Ch. 22. des ennemis qui ont profité de l'occasion de ces troubles. Que si on se donne la liberté de soupçonner, je soûtiens que le soupçon en doit plutost tomber sur les Presbyteriens, que sur les Catholiques. Car il est sans doute que ceux qui ont fait ce meurtre, quels qu'ils soient, doivent avoir esté fort méchans. Mais les plus méchans ne commettent gueres de grands crimes, que par quelque interest considerable. Or si on s'arreste au fameux *cui bono* de ce Preteur de Rome dont Ciceron parle; ce meurtre ne pouvoit apporter aucun avantage aux Catholiques, & il en a apporté de tres grands à leurs ennemis; n'y ayant que cela qui a acharné le peuple contre les Papistes, les depositions d'Oates ayant eu avant cela tres peu d'effet, parce qu'on commençoit à n'y avoir pas grand' foy: *au lieu que cet accident*, dit nostre Auteur, *aigrit furieusement les choses*, par le bruit que l'on fit courir, *que la cabale de la Conspiration avoit fait mourir ce Juge pour épouvanter les autres*. Et Oates luy meme en presentant sa denonciation au Roy dit qu'on ne pourra point douter qu'elle ne soit vraye, *en joignant au serment qu'il en a fait le massacre de Godefroy*. C'est donc fort bien raisonner: Ceux qui ont massacré Godefroy doivent avoir esté de fort méchans hommes, qui ont eu en vüe quelque grand avantage qu'ils pouvoient tirer de cette mort. Or il y a pour le moins d'aussi méchantes gens parmy les Protestans

V 3 que

que parmy les Catholiques: & les uns & les autres n'ont pas eu de peine à prevoir, que ce massacre pourroit apporter de beaucoup plus grands avantages aux Protestans qu'aux Catholiques. On a donc plus de raison d'en soupçonner les Protestans que les Catholiques.

VII.

Rien ne fait mieux voir ce que peut faire la promesse du pardon, & d'une grande recompense, pour porter des hommes à se declarer coupables de crimes qu'ils n'ont point commis, & à en accuser d'autres, que ce qui se lit dans ce livre en la p. 407.

L'on arresta & l'on mit sous seûre garde le nommé Neuterfeld qui sous esperance de la grace declara avoir tué l'année passée un homme qu'il croioit estre le Roy, & qu'il y avoit encore en certain endroit 500. livres Sterling pour celuy qui feroit ce detestable coup. Voicy pourtant à peu prés la verité de l'histoire, ainsi que je l'ay oüi conter à un Gentilhomme de mes amis qui hantoit fort à la Cour, & auquel un Mylord, qui estoit present à l'action qui donna lieu à ce discours fort équivoque, l'avoit raconté. Dans le temps que le Roy en 1677. estoit en son chasteau de Windsor, quelques Mylords furent d'humeur de se réjoüir & de boire ensemble dans le donjon du chasteau, qui est le departement du Prince Robert frere de l'Electeur Palatin & cousin germain du Roy, & qui est Gouverneur

neur de ce Chasteau Royal. Ce Prince pourtant ne fut pas de la partie. Aprés avoir, comme l'on dit, haussé le temps, estant en train de se retirer, Mylord N. l'un d'entr'eux trouva que son Valet de chambre s'estoit aussi saoulé, pour verifier le Proverbe: tel Maistre, tel Valet; il le frappa & le mal traita. Ce miserable valet transporté de rage & de furie, son ame estant déja noyée dans le vin, noya aussi son corps dans son sang & se poignarda. J'omets les discours du vulgaire & les autres circonstances, & la ridicule Apothéose que l'on fit à ce cadavre, les verres à la main, de ce qu'il estoit mort, non dans le champ de Mars, mais dans la vigne de Bacchus. Qu'on juge de là qu'elle creance on devoit ajoûter à tous ces pretendus témoins de la Conspiration. On témoignoit tant d'envie de la decouvrir, & de faire croire qu'on en vouloit effectivement à la vie du Roy, que sur le bruit d'un homme tué à Windsor où estoit le Roy, il se trouve un autre Bedlow appellé Neuterfeld, assez hardy pour s'accuser soy même, estant assuré de son pardon, d'avoir tué un homme qu'il avoit pris pour le Roy, afin d'avoir sujet de là d'en accuser d'autres qui l'auroient poussé à cet attentat.

VIII.

MAis voicy un autre exemple qui fait voir, quelle est la facilité qu'ont les faux témoins en Angleterre de faire perir les personnes les plus innocentes. C'est en la p. 378.

Ch. 22. Un Vendredy 24. Novembre un vieil homme de Marseille nommé Firmin alla voir Stelley pour le prier de luy arrester ses contes, & de le payer, desirant s'en retourner en France pour raison de la conjonéture du temps tres facheux. Stelley le mena dans un cabaret, où deux Ecossois qui entendoient le François se rencontrerent. Ils entendirent qu'effectivement Firmin & Stelley parloient des desordres presens & de la Conspiration, & dit-on que Stellay s'avança de dire, qu'il ne pouvoit croire, qu'il y eust des personnes si mechantes & si execrables pour vouloir attenter à la personne du Roy; que s'il sçavoit qu'il y en eust, il les poignarderoit luy même, s'il pouvoit. Ce pronom LES ou LE a donné lieu à sa condamnation. Firmin fut accusé d'avoir dit que c'estoit une chose pitoiable, qu'on persecutast ainsy les Catholiques. Ce terme de persecuter l'a rendu coupable. Ces deux Ecossois secs d'argent, considererent Stelley, & son compagnion: & comme il estoit fort connu, estant de ces riches banquiers, qui font gloire de conter leur argent dans leur boutique; ce que l'on regarde assez volontiers: ils furent, à ce que l'on dit, le trouver le lendemain, & luy demanderent 200. pieces qui font 800. écus, pour la grace qu'ils luy feroient, de ne point l'accuser & déferer d'avoir dit le jour d'auparavant, en tel cabaret & à telle heure en leur presence, qu'il poignarderoit luy même le Roy. Stelley ne fut pas moins indigné, que surpris d'un tel discours, se fondant sur sa bonne conscience, & sçachant combien

bien ces paroles avoient esté éloignées de sa pensée. Ch. 22.
Il rabrouä ces gens la, & les obligea brusquement
à sortir de sa boutique comme mal honnestes
gens. Il fit une grande beveuë de n'avoir pas
porté sa plainte sur le champ à un Magistrat, du
discours & de la proposition de ces deux hommes. Car il fut deferé, accusé, & ensuite condamné. Il a eu beau protester de son innocence,
du zele & de la gratitude qu'il a pour son Roy.
Car deux ou trois jours auparavant, son Pere
ayant obtenu de sa Majesté un delay de six mois
pour remedier à ses affaires avant que de sortir
de Londres, ce jeune homme témoigna en avoir
toute la reconnoissance possible, & but plusieurs
fois ce même jour en compagnie de ses amis à la
santé du Roy. L'on dit qu'il protesta toûjours en P. 380.
mourant qu'il estoit innocent. Il donna, à ce que
l'on dit, huit pieces au bourreau & les boucles de
ses souliers adroitement, afin qu'il ne le fist pas
languir, c'est à dire qu'il l'étranglast tout à fait;
non sans les cris & murmures de quelques ames
brutales & sanguinaires.

Pour Firmin qui n'estoit accusé par ces deux
pendarts que d'avoir dit, que c'estoit une chose
pitoiable qu'on persecutast ainsy les Catholiques, il luy en cousta trois ou quatre mois d'u-
ne rude prison. L'on avoit vû le même jour
25. Aoust (dit l'historien des Conspirations)
traversant la Sale de West-Minster un pauvre P. 369.
homme de Marseille nommé Firmin âgé de 65.
ans ou environ & valetudinaire, accompagné
d'archers. Je l'avois vû le jour d'auparavant
V 5 chez

chez un Gentilhomme de mes amis, se lamentant sur les desordres du temps, qui l'empêchoient de retirer payement de ses debiteurs afin de pouvoir retourner en France, & de sortir de ces miseres (effectivement il en estoit à demi malade & troublé.) Il fut arresté dés qu'il fut de retour chez luy, & fut emmené le lendemain devant le Parlement. Ce Gentilhomme l'appercevant entre les mains des Archers, l'approcha, luy dit quelque bon mot pour le consoler, & luy donner courage. Ce bon homme a esté à la fin élargi aprés trois ou quatre mois de prison dans laquelle il a beaucoup souffert.

Cela me donne occasion de raconter une autre histoire connuë de toute la Hollande, qui diminuera l'estonnement où on est sans doute de la precedente; parce qu'on y verra que les scelerats peuvent faire de semblables tours en ces pays-là, (d'autant plus *que les faux témoins n'y sont point punis de mort, comme par tout ailleurs*) & qu'on ne peut presque s'en garder sans blesser sa conscience. Un riche Hollandois estant en Angleterre, deux filoux le vinrent trouver & le presser de luy payer une certaine somme qu'il leur devoit: le Hollandois leur nie qu'il leur dust rien. Ils le lui soûtiennent, & luy declarent qu'ils le luy prouveront par deux témoins, qui jureront qu'ils les ont vu luy mettre cette somme entre les mains. Le Hollandois se moquoit de cela sçachant fort bien qu'il ne leur devoit rien. Il ne laissa pas neanmoins de s'aller plaindre à l'Ambassadeur de Hollande, de

l'inl'insolence de ces frippons. L'Ambassadeur s'en plaignit aussi à quelques uns du Conseil du Roy, qui luy répondirent qu'il n'y avoit point d'autre moyen de se delivrer de cette vexation, qu'en trouvant des gens qui voulussent bien témoigner, non que cet argent n'estoit point dû, mais qu'on l'avoit rendu à ceux qui disoient l'avoir presté. Le Hollandois n'en fit point de conscience : il en chercha, il en trouva, & sortit par là de cette mauvaise affaire, en opposant faux témoins à faux témoins ; mais de moins mechans, à de beaucoup plus mechans. C'est ce que l'Ambassadeur estant retourné en Hollande a conté dans une assemblée tres celebre.

IX.

J'Ay promis de parler de Prance l'un des témoins de l'assassinat de Godefroy, comme je l'ay remarqué dans l'artic. 6.

On a vû aussi ce même Prance dans le procés de Mylord Stafford, produit par Messieurs de la Chambre basse, pour estre témoin de la Conspiration en general : ce qui m'a obligé de rapporter dans le chap. 20, ce que j'en ay trouvé dans la Relation d'Elisabeth Cellier, qui fait assez entendre, que c'estoit un homme qu'on avoit contraint de deposer faux à force de le tourmenter : & c'est-ce qui sert à demesler ce qui en est dit en divers endroits de cette histoire des Conspirations.

CH. 22.
P. 394.
 On arresta parmy ce grand nombre un nommé Prance qui estoit un Orfévre. Il a confessé dans son examen qu'il est l'un des complices de l'assassinat de Godefroy, & en a dit toutes les particularitez.

P. 395.
 Dans un autre examen il avoüa diverses choses touchant la Conspiration, & dit que les trois Jesuites arrestez & detenus prisonniers en sont aussi complices.

 Dans un autre il a nié tout ce qu'il avoit avancé.

 Mais en dernier lieu il l'a confirmé, & dit que c'estoit un Prestre qui l'avoit suborné à cela; disant que les peines d'enfer luy estoient immanquables, s'il persistoit dans sa premiere deposition.

P. 398.
 On ne faisoit pas grand état de la deposition du nommé Prance qui estoit decrié pour estre un tourne-casaque, & fort peu solide dans ses discours, ayant déja par trois fois accusé de faux, ce qu'il avoit asseuré en sa conscience autant de fois estre veritable.

P. 403.
 On publioit que le même Prance avoit supplié d'empêcher que sa femme ne s'approchast de luy, parce qu'elle ne faisoit que l'étonner de son caquet; luy disant que s'il declaroit ce qu'il sçavoit, les peines d'enfer ne luy pouvoient manquer. Cet homme aprés s'estre dedit à diverses fois de ce qu'il avoit avoüé, demeura ferme à la fin, & il sotint à sa premiere declaration. Il decouvrit bien d'autres choses touchant la Conspiration: ce qui disposa le Parlement à demander au Roy son pardon.

Nous

POUR LES CATHOLIQUES. 469

Nous avons déja dit comme Prance eut sa CH. 22. *grace; mais ce fut à condition de decouvrir tout* P. 404. *ce qu'il sçavoit de ce detestable complot. Un certain prestre l'estant aller voir en prison à Newgat, & luy ayant persuadé de nier & de desavoüer tout ce qu'il avoit déja dit, le Capitaine Richardon Geolier de cette prison fut demis de sa charge, parce qu'il avoit souffert que ce prestre l'approchast.*

A quoy peut-on attribuer tant de variations de ce témoin, sinon à un esprit partagé & bourrelé par deux differens mouvemens; par le desir de sortir de la misere où il se trouvoit, ce qui le portoit à accuser qui l'on vouloit, ne voyant point d'autre moyen de s'en tirer; & par les remords de sa conscience qui le dechiroient, lorsqu'il pensoit au mal qu'il avoit commis en accusant des innocens. Sans cela, qui l'auroit porté à dire & à se dedire tant de fois? C'est, dit-on, que des Prestres ou sa femme luy representoient que l'enfer luy estoit inmanquable s'il persistoit dans sa premiere deposition. Cela peut estre: mais c'est aussi cela même qui suppose que sa premiere deposition estoit fausse. Car si elle eust esté veritable, quel fondement auroit-on eu de luy assurer qu'il ne pouvoit manquer d'estre damné s'il ne la revoquoit? Et qui peut comprendre que sa femme luy eust tenu ce discours, si elle n'eust esté bien assurée qu'il s'estoit parjuré, en s'accusant de la conspiration & du meurtre de Godefroy, & en accusant les autres. Car à la conscience prés

V 7   l'inl'interest de sa femme estant qu'il sortist de prison, & n'en pouvant sortir qu'en obtenant son pardon, ny obtenir son pardon qu'en persistant dans les depositions qu'il avoit faites : bien loin de l'en empêcher, elle l'y auroit sans doute porté, sans la crainte qu'elle avoit qu'il ne se damnast en témoignant avoir du regret de s'estre repenti de ses parjures.

Mais une preuve convainquante que cet homme n'avoit pu entierement étouffer tous ses remords, c'est que long-temps depuis ayant esté produit par Messieurs de la Chambre basse dans le procés de Mylord Stafford, pour donner de grandes preuves de la Conspiration en general : au lieu de rapporter quelques particularitez considerables de cette conjuration, & du meurtre de Godefroy qu'il auroit dû mieux sçavoir que personne, si ces premieres depositions avoient esté veritables; tout son temoignage se reduit à rendre compte d'une parole d'emportement contre les membres de la Chambre basse qu'il pretend avoir oüy dire à un Prestre dans un cabaret. Est-ce là prouver qu'on a eu d'horribles desseins de faire mourir le Roy ?

X.

ON peut juger de la fureur dont on est transporté en ce pays-là contre les Catholiques, par les rigueurs qu'on y exerce contre eux sur des bagatelles, dont on leur fait des crimes.

Pour les Catholiques. 471

On en a déja vû un exemple dans ce marchand de Marseille nommé Firmin. En voicy deux ou trois autres.

Un nommé Morinville François Catholique (qui faisoit depuis 12. ou 14. ans la Gazette Françoise à Londres, & qui passoit pour tres-honneste homme) fut arresté prisonnier pour avoir mal traduit & à contre sens un des Edits du Roy. L'on disoit qu'il y avoit mis de sa teste, que le Roy faisoit sortir de Londres & éloignoit de dix mille les Catholiques Romains, pour raison de leur religion; au lieu de mettre que c'estoit au sujet de la Conspiration. D'autres disoient que c'estoit pour avoir mis des mots qui ne signifioient pas assez: comme RECUSANS *au lieu de Refusans, &* PERNICIEUX *desseins, au lieu de traistres desseins. J'ay esté surpris de ce que cet honneste homme a fait cette béveuë, attendu qu'il me paroissoit vouloir estre fort sur ses gardes. Car l'ayant rencontré dans les ruës, & luy ayant demandé en riant s'il ne faisoit pas presentement claquer un peu son foüet dans ses Gazettes, il me dit qu'il vouloit aller fort bride en main, que c'estoit un pas dangereux, & me raconta l'avanture de cette Damoiselle dont nous avons déja parlé, qui fut obligée de consigner* 100. *livres Sterling. L'on parloit diversement du chastiment que l'on luy preparoit, & je me suis laissé dire que le bruit estoit qu'il seroit fustigé par les carrefours de Londres, qu'il auroit les deux oreilles coupées, & qu'il seroit en prison perpetuelle. Mais il est pourtant sorti de prison*

Ch. 22. prison, sans estre tombé dans tous ces desastres. Il est vray que la Gazette luy a esté interdite, qui estoit peut estre tout le moyen qu'il avoit de vivre.

p. 370. *Le 28. Novembre l'on envoya à la Tour* PAR ORDRE DE LA CHAMBRE BAS-SE *Mylord Joseph Williamson Secretaire d'Etat : c'est un Seigneur qui a grand credit a la Cour, & qui est bon Protestant. Il en sortit d'abord, & n'y fut pas un jour, estant retourné indisposé dans sa maison d'un rhume contracté de la froideur de la Chambre, où il avoit couché dans cette honnorable prison. Ce dont on l'accusoit n'estoit qu'une bagatelle, dont le Roy eut la bonté de se charger, sçavoir de l'expedition de quelque commission donnée au merite de quelque Officier Catholique Romain, & non à un de la Religion Protestante : car il y a des gens de bien & d'honneur dans toutes les Religions, de même que dans toutes les nations, & dans toutes les Professions.*

Le 3. exemple est plus important, & marque encore davantage les emportemens de ces delateurs contre ceux mêmes que leur ministere obligeroit de traiter avec plus de retenuë. C'est-ce qu'on jugera par le recit qu'en fait nostre Auteur en ces termes, p. 359.

Le P. de la Colombiere Jesuite Aumosnier de Madame la Duchesse d'Yorck fut accusé d'estre de la conspiration. Il estoit fort estimé & consideré de ceux de sa religion, passant pour un homme fort devot, sage, & zelé. Cela arriva ainsy

POUR LES CATHOLIQUES. 473

ainsy. Le lundy 21. Novemb. jour auquel le Ch. 22. Roy fut en son Parlement, toutes sortes de personnes, soit du pays, soit étrangers, alloient en la Salle basse de West-Minster pour voir passer les Seigneurs, conduire des prisonniers, & apprendre des nouvelles. Le delateur s'entretenant p. 359. avec un François nommé Petit commissionaire des marchands, il luy échappa de dire : Le Jesuite de nostre pays a bien parlé aussi : il ne croioit pas que tout cecy dust arriver : s'il avoit des ennemis ils luy pourroient bien faire des affaires. Petit releva ce discours & le pressa de luy dire ce qui en estoit ; & après l'avoir écouté, luy dit qu'il estoit absolument obligé à le dénoncer, & que s'il ne le faisoit pas, il le dénonceroit luy même. Je rapporteray au long les chefs d'accusation contre ce Jesuite la Colombiere, dont personne n'a pû mieux sçavoir les particularitez que moy pour raison de cette rencontre. Afin d'avoir moyen d'aborder les Seigneurs du Conseil, il s'avisa d'aller trouver un jeune Ministre François nommé Luzancy, pour le consulter sur les expediens qu'il pourroit prendre. L'on a fort parlé de ce jeune Ministre en Angleterre : j'en diray quelque chose à la fin de cette narration pour la satisfaction du Lecteur. (Il a oublié de le faire : mais je pourray suppléer à cette omission.)

Luzancy donc digera, & mit au net avec le Denonciateur les chefs des accusations suivantes. 1. Qu'il luy avoit dit en discours familier que le Roy estoit Catholique dans l'ame.

2. Que

Ch. 22. 2. *Que le Parlement ne seroit pas toûjours le maistre, ou dans le même pouvoir.* 3. *Qu'il estoit intime de Coleman.* 4. *Qu'il avoit suborné un nommé Salomon autrefois Recollet en France, pour le faire retourner à la moinerie: & qu'il avoit aussi fait quitter à la femme dudit Salomon la Religion Protestante qu'elle avoit reprise depuis.* 5. *Qu'il prenoit le soin d'un convent de Religieuses qui estoient cachées dans Londres.* 6. *Qu'on devoit envoyer des prestres à la Virginie ou Terres neuves & qu'il en avoit presenté pour cette fin.*

Luzancy le presenta avec son memoire à l'Evêque de Londres qui est son grand protecteur, & ensuite au grand Chancellier. Cette accusation ayant paru, le Jesuite la Colombiere fut mis en Arrest dans sa chambre du Palais de S. James le 24. du mois de Novembre: & le

p. 370. 26. a midy on le mena en prison. Luzancy fut un de ceux qui prit à tâche de pousser à bout ce Jesuite, lequel estoit successeur dans le même employ d'un autre Jesuite dit le Père Saint Germain, avec lequel il avoit eu de grandes prises il y avoit trois ans.

Je demande à tout homme raisonnable s'il y a rien dans ces six articles qui ait l'ombre de conjuration contre la vie du Roy & contre l'Etat. Mais ce que disoit Isaïe du peuple Juif est vray aujourd'huy à la lettre du peuple d'Angleterre. *Omnia quæ loquitur populus iste, con-*

Jes. 8. v. 12.
juratio est. Tout y est presentement *conjuration.* Un Jesuite autorisé par le Roy estant Aumos-

mofnier de fa belle fœur confeille à un moyne Cu. 22. apoftat de retourner dans fon convent : c'eſt une *conjuration*. Il conduit quelques filles Catholiques qui veulent vivre dans Londres en religieufes : *conjuration*. Il defireroit que quelques preftres puffent aller prêcher la foy aux infidelles dans quelques endroits de l'Amerique occupez par les Anglois : *conjuration*. Rien fans doute n'eſt plus ridicule.

Mais c'eſt de plus un outrage fignalé qu'on a fait à la premiere Princeffe d'Angleterre aprés la Reyne, d'avoir arreſté jufques dans fon Palais & enfuite emprifonné le directeur de fa confcience, ou pour des bagatelles, ou pour des chofes dignes de loüanges, eu égard à fa religion & à fa profeffion, eſtant fous la protection du Roy tant pour l'une que pour l'autre. Et aprés cela l'on voudra que nous foions affez fimples pour croire, que ce n'eſt pas pour la Religion qu'on perfecute les Catholiques en Angleterre, mais feulement pour la Confpiration : comme s'il y avoit rien de moins raifonnable, que de reconnoiſtre un François en qualité de preſtre Catholique, & vouloir bien qu'il en faffe les fonctions dans le palais d'une Princeffe ; & en même temps le punir de la prifon & peut eſtre de pis, pour des chofes qu'on a du s'attendre qu'il feroit dans les rencontres qui s'en prefenteroient, a moins qu'on ne fuppofaſt, qu'il n'auroit aucun zele pour fa religion.

Mais cet indigne procedé eſtoit digne de
çeluy

celuy qui en a esté le principal Acteur. On connoist ce jeune Ministre nommé *Luzancy*. Nous aurions esté bien aises que l'Auteur des *Conspirations* nous eust dit ce qu'il en sçait, comme il l'avoit promis: mais à son defaut, nous en sçavons assez pour en faire le portrait au naturel. Le faux nom de *Luzancy* sous lequel il s'est fait connoistre en Angleterre depuis son Apostasie, est une marque insigne de son esprit fourbe. J'ay oublié son vray nom: mais tout le monde sçait qu'il est fils d'une comedienne; de sorte qu'il chasse de race, & il ne faut pas s'étonner s'il a sçu joüer tant de personnages. Je veux croire qu'estant jeune il est entré à bon dessein dans une communauté d'Ecclesiastiques. Il en a pû sortir, & Dieu sçait par quel esprit. La suite fait craindre que ce n'ait esté pour avoir plus de liberté. Comme il avoit quelque talent pour la predication, il prêchoit avec assez d'approbation dans une Eglise de Paris, lors qu'on découvrit que pendant qu'il exhortoit les autres à vivre saintement, il vivoit luy même fort licentieusement. Il en eut ou feignit en avoir de la confusion. Il alla trouver un pieux Abbé qu'il connoissoit, & qui n'eut point d'autre avis à luy donner, que de se retirer dans un monastere bien austere & bien reglé, pour y faire penitence toute sa vie. Il témoigna s'y rendre, soit qu'il en eust effectivement quelque pensée, ou qu'il contrefist le penitent Il alla dans une tres sainte solitude; il y passa quelques mois: mais il n'y n'y perseverapas. Ce fut en allant ou en revenant de ce saint lieu qu'ayant une lettre de l'Abbé qui luy avoit donné ce conseil, il passa par Port Royal des Champs & y coucha une nuit ou deux. C'a esté le fondement de toutes ses fourberies. C'est d'où il a pris le nom de *Luzancy*, parce qu'il y avoit là une personne de qualité & de grande vertu qui portoit ce nom. Il a voulu que ceux qui entendroient dire qu'un jeune homme nommé *Luzancy*, s'estoit retiré en Angleterre pour y faire profession de la Religion Protestante, pussent douter au moins quelque temps si ce n'estoit point ce M. de Luzancy, que l'on sçavoit depuis long-temps qui demeuroit à Port Royal : & luy même disoit des choses qui en pouvoient donner la pensée à beaucoup de gens, surtout aux François qui se trouvoient en Angleterre. Car on manda delà, qu'il se vantoit qu'il avoit esté long-temps auprés de M. Arnauld, & qu'il l'avoit aidé à répondre à M. Claude. On sçut cela par M. Justel qui estant fort honneste homme rougit de cette impudence, & en fit des plaintes en Angleterre. Il fut reduit à dire que le nom de *Luzancy* qu'il portoit, n'avoit rien de commun avec le Monsieur de Luzancy de Port Royal des Champs, & que c'estoit le nom d'une autre famille de Brie ou de Champagne; & en effet il y en avoit un de ce nom qui estant Capitaine aux Gardes & fort brave homme, avoit esté tué à la bataille de Senef. Mais les Gentils-hommes de cette famille l'ayant renoncé pour leur

Ch. 72. leur Parent, tout ce qu'il put dire pour se sauver, est que son Pere en estoit bastard, ce qui estoit aussi faux que le reste, & ne luy eut pas esté fort honnorable quand il eust esté vray. Tout cela ne luy ayant pas servi a soûtenir la reputation qu'il avoit acquise, d'abord a cause d'un sermon où il n'avoit pas mal reüssi, il se voulut faire valoir par une insigne fourberie que tout le monde sçait. Il eut quelques entretiens avec le P. de Saint Germain Aumosnier de la Duchesse d'Yorck, dans lesquels il feignoit qu'il vouloit retourner à l'Eglise Catholique, & il convint avec luy d'un projet d'abjuration, dont il alla ensuite se plaindre au Parlement, en disant que ce Pere le luy avoit arraché par force & en luy amenant 4. hommes dans sa chambre pour le poignarder s'il ne le faisoit. Rien n'estoit moins croiable que cette fable. Elle fut cruë neanmoins par des gens qui sont disposez à tout croire contre les Catholiques. Et ce fut au P. de Saint Germain de se retirer le plus viste qu'il put de ce miserable pays, où on n'eut pas manqué de faux témoins pour le faire declarer traistre. Ainsy ce faux *Luzancy* ayant manqué son coup par la fuite de ce Pere ; nostre Auteur fait assez entendre que c'est par ce même esprit *qu'il tâche de pousser à bout son successeur.* Je ne sçay ce qui en sera arrivé.

XI. Je

XI.

JE finiray ces remarques sur l'histoire des Conspirations d'Angleterre par deux faits qui serviront de transition à celles que je feray ensuite sur la denonciation d'Oates. Car ils le regardent tous deux, & font bien voir son esprit. L'un marque sa fierté & son insolence: & l'autre sa hardiesse à mentir, & à accuser sans raison tous ceux à qui il luy prend phantaisie de faire piece.

„ Le 9. de Novembre (dit nostre Auteur)
„ nous entendismes heurter fort rudement à la
„ porte de nostre logis; & un moment aprés, il
„ s'y fit une grande cohuë, faite par dix ou dou-
„ ze Soldats conduits par un sergent, qui avec
„ les crosses de leurs mousquets brisoient la porte
„ de la chambre de nostre hoste, lequel estoit
„ encore au lit, pour le prendre & l'emmener.
„ Nous fusmes fort surpris & réjoüis de le voir
„ revenir l'aprés disnée sur les 3. ou 4. heures,
„ aprés avoir esté conduit luy sixiéme en plein
„ Parlement, où il fut confronté *à Oates le grand*
„ *denonciateur*, qui dit, *qu'il ne le connoissoit pas,*
„ *mais qu'il sçavoit qu'il avoit dit (dont il avoit*
„ *esté fort scandalisé) que l'Université de Paris*
„ *estoit meilleure, & avoit des gens plus sçavans*
„ *que celle d'Oxfort.* Cet honneste homme avoit
„ esté dix ans à Paris, & il estoit Irlandois: ce
„ qui donna lieu de croire qu'il avoit esté Catho-
„ lique, & qu'il l'estoit encore dans l'ame.

Quelle

Ch. 22.   Quelle impertinence à ce pretendu Docteur Oates, de faire enlever un homme de sa maison par des Soldats comme coupable de la Conspiration, & le faire comparoistre en plein Parlement, pour avoir dit *qu'il y avoit de plus sçavans hommes dans l'Université de Paris que dans celle d'Oxford?* Vray ou faux; que cela faisoit-il à la pretenduë conjuration? Mais le *grand denonciateur Oates* s'est imaginé que c'estoit assez qu'il eust esté *fort scandalisé* de cette parole, pour faire tout ce vacarme. C'est un homme de grande importance. Il suffit qu'une chose le *scandalise*, pour qu'on soit obligé d'en aller rendre compte au Parlement, & d'y estre mené en criminel.

L'autre histoire suit immediatement celle-là. C'est en la p. 340.

Oates accusa un autre Anglois d'estre Prestre Catholique, jusques à dire qu'il s'estoit autrefois confessé à luy; & quoique cet homme alleguast qu'il avoit esté marié dans son quartier de Londres depuis 15. *ou* 16. *ans, & qu'il n'avoit que* 32. *ou* 33. *ans, & que partant il ne pouvoit pas avoir esté Prestre des l'âge de* 16. *ou* 17. *ans; il fut l'un des deux, d'entre six qui avoient esté menez ce jour-là devant le Parlement, qui furent retenus: les autres quatre, dont estoit mon hoste, furent renvoyez. Il estoit fort dangereux d'estre connu d'Oates, ou de ceux qui le voyoient, & sur tout d'avoir des malveillans qui eussent quelque accés auprés de luy.* Ces dernieres paroles n'ont pas besoin de com-

commentaire. On voit assez parlà, quelle opi- Ch. 22.
nion les Protestans mêmes qui ne sont pas de
la cabale, quoique d'ailleurs tres ennemis des
Jesuites, ont du *grand denonciateur Oates:*
puis qu'on trouve en Angleterre, *qu'il est bien
dangereux d'avoir des Malveillans qui aient
quelques accés auprés de ce delateur* bannal;
parce qu'il n'est pas difficile de le porter à accuser qui l'on veut, pour peu que l'on soit de
ses amis.

J'avois déja vû ce même fait dans l'Ecrit des
Jesuites imprimé à Mons. Mais dans l'apprehension qu'on ne le contestat, je n'avois pas
insisté sur les conséquences qu'on en peut tirer.
Maintenant qu'on ne le peut plus revoquer en
doute, je ne crains point de soûtenir qu'on ne
peut rien desirer de plus convainquant, pour
monstrer d'une part, qu'Oates qui a decouvert seul cette pretenduë conjuration, est certainement un faux témoin; estant impossible
qu'il ait pû jurer sans faire un faux serment,
qu'un bourgeois de Londres qui a femme &
enfans, estoit un Prestre & un Jesuite à qui il
s'estoit confessé: & de l'autre, que le Parlement
s'entendoit avec luy par une manifeste collusion, puis qu'au lieu de le punir comme un
parjure, il met en prison ceux qu'on voit plus
clair que le jour qu'il a faussement accusez.

X RE-

REMARQUES,

Sur la Denonciation d'Oates.

XII.

IL est dit dans le titre de cette denonciation d'Oates, qu'elle a esté publiée par l'ordre du Parlement, & presentée à sa Majesté. Elle commence donc par une Epistre dedicatoire au Roy de la Grand' Bretaigne qui contient plusieurs choses qui meritent bien qu'on y fasse quelque reflexion.

Il dit d'abord que *l'horrible conjuration formé, contre le Roy & contre le Gouvernement, ayant esté d'abord declarée, & soigneusement examinée a esté* GENERALEMENT *par tous jugée vraye.* Il faut donc necessairement, ou que ce *grand Denonciateur* ait confirmé par quelque miracle la verité de ce qu'il disoit, ou que ceux qui ont jugé sur son seul témoignage que tant de choses si peu croiables estoient vraies, aient tous esté des Prophetes, qui sondant le fond des cœurs par une lumiere divine ont reconnu dans celuy de cet impie une si grande sincerité qu'on ne le pouvoit soupçonner du moindre mensonge. L'un ou l'autre a esté necessaire afin que tous ceux qui ont pris cette pretenduë conjuration pour vraie, sur la seule parole d'un homme qui avoit abjuré sa Religion la croyant vraye, & qui avoit fait pro-

profession pendant deux ans de celle qu'il croioit fausse & pleine d'idolatrie, n'aient pas fait le jugement du monde le plus témeraire & le plus indigne de personnes sages. Or il est bien certain, & que ce frippon n'a point fait de miracles, & que ceux qui ont ajoûté foy aux contes qu'il leur a faits, n'ont point eu de lumiere prophetique. Ils n'ont donc crû ce qu'il leur disoit, que parce qu'ils l'ont bien voulu croire, pour avoir une occasion de persecuter les Catholiques: comme les payens croioient sans peine tout le mal qu'on leur disoit des Chrestiens, a cause de la haine que le Demon leur inspiroit contre les adorateurs du vray Dieu. Il est vray qu'Oates se sert de deux autres moiens pour empecher qu'on ne doute de la verité *de cette horrible conjuration.* C'est dit-il, en parlant au Roy, que *la relation que j'en ay faite estant appuiée par serment & parconsequent par ce qui établit titré, joint au massacre du Chevalier Godefroy est capable de persuader à tout juge qui n'est point prevenu, que les Papistes n'ont point renoncé à leurs diaboliques principes.* Voicy donc comme raisonne nostre Docteur. Tout juge non prevenu doit croire que les Catholiques Romains ont des principes diaboliques, & qu'ils continuent toûjours à les mettre en prattique. Pourquoy? par deux raisons convainquantes: La 1. C'est que moy Oates en ay fait serment. La 2. c'est que Godefroy a esté massacré. Qui ne se rendroit à des preuves si demonstratives? Car d'une part

X 2 il n'est

Ch. 22. il n'est pas croiable qu'un impie se soit parjuré: & on peut voir de l'autre ce que j'ay dit dans la remarque 6. de ce meurtre de Godefroy.

XIII.

CE miserable se mesle de prêcher le Roy, & il luy parle d'une maniere si insolente, qu'on voit assez qu'il est appuié d'une puissante faction qu'on est obligé de menager.

p. 434. *Je ne sçaurois sans blesser ma conscience m'empêcher de prier Dieu de mettre la paix & la concorde entre le Roy & le Peuple. Comme vostre Majesté se doit fier aux uns ou aux autres pour ses propres necessitez & assistances, Dieu veüille luy inspirer de se fier bien plutost à un Parlement assemblé selon la loy du pays, qu'à quelques particuliers quels qu'ils soient, qui pretendent n'estre point obligez de rendre compte. Ils veulent que l'on croie qu'ils vous sont bien fidelles, sous pretexte qu'ils s'accommodent a vostre humeur & à vos infirmitez: mais ils ne sont ny vos amis, ny ceux de leur Patrie, ny les leurs mêmes. En établissant une autorité despotique, ils ne tendent qu'à se faire riches & puissans; & vostre Majesté trompée par leurs artifices est indignement contrainte par un juste jugement de Dieu, à faire presque reüssir leurs desseins: ce qui trouble le repos public, & tourne à leur honte & à celle de leurs descendans.*

C'est bien a ce Libertin à faire le conscientieux,

tieux, & à pretendre que s'il ose faire la leçon CH. 22.
à son Roy, c'est *pour ne pas blesser sa conscience*, luy qui n'a de conscience que ce qu'en peut avoir un libertin, puisqu'il fait vanité de s'estre fait Jesuite en abjurant sa religion dans le seul dessein de decouvrir leurs secrets: ce qui dans les principes des Calvinistes, doit estre regardé comme une Apostasie, dont ont ne se releve point.

Mais qui ne voit de plus dans ces paroles le projet de ce qu'avoient entrepris les Cromwelistes du dernier Parlement assemblé à Londres, d'obliger le Roy d'estre tellement dans leur dependance, qu'il ne pust avoir dans son Conseil que ceux qu'il leur plairoit, & que tous ceux à qui il pourroit avoir confiance qui ne seroient pas entierement devoüez au Parlement fussent regardez comme des traistres?

XIV.

CEtte dediace a cela de bon, qu'elle convient parfaitement bien à la Denonciation à qui elle sert de teste. Car il y debite les plus insignes mensonges avec une confiance merveilleuse, afin qu'on fust averty qu'on ne devoit attendre autre chose de la piece qui la suivroit.

Il est constant, dit-il, *que le Roy Jacques* P. 425.
vostre grand Pere qui avoit échapé l'effet de leur poudre, n'a pû éviter celuy de leur poison.

X 3 Quel-

Ch. 22. Quelle impudence, que les Catholiques aient empoisonné le Roy Jacques, & que cela soit constant? Mais ce delateur l'avoit déja dit au Parlement, & il ne s'en vouloit pas dedire. C'est-ce que rapporte l'histoire des Conspirations, p. 342. en parlant de la deduction qu'Oates fit au Parlement de qu'il avoit decouvert de la Conspiration. *Il dit en premier lieu que c'estoient les Jesuites qui avoient empoisonné le feu Roy Jacques, & le Prince Henry son fils, & les nomma par leur nom.* Mais qui a t'-il de plus facile à un effronté menteur que de nommer tels & tels Jesuites, comme ayant commis tels & tels crimes, en des temps si éloignez? N'y avoit-il donc qu'a avancer de si horribles accusations que l'on faisoit retomber sur tous les Catholiques? Et n'estoit-il pas de l'équité de l'obliger de dire comment il avoit pu avoir connoissance de choses passées il y avoit près de soixante ans, dont ceux qui en auroient esté coupables n'auroient eu garde de se vanter, estant si abominables? Il ne pouvoit pas dire, comme il faisoit au regard de la conjuration pretenduë de ces dernieres années: *C'est qu'on me les a confiées parce qu'on m'y a voulu employer.* Il n'estoit pas encore né en ce temps-là. Il ne les auroit donc pu sçavoir que des Jesuites, qui luy auroient raconté ces deux empoisonnemens d'un Roy & du Prince son fils aîné, comme des actions heroïques de tels & tels de leurs Peres, dont-ils luy auroient dit les noms. Or a qui pourra t-on persuader que les Jesuites quel-

quelque méchants qu'on se les figure, aient Ch. 22. esté assez imprudens pour s'estre vantez à un Novice d'avoir commis de tels crimes? Comment donc est-il possible qu'un homme qui a eu l'impudence de debuter devant tout un Parlement par une calomnie si noire, & si hors de toute apparence, en ait esté écouté, & qu'on n'ait pas pris ce preambule pour une preuve certaine qu'il n'avoit que des mensonges à leur dire?

X V.

C'Est une autre sorte d'effronterie, qui luy fait soûtenir en parlant au Roy même, qui est mieux informé que personne des veritables Auteurs des revoltes criminelles qui se sont terminées par le plus étrange des parricides, qui luy fait, disje, soûtenir, *que ce sont les Catholiques qui ont esté les premiers auteurs de la derniere guerre civile, qui l'ont entretenuë en acharnant un party contre l'autre par de diaboliques soupçons, & qui ont ainsy esté la cause des souffrances, & de la mort du feu Roy.*

On n'a pas besoin de refuter une si abominable calomnie. Il ne faut pour admirer cette impudence, que lire dans ce même livre des *Conspirations d'Angleterre*, ce qui y est dit de celle qui a pour titre; *La conspiration de quelques traistres Parlementaires qui commirent le plus noir de tous les parricides faisant mourir le Roy Charles I. d'heureuse memoire.* On y

X 4 verra

Ch. 22. verra si les Acteurs de cette funeste tragedie ont esté autres que les Presbyteriens & les independans ennemis mortels des Catholiques, & si les Catholiques y ont eu la moindre part. Et Saumaise *dans sa defense royale* nous le pourra encore apprendre. On n'a qu'à lire ce que j'en rapporte dans le chap. 13.

Mais quelles sont les preuves de ce Delateur pour rejetter sur les Catholiques les crimes des Puritains? Les voicy. *Qui rompit*, dit-il, *le traité d'uxbrige, sinon l'interest, & la Politique de Rome? Ne sont-ce pas ces boutefeux, qui ont persisté à rompre tous les traitez de paix qu'on proposoit pour le bien de cette nation, & le bonheur de vostre famille Royale?*

Qu'auroit pu dire le plus emporté Cromwelliste de plus contraire aux droits de la Royauté, & à la memoire du feu Roy d'Angleterre? Car si les conditions qu'on avoit proposées au feu Roy dans ces traitez estoient justes & raisonnables, & alloient *au bien de la nation & au bonheur de la famille royale*, le Parlement avoit raison de les proposer, & le Roy avoit tort de les rejetter. Or c'est-ce qu'il fait entendre, en pretendant ridiculement que ce sont les Catholiques qui ont rompu ces traitez, & qu'en cela ils se sont rendu bien criminels. Ecoutons donc ce qu'en dira nostre historien des *Conspirations*, qui a fait imprimer avec cette histoire, la denonciation d'Oates.

P. 164. *Le Roy ayant esté livré aux Anglois par l'ar-*

mée d'Ecoſſe, il chercha toutes les voies d'ac- CH. 22.
commodement, & écrivit au Parlement des lettres de Pacifisation, auxquelles le Parlement
répondit par quatre demandes, qui devoient
ſervir de préliminaire à leur Negociation. La
repugnance que le Roy témoigna pour des demandes ſi injuſtes, & qui l'euſſent depoüillé entierement de ſon autorité; fut cauſe qu'il fut
plus étroitement reſſerré; & le Parlement pour
comble de rage fit un édit qui deffendoit pour
l'avenir tout commerce avec luy. Ce ne fut
donc pas la *Politique de Rome* qui rompit ce
traité.

Fairfax ayant defait l'armée de quelques
grands Seigneurs qui s'eſtoient declarez pour
le Roy, l'on recommença les negociations d'accommodement avec le Roy qui avoit eſté mené
derechef en l'Iſle de Wight: & elles eſtoient bien
avancées, lorſque le General Ireton gendre de
Cromwel, fit par écrit une remonſtrance au Parlement & au peuple, pour les diſſuader de faire
aucune paix ou treve avec le Roy; mais d'exterminer ſa perſonne & la Royauté. Cette remonſtrance tres criminelle fut pourtant reçuë
avec applaudiſſement dans l'armée, & preſen-
tée au Parlement de la part de l'armée & du
peuple. Mais le Parlement combattu de divers ſentiments ſembla revenir en quelque façon
de ſa premiere rigueur, & ne laiſſa pas nonobſtant la remonſtrance d'Ireton de declarer hautement que le meilleur expedient pour avoir la
paix, ſeroit d'accorder au Roy ce qu'il leur avoit

en, 22. *demandé. Cette declaration choqua si fort I-*
ton & ses creatures de l'arméé, qu'ils enleveren
le 6. & 7. Decembre plusieurs du Corps du Par-
lement, & le reduisirent à un tel nombre qu'
leur plut, & à leur poste, tous gens de sac &
de corde. Ces scelerats firent un Decret suivant
le desir du traistre Ireton portant 1. *Que toute*
la puissance & la Souveraineté de l'Etat appar-
tenoit & residoit en premier chef dans le peuple.
2. *Que cette puissance appartenoit aux deputez*
representant le peuple, autrement à la chambre
des Communes; ce qu'ils s'attribuoient. 3. *Que*
les Decrets de cette Chambre estoient des loix
Souveraines, sans même estre approuvées du
Roy ou de la Chambre haute. 4. *Que c'estoit*
un crime de Leze Majesté & de rebellion de
prendre les armes, & de declarer la guerre con-
tre le Parlement, & ceux qui representoient
le peuple. 5. *Que le Roy ayant pris les armes*
contre le Parlement, estoit coupable de tout le
sang repandu dans ces guerres civiles, & que
pour reparation il devoit expier un tel crime par
son propre sang.

p. 191. *Enfin la veille de sa mort quelques Soldats*
luy firent quelques propositions, lesquelles s'il eust
voulu écouter, ils luy promettoient & l'assuroient
de la vie & de son rétablissement. Mais il les
rejetta d'abord en disant; J'AIME *mieux en-*
durer mille morts, que de prostituer de la sor-
te mon honneur, & de sacrifier la liberté du
peuple.

Voilà tous les traitez qu'on a voulu faire
avec

avec ce Prince : Le 1. & le dernier furent rompus par luy même, parce que les propositions qu'on luy faisoit luy parurent trop contraires à son honneur & à son autorité. Il n'y en eut qu'un qui eust pû estre raisonnable qui fut rompu par Ireton, & par le Decret que ce traistre fit faire au Parlement, qui fut le prelude de sa mort. Il ne reste donc a ce frippon d'Oates pour rejetter cette rupture sur les Catholiques, qu'à dire qu'Ireton le Gendre de Cromwel estoit Catholique. Et pourquoy ne le diroit-il pas ? puisqu'il ose insinuer que les bourreaux masquez qui le massacrerent, estoient des Jesuites deguisez, ou au moins Papistes de la Religion Romaine. (Car on ne peut donner d'autre sens a ces paroles : *Je croy que vostre Majesté a esté bien informée de la qualité des bourreaux*) & qu'il le dit ouvertement de l'execrable Milton. *Milton*, dit-il, *ne frequentoit-il pas les assemblées des Papistes ?* Ce qui est la derniere impudence : ne s'estant jamais fait de livre plus envenimé contre les Catholiques, que celuy de cet Apologiste des Puritains Massacreurs du Roy, jusques là qu'il represente comme une juste cause de la mort de ce Prince, de ce que l'on ne le croioit pas éloigné de la Religion des Papistes.

XVI.

POur encherir en quelque sorte par dessus les mensonges precedens, il entreprend de

faire

Ch. 22. faire oublier au Roy les services que les Catholiques luy ont rendus dans sa plus mauvaise fortune, & luy persuader qu'ils ont fait au contraire tout ce qu'ils ont pu pour le livrer entre les mains de Cromwel aprés la perte de la bataille de Worcester. *Aprés* (dit ce menteur infame) *que vostre Majesté se fut retirée de Worcester, que ne firent-ils point pour vous mettre entre les mains de vos ennemis ? Qui devoit payer les 1000. livres promises à quiconque vous découvriroit & vous prendroit, sinon le Pere Joseph Sirmond, & le Pere Carleton Compton, tous deux Jesuites ? Il est vray que parmy tant de fidelles Protestans, un ou deux de la Religion Romaine peuvent avoir contribué à vostre delivrance : mais ceux de leur parti ne leur ont-ils pas reproché ce peu de fidelité qu'ils avoient témoigné, & ne les ont-ils pas traitez de foux, pour avoir eu plus d'égard au sang des Anglois qu'aux principes de Rome.*

On n'a besoin encore pour le confondre, que d'apprendre de ce même historien des *Conspirations d'Angleterre*, les particularitez de l'evasion du Roy, que je ne craindray point de rapporter un peu au long, parce qu'on y trouvera des avantures fort agreables.

P. 267. „ Le Roy s'estant retiré de Worcester aprés
„ la perte de la bataille avec 4. ou 5. Seigneurs &
„ environ 50. Chevaux par des chemins détour-
„ nez, le Comte d'Arbey luy raconta en chemin
„ faisant, comme depuis peu ayant esté battu
„ par le General Lileburn, ayant ensuite pris la
suite,

„ fuite, un certain paysan nommé Penderell, quoi-
„ que Catholique, & qui se tenoit en un village
„ assés prés de là nommé Boscabelle, l'avoit tenu
„ caché fort fidellement & seurement dans sa
„ maison. Le Roy écouta son discours & agrea
„ cette proposition. Estant donc arrivéz à ce vil-
„ lage, aprés avoir heurté à la porte dans l'ob-
„ scurité de la nuit, Penderell leur ouvrit & re-
„ çut toute cette compagnie, pendant que le
„ Roy coupoit sa chevelure, & la jettoit dans le
„ feu, & qu'il noircissoit ses mains avec de la
„ suïe, & qu'il prenoit de méchans habits. L'on
„ envoya querir deux autres freres de Penderell,
„ Richard qui demeuroit en une maison voisine
„ dite Hobbal, & Guillaume, qui avoit sa pe-
„ tite maison à Boscabelle, auxquels ils apprirent
„ leur infortune : & d'Arbey leur monstrant la
„ personne du Roy, les conjura par la foy qu'ils
„ devoient à Dieu, & à leur Roy qu'ils voyoient
„ là present, & par tout ce qu'il y avoit de sacré
„ & de religieux dans le monde, de le garder,
„ & de le preserver de ce danger, sans s'épargner
„ en rien pour le mettre en lieu de sureté. Ces
„ paysans promirent de bon cœur d'estre fidelles
„ & de faire tout ce qu'ils pourroient. Richard
„ emmena le Roy dans le bois prochain par la
„ porte de derriere. Le Roy en sortant donna
„ ordre au Baron de Wilmot, de s'en aller sur
„ le chemin à Londres, là où il luy promit de
„ l'aller joindre. Jean Penderell s'offrit de luy
„ servir de guide pendant quelque temps, & de
„ le mettre dans le droit chemin. Le Roy estant

Ch.22. „ dans le bois y pensa estre decouvert par des Sol-
„ dats qui estoient venus en ce quartier là, pour
„ voir s'ils n'y pourroient point faire quelques
„ prisonniers des gens du Roy échappez du com-
„ bat: mais parce qu'il avoit plû & que les arbres
„ dégoutoient, ils n'entrerent pas dans le bois.
„ Pendant qu'il estoit resté dans ces brossailes,
„ Richard Penderell vint chercher un justau-
„ corps pour le deffendre de la pluye, ayant une
„ faucille à la main, comme s'il eut raccommodé
„ quelque haye. Il alla prier la femme de l'un de
„ ses voisins nommé Zatée sa proche parente, de
„ luy donner ou prester quelque chose à manger,
„ & du sucre, quelques œufs, & du bœurre. Le
„ Roy fut un peu surpris de voir cette femme
„ acause du babil qui est ordinaire au sexe. *Pou-*
„ *vez vous luy*, dit-il, *ma bonne amie garder le*
„ *secret, & la foy, & ne point découvrir ceux qui*
„ *sont de l'armée du Roy.* Oüy Seigneur, répon-
„ dit-elle: *je mourrois plutost que de vous tra-*
„ *hir.* Ces paroles l'ayant rassuré, il mangea avec
„ grand appetit de ces mets à la paysane.
„   Le Roy demanda à Richard s'il ne connois-
„ soit pas quelqu'un sur le bord du fleuve Sabrin
„ à qui il se pust fier, qui le cachast quelque
„ temps jusques à ce qu'il pust passer au pays de
„ Walles. Ce bon paysan luy dit qu'il en connois-
„ soit un nommé *Wolphius* qui estoit fort hom-
„ me de bien, QUOIQUE CATHOLIQUE,
„ de la fidelité duquel il l'assuroit. Sur cette parole
„ le Roy se mit en chemin sur les neuf heures du
„ soir avec Richard, pour aller à Madley ou de-
meu-

„ meuroit ce Wolphius. Y eſtant arrivez (aprés
„ avoir eſté obligez de ſe jetter dans l'eau pour
„ éviter un meuſnier qui les vouloit arreſter) dés
„ que Penderell eut frappé à la porte & qu'il eut
„ parlé, elle luy fut ouverte. Il fut reçu fort hu-
„ mainement par Wolphius, auquel ayant fait
„ confidence de ce qu'ils ſouhaitoient, il cacha
„ le Roy dans ſon grenier, parce que pendant le
„ jour il y avoit preſque toûjours des Soldats
„ chez luy. Ils envoyerent leur hoſte Wolphius
„ pour découvrir s'il y auroit moyen de paſſer la
„ riviere : il leur fit rapport que des Soldats gar-
„ doient non ſeulement les ponts, mais les ba-
„ teaux & les bacs, & qu'ainſy il ſeroit tres diffi-
„ cile, même tres dangereux, de s'y hazarder. La
„ nuit eſtant venuë, cet Auguſte priſonnier vo-
„ lontaire deſcendit du grenier : la maitreſſe du
„ logis luy frotta le viſage & les mains avec du
„ jus de ſuréau, ou d'une certaine graine, &
„ aprés qu'il eut pris congé de ce dernier ; il s'en
„ retourna à pied avec Richard à Boſcabelle pour
„ attendre une plus favorable occaſion de ſe
„ ſauver.

„ Eſtant de retour avant le jour, il demeura
„ caché dans le bois pendant que Richard alla
„ voir s'il y auroit quelque Soldat dans ſa mai-
„ ſon. Il n'y trouva qu'un ſeul homme : c'eſtoit
„ le Colonel Carlis, qui avoit combattu & ar-
„ reſté quelque temps les troupes de Cromwel,
„ en une des portes de Worceſter, qui eſtant du
„ pays & des environs eſtoit venu demander du
„ pain à la derobée à cet honneſte payſan de ſa

con-

connoiſſance. Ce Seigneur ayant appris que le
„ Roy eſtoit caché dans le bois, y fut d'abord
„ avec les deux Penderell, & aprés les marques
„ de joie reciproque, ils le font entrer au logis.
„ Le gravier qui s'eſtoit gliſſé dans ſes ſouliers en
„ marchant dans le ruiſſeau auprés du moulin l'a-
„ voit incommodé, & ſi fort écorché les pieds,
„ qu'ils en eſtoient encore tout enſanglantez: la
„ maiſtreſſe du logis les luy lava; c'eſtoit le ſeul
„ remede pour lors.
„   Le Roy & le Colonel Carlis, aprés leur re-
„ fection à la payſane, retournerent incontinent
„ dans le bois, & ayant grimpé au haut d'un
„ chaiſne fort tortu y paſſerent la journée. Le
„ Roy eſtant accablé de ſommeil, Carlis le ſoû-
„ tint entre ſes bras, & l'appuia ſur ſon ſein; ce
„ qui fut la plus grande faveur que ce fidelle ſujet
„ puſt recevoir de ſon Souverain. La nuit eſtant
„ venuë, ils deſcendirent de leur arbre & rentre-
„ rent au logis ayant les dents bien longues. On
„ leur monſtra une cache dont les Preſtres Ca-
„ tholiques ſe ſervoient, qui parut ſi commode
„ au Roy que pendant le temps qu'il reſta là, il
„ ne voulut pas ſe retirer autre part pendant le
„ jour.
„   Humfred cinquiéme frere deſdits Penderell,
„ lequel eſtoit meuſnier de ſon meſtier dans le
„ voiſinage, eſtoit allé par une heureuſe rencon-
„ tre au village de Scheffnell pour y payer quel-
„ que droit ou impoſt, là où il trouva dans la
„ maiſon du Capitaine Brodſway, commis à la
„ recepte de ces ſortes de droits, il trouva dis-je
un

"un Colonel de l'armée Parlementaire qui cher-
"choit le Roy fort âprement, lequel ayant sçu
"que ce paysan demeuroit proche du Monastere
"de Withladiez, ajoûta que si quelqu'un le
"trouvoit, il auroit mille livres Sterling de re-
"compense : que s'il estoit surpris de l'avoir ca-
"ché, on le feroit mourir sans remission. Hum-
"fred tres religieux observateur d'un si impor-
"tant secret preferant la conservation de la
"personne du Roy, & sa fidelité, à l'esperance
"d'un tel leure, répondit qu'il n'en sçavoit
"rien dutout. Estant de retour le soir il racon-
"ta au Roy son avanture & ce qu'il avoit ap-
"pris.
"Le lendemain qui estoit un dimanche, le
"Roy passa la plus grande partie de la journée
"en un certain cabinet, lieu assez retiré tout joi-
"gnant le logis, où il s'occupa à la lecture de la
"Sainte Bible. Cependant Jean Penderell, qui
"servoit de guide au Baron de Wilmot, pour
"le mettre sur le grand chemin de Londres ap-
"perçut aux environs de la campagne un si grand
"nombre de soldats, qu'il crut mieux faire de le
"cacher avec son cheval dans certaines carrieres
"d'où l'on tire de la marne, jusques à ce qu'il
"eust decouvert un meilleur endroit pour le
"mettre en sureté. Enfin par un effet de bon-
"heur, il le mit entre les mains & l'addressa à
"Lord Whitgray, & à un certain Jean Hudle-
"ron, quoique tous deux Catholiques ; ce der-
"nier estoit domestique, & precepteur de trois
"enfans de Mylord Whitgray. Il vivoit encore
l'an-

Ch. 22. „l'année 1678. Et le Roy l'excepta nommé-
„ment dans son Edit de bannissement des Pres-
„tres Anglois. Le Baron de VVilmot, fut reçu
„chez luy à Moslay, fort cordialement. Jean
„Penderell estant de retour, & aiant appris au
„Roy la rencontre de VVilmot, il fut renvoyé
„derechef par le Roy pour apprendre au plutost
„ce que le Baron VVilmot seroit devenu & ce
„qu'il auroit fait. Il trouva, que le Baron avoit
„déja changé de lieu, & estoit allé à Bentley en la
„maison du Colonel Lance, là où Penderell
„ce bon paysan, l'estant allé trouver & luy ayant
„appris l'intention du Roy, le Baron luy promit
„& l'assura que la nuit suivante environ onze
„heures ou minuit, il retourneroit à Mosley,
„qui estoit cinq milles de Boscabelle, afin d'aller
„au devant de sa Majesté.

„ Lorsque Jean fut de retour à Boscabelle, le
„Roy prit resolution d'aller à Mosley, trouver
„le Baron de VVilmot: mais la foulure du pied
„qu'il avoit déja eüe, l'empéchoit de marcher.
„Montant donc sur la jument du meusnier
„Humphred, sur laquelle on ne put trouver &
„mettre qu'une torche, qui est une espece de selle
„pour les paysans, il dit à Dieu à Carlis, & prit
„son chemin du costé de Mosley, accompagné
„des quatre freres Penderells, & de François Ya-
„tée. Estant arrivé en ce lieu, il renvoya ces
„bons paysans chargez de remercimens, & de
„grandes promesses, qui ont esté ensuite fort lar-
„gement acquittées.

„ Le Roy estant arrivé à Mosley, ches Mylord

„lord VVhitgray, il y trouva le Baron de VVil- CH.22.
„mot; aprés un long entretien sur toutes leurs
„avantures & aprés avoir pris leur refection, il
„fut caché dans une garderobe fort retirée pour
„s'y repofer & y paffer la nuit. Le lendemain
„VVhitgray, eut le vent que des Soldats devoient
„venir chez luy faire la visite, effectivement ils
„y vinrent: car il estoit soupçonné d'estre Roya-
„liste, ayant autrefois porté les armes pour sa
„Majesté. VVhitgray aprés avoir caché le Roy
„dans un lieu secret leur ouvrit d'abord toutes
„les portes; avec une telle franchise, & avec le
„témoignage des voisins, qui dirent n'avoir vû
„entrer personne chez luy, & par d'autres rai-
„sons, il leur persuada si bien le contraire, que
„ces Soldats ne l'inquieterent pas d'avantage,
„& n'allerent pas même jusqu'au degré de sa
„maison.

„ Le même jour des Soldats furent visiter le
„Monastere de VVhitladiez: parce qu'un Ensei-
„gne de l'armée du Roy qui avoit esté pris, as-
„suroit qu'il l'avoit accompagné avec les au-
„tres jusques en ce lieu, qu'il l'avoit laif-
„sé là, & que personne de son air & de son
„âge n'en estoit sorty. Ils foüillerent par tous les
„endroits de cette maison, rompirent les vieil-
„les murailles, tous les coins, mais ce fut inuti-
„lement. Ils appuierent le Mousqueton sur l'es-
„tomach du maistre du logis & menacerent de
„le tuer sur le champ s'il ne declaroit l'endroit
„où estoit le Roy, mais luy protesta qu'il ne le
„connoissoit pas. Il ne nia pas que plusieurs

per-

„ personnes ne fussent venuës là cette nuit, qui
„ aprés avoir mangé tout ce qu'ils avoient pu
„ trouver, s'estoient retirez. Là-dessus s'estant
„ tournez vers l'Enseigne leur prisonnier le pre-
„ nant pour un menteur, ils l'ajusterent à coups
„ de canne d'une étrange maniere.

„ La nuit d'aprés le Roy prit congé de My-
„ lord VVhitgray, de sa femme, & d'Hudleston:
„ il leur laissa une lettre de change à prendre sur
„ un marchand de Londres; en cas qu'estant dé-
„ couverts par les Parlementaires, & accusez de
„ luy avoir tenu la main pour se sauver, ils fus-
„ sent obligez de passer la mer, afin de mettre
„ leur vie en sureté.

„ Enfin le Roy aprés quelques autres avantures
„ s'embarqua à Portmoust, & aborda heureu-
„ sement en Normandie. Ce fut ainsy qu'il fut
„ garenty des mains sanguinaires & parricides de
„ ce traistre de Cromwel, & de ses suppots les re-
„ belles Parlementaires.

C'est le fidelle recit de l'évasion de ce Prince, *telle que la rapportée le Docteur George Bateus premier medecin de sa Majesté, qui la sçavoit de sa propre bouche.* En faut-il davantage pour couvrir de confusion cette infame Oates, qui donne, pour ainsi dire, le dementy à son Roy en luy parlant à luy-même. Car il ose luy assurer que les Catholiques ont fait ce qu'ils ont pu pour le livrer entre les mains de Cromwel, eux que le Roy sçait fort bien avoir tant contribué a empescher qu'il n'y tombast. Il feint que deux Jesuites, qu'il nomme pour donner plus
de

de poids à ses mensonges, devoient payer les 1000. livres Sterling que Cromwel avoit promis à celuy qui luy livreroit le Roy. Cela est bien croiable. Ce tyran n'avoit pas assez d'argent pour payer ceux qui luy eussent rendu un si grand service. Tant de Catholiques que nous venons de voir s'estre employez à sauver le Roy avec tant de fidelité, tant d'adresse, & tant de courage, ne sont *qu'un ou deux Catholiques*, si on en croit ce frippon. Et il faudra encore que nous croions sur sa parole, que les autres Catholiques leur en ont fait des reproches; ce qui est le comble de l'impudence.

XVII.

APrés avoir vu de si horribles calomnies contre les Catholiques dés le preambule de cette fameuse denonciation, on peut bien s'attendre à n'y pas voir autre chose. Mais je suis assuré que la posterité aura peine à croire, qu'un homme ait esté assez impudent pour assurer avec serment des impostures si folles & si hors de toute apparence, & qu'il se soit trouvé des gens qui aient feint d'y ajoûter foy.

Elle contient 81. articles. Et on n'a besoin que d'en lire quelques-uns, pour y reconnoistre une hardiesse diabolique à inventer les plus abominables mensonges, sans s'estre mis en peine s'ils pourroient trouver creance dans l'esprit d'aucune personne sensée: parce que son but n'estoit que de representer les Catholiques
com-

Cʜ. 22. comme des Demons capables de tout entreprendre, pour les faire avoir en horreur à tous les Protestans, & d'étourdir le monde par un grand nombre de faits accompagnez de tant de circonstances particulieres & debitez avec tant d'assurance, que le peuple credule eust de la peine à ne les pas prendre pour veritables.

Il commence dés le 1. article à assurer une chose, qu'on ne pourroit croire sans avoir perdu l'esprit. Il dit que les Jesuites d'Angleterre qu'il nomme, avoient écrit au P. Suriam Irlandois qui demeuroit à Madrid une lettre qui contenoit *le dessein qu'ils avoient de faire revolter les Presbyteriens contre le gouvernement Episcopal & que pour le faire reüssir ils avoient déja destiné trois Jesuites Wright, Morgam & Ireland pour prescher selon les principes des Presbyteriens: en faisant entendre aux Ecossois mecontens, qu'ils vivoient dans un malheureux état, acause de la tyrannie que les Evêques exerçoient sur eux, & qu'ils n'avoient point d'autre moyen de mettre leur Religion & leurs personnes en liberté, que la voie des armes.*

Il dit dans l'artic. 2. *qu'il fut choisy pour porter cette lettre à Madrid, & qu'estant à Burgos il la rompit & la lut.* Comment donc la rendit-il, si elle estoit rompuë? La donna t-il toute ouverte? Mais plutost pourquoy ne la gardoit-il pas pour avoir une preuve litterale & convainquante des mechans desseins des Jesuites, puisqu'il dit au procés de Mylord Staftafford, qu'il n'eſtoit entré chez eux que pour les trahir. Je ne m'arreſte pas icy à cette preuve de ſes menſonges. Elle reviendra bien ſouvent. Je paſſe même le ridicule deſſein qu'il attribuë à un Provincial des Jeſuites & à pluſieurs de ſes principaux Peres, de faire revolter les Presbyteriens d'Ecoſſe contre les Epiſcopaux. Je me contente de dire que le moyen qu'il aſſure qu'ils y vouloient employer, eſt la choſe du monde la plus folle & la plus incroiable. Car où, comment, & à qui ces 3. Jeſuites auroient ils *preſché en Ecoſſe ſelon les principes des Presbyteriens?* Il auroit fallu que ç'euſt eſté aux Presbyteriens, puiſque ce devoit eſtre pour les faire revolter contre les Epiſcopaux. Et c'eſt-ce qui eſt dit auſſi dans l'artic. LXXIV. où il eſt marqué, *que les lettres du Provincial portoient que* 12. *Jeſuites Ecoſſois eſtoient envoyez en Ecoſſe par l'ordre du General de la Société pour y entretenir la diviſion: & qu'ils avoient des inſtructions pour preſcher en qualité de Non-conformiſtes parmy les Presbyteriens d'Ecoſſe.* Les uns & les autres auroient donc preſché aux Presbyteriens en qualité de Miniſtres Non-conformiſtes. Il auroit donc fallu que ces 3. Jeſuites & enſuite ces 12. ſe fuſſent fait recevoir en Ecoſſe Miniſtres Presbyteriens, à quoy ils n'auroient pu parvenir qu'aprés avoir abjuré la Religion Catholique & avoir paſſé par d'aſſez longues épreuves. Car il faut eſtre aſſez long-temps *propoſant* avant que de devenir Miniſtre parmy les Presbyteriens,

Ch. 22. riens, dont la discipline sur cela est beaucoup plus éxacte que parmy les fanatiques. C'est donc à quoy un Provincial des Jesuites destinoit d'abord trois de ses principaux Peres, & ensuite 12. à se rendre Apostats, & à travailler à se faire recevoir Ministres ; afin de pouvoir faire de beaux sermons aux Presbyteriens Ecossois, en les portant à se delivrer *par la voie des armes* de la tyrannie des Evêques : sauf à estre pendus dés le premier sermon semblable qu'ils auroient fait, comme des seditieux & des traistres. Mais ce grand delateur n'y regarde pas de si prés. Il ne se met pas en peine de colorer ses mensonges. Il luy suffit de dire des Jesuites en particulier, & des Catholiques en general tout le mal qu'il peut inventer, pour les rendre odieux. Vray-semblable ou non : il ne luy importe. Il estoit bien assuré qu'il se trouveroit assez de gens, ou qui le croiroient, ou qui feroient semblant de le croire. Ainsy l'air general de toutes ses depositions, est qu'il fait toûjours faire ou dire à tous ceux qu'il accuse, ce que personne ne feroit jamais s'il n'avoit l'esprit troublé : desorte que le premier principe qu'il faut établir, afin de pouvoir ajoûter foy à des accusations si extravagantes, est que par une certaine constellation maligne, tous les Catholiques qu'Oates a connus, avoient joint une folie extraordinaire à une extraordinaire malice, & que dans le dessein dont ils estoient continuellement occupez de troubler toute l'Angleterre & d'en tuer le Roy, ils faisoient

tout

tout ce qu'auroient fait des gens qui auroient eu une extreme envie d'estre decouverts & d'estre pendus, ou de faire decouvrir & pendre leurs Confreres d'Angleterre.

C'est-ce qui paroist admirablement dans l'article 111. où il fait dire à un Jesuite Anglois du College de Valladolid dans un sermon devant des étudians (auquel il jure qu'il assista) une chose si fabuleuse d'une part, & de l'autre si scandaleuse, si horrible, & si infame, que j'ay honte de la rapporter, & que je ne puis comprendre, comment on a souffert que cela s'imprimast en Angleterre. Mais comme il est tout à fait hors d'apparence qu'un Jesuite ait dit cela, & encore plus qu'il l'ait dit dans un sermon devant des écoliers, il faut que ce soit Oates qui l'ait inventé, ou que quelqu'un le luy ait suggeré par une malice noire, pour prendre de là occasion de repandre ce bruit parmy le peuple, sous pretexte de rendre publique la decouverte de la Conspiration.

XVIII.

CEtte même folie qu'on doit supposer dans tous les accusez par Oates, paroist encore plus dans l'artic. 1x. qui porte cecy. *Richard Strange, Jean Keines, Basile Langworth, le Pere Harcourt, Jean Fennwick, le Pere Ireland, le Pere Gray, le Pere Jennison, le Pere Saunders, & le Pere Ecclesdon, écrivirent une lettre, la signerent, & l'envoyerent à Saint Omer*

Ch. 22. Omer pour Richard Ashly Recteur du seminaire Anglois, dans laquelle luy & les autres Peres estoient avertis, que le Roy estoit tout abandonné à ses plaisirs, & qu'ils avoient intention de gagner quelqu'un pour le poignarder à Whitehall; ou que si cela ne se pouvoit pas aisement faire, ils gagneroient un de ses Medecins pour l'empoisonner; pour la reüssite dequoy ils avoient chez un nommé Worsty Orfeure de Londres 1000. livres, qui leur avoient esté procurées par le Pere la Chaise Jesuite, Confesseur du Roy de France. Le Deposant a lu cette lettre, & a vu qu'elle estoit signée par les personnes cy-devant mentionnées, & la porta à Saint Omer. Il alla à Douvre dans le carosse de voiture, sa place y ayant esté retenuë par ledit William, duquel le nom veritable est Jean Growes. La lettre que le deposant porta, estoit datée du commencement de Decembre, selon le stile ancien.

N'est-ce pas ce que j'ay dit, que jamais gens n'eurent tant d'envie de se faire pendre que tous les Jesuites qu'Oates a connus? C'en estoit le moyen que d'avoir dessein de tuer le Roy: mais au moins quand on est assez méchant pour avoir de telles pensées, on les cache avec grand soin. Ceux-cy font tout le contraire, si on en croit cet infame delateur. Il faut que leurs Peres de Saint Omer en soient avertis: & ils ne se contentent pas de le leur faire mander par l'un d'entre eux, mais comme s'ils eussent

sent apprehendé que quelqu'un d'eux n'echappast la potence: ils font une lettre où ils declarent *l'intention qu'ils avoient de chercher quelqu'un pour poignarder le Roy ou pour l'empoisonner*; & ils s'assemblent dix, le Provincial à la teste, pour la signer tous ensemble. Je demande si cela s'est jamais fait depuis que le monde est. Ce seroit beaucoup qu'un homme mist son vray nom au bas d'une lettre où il decouvriroit un tel dessein. Il est même bien rare qu'on écrive de semblables choses autrement qu'en chiffre. Mais que dix personnes écrivent & signent tous ensemble une lettre si detestable & si capable de les perdre, au cas que par hazard elle eust esté interceptée, comme des gens un peu sages le craignent toûjours quand les choses sont importantes; il faut estre aussi fou que ce méchant homme, pour s'estre pu mettre une telle chose dans l'esprit.

Il faut de plus qu'il ait bien trouvé de l'intelligence dans ceux qui ont si facilement ajoûté foy à sa denonciation. Car d'où vient qu'on ne luy a pas demandé pourquoy aiant esté le porteur d'une si méchante lettre, & ayant sçu ce qu'elle contenoit, il ne l'avoit pas portée au Roy sur le champ, au lieu de la porter à Saint Omer? Il a dit au procés de Mylord Stafford (ce qu'on ne sçauroit trop repeter) qu'il n'estoit entré chez les Jesuites, que pour découvrir leurs desseins. En pouvoit-il decouvrir de plus detestables, si ce qu'il dit dans ce IX. artic. estoit vray? Et quelle preuve plus convainquante en auroit-

Ch. 22. il pu avoir, qu'une lettre signée de dix Jesuites, où ils auroient avoüé *que leur intention estoit de chercher un homme pour poignarder le Roy ou pour l'empoisonner?* Il dit que cette lettre estoit du commencement de Decembre, & sa deposition n'est que du mois d'Aoust de l'année d'après: Il auroit donc esté près de 9. mois sçachant certainement qu'on avoit dessein de faire mourir le Roy par le fer ou par le poison sans l'en avertir. Rien auroit-il esté plus criminel &, plus digne d'un châtiment exemplaire que ce silence, encore même qu'il eust esté alors sincerement Catholique? Mais ne l'ayant jamais esté que par feinte, comme il l'a soûtenu, c'est une preuve manifeste que ce qu'il dit de cette lettre écrite en Decembre de l'année 1677. & beaucoup d'autres choses semblables qu'il dit avoir apprises en Espagne la même année, sont de purs mensonges; puisque n'ayant nulle attache à la Religion Catholique & estant toûjours demeuré Protestant dans le cœur, ou plutost n'ayant jamais esté, & n'estant encore qu'un impie sans religion, il est impossible qu'il eust attendu si long-temps à faire sa cour & sa fortune aux depens des Jesuites, s'il avoit eu entre les mains dés l'année de devant sa denonciation, tant de pieces importantes qui eussent prouvé invinciblement leurs desseins contre la vie du Roy, dont il n'a pu depuis donner d'autres preuves que ses parjures.

XIX. Je

XIX.

JE ne remarque point vingt autres articles, où on voit la méme folie attribuée à tous les Jesuites, de ne faire aucun secret du dessein qu'ils auroient eu de tuer le Roy. Car au compte de ce menteur il faudroit que cela eust esté sçu par prés de cent personnes plus d'un an durant. Est-il possible que des Jesuites qui ne manquent pas d'esprit, eussent eu si peu de prudence quand ils auroient eu assez de malice? Et ce qui est admirable, est que dans le Procés de Mylord-Stafford, un des faux témoins de la Conspiration en general nommé Jennison, fait dire à un Jesuite du méme nom: *Qu'il avoit* p. 115. *quelque chose d'importance à luy communiquer: Qu'il y avoit une entreprise si bien formée, qu'il estoit impossible qu'elle pust estre decouverte.* N'est-ce pas là une de ces propositions que les logiciens appellent *seipsas falsificantes*. Car comment seroit-il impossible qu'une entreprise fust decouverte, quand on la communique au tiers & au quart sans necessité?

N'est-il pas clair au contraire, qu'un tel dessein estant sçu par tant de personnes, n'auroit point esté découvert si tard? Car il est inconcevable, qu'entre tant de gens, il ne s'en fust pas trouvé d'autres que cet Oates, qui n'auroient pas attendu si long-temps à donner avis d'une si detestable entreprise, ou par un reste de conscience, & par l'horreur que cause naturellement le meurtre, & encore plus le meurtre d'un Roy, ou par la crainte du supplice & pour l'eviter en s'accusant soymême & declarant ses complices; ou par l'espoir d'une recompense qu'on ne refuse gueres en ces rencontres à celuy qui previent les autres. Au lieu que celui-cy ne s'avise de faire le delateur, qu'aprés avoir laissé à ceux qui auroient eu ce dessein, plus de temps vingt fois qu'il n'en auroit fallu pour l'executer par le feu, par le fer, ou par le poison, si tout ce qu'il compte estoit veritable.

^a Il a lu plusieurs lettres (a ce qu'il dit) où il n'estoit parlé d'autre chose *que de chercher les moyens de faire mourir son Roy:* & il ne se met pas en peine d'en donner le moindre avis.

^b Il sçait, *qu'au mois de Fevrier* 1678. *un frere lay des Jesuites nommé Picquerin s'estoit mis en embuscade pour tirer un coup de pistolet sur le Roy; mais que la pierre du pistolet n'estant pas assez fermement posée, il avoit remis l'entreprise à une autre occasion:* & il n'est point ému du danger que son Roy avoit couru, ny de celuy qu'il couroit encore, la partie n'estant que remise.

^c Il sçait qu'au *mois de Mars suivant ce même Picquerin, & un autre nommé Villiam avoient entrepris plusieurs fois d'assassiner le Roy, mais qu'aiant manqué de faire leur coup, on avoit reprimandé l'un & discipliné*

pliné l'autre. Il demeure toûjours dans la mê- CH. 22.
me indifference que s'il ne se fust agy que de
couper la gorge à un poulet.

d Il sçait, *que le 24. d'Avril, 50. Jesui-* d
tes s'assemblent à Londres dans une Taverne XXVIII.
(c'estoit pour estre bien cachez) pour dresser
le modele de leurs desseins, & que depuis s'es-
tant separez en diverses bandes, dont chacune
estoit de 5. ou 6. personnes, ils conjurerent tous
la mort du Roy. Et estant à Londres il n'en
avertit point sa Majesté, afin qu'elle se gardast
d'une si detestable conspiration, comme s'il
eust voulu attendre pour en donner avis, que
ce Prince eust esté massacré.

e Il sçait, *qu'on tâche de faire consentir* e XXIII.
le Chevalier Wakeman medecin de la Reyne
d'empoisonner le Roy, & qu'on luy offre les
1000. livres que le P. de la Chaise avoit fait
donner aux Jesuites. Et il a la dureté de n'en
pas avertir le Roy, en le laissant dans le danger
de perir par la voie dont les grands se peuvent
le moins defendre.

f Il sçait, *que le dessein estoit pris que si le* f XL.
poison ne depêchoit pas le Roy, le jeu l'empor-
teroit hors du monde; & il demeure dans
la même insensibilité pour le salut de son
Prince.

g Il sçait, *que la proposition aiant esté* g LXIV.
faite à Wakeman d'empoisonner le Roy, il s'y
estoit engagé: & le peril augmentant, son insensibilité ne diminuë point.

h Il sçait, *qu'on avoit loué 4. Irlandois* h Ibid.
Y 4   bat

Ch. 22.
i LXVI.

batteurs de pavé pour observer les demarches du Roy à Windsor, & i qu'on leur avoit envoié l'argent qu'on leur avoit promis pour assassiner le Roy: & il en est aussi peu touché que de tout le reste.

k
LXVIII.

k Un moyne nommé *Conier* luy monstre une dague ou un cousteau à deux trenchans long d'un pied dont la pointe estoit bien petite & s'élargissoit de plus en plus jusques au manche: & il se vante qu'il l'a acheté, pour faire mourir le mechant, c'est adire le Roy. Et il ne donne pas ordre aussi-tost que l'on se saisisse de cet homme & de sa dague, avant qu'il pust faire son coup.

On ne nie pas que ce delateur ne soit un fort mechant homme ; mais il faudroit qu'il le fust à un point qu'on ne peut presque se l'imaginer, & que sa brutalité & sa barbarie n'eust jamais eu de pareille, s'il y avoit seulement la moitié de vray de tout ce qu'il a malitieusement inventé de tant de differens projets de tuer le Roy qui luy avoient esté confiez. Car n'ayant pu entrer dans ces projets par une conscience erronée, puisque dans le cœur il n'a jamais esté autre que Protestant, il faudroit qu'il eust esté plus cruel qu'un tigre, & qu'il n'eust eu aucun sentiment d'humanité, pour avoir esté capable de laisser son Prince pendant plus d'un an, dans de continuels dangers de perir par le fer, par le feu, & par le poison, sans se mettre en aucune peine d'empêcher que cela n'arrivast. Ainsy la deposition de cet homme obligeant

ligeant necessairement à juger, ou que c'estoit un grand menteur, s'il avoit inventé tout ce qu'il disoit, ou que c'estoit un monstre en cruauté & en barbarie, s'il disoit vray: toute sorte de raison & d'équité obligeoit à porter plutost le premier jugement que le dernier; parce que selon ce dernier il auroit fallu, d'une part se representer cet homme dans un degré d'inhumanité qui n'est presque pas concevable, & que de l'autre, on s'engageoit par là contre toute raison, à tenir pour criminels & pour tres méchans un grand nombre de personnes dont la reputation estoit sans tache, sur le temoignage d'un scelerat.

XX.

ON sçait que la conjuration des poudres fut decouverte par une lettre écrite à un Gentilhomme qu'on desiroit qui n'y fust pas enveloppé. Ce fut une imprudence que Dieu permit pour empêcher qu'une si detestable entreprise ne reüssist. Mais comme cela est sçu de tout le monde est-il croiable que si les Jesuites avoient eu un pareil dessein, ils eussent de gayeté de cœur commis une imprudence infiniment plus grande? Or c'est ce que cet homme leur attribuë par un mensonge grossier dans l'art. LIX. en assurant, *Que deux Jesuites qu'il nomme allerent chez un Gentilhomme qui demeuroit vers West-Minster, pour luy conseiller d'aller loger ailleurs, de peur qu'il n'eust*

Ch. 22. part aux fleaux dont Dieu estoit prest de punir les pecheurs de cette ville, & que Dieu avoit suscité eux & bien d'autres de la Societé, pour faire des choses contre cette ville-là, qui seroient capables d'effraier quiconque les entendroit. Et que sur le soir ces deux Jesuites luy raconterent cette histoire (à luy Oates) & qu'ils rirent bien de la crainte qu'avoit eu le Gentilhomme.

La folie peut-elle aller jusques à rire de ce qui estoit si capable de les perdre? Car à moins que d'avoir perdu le sens, ces deux Jesuites *Keines* & *Fenwick* ne devoient-ils pas s'attendre, que ce Gentilhomme estant saisy de la peur qu'ils luy avoient donnée de ces horribles choses qu'ils devoient faire contre la ville de Londres, les iroit deferer comme des boute-feux, pour se delivrer de la crainte des maux dont ils l'avoient menacé?

XXI.

J'Omets une infinité de choses semblables. Mais en voicy une qui passe tout ce qu'il y a jamais eu de plus incroiable en matiere d'imposture. Il a pretendu donner quelque couleur au dessein de tuer le Roy, en voulant faire croire que c'estoit dans l'esperance que son successeur seroit Catholique. Il n'a donc du attribuer aux Jesuites que des pensées d'amour, de fidelité, & d'affection pour le Duc d'Yorck. Mais ils n'auroient pas esté assez mechans à son
gré

gré s'ils en estoient demeurez là. Il a donc fallu les representer comme ne respirant gueres moins le sang & le meurtre au regard du Duc d'Yorck, qu'au regard du Roy; avec cette difference qu'ils auroient regardé le Roy comme *tuable* absolument & sans delay, au lieu que pour le Duc ce n'auroit esté que conditionnellement, voulant bien le laisser vivre s'il avoit fait tout ce qu'il leur eust plu; & s'il avoit consenti de n'estre que le Vicaire du Pape en Angleterre; mais estant resolus de s'en defaire aussi-bien que de son aisné, s'il ne leur estoit pas entierement devoüé.

Je m'imagine que ceux qui n'ont pas lu sa denonciation, auront de la peine à croire qu'il ait pu pousser l'extravagance jusques là. C'est neanmoins ce qu'il y fait, non dans un seul, mais dans 6. articles differents. Tant il a eu peu de soin de garder, dans ses calomnies, au moins quelque ombre de vraysemblance.

Dans le IV. *Les Peres de Saint Omer écrivoient à ceux d'Espagne, que leurs Peres de Londres avoient destiné le Pere Aeldingfield pour estre le Confesseur de son Altesse Royale, & que s'ils voyoient qu'elle ne répondist point à leurs esperances, ils s'en deferoient comme ils avoient déja dessein de se defaire du Roy son frere avant que l'année se passast.*

Dans le XIII. *Thomas Whitebread & 12. autres qu'il nomme commandoient à Richard Ashly & aux Peres de Saint Omer d'écrire au Pere de la Chaise, que les Peres cy-dessus mentionnez s'estoient assemblez pour trouver des moyens de se defaire du Roy & de son Altesse Royale, s'ils ne répondoient pas à leurs esperances ; que le Roy ne donnant aucun sujet d'esperer, ils useroient de toute la diligence possible pour le faire mourir, afin qu'il ne pust empêcher la reüssite de leurs desseins.*

Dans le XVI. *Les lettres contenoient qu'ils ne vouloient pas laisser mourir en repos le Roy d'Angleterre. Surquoy le deposant leur ayant dit : & si le Duc ne nous est pas plus favorable ; son passeport, dirent ils, est tout prest, si nous remarquons qu'il ne nous assiste pas.*

Dans le XXIII. *Ils mandoient dans cette lettre qu'il paroissoit maintenant que leur dessein se conduisoit par les mêmes voies que celles qu'ils avoient employées pour la ruine du feu Roy ; & comme il ne se pouvoit pas executer sans verser beaucoup de sang des deux costez, aussi ne le falloit-il point épargner. Ils les prioient à même temps de poursuivre l'execution du dessein qu'on avoit de se defaire du Roy, & de faire aussi mourir son Altesse Royale, si elle ne les contentoit pas, apprehendant que pas un des Stuards ne fust d'humeur à entrer dans leurs desseins.*

Dans le XXIX. *Thomas White dit au deposant, qu'il esperoit de voir le Roy depêché en assez peu de temps. Et que si le Duc vouloit en quelque sorte suivre les vestiges de*
son

son frere, son passeport estoit tout prest pour l'envoier dormir.

Dans le LX. *Que deux Benedictins luy avoient dit, que la pire de toutes les mauvaises actions que Jean Huddlestone ait faites durant toute sa vie, estoit d'avoir sauvé le Roy lorsqu'il s'enfuit de Worcester: & que c'estoit aussi leur intention de perdre entierement les Stuarts. Que Keines luy apprit que Koniers moyne Benedictin estoit resolu de poursuivre le dessein de tuer le Roy: & que le deposant luy ayant dit qu'il craignoit que la mort du Roy ne leur servist de gueres, à moins que son Altesse Royale ne pardonnast à tous ceux qui y tremperoient, & ne les assistast dans cette entreprise: Keines repliqua, que le Duc n'estoit pas le principal sujet de leurs esperances, ayant un autre meilleur moyen d'établir la Religion Catholique. Car ils avoient une liste de 20000. Catholiques demeurans à Londres, tous braves & capables de porter les armes, qu'ils pouvoient lever en moins de 24. heures; & que si aprés la mort du Roy, JAQUES ne les vouloit pas contenter, ils s'en deferoient bien aussi.*

La posterité pourra t-elle croire que des mensonges si grossiers & si sottement inventez contre toute sorte d'apparence, aient pu estre écoutez un moment par des gens qui avoient du sens commun ?

XXII.

CE que je m'en vas dire est moins important, mais ne fera pas moins voir la hardiesse à mentir de ce ridicule. Il parle de toutes choses en vray pedant, qui ne connoist pas le monde. Il regarde le P. de la Chaise comme un Ministre d'Etat, qui se mesle des plus grandes affaires du gouvernement, & qui donne des conseils au Roy pour le soulevement de l'Irlande & de l'Ecosse. C'est bien connoistre la Cour de France. Il nous depeint les Jesuites comme ayant entrepris d'aller prescher dans les temples des Presbyteriens Ecossois, pour leur faire prendre les armes contre les Episcopaux. C'est bien connoistre l'état des Eglises d'Ecosse. Mais connoist-il mieux comment les affaires se conduisent dans les Provinces-Unies, quand il feint dans l'artic. LVI. *Que 12. Jesuites avoient promis d'employer toute leur industrie à mettre la division en Hollande, & à empêcher que le Prince d'Orange ne devint puissant?* Il devoit dire aussi qu'ils se promettoient de mettre la division dans le Divan, qui est le Conseil du grand Turc, & d'y faire recevoir des affronts à l'Ambassadeur d'Angleterre. Car ceux qui sçavent ce que peuvent les Jesuites en Hollande, hors la conduite de leurs *Devotes*, sçavent fort bien, qu'ils sont aussi peu capables d'y causer le moindre remuëment ou pour ou contre le Prince d'Orange, qu'il le
seroient

feroient en Asie de faire revolter la Bassa d'Alep Ch. 22. contre le grand Seigneur.

XXIII.

Voicy une autre consideration qui ne decouvre pas moins l'esprit de mensonge de ce calomniateur. Aprés qu'il nous a par tout representé les Jesuites d'Angleterre comme des gens toutafait brutaux & sanguinaires : qui ne rouloient dans leur esprit que des desseins de meurtres & d'incendie : à qui le massacre du Roy ne suffisoit pas pour contenter leur fureur : qui se disposoient à traiter de même le Duc d'Yorck pour peu qu'il n'entrast pas dans leurs desseins ; qui luy avoient proposé à luymême (Oates) a de poignarder un Prestre Catholique nommé Berry parce qu'il approuvoit le serment de fidelité, & b un Ministre qui avoit traduit en Anglois leur Theologie morale, & deux sçavans Anglois parce qu'ils écrivoient contre eux : Aprés dis-je nous les avoir representez si cruels & faisant si peu d'estat de répandre le sang humain pour peu qu'ils y trouvassent d'avantage, il faut remarquer qu'il a dit dans le procés de Mylord Stafford ; *que le 3. Septemb. il avoit esté trahy & exposé à la vangeance de ceux dont il avoit decouvert les menées & les machinations.* Et cependant dans l'artic. LXXVII. de sa Denonciation, il dit que le jour d'aprés (le 4. Septemb.) le Provincial des Jesuites le fit venir dans sa Chambre,

a LXVII.

b XXX.

p. 102.

& que

& que se doutant bien qui les avoit trahis, il luy avoit donné trois coups de baston (ce qui auroit marqué une grande colere) & que neanmoins il s'estoit contenté de luy ordonner de se tenir prest pour repasser la Mer.

Tout autre que luy auroit-il manqué d'estre tué par des gens si impitoiables, & si interessez à se delivrer de la langue de ce traistre? Mais comme cette piece est toute de son invention, qu'il est le maistre de ses personnages, & qu'il leur fait faire ce qu'il luy plaist, il a trouvé bon d'arrester leur humeur sanguinaire à son égard, afin qu'il la pust achever. Je me souviens de ce qu'on dit de deux personnes qui travailloient ensemble à un même Roman, que s'entretenant la nuit dans une hostellerie, ils se demandoient l'un à l'autre sur le sujet de l'un de leurs personnages : *Le ferons nous mourir?* ce qui fit bien peur à un homme couché dans la chambre voisine, qui s'imaginoit qu'on deliberoit si on le tueroit. Il en est de même de ce Roman diabolique du Docteur Oates. Il n'y a que ceux qu'il juge à propos, selon le dessein de la piece, d'estre condamnez à mourir, qui le sont sans remission : & quelques prompts à tuer le monde qu'il y ait depeint les Jesuites, il a dependu de luy de s'exemter de la mort, en ne leur conservant pas si scrupuleusement ce même caractere de cruauté, quoiqu'il n'y en eust point selon le plan de la tragedie, qu'ils dussent moins épargner. Mais il n'a pas de même dependu de luy ny de

ny de ceux qui l'ont mis en besogne, de faire CH. 22.
passer parmy tous les gens d'esprit une fable
si mal concertée pour une veritable histoire.
Hors la canaille d'Angleterre, qui est la dupe
de ce calomniateur, & les Presbyteriens enve-
nimez contre les Catholiques, dont quelques-
uns sont du complot, & les autres tâchent
d'étouffer en eux mêmes les doutes qu'ils ont
de sa fourberie, parce qu'ils veulent s'en prevaloir, tout ce qu'il y a de gens sages dans l'Europe ont horreur de voir qu'un si grand vacarme, & tant de sanglantes executions n'aient
pour cause que les faussetez si palpables de cet
insolent coquin. Car les autres stipons qui
se sont depuis joints à luy Bedlow, Dugdale,
Tuberville, n'ont marché que sur ses pas, &
ils ne se sont avisez de s'ériger en faux témoins
du Roy, que parce qu'il leur en a donné l'exemple, & que les avantages qu'il en a tirez leur
ont appris, comme a dit l'un deux, *qu'il n'y
avoit point presentement de meilleur mestier en
Angleterre pour se tirer de la necessité, que celuy de decouvreur de la Conspiration.*

XXIV.

LE digne Epilogue de cet amas de mensonges, est *la liste* qu'il y donne des *Nobles
& des Gentilshommes*, qu'il dit avoir pris des
commissions signées *Jean Paul Oliva*, pour les
premieres charges d'Angleterre; ou pour les
autres moindres, du Provincial des Jesuites.

J'ay

Ch. 22. J'ay assez fait voir en divers endroits combien cette fiction estoit ridicule. Je n'en parle icy que parce que j'y trouve une preuve demonstrative du faux témoignage qu'il a rendu contre Mylord Stafford. Car il luy a soûtenu avec serment dans son Procés, qu'il avoit reçu dés le mois de Juin de 1678. une commission signée *Jean Paul Oliva*, pour estre *Thresorier de l'armée* qui se devoit lever *en l'air*. Et cependant dans cette denonciation signée de sa propre main le 27. de Septemb. de la même année, non seulement il ne dit pas, dans le grand detail qu'il fait de tout ce qui s'estoit passé entre luy & les Jesuites pendant tout ce mois la de Juin, qu'il eust vû ce Mylord recevoir du Jesuite Fenwich cette commission *de Thresorier general de l'armée*; mais il luy donne une charge toute differente en le faisant Secretaire d'Etat, aussi-bien que M. Coleman. Car voicy les cinq premieres personnes de cette *liste* calomnieuse.

Le Seigneur *Arundel* de *Vardour* Seigneur Chancelier.

Le Seigneur *Powis*, Seigneur haut Thresorier d'*Angleterre*.

Le Chevalier *William Godolphin* Seigneur du sceau privé.

Coleman } Secretaires d'Etat.
Stafford }

Il s'estoit donc parjuré quand il a soûtenu avec serment dans le Procés de Mylord Stafford, qu'il luy avoit vû recevoir une commission,
par

par laquelle il estoit fait Thresorier de l'armée. Ch. 22. Et cependant il n'y avoit de considerable dans tout le témoignage d'Oates contre luy que cette chimerique commission.

XXV.

IL soûtient aussi dans cette *liste* que trois de 5. Colonnels de Cavalerie de cette armée imaginaire, & 6. Capitaines avoient reçû de ses propres mains leurs commissions signées du Provincial des Jesuites. Car aprés avoir dit que les commissions des Colonnels estoient signées du Provincial, il dit des 3. derniers: *Lassels, Roper, Vitter ont reçû leurs commissions du deposant & les ont acceptées.* Et il dit la même chose des 6. Capitaines. Il a donc eu ces commissions entre les mains. Il les a donc pu retenir; & ç'auroit esté des preuves convaincantes des machinations des Jesuites, qu'il faut qu'il ait toûjours eu dessein de decouvrir, s'il est vray (comme il la soûtenu au procés de Mylord Stafford) qu'il n'estoit entré chez eux que pour estre informé de leurs menées. Pourquoy donc n'en auroit-il pas au moins retenu quelqu'une? Est-il croiable qu'il ne l'eust pas fait si ce qu'il dit estoit veritable, & si c'estoit autre chose que des mensonges & des chimeres?

XXVI. A-

XXVI.

Aprés cette *denonciation* signée *Tite Oates*, & reçuë par le Juge *Edmond Bury Godefroy*, suit immediatement cecy, qu'on ne sçait si c'est d'Oates même, ou de quelqu'un de sa cabale qui a voulu faire comme un abregé de ses depositions.

Le dessein general du Pape, de la Societé de Jesus, & de leurs Confederez, dans cette conjuration est la Reformation, qui est selon eux la reduction de la Grand' Bretagne, de l'Irlande, & de tous les Domaines de sa Majesté à la Religion & à l'obeïssance de Rome. Cette reduction se doit faire par l'épée, ayant jugé tous les autres moyens inefficaces. C'est le titre de cet abregé, qui commence par 7. articles qui sont des mensonges si impudens qu'il ne faut que les rapporter sans y faire aucune reflexion, pour faire comprendre à toute l'Europe, où le Pape est assez connu, qu'il n'y eust jamais d'effronterie pareille à celle de ces Puritains. Ecoutons les donc. Je n'adjoûteray rien à ce que je trouve dans ce livre.

En vuë de ce dessein.

1. *Le Pape a pris le titre de Roy d'Angleterre & d'Irlande.*

2. *Il a envoié en Irlande son Legat, l'Evêque de Casal en Italie, pour y publier ce titre, & en prendre possession, en son nom.*

3. *Il*

POUR LES CATHOLIQUES. 525

3. Il a destiné pour faire la même chose en Ch. 22. Angleterre son Legat le Cardinal Howard.

Il a (le Pape) *donné pouvoir au General des Jesuites, & par luy a White leur Provincial en Angleterre de donner des Commissions aux Generaux, Lieutenans Generaux, &c. Le General les a envoyées pour les principaux Officiers : & White en a donné pour les Colonels, & autres officiers subalternes.*

5. *Il a* (le Pape) *par une assemblée de Jesuites tenuë à Londres condamné sa Majesté, & arresté de la faire massacrer.*

6. *En cas que le Duc d'Yorck ne veüille point accepter la Couronne comme un Don du Pape, sur qui son frere l'a usurpée ; ny maintenir les Evêques, les Beneficiers, & les Officiers tant de guerre que d'Etat, qui sont cy-dessus nommez ; ny détruire la Religion Protestante ; ny consentir a l'assassinat du Roy son frere, au massacre des Protestans ses sujets, a l'incendie des villes, &c. ny pardonner aux assassins, meurtriers, & incendiares, il a* (le Pape) *commandé qu'on l'emprisonne, ou qu'on le massacre ; & qu'aprés avoir abusé de son nom pour fortifier le party des Catholiques, aprés avoir par des guerres civiles, comme du temps du feu Roy, affoibli & divisé l'Angleterre, l'Ecosse, & l'Irlande, on donne moyen aux François de s'en saisir, & de ruiner entierement leur Infanterie & leurs forces navalles.*

Outre cet interest du Pape, on voit que la France a aussi quelque mauvais dessein qu'elle a en-

ch. 22. a entretenu & poussé par ses correspondances avec le Chevalier Ellis Layson, Mr. Coleman, & autres. En voicy des particularitez.

7. Les Stuards n'ayant point répondu à leur attente, & n'y ayant pas lieu d'esperer qu'ils veüillent jamais entrer dans tous leurs desseins sanguinaires, la Racine & les Branches de leur Royale famille sont destinées à perir, & sur tout le Roy, le Duc d'Yorck, & le Prince d'Orange.

On pourra croire tout le reste quand on nous aura fait voir un acte autentique ou le Pape Innocent XI. ait pris *le titre de Roy d'Angleterre & d'Irlande.* Il faut avoir une grande passion d'estre dans les bonnes graces de cette canaille seditieuse de Londres, qui brusle tous les ans un Pape revestu de ses habits Pontificaux, pour faire debiter en sa faveur de si impertinentes fadaises.

REMARQUES,

Sur la Relation d'Elisabeth Cellier.

XXVI.

N'Ayant point encore reçu les éclaircissemens que j'avois fait demander en Angleterre, je me contenteray de faire des reflexions sur 5. ou 6. endroits de cette Relation, qui m'ont paru ne pouvoir estre contestez.

Je

POUR LES CATHOLIQUES. 527

Je commenceray par ce qu'elle dit d'abord CH. 21. de son changement de Religion, parce qu'il me paroist tres avantageux pour justifier les Catholiques contre les reproches que leur fait l'Auteur de la *Politique du Clergé* de n'estre pas fidelles à leurs Princes.

„ J'espere qu'il ne paroistra pas estrange à au- P. 7.
„ cun honneste homme ou fidelle sujet, de quel-
„ que Religion qu'il soit, qu'estant née de pa-
„ rens Protestans & ayant esté élevée dans leurs
„ sentimens, je fasse a present profession de m'es-
„ tre rangée dans une autre Eglise.

„ Car mes parens ayant gemi durant mon bas
„ âge sous une cruelle persecution, à raison de
„ leur fidelle & constante attache à la personne
„ & famille de sa Majesté; le Roy même ayant
„ esté mis à mort, les Evêques enveloppez dans
„ les ruines de leurs Eglises; & le party Royal,
„ dont la fidelité faisoit tout le crime, entiere-
„ ment perdu & accablé; pendant que les au-
„ teurs de ces cruelles impietez faisoient passer
„ toutes leurs victimes pour des Papistes & des
„ Idolatres (qui fut le constant caractere sous
„ lequel ils exposetent le Roy & ses adherens à
„ la haine publique) & se qualifiant de vrays &
„ uniques protestans, sous le voile de ce titre spe-
„ cieux se mettoient en droit de tout oser & de
„ tout entreprendre.

„ Ces procedez jetterent dans mon esprit &
„ nourrirent la haine contre ce party; & elle crût
„ avec l'âge & la raison: ce qui me porta à pren-
„ dre connoissance de cette Religion, contre

laquel-

laquelle ils s'eſtoient declarez ſi fortement &
„ avec laquelle ils avoient fait paroiſtre tant d'an-
„ tipathie. C'eſt dans cette Religion, graces à
„ Dieu, que je trouvay des maximes qui ſoutin-
„ rent la fidelité qui m'eſtoit naturelle; & même
„ qui luy donnerent de nouvelles forces: Et les
„ Papiſtés, (comme ils les nomment) ſoit preſ-
„ tres, ſoit ſeculiers, m'ont toûjours enſei-
„ gné que nous ſommes obligez, eux & moy,
„ & tout ce qu'il y a de vrays Catholiques, à ſa-
„ crifier nos vies à la deffence de nos Roys le-
„ gitimes, tel qu'eſt a preſent CHARLES II.
„ noſtre ſouverain, lequel la bonté divine nous
„ conſerve durant une longue & heureuſe ſuite
„ d'années.

XXVII.

J'Ay cru devoir ajoûter ce qui fait pour ſervir
de dementi a ce qu'Oates a oſé dire contre
la fidelité des Catholiques envers le Roy d'Angleterre a preſent regnant aprés la bataille de
Worceſter. „ Je n'ay pas fait ſcrupule d'embraſ-
„ ſer une doctrine que j'avois trouvée tellement
„ d'accord avec la morale dont j'avois toûjours
„ fait profeſſion, & avec les maximes particu-
„ lieres qui avoient toujours reglé ma conduitte,
„ qui ne m'enſeignoient que des exercices de
„ devotion, & qui ne me commandoient que
„ des pratiques de charité : & même j'ay fait
„ gloire d'eſtre d'un même corps avec ces ob-
„ ſcurs inſtruments de la preſervation de ſa Majeſté

„jeſté aprés la ſanglante & fatale journée de
„Worceſter, leſquels, quelque pauvre & in-
„digente que fuſt leur fortune, ſe trouverent
„aſſez avantageuſement pourvûs de courage &
„de fidelité, pour ne rien voir d'attirant dans
„les offres, & pour ne rien apprehender de re-
„doutable dans les menaces de ceux qui guidez
„par un principe pretendu proteſtant, s'achar-
„noient contre la perſonne de leur Roy, &
„en vouloient paſſionnément à ſon ſang in-
„nocent.

XXVIII.

Elle rend enſuite raiſon pourquoy tout ce qu'on a dit de la derniere conſpiration ne l'a pas degoûtée de la Religion Catholique.

„J'eſpere que ces veritez ainſy couchées fe- p. 9.
„ront voir aux perſonnes deſinterreſſées que la
„conduitte que j'ay tenuë dans mon premier
„changement, fut juſte; & je ne penſe pas qu'il
„y en ait qui ſoient ſurpris de ce que l'infamie
„des crimes & des meurtres, deſquels on a accuſé
„quelques-uns, qui tant par leur naiſſance que
„par leur fortune, ſont des plus conſiderables du
„party que j'ay embraſſé, ne m'en ait pas retiré.
„Car faiſant reflexion ſur le demerite & l'infa-
„mie des temoins, & ſur le peu d'apparence de
„verité dans les temoignages qu'ils portoient;
„puis remarquant que ceux qui decrioient avec
„le plus de zele les pretendus conſpirateurs, n'eſ-
„toient que ceux là mêmes, où les fils de ceux

Z qui

„ qui avoient joüé les personnages les plus consi-
„ derables dans la derniere cruelle tragedie, à
„ laquelle aussi, comme l'histoire fait foy, une
„ conspiration pretenduë des Papistes avoit servi
„ d'ouverture de theatre: je commençay à dou-
„ ter que la piece ne fust toute forgée; & avec
„ d'autant plus d'application que je travaillay dans
„ la recherche de la verité, d'autant plus se con-
„ firma le soupçon dans lequel j'estois entrée,
„ que les vieux ennemis de la Couronne tra-
„ moient contre elle de nouveaux desseins.

XXIX.

NE voulant rien dire que de certain je laisse les preuves qu'elle croit avoir euës, que s'il y a eu une conspiration, ç'ont esté les Presbyteriens qui l'ont faite, & non pas les Catholiques. Mais je croy devoir rapporter ce qu'elle dit d'une lettre d'Oates; parce que d'une part c'est un fait tellement circonstantié, qu'il n'y a pas d'apparence qu'il soit faux; & que de l'autre estant vray, c'est une preuve convainquante qu'Oates ayant juré qu'il n'avoit jamais vû Bedlow avant qu'ils se fussent rencontrez à Londres au temps de la Conspiration, on n'a pû aprés cette lettre, les regarder l'un & l'autre que comme des frippons & de faux temoins, qui ne font nulle conscience de se parjurer.

p. 11. „ Vers la fin de Janvier 1669. le nombre &
„ la misere des pauvres Catholiques qui croupis-
„ soient dans les prisons croissant toutes les jours,
l'un

„l'un d'eux (le Capitaine Pugh) me pria de por-
„ter de sa part une lettre à Madame la Comtesse
„de *Powis*, & de luy faire sçavoir à quel misé-
„rable estat ils estoient reduits, & à même temps
„de luy faire voir une lettre de Titus Oates écri-
„te de sa main; estant UN NARRE' de l'habi-
„tude que *Oates* & *Bedlow* avoient euë ensem-
„ble en Espagne : Comment *Bedlow* sous le
„nom de Mylord Gerard, dérobant au dit *Oa-
„tes* dix pieces de huit, qui faisoient tout son
„bien, le ruina : comme le même *Bedlow*
„trompa le Sr. Franguelin marchand à Bilbao de
„300. doublons: & puis vola à un pauvre pres-
„tre quatre reales dans son voyage vers Brugge,
„& le battit cruellement, à cause qu'il ne por-
„toit point davantage d'argent sur luy : com-
„ment de suite le même jour il prit à un pauvre
„Recollect le pain & le fromage qu'il avoit ques-
„té, & que l'on fit courir quelques billets de
„prise de corps pour le faire saisir ; & que le
„dit *Oates* tout ruiné qu'il se trouvoit par la per-
„te de son argent, en fut pourtant moins tou-
„ché que du deshonneur & de l'infamie dont ce
„filou noircissoit toute la nation Angloise. Cet-
„te lettre fut leuë en presence du Roy & du
„Conseil privé la derniere fois que Mr. Med-
„born y fut presenté, & il la mit entre les mains
„de Mr. le Duc de Lauderdale, où elle est en-
„core a present.

Je ne sçay pas si ce fait est contesté: Mais
s'il est certain (comme il y a beaucoup d'apparence) il s'ensuit manifestement que la Con-

spiration n'est qu'un complot des Presbyteriens pour perdre les Catholiques, & pour employer la haine qu'ils inspirent au peuple contre les Papistes, à faire reüssir leurs mauvais desseins contre la famille Royale.

XXX.

ON peut sçavoir à Londres si ce qui est dit en la p. 15. d'un cocher nommé *François Corall*, est veritable; qu'on l'avoit mis en prison & fort tourmenté pendant plus de trois mois pour luy faire dire, qu'on s'estoit servi de luy pour emporter hors la Cour de l'hostel de Sommerset le corps du Chevalier Godefroy, & qu'un Mylord avoit jetté à ses pieds 500. pieces d'or, l'assurant qu'on les luy donneroit pour recompense, pourvu qu'il voulust temoigner ce qu'on luy dicteroit. Car elle renvoye à cet homme, en marquant la ruë où il demeure, pour sçavoir de luy ce qui en est. Mais ce qui rend fort probable ce qui est dit de cet argent promis, comme aussi des liberalitez que le Comte de Schasbury avoit faites à Dangerfield pour le disposer à estre faux témoin, est ce qu'Oates a avoüé dans le procés de Mylord Stafford, qu'il avoit reçu 100. livres Sterling, c'est à dire environ 1300. livres d'un Mylord qu'il n'a pas voulu nommer. Car Mylord Stafford s'estant offert (p. 418.) à prouver par temoins qu'il avoit esté si pauvre qu'il demandoit six sols par charité; & Oates n'ayant osé
le

le nier; le Mylord pria ensuite qu'on luy demandast; (p. 419.) s'il n'avoit pas juré à quelqu'un des procés qu'il avoit depensé six ou sept cens livres Sterling plus qu'il ne luy avoit esté donné depuis la decouverte de la conspiration: & le grand Seneschal le luy ayant demandé, il répondit en ces termes.

DOCT. OATES. *Messeigneurs, je vous* p. 419. *satisferay là-dessus. Il y a un amy qui m'a fait present de 100. livres Sterling. Je ne le nomme point: mais si on en doute, il me sera facile; car il est Pair du Royaume, & le justifieray. J'eus 100. livres pour ma narration, j'eus 100. autres livres pour avoir fait arrester des Jesuites: cela fait 300. livres; j'ay eu 50. ou 60. autres livres pour quelques copies que j'ay fait imprimer. Je puis donc faire voir que j'ay depensé tout cela & quelque chose davantage à ce service icy: car je n'ay un sol de reste de tout cet argent là.*

LORD STAFFORD. *Il ne compte en tout que 350. livres, & il jura qu'il en avoit depensé 700. mais ce n'est que sa coûtume, de ne pas dire un mot de verité; aussi ne doit-il pas estre cru.*

J'en tire un autre consequence qui est que ne comptant avoir reçu du Roy que 250. livres Sterling, il falloit qu'il eust reçu des particuliers le reste de ces six ou sept cent livres. Or des juges plus equitables que ceux-là, l'auroient obligé de nommer les gens de qui il avoit reçu de si grandes sommes: Car cela auroit fait environ 5. ou 6. mille francs: & surtout de nommer ce Pair du Royaume dont il confessoit avoir reçeu 1300. livres. Car comme ce Mylord & les autres personnes qui luy avoient fait de si grands presens, ne pouvoient estre apparemment que des Presbyteriens ennemis declarez des Catholiques, & des Seigneurs Prisonniers à la Tour; si cela se fut trouvé ainsy, il eust du certainement estre recusé comme *témoignant pour de l'argent*, puis qu'il se seroit trouvé qu'il en auroit reçu par sa propre confession, non seulement du Roy, mais aussi des ennemis de ceux qu'il avoit accusez.

XXXI.

Mademoiselle Cellier fut mise en prison par le Chevallier Waller, estant accusée de la Conspiration par un nommé *Willoughby* autrement *Dangerfield*, qu'elle avoit tiré de prison, ne le croyant pas si mechant qu'il estoit, & qui y estant remis comme coupable de beaucoup de crimes, avoit obtenu son pardon à la priere de la Chambre basse pour estre temoin du Roy.

P. 55. „ Le 1. de Novembre [dit-elle] je fus exa-
„ minée en presence du Roy & du Conseil Pri-
„ vé: ce fut là que la fable *du laboureur & du*
„ *Serpent transi de froid & demy-mort de faim*,
„ parut trop veritable. Car *Willoughby* m'accusa
„ de toutes les histoires forgées & de tous les
„ mensonges qu'il a rendu publics dans son narré.

„ré. J'y dis la pure verité sans feinte : Mais
„Mr. le Chancelier me donna si peu de cre-
„dit qu'il me dit hautement que personne ne
„croyoit un mot de tout ce que je disois, &
„que je mourrois. Je luy répondis : *Je le sçay*
„*bien, Monseigneur : car je ne me souviens*
„*point d'avoir vû de ma vie une femme im-*
„*mortelle.*

Elle dit qu'une autrefois estant encore examinée devant le Conseil, le Chancelier luy
parla en ces termes.

„ LE CHANC. Vous estes obstinée, & P. 86.
„vous ne nous dites rien de ce que nous vous
„demandons. CELLIER. Monseigneur, je
„decouvre la pure verité sur chaque article. LE
„CHANC. personne ne vous croit; vous pro-
„diguerez follement vostre vie par ces feintes.
„CELLIER. Monseigneur, ce ne sera pas
„pour la sauver que je terniray ma reputation
„ou celle d'autruy par forger des crimes ; & sça-
„chez que personne ne s'est jamais presentée à
„vostre Tribunal qui fist moins cas de sa vie, &
„qui eust moins de crainte de la mort.

Une autre fois qu'elle fut examinée devant
le même Conseil, elle raconte en ces termes,
ce qui se passa sur la fin de cet éxamen.

„ UN DES COMMIS. Ne vous souvenez P. 89.
„vous de rien autre chose touchant le Chevalier
„Peyton. CELLIER. Rien qui soit de ce temps,
„ou de cette place. UN DES COMMIS. Elle
„refuse de decouvrir la verité au Conseil du Roy.
„CELL. Oüi, pour le present. Cette réponse

536 APOLOGIE

„ les mit en humeur: ils me firent des queſtions
„ aſſez outrageuſes; je les ay oubliées. Mais je
„ me ſouviens de la reponſe que je leur fis qui fut
„ telle: Monſeigneur, je ne ſuis pas obligée de
„ répondre à cette queſtion: Vous n'eſtes pas
„ mes juges legitimes, Meſſeigneurs: j'en appelle
„ à ceux qui le ſont; mes égaux, douze des *Com-*
„ *muns* du Royaume, Jurez en Cour de Juſti-
„ ce. Ceux qui en veulent à ma vie, qu'ils l'at-
„ taquent là; toute femme que je ſuis, ſi je ne la
„ puis pas defendre en homme, je n'en feray pas
„ un compliment à vos Grandeurs; je n'en rega-
„ leray perſonne: je ſouhaite qu'on me faſſe mon
„ procés au plutoſt. UN DES COMMIS. On
„ ne vous le fera que trop toſt: on vous mettra
„ à mort. CELLIER. J'en rends graces à Dieu;
„ la Comedie tire donc vers ſa fin. UN DES
„ COMMIS. Quoy traittez vous cette Conju-
„ ration de Comedie? CELLIER. Si elle eſt
„ toute autant forgée que les Scenes dans leſquel-
„ les on me fait paroiſtre, il n'y eut jamais de
„ Comedie qui n'euſt autant de verité, & qui
„ n'en euſt plus d'apparence. UN DES COM-
„ MIS. Vous parlez avec beaucoup d'aſſurance.
„ CELLIER. Meſſeigneurs, la mort ne m'é-
„ pouvante pas; & qui ne craint pas la mort, oſe
„ bien dire la verité.

XXXII.

„ ENfin elle fut jugée l'onzieme de Juin 1680.
p. 102. „ Je parus, dit-elle, au Barreau: on y fit lire
la

„ la charge: J'y eſtois accuſée d'avoir eſté de la
„ Conjuration contre la vie du Roy, d'y avoir
„ fourni & conſeil & argent, comme auſſi au
„ deſſein de faire un ſoulevement dans le Royau-
„ me, & d'y établir le *Papiſme*; d'avoir tâché
„ de charger d'une Conjuration forgée le party
„ qui m'eſtoit contraire ; d'avoir engagé Dan-
„ gerfield à aſſaſſiner le Roy, & de luy avoir
„ reproché de ce qu'il en avoit laiſſé échapper
„ l'occaſion.
„   Elle dit enſuite qu'elle parla en cette ſorte
„ au grand Juſticier. CELLIER. Monſei-
„ gneur, Puis qu'un des chefs de mon accuſation
„ eſt, que j'ay tâché de me decharger de mon
„ crime ſur les Presbyteriens, & de les faire pa-
„ roître coupables de la Conſpiration & de l'in-
„ trigue que l'on veut que j'aye tramée, je penſe
„ avoir droit de les rejetter tous du nombre de
„ mes Juges, puis qu'ils font le corps de ma
„ partie. Je refuſe donc de voir parmy leſdits
„ Jurez aucun de ceux qui n'ont pas eſté à la Cene
„ depuis peu, ſelon que l'Egliſe Anglicane l'ad-
„ miniſtre : car je tiens tous ceux là pour ſuſpects.
„   LE GRAND JUSTICIER. Ce proce-
„ dé ne vous eſt pas permis ; il faut que vous
„ exceptiez ceux-là nommément que vous tenez
„ pour ſuſpects.

  Elle ne pût donc que recuſer pluſieurs de
ceux qui avoient eſté Juges aux autres procés,
y en laiſſant neanmoins quelques-uns de ceux-
là mêmes, qui luy parurent avoir un air d'hon-
neſtes gens.

Le premier témoin qui parut contre elle fut le Sieur Gadbury. Mais n'ayant rien dit qui la pust charger, le grand Justicier s'addressant au Procureur du Roy luy dit : *Mon frere: vous vous estes mépris dans l'issuë que vous pretendiez de cette deposition.* A quoy l'autre répondit : *Je l'avouë. Mais j'espere que nous ne serons point trompez à l'égard des autres.* Et là-dessus on fit entrer *Dangerfield*, qu'il est bon que toute l'Europe connoisse. Car c'est un des témoins sur lequel la Cabale faisoit plus de fond; ayant fait imprimer sous son nom, un long narré qu'on a pretendu donner de nouvelles connoissances de la Conspiration. Il faut donc sçavoir quel est cet homme : & on l'apprendra de ce Procés de Mademoiselle Cellier. C'est le plus grand usage que j'ay crû qu'on en devoit faire. Car on voit par cet exemple, quels sont *ces decouvreurs de la Conspiration*, dont il est parlé dans tant de Gazettes, & quelle foy on on a du adjouter à de tels fripons.

CELLIER. Messeigneurs. Vous me per-
,, mettrez de recuser ce temoin. Les temoins qui
,, deposent contre un criminel en fait de Leze
,, Majesté doivent estre, selon les loix, d'honnes-
,, tes gens, que la suffisance des moyens, & la
,, reputation d'une conduite qui n'a pas esté souil-
,, lée de crimes, rendent dignes de créance : &
,, je puis prouver que cet homme qui ose se pro-
,, duire contre moy en qualité de témoin, a tou-
,, tes les marques d'une vie passée dans les debor-
,, demens, & dans une suite perpetuelle de crimes.

„ mes. Car il a esté marqué à la main, fouëtté,
„ mis au pilory, transporté, banny pour des lar-
„ cins & vols qui meritoient la mort, condamné
„ à l'amende pour des fourberies, couvert publi-
„ quement d'infamie pour mille autres crimes.
„ Que le Sieur Clement produise les Regiſtres
„ de Londre. Il le fit. Un des Juges luy deman-
„ da s'il pouvoit jurer que la copie fuſt fidelle. Il
„ répondit qu'oüi, qu'il avoit collationné l'ex-
„ trait avec l'original ; il en fit serment, & le
„ Greffier la lut. Il y eſtoit marqué que l'an 25.
„ de sa Majeſté regnante, il avoit eſté atteint de
„ larcin, & accusé d'avoir volé à un *Robert Bla-*
„ *grave* un cabinet d'écaille de tortuë, & dix
„ pieces d'or; qu'aiant eſté interrogé ensuite de la
„ conviction, s'il pouvoit produire quelque rai-
„ son qui duſt empeſcher qu'on ne procedaſt pas
„ a sa condamnation ; il repondit qu'eſtant Clerc,
„ il demandoit la grace que les loix accordent;
„ qu'on luy presentaſt le livre, & qu'après qu'il y
„ eut lu, on le marqua a la main.

Cette grace qu'il demanda qu'on luy accor- *A la fin*
daſt & qui l'empêcha d'eſtre pendu eſt „ qu'un *de la*
„ Clerc eſtant atteint de quelques crimes qui *p. 122.*
„ meritent la mort, peut échapper, eſtant mar-
„ qué d'un fer chaud, pourvû qu'il puiſſe lire:
„ cette loy fut eſtablie pour obliger les Clercs à
„ apprendre à lire ; ce que fort peu faiſoient de
„ ce temps-là.

„ Dangerfield eſtant sorti pour aller querir son P. 123.
„ pardon, les Juges tomberent dans un diffe-
„ rent, ſi la grace que les loix avoient faite a

,, Dangerfield, ou non, avoit effacé fon crime
,, jufque là que de luy rendre la creance necellai-
,, re à un temoin dans une caufe de cette nature.
,, Ils dirent fur ce fujet de tres belles chofes : il y
,, eut un du Confeil du Roy qui opina en faveur
,, de Dangerfield, & qui voulut que le pardon
,, que le Roy luy avoit accordé luy valuft le reta-
,, bliffement de fa reputation, l'euft purgé de
,, fon infamie, & luy euft donné droit de rendre
,, temoignage en juftice.
,,   On examina enfuite d'autres temoins que
,, Dangerfield avoit amenez. Mais ils ne dirent
,, rien de confiderable contre l'accufée, & il y
,, en eut, quoy que produits par luy, qui decouvri-
,, rent ce qui l'avoit fait devenir temoin du Roy.

P. 114. ANNE BLAKE dit, que je l'avois envoyeé
,, à Dangerfield durant fon emprifonnement,
,, qu'il fe mit à pleurer, & qu'il la pria de me per-
,, fuader que je luy fiffe avoir 6. livres Sterling;
,, qu'elle le revint voir, & luy dit *que je ne luy vou-*
,, *lois rien envoyer*; qu'il l'affura que la nuit paf-
,, fée il avoit efté appliqué à la gefne ; & qu'il
,, craignoit qu'on ne luy donnaft la queftion avec
,, plus de cruauté la nuit fuivante, qu'on l'obli-
,, geoit à trahir fa confcience, & nos interefts;
,, & que s'il ne nous perdoit pas entierement, il
,, feroit ruiné, n'ayant plus d'autre moyen de fe
,, guarantir de la potence.

P. 115.   MARGUERITE. Mademoifelle Cellier
,, me fit dire à Dangerfield qu'il devoit s'infinuer
,, dans la Compagnie de Stroude, & faire con-
,, noiffance avec luy. Il me repondit que c'eftoit
une

„ une affaire de longue main, qu'ils s'eſtoient
„ tenu compagnie dans leurs vols: il me dit alors
„ qu'il ne craignoit ny fer ny feu, ny même l'en-
„ fer; qu'il eſtoit preſt à tout dire, & à tout jurer
„ indifferemment, & que dés l'âge de dix ans il
„ avoit fait le métier de frippon.

„ EDWARDS. Je portay deux billets de ſa
„ part (de Mademoiſelle Cellier) à Dangerfield
„ dans la priſon de Newgate, & deux livres de P. 116.
„ Comptes, une piece d'or, & la valeur de quatre
„ écus en argent; & elle me commanda de luy
„ dire, que ſa vie eſtoit entre ſes mains. MAY-
„ NARD. Ne luy portâtes vous pas une lettre de
„ la part de la priſonniere? EDWARD. Oüy,
„ mais je ne ſçay pas quelle en eſtoit la teneur:
„ car je ne puis lire une lettre écrite à la main. Je
„ me ſouviens qu'il me dit l'ayant luë, qu'il ſe
„ trouvoit obligé à commettre des crimes qui
„ ruineroient la Secte. UN DES JUGES.
„ Quelle Secte? EDWARDS. Il ne s'expliqua
„ pas ſur cela: mais il ajoûta qu'il ſeroit pendu,
„ s'il ſe tenoit dans les bornes de la juſtice & de
„ l'honneteté. MAYNARD. Mais elle luy fit
„ dire que ſa vie eſtoit confiée entre ſes mains.
„ CELLIER. Et la vôtre auſſi, Monſieur; s'il
„ devient parjure, & ſi on luy ajoûte autant de foy
„ que l'on a fait à d'autres depuis peu.

„ LE GRAND JUSTICIER fit une tres
„ belle harangue aux juges & à l'aſſemblée, des
„ ſuites que l'on avoit ſujet d'apprehender, ſi de P. 118.
„ ſemblables miſerables avoient droit de porter
„ temoignage: que ſi on les ſoûtenoit, ou ſouf-

froit

» froit même, la ruine des trois Royaumes pour-
» roit estre l'effet d'une telle bevuë: que ce se-
» roit mettre le couteau en main aux plus infa-
» mes, pour égorger les honnestes gens, & leur
» trouver moyen de voler les plus innocens & de
» les perdre impunément.
»   Enfin Dangerfield estant revenu avec son
» pardon: Mademoiselle Cellier dit.

P. 119.   CELLIER. Qu'on lise le pardon, on n'y
» trouvera pas compris *la felonie, le parjure, l'en-*
» *foncement des maisons qu'il a volées, la fausse*
» *monnoye qu'il a faite*: & c'est de ces crimes que
» je produiray des preuves incontestables. Le
» Greffier lût le pardon de Dangerfield, & pas un
» de ces crimes ne s'y trouva compris.

Mademoiselle Cellier prouva tous ces crimes par des Registres & par des temoins, &
tous les Juges en demeurerent convaincus.
P. 122. Mais aprés toutes ces preuves, "Maynard (c'estoit apparemment ce Maynard membre de la
Chambre basse qui estoit si emporté contre
Mylord Stafford)" & le Procureur du Roy sou-
» tintrent qu'ils estoient compris dans le pardon
» sous les mots *offences & transgressions*, & vou-
» lurent de suite qu'il eust droit de rendre temoi-
» gnage en Cour de Justice.

»   CELLIER. La Grace que le Roy luy a
» faite, sert de preuve à ses vilainies passées, &
» peut luy donner l'impunité; mais elle ne peut
» pas en effacer la memoire, & luy rendre le ca-
» ractere d'honnête homme, lequel seul le met
» en droit de porter temoignage contre un criminel

,,minel de Leze-Majesté. Mais, Messeigneurs,
,,est-ce que les graces du Roy s'étendent en fa-
,,veur d'un sujet, jusqu'au prejudice d'un autre?
,,& ce pardon là luy donnera-t-il les qualitez re-
,,quises pour me ravir la vie par un serment?
,,J'en appelle à la Cour, & je me soûmets au ju-
,,gement qu'elle en fera ; si ce n'est pas trahir les
,,droits des sujets, que de mettre de semblables
,,temoins en droit de leur ravir la vie.

,, LE GRAND JUSTICIER. C'est fer- P. 123.
,,mer ou plutost crever les yeux à la justice que de
,,luy faire croire à l'aveugle toutes les attestations
,,d'un parjure marqué, fouetté, pilorié, exilé,
,,tel qu'on a fait paroistre ce miserable. Danger-
,,field tout étourdy de ce compliment, faisant la
,,reverence, dit: Monseigneur vous en avez dit
,,assez pour detourner de leurs bons desseins
,,tous ceux qui revenant d'une vie debordée,
,,voudront se regler sur de plus justes maximes.
,,LE GRAND JUSTICIER. J'espere, ou
,,je voudrois au moins en avoir dit assez pour
,,oster aux coquins, que l'envie pourra prendre
,,de se produire devant les Cours de Justice, tout
,,espoir de gagner creance.

,, Le Sieur *Dolben* Juge se levant dit, qu'il P. 124.
,,falloit avoir oublié les premiers principes de la
,,civilité, & avoir effacé de son esprit toutes les
,,traces de la pudeur, devant qu'on en vint a
,,l'effronterie que de se faire voir à une Cour de
,,Justice tout couvert de marques infames de
,,tant de crimes & de si honteux. Qu'il falloit
,,avoir perdu l'esprit pour ravir la vie au moindre

„ dre vermiſſeau ſur un ſemblable témoignage.
„ Le Grand Juſticier ne donna que peu d'inſtruc-
„ tions aux Jurez: il leur dit qu'il ne voyoit pas
„ que cette cauſe leur duſt fort travailler l'eſprit,
„ & qu'on n'avoit produit que de foibles preu-
„ ves des crimes dont on m'avoit accuſée. Ils
„ me declarerent tous d'un commun conſente-
„ ment & d'une voix *pas coupable*. LE GREF-
„ FIER. Mettez vous à genoux. CELLIER
„ *à genoux*. Dieu protege le Roy & ſon Alteſſe
„ Royale, & comble cette Cour de ſes graces
„ & de ſes benedictions.

XXXIII.

ON vient de voir quel eſt ce *Willoughby*
ou *Dangerfield*: & cependant Mademoiſelle Cellier remarque à la fin de ſon narré,
qu'aprés que l'on euſt prouvé devant le Conſeil, que ce ſcelerat avoit eſté attaché au Pilory
à Salisbury, ce fut neanmoins ſur ſon uni-
que temoignage que la Comteſſe de Powis, le
Comte de Caſtlemaine, & pluſieurs autres
perſonnes de naiſſance, furent miſes en priſon,
& qu'elle y fut auſſi eſtroittement enfermée
pendant 22. ſemaines juſques à ce qu'on luy
euſt fait ſon procés criminel l'11. Juin, dont
elle ne fut pas peut-eſtre ſortie ſi heureuſe-
ment, ſi tous les crimes de ce coquin avoient
eſté exprimez dans ſon pardon.

XXXIV.

JE trouve à la fin de ce livre un Avis au Lecteur, qui eſt comme je croy de celuy qui
l'a

l'a traduit en François, qui contient des faits si considerables, que n'osant les asseurer, je ne laisseray pas de les representer icy, afin qu'on s'en puisse informer en Angleterre où ils doivent estre connus. Aprés avoir dit que tous les témoins sont, ou des criminels qu'on a tirez des prisons, ou des miserables reduits à la mendicité, il fait cette reflexion :

„ Peut-on s'estonner que des consciences qui P. 135.
„ se reprochoient tant de crimes ne fissent pas
„ scrupule d'un parjure qui seroit authorisé de
„ l'applaudissement de tout le peuple? Quel puis-
„ sant charme n'estoit-ce pas pour ces gens-là,
„ de se voir sous la protection d'un Parlement
„ qui les caressoit; de recevoir par tout les accla-
„ mations du peuple, qui les reconnoissoit pour
„ les Tutelaires de leur Patrie, & qui parloit de
„ leur dresser des Statues; que d'entendre chan-
„ ter leur loüanges dans les ruës; que de voir leurs
„ images en taille douce servir d'ornement à cha-
„ que maison, & leurs portraits en mignature?
„ Que de recevoir des presents magnifiques des
„ Corps des Métiers qui montoient à quelques
„ mille écus; que de rouler en carosse, se faire en-
„ trée dans les maisons des plus grands Princes,
„ se voir traiter a leurs tables; que d'avoir des
„ pensions de deux milles cinq cens écus par an,
„ outre de quinze cens qu'ils tiroient du debit
„ de leurs fabuleux narrez, imprimez par ordre
„ dudit Parlement: enfin non seulement d'avoir
„ pardon de tous les crimes qu'ils avoient jamais
„ commis, le Parlement même prenant la peine

,, ne d'examiner leur pardon, de peur que d'une
,, infinité de crimes dont-ils estoient coupables,
,, quelqu'un n'y fust pas compris ; mais d'avoir
,, pouvoir de se saisir de toutes ceux qu'il leur
,, sembleroit a propos de quelque qualité qu'ils
,, fussent ; de donner de l'épouvante à ceux de
,, la plus haute naissance : en un mot dans cette
,, qualité de *témoins du Roy*, de trouver l'im-
,, punité de leurs crimes, & de quoy fournir
,, à leurs debauches, de quoy contenter leur ava-
,, rice, leur ambition, leur dépit, & leur cruau-
,, té ? Cecy estant bien pesé le Lecteur aura plu-
,, tost sujet de loüer la providence divine qui n'a
,, pas permis à la malice des ennemis, de son peu-
,, ple de donner même la couleur de Justice
,, qu'ils souhaittoient à leurs cruelles & violen-
,, tes procedures ; puis qu'avec tous ces appas,
,, ils n'ont attiré que si peu de gens pour soûte-
,, nir leur intrigue par de faux témoignages, &
,, encore des personnes déja ruinées de reputa-
,, tion, & dont ils se trouverent obligez d'en
,, appliquer quelques-uns aux plus cruelles tor-
,, tures pour les forcer à ces parjures : & don-
,, nant enfin assez de graces à tous les accusez
,, parmy les gênes des plus rudes prisons, & à la
,, vuë de la mort la plus cruelle & la plus honteu-
,, se ; de preferer toutes ces souffrances & ces tour-
,, mens aux recompenses qu'on leur promettoit
,, à condition qu'ils voulussent avoüer le crime
,, dont on les chargeoit à tort, & en obligeant
,, un des plus infames de ces vilains (*Bedlow*) à
,, avoüer à l'heure de sa mort, qu'il ne pouvoit pas
écha-

„échapper le supplice eternel dû à tant de parju-
„res par lesquels il avoit terni la reputation &
„ravi la vie à des personnes si innocentes.

XXXV.

JE croy devoir reprendre icy deux choses que j'ay omises dans la justification de Mylord Stafford.

La 1. est ce qu'il dit en la p. 175. *Vous sçavez, Messeigneurs, que j'ay presté le serment de fidelité: vous en avez tous esté témoins; & je croy que si je ne le prestois pas mille fois (s'il estoit autant de fois requis que je le fisse) je meriterois mille morts & tous les tourmens imaginables pour l'avoir refusé.*

Afin que l'on sçache ce qu'il entend par ce *serment de fidelité* qu'il dit qu'il a fait, & qu'il pretend qu'il n'auroit pû refuser sans se rendre tres coupable: il faut remarquer qu'on exige souvent des Catholiques d'Angleterre quand on les veut tourmenter, deux sortes de serments fort differens, & qu'il ne faut pas confondre, comme a fait l'Auteur de l'histoire des Conspirations.

L'un est celuy qu'ils appellent le *serment de Suprematie* qui fut dressé par Henry VIII. pour faire abjurer aux Catholiques ce qu'ils croient de la Primauté du Pape, & se faire reconnoître pour le seul suprême Chef de l'Eglise dans son Royaume. Et c'est-ce qu'aucun Catholique ne peut faire sans renoncer à sa Religion.

L'autre est appellé le *serment de fidelité*, qui
fut

fut dressé par le Roy Jacques pour distinguer les Catholiques qui ne croient pas que le Pape puisse deposer les Roys pour cause d'heresie, ny absoudre leurs sujets de la fidelité qu'ils leur doivent, de ceux que les Jesuites avoient imbus de cette doctrine. Or comme il n'estoit point parlé d'autre chose dans ce serment, que de ce que ce Roy craignoit qui pust estre un sujet aux Catholiques de se revolter contre luy, ou de luy manquer de fidelité, Widrington sçavant Prestre Anglois soûtint que les Catholiques le pouvoient & le devoient faire; comme ç'a toûjours esté aussi le sentiment de la Sorbonne. Et on ne peut douter que ce n'ait esté aussi le sentiment de Mylord Stafford; puisque non seulement il declare qu'il a fait publiquement & en presence de touts les Seigneurs ce serment de fidelité, mais qu'il en parle avec une force extraordinaire, en ajoutant, *Que que s'il refusoit de le prester mille fois, en estant autant de fois requis, il se croiroit meriter mille morts & tous les tourmens imaginables.*

En faut-il davantage pour juger qu'on n'a pas dû croire, sur le temoignage de deux frippons, dont chacun depose d'un fait different de celuy dont parle l'autre, qu'il ait esté capable par de fausses vuës de Religion, de chercher des assassins pour tuer son Prince, estant si fortement persuadé que la Religion l'obligeoit à ne luy jamais manquer de fidelité, sous quelque pretexte que ce pust estre?

Dira-t-on qu'il mentoit en temoignant approuprouver si fort ce serment de fidelité, & qu'il l'avoit fait dans la Chambre haute, pour s'y conserver sa place, sans rien croire de ce qui y estoit porté.

Il n'y a donc plus aucun moyen de juger de la disposition des hommes, si on n'a aucun égard à ce qu'ils assurent le plus, & ce qu'ils confirment par les sermens les plus solemnels, lors même qu'on ne trouve rien dans leur vie, qui les puisse faire soupçonner d'estre des gens sans religion & sans conscience. Mais il ne suffiroit pas d'avoir cette pensée de Mylord Stafford, quoy que sans raison, pour le croire coupable des crimes qu'on luy a imputez. Car en le regardant comme aiant eu si peu de religion, qu'il n'eust point craint de faire un serment contre sa conscience pour conserver sa place dans la Chambre haute; comment pourroit-on s'imaginer, que par une faux zele de Religion, il ait mieux aimé s'exposer à mourir avec infamie en s'opiniatrant à ne rien avoüer de ce qu'il auroit sçû de la Conspiration, que d'accepter le pardon qu'on luy auroit offert, en avoüant le crime dont on l'accusoit, s'il en avoit esté veritablement coupable? En un mot, s'il a eu de la conscience, il s'est tenu obligé de garder le serment de fidelité qu'il avoit fait, & par consequent il n'a point conspiré contre son Roy: & s'il n'en avoit point eu, il auroit plutost esté disposé à confesser, pour sauver sa vie, un crime qu'il n'auroit point commis, qu'à le nier l'ayant commis, en s'ostant par là le moyen d'avoir sa grace dont il estoit asseuré en le confessant. L'au-

L'autre endroit que j'ay omis est ce qu'il dit en la p. 653. *J'ay toûjours fait, Messeigneurs, beaucoup de cas de l'honneur que j'avois d'avoir seance au Parlement avec vous, & je tiens que c'est le seul moyen de conserver ce Royaume en paix. Il est vray que par les lettres de Coleman, & ce que j'ay depuis vû imprimé, il y a quelque apparence, & même je le croy, qu'il y a eu des consultations ou conferences pour une toleration. Mais si j'en avois sçu autant en ce temps là que j'en ay appris depuis que je suis à la Tour, j'aurois empesché beaucoup de choses, & si j'avois eu connoissance des desseins dont parlent les lettres de Coleman, je ne serois pas demeuré en Angleterre.*

Bien loin donc qu'il eust conspiré contre le Roy & contre le gouvernement, qu'il ne pouvoit même approuver, que l'on tâchast d'obtenir la tolérance de la Religion Catholique par des voyes innocentes & de douceur, quand elles avoient quelque air d'intrigues & de cabales.

Et c'est-ce qui luy fait encore dire en parlant de Mr. Coleman, *qu'ayant taché par le moyen de l'argent de France, en éloignant le Parlement, ou l'empêchant de s'assembler, d'obtenir une toleration, c'estoit une action qui ne se pouvoit justifier par les Loix, quoy qu'il ne sceust pas jusqu'où elle estoit criminelle, sa science dans les Loix n'allant pas si loin.*

Mais il avoit beau faire voir *qu'il n'avoit peché ni contre Cesar ni contre la Loy,* il falloit mourir. La partie estoit trop bien faite, & le temps destiné de Dieu pour decouvrir de quel costé

costé est la veritable conspiration, n'estoit pas encore venu. Il semble qu'il approche, & que les nuages, dont les fourbes ont taché de se couvrir, commencent à se dissiper. Ceux qui ont condamné les autres sont accusez à leur tour, & ce qu'a deposé contre eux un homme mourant qui estoit de leur cabale, doit avoir incomparablement plus de poids, que ce qu'ont dit des témoins à gages contre celuy qu'il avoient entrepris de perdre. Ce doit estre une chose fort publique, & ainsy je ne pense pas que ce qu'en dit la Gazette de Hollande du 24. Juillet puisse estre revoqué en doute.

De Londres ce 18. Juillet. L'on rendit hier publicque la confession de Fits Harrits. Il y debutte par de grandes protestations de la verité de ce qu'elle contient, sçavoir qu'il n'a eu de part au libelle, que pour avertir le Roy de ce qui se tramoit contre luy, à qui il avoit decouvert plusieurs choses de cette nature; *Que le Lord Howard & Ewerard en estoient les Auteurs, & que le premier luy avoit dit qu'il y avoit un dessein formé de s'assurer de la personne du Roy, jusqu'à ce qu'il eust consenti à l'acte d'exclusion: Que les deux Scherifs de Londres luy avoient persuadé de deposer ce qu'il avoit dit contre la Reine, M. le Duc d'Yorck, & le Comte Damby: Que tout cela estoit faux, & que le deplorable estat auquel il estoit, & les grandes promesses qu'ils luy avoient faites de luy sauver la vie & de le rétablir dans tous les biens de son Pere, l'avoient obligé de le faire; Mais qu'il en demandoit pardon a Dieu & à*

& à ceux qu'il avoit offensez par cette deposition: Que M. George Treby & Robert Claiton luy avoient suggeré les mêmes pensées, ajoûtant qu'il falloit qu'il accusast le Comte Damby du meurtre de feu Edmond Bury Godfroy, parce que le crime de meurtre n'estant pas inseré dans la grace que le Roy luy avoit donnée il y a trois ans, cela donneroit lieu de luy faire son procés.

Il y a aussi un nommé Colledge tres zelé Presbyterien, qui a esté condamné à mort pour avoir dit qu'on se saisiroit du Roy, afin de luy faire faire par force ce qu'il ne vouloit pas faire de bon gré. C'est déja un commencement de decouverte. Mais ce n'est pas neanmoins sur cela que je croy devoir fonder la justification des Catholiques. Car il y a presentement tant de corruption & tant de friponnerie dans tous ces temoins d'Angleterre, que sur leurs seules depositions je ne me tiendrois pas assuré que les plus mechans hommes du monde fussent coupables des crimes dont ils les auroient accusez. Tout l'avantage qu'on en peut tirer raisonnablement, est que si ce qu'ils disent maintenant contre ces plus grands ennemis des Catholiques est veritable, on aura eu raison de dire qu'il y avoit une Conspiration contre le Roy, & contre l'Etat; mais qu'on ne la cherchoit pas où elle estoit: & si ce sont des calomnies, ce sera une grande presomption que ç'aura esté par la même hardiesse à inventer des mensonges, que les mêmes ou de pareils fourbes ont fait perir tant de Catholiques innocens.

FIN.

SECONDE ADDITION
POVR LA PREMIERE PARTIE
DE
L'APOLOGIE
POUR LES
CATHOLIQUES,
OU
ECLAIRCISSEMENT.

D'un endroit de cette APOLOGIE, dans lequel l'Auteur s'est trompé, en parlant de Monsieur Southwell Secretaire du Conseil de Sa Majesté Britannique.

Monsieur Justel ayant écrit d'Angleterre à un des amis de Mr. Arnauld, qu'on s'y plaignoit que Mr. Southwell, qui estoit un fort honneste homme, qui avoit une charge considerable à la Cour, & que le Roy de la Grande Bretagne avoit souvent employé en des Negotiations importantes, avoit esté mal-traité dans l'Apologie pour les Catholiques, cét ami en

A donna

ADDIT. A L'APOLOGIE

donna avis à Mr. Arnauld au mois d'Octobre de l'an 1684. en luy envoyant la Lettr de Mr. Justel.

Cette Lettre contenoit les plaintes de Mr. Southwell, & de plusieurs honnestes gens qui se tenoient offensez de ce qu'on luy imputoit des choses à quoy il n'avoit jamais pensé. Mr. Arnauld en fut surpris, parce que ces plaintes n'estoient que generales, & ne marquoient aucun fait particulier auquel on appliquast cette accusation. Il relut avec soin cét endroit de l'Apologie, & n'ayant pas les éclaircissemens qui luy ont esté envoyez depuis, il ne pût faire autre chose que de répondre en general qu'il estoit prest de satisfaire Mr. Southwell, quand il auroit esté informé de ce qu'il auroit dit dans l'Apologie qui ne se trouveroit pas conforme à la verité.

C'est ce qu'il fit par sa premiere Lettre du 20. d'Octobre de la mesme année qu'on a crû devoir mettre dans ce recoeuïl, afin que l'on puisse voir quelle a esté sa veritable disposition dés le premier avis qu'on luy eût donné qu'il y avoit quelque chose dans l'Apologie pour les Catholiques dont on avoit sujet de se plaindre. Mais on en a retranché ce qui ne sert plus de rien depuis que les choses ont esté éclaircies, sçavoir les raisons prises de l'Apologie mesme qui l'empeschoient de voir qu'il se fût trompé.

Et

Et c'est ce que je croy devoir expliquer icy, afin que l'on comprenne mieux dequoy il s'agissoit dans ce different qui est à present heureusement terminé.

Ce seroit fort injustement (comme dit Mr. Arnauld dans cette premiere Lettre) qu'on le soupçonneroit d'avoir eu dessein d'offenser un honneste homme qu'il ne connoissoit pas. Car quelle raison en auroit-il pû avoir ? Et on avoüera aussi qu'il n'est pas blâmable d'avoir entrepris de justifier les Catholiques d'Angleterre contre les calomnies d'*Oates*, & en particulier Mr. Coleman, dont l'Auteur de la Politique du Clergé qu'il refutoit, avoit parlé fort outrageusement, comme s'il avoit esté certainement convaincu d'avoir attenté à la vie de son Roy. Que s'il n'y a eu rien que de loüable en ce dessein, il s'estoit trouvé obligé d'apporter les preuves les plus sensibles que luy fournissoit le procés de Mr. Coleman pour infirmer la déposition de ce faux Témoin. Or il luy avoit paru que c'en estoit une qu'il ne devoit pas omettre, de ce qu'*Oates* ayant accusé Mr. Coleman devant le Conseil du Roy, avant qu'on l'eust mis en prison, il n'avoit parlé que de ses lettres, sans rien dire de ce qu'il luy avoit imputé depuis, qu'il avoit donné un Guinée à des assassins pour les haster d'entreprendre contre la personne du Roy, & de ce qu'il avoit ajoûté 5000. liv. Sterlin aux 10000. qu'il pretendoit qu'on avoit promises au Sieur Wakeman pour empoisonner Sa Majesté.

Ce fait, qu'Oates n'avoit rien dit ni de l'un ni de l'autre de ces deux crimes en accusant Mr. Coleman en sa presence au Conseil du Roy, a esté l'occasion de ce different. On ne peut douter maintenant qu'il ne soit faux aprés les preuves incontestables que Mr. Southwell en a données. Mais avant ces preuves je croy que tout le monde jugera qu'il estoit presque impossible que Mr. Arnaud n'y fust pas trompé. Car il y avoit trois raisons qui luy paroissoient convainquantes, & qui l'auroient paru à tout autre que luy.

La 1. que quand Mr. Coleman fut jugé, Oates luy-mesme estoit demeuré d'accord par trois diverses fois qu'il n'avoit point parlé d'aucun de ces crimes, lors qu'il avoit esté oüi au Conseil en presence du Roy.

La 2. *Qu'il avoit dit expressement* qu'il n'avoit donné alors au Conseil qu'une instruction fort generale contre Mr. Coleman: *Ce qui sembloit confirmé par ce qu'avoit dit aussi Mr. Southwell dans sa 2. réponse:* Que Mr. Oates donna au Conseil une instruction si generale, qu'il n'y avoit rien à quoy l'on pût certainement s'arrester.

La 3. Que le Conseil ayant esté d'avis de mettre Mr. Coleman en prison avant qu'il eût esté oüi en presence d'Oates, depuis qu'Oates eût dit ce qu'il avoit à dire contre luy, le Conseil crût que c'estoit assez de le mettre sous la garde d'un Huissier, & ce ne fût qu'aprés la lecture de ses papiers qu'on donna un nouvel ordre de le conduire en prison. Or qui n'auroit conclu de là, qu'il n'y avoit donc point d'apparence qu'Oates l'eût accusé devant le Conseil d'avoir voulu faire empoisonner le Roy, avant la lecture de ses papiers, puisque tout ce qui y fût trouvé ne regardoit point la personne du Roy, & n'estoit rien estant comparé à un si detestable crime.

Mais les consequences quelques évidentes qu'elles paroissent doivent ceder à la verité appuyée sur le témoignage d'un homme d'honneur reconnu pour tel dans tout un Royaume, & sur des preuves par écrit qu'on ne peut soupçonner de faux, tels que sont des Registres publics. Et c'est par-là que cette affaire s'est terminée.

Car cette premiere Lettre de Mr. Arnauld ayant esté envoyée en Angleterre, l'assûrance qu'eût Mr. Southwell qu'il estoit tout disposé à luy rendre justice aussi-tost qu'il seroit informé de la verité, le porta a écrire à Mr. Justel pour luy rendre compte de ce qui le regardoit

gardoit dans le Procés de feu Mr. Coleman, en joignant à cette Lettre des pieces authentiques qui faisoient voir 1. Qu'il n'y avoit esté present que par le devoir de sa charge de Secretaire du Conseil du Roy, afin de rendre compte de ce qui s'y estoit passé lors que Mr. Coleman y fut oüi en presence d'Oates.

2. Qu'il est vray qu'Oates y avoit accusé Mr. Coleman d'avoir voulu empoisonner le Roy, comme il paroist par les Registres du Conseil (quoy que l'on ait assez reconnu depuis la fausseté de cette accusation) & qu'ainsi il ne pouvoit pas dissimuler ce fait, estant requis par le Juge de dire la verité.

3. Que bien loin d'avoir voulu nuire à Mr. Coleman, il avoit tâché de le servir, comme il paroist encore par une Lettre de Mr. Coleman qui le remercie des bons offices qu'il luy a rendus.

Monsieur Arnauld ne reçût la copie de cette Lettre qu'au mois de Fevrier de l'année suivante 1685. & aussi-tost qu'il l'eût vûë, il n'hesita pas un moment à donner à Mr. Southwell la satisfaction qu'il attendoit de luy. Il ne crût pas aussi devoir chercher d'entre-metteur: il s'adressa à luy-mesme, & luy écrivit la Lettre que l'on verra dans ce recœuil : dont Mr. Southwell ayant esté fort satisfait, comme il l'a témoigné par sa réponse, cét accommodement

ment fût entier & dans toute sa perfection à l'égard de ces deux personnes, à qui cét incident n'a servi qu'à leur faire contracter ensemble une amitié tres-sincere dont chacun se croit honoré.

Cette réponse de Monsr. Southwell à Mr. Arnauld se trouvera aussi dans cét écrit.

Il ne restoit plus qu'à détromper le public, & c'est ce que Mr. Arnauld a supplié un de ses amis de faire par la publication de ces differentes Lettres avec les pieces justificatives de la droiture du procedé de Mr. Southwell.

Ce 30. Juin 1685.

PREMIERE LETTRE DE Mr. ARNAULD.

A un de ses amis, qui luy avoit fait sçavoir les plaintes generales que l'on avoit faites de luy en Angleterre touchant Mr. Southwell.

Le 20. d'Octobre 1684.

MONSIEUR,

Comme j'ay toûjours pour but de dire la verité, je n'auray jamais de peine d'avoûer que je me suis trompé quand on m'aura fait voir que ce que j'ay pris pour la verité ne l'est pas. Ainsi je suis tres-

A 4   dis-

disposé à faire ce que Monsieur Justel témoigne que l'on desire de moy en Angleterre touchant Monsieur Southwell que l'on dit que j'ay mal-traité dans l'Apologie pour les Catholiques, pourvû que l'on m'explique davantage en quoy je puis m'étre trompé. Mais puisque l'on vous marque, que Mr. le Duc d'Yorck n'a pas approuvé cét endroit de l'Apologie, & qu'il a eu neanmoins la bonté de m'excuser en disant, qu'il falloit que j'eusse esté mal informé, & qu'assûrement je ferois justice à Mr. Southwell, je vous supplie, Monsieur, d'assûrer vostre ami, que je suis tres-obligé à Son Altesse Royale de la bonne opinion qu'elle a de moy, & que je la croy si intelligente & si juste que je me soûmettray de bon cœur à tout ce qu'elle m'ordonnera sur ce sujet, ayant tout lieu d'estre persuadé qu'elle ne m'ordonnera rien qui pût blesser ma conscience ou mon honneur : Et je n'entends point par ce mot *d'honneur*, ce qu'entendent d'ordinaire la pluspart des gens du monde, qui mettent leur honneur a ne point reconnoistre qu'ils ayent manqué, ou a ne point reparer le mal qu'ils auroient fait. Je tiens au contraire, que rien n'est plus honorable non-seulement à un Chrestien, mais à un veritablement honneste

neste homme, qu'un sincere aveu de ses fautes, & une ferme volonté de satisfaire à tous ceux qu'il auroit offensez quoy que ce fust sans dessein. Je me sens graces à Dieu dans cette disposition. Mais ce qui me paroist blesser la conscience & l'honneur, est de mentir par complaisance, en se reconnoissant coupable en des choses où l'on seroit persuadé qu'on ne l'est pas: comme certainement je ne le suis pas dans cette rencontre au point que le pensent ces honnestes gens qui me blâment *d'avoir imposé à un honneste homme des choses à quoy il n'a pas pensé.* Car ma conscience ne me reproche point d'avoir jamais *imposé* à personne. Je pourrois en demeurer-là, & attendre qu'on me marquast plus en particulier quelle a pû estre ma faute. Mais ce seroit differer ce que je croy ne pouvoir faire trop-tost, qui est de rendre à Mr. Southwell toute la justice que je luy puis rendre presentement.

Il me semble pour cela, Monsieur, qu'il faut distinguer le jugement qu'on doit faire en general de Monsieur Southwell, de ce que j'ay dit en passant d'un fait particulier, rapporté dans le Procés de Mr. Coleman. Je n'en ay rien dit en general, & je ne le pouvois faire n'ayant pas le bien d'en con-

A 5 noistre

noistre autre chose que ce que j'en trouvois dans ce Procés. Mais maintenant que l'on m'assûre que c'est un fort honneste homme, qu'il a eu des emplois considerables, qu'il a beaucoup de merite, & que Mr. le Duc d'York en fait estime, je le croy sans peine, & je suis prêt de le declarer dans toutes les occasions que j'en auray ; & de prier ceux à qui ce que j'ay dit dans l'Apologie auroit pû donner une autre idée, de ne s'y point arrester, parce qu'elle seroit contraire à la verité.

Voilà pour le general, dont je croy que Monsieur Southwell doit estre content. Pour le particulier, je viens de relire cét endroit de l'Apologie qui est depuis la page 221. jusqu'à la page 228. & j'avouë que j'y ay remarqué quelques expressions dures, & quelques manieres de parler qu'on peut trouver méprisantes, que j'aurois certainement évitées si j'avois sçû ce que je sçay maintenant de Mr. Southwell. Je n'aurois point non plus mis ces deux mots de la p. 226. *ou malignement ou temerairement* : Et si c'est ce qui l'a blessé, je le retracte de bon cœur & suis prest de luy en faire satisfaction. Mais pour ce qu'on appelle des *faits faux*, qui ayent pû donner sujet de me blâmer d'avoir imposé à un honneste homme, il m'a esté impossible de deviner à quoy ce reproche pouvoit estre appliqué.

On ne me soupçonnera pas sans doute d'avoir eu dessein d'offenser un homme d'honneur que je ne connoissois pas : car quelle raison en aurois-je pû avoir ? Et on avoüera aussi que je ne suis pas blâmable d'avoir entrepris de justifier les Catholiques d'Angleterre contre l'horrible calomnie du Docteur Oates, & en particulier Monsieur Coleman, dont l'Auteur de la Politique du Clergé que je refutois avoit parlé fort outrageusement, comme s'il avoit esté certainement convaincu d'avoir attenté à la vie de son Roy. Que s'il n'y a rien eu que de loüable dans ce dessein, je me suis trouvé obligé d'apporter les preuves les plus sensibles que me fournissoit le Procés imprimé de Mr. Coleman pour infirmer la deposition de ce faux témoin. Il m'a paru que c'en estoit une que je ne devois pas omettre, de ce qu'Oates ayant accusé Monsieur Coleman au Conseil du Roy avant qu'on l'eût mis en prison, il ne parla que de ses lettres, sans rien dire de ce qu'il n'avoit pas encore inventé, qu'il avoit donné un Guinée à des assassins pour les haster d'entreprendre contre la vie du Roy, & qu'il avoit ajoûté 5000. livr. Sterlin aux

A 6   10000.

10000. qu'il pretendoit qu'on avoit promis de donner au Sr. Wakeman pour empoisonner Sa Majesté. C'est ce que j'ay traité dans la 4. Preuve du Chap. 16.

J'y ay representé que le Lord Chef de Justice ayant demandé à Oates pourquoy il n'avoit pas accusé Mr. Coleman au Conseil du Roy de ces crimes-là : Oates en avoit apporté quelques méchantes raisons, mais qu'enfin il estoit demeuré d'accord, qu'il n'avoit donné alors au Conseil qu'une instruction generale.

* * * * * * * * * * * * * * *

Mais puis qu'on se plaint, *que j'en ay mal usé envers Mr Southwell, que je luy ay fait injure, que j'ay avancé sur son sujet des choses contraires à la verité, que M. le Duc d'Yorck en a esté surpris, & que Mr. Southwell a des preuves convainquantes, entre autres un Registre public & une Lettre de feu Mr. Coleman qui prouve le contraire de ce que j'ay dit de luy*; je dois croire qu'il y a en tout cela quelque chose que je ne comprens pas. Et ainsi, Monsieur, j'aurois tort de ne pas accepter une proposition aussi raisonnable qu'est celle que vous fait Mr. Justel, en s'offrant *de faire envoyer les Co-*

Copies de ces Pieces originales, qui me doivent apprendre *ce que j'ay dit de contraire à la verité* touchant les faits qui regardent Mr. Southwell. Car je vous puis assûrer de tres-bonne foy que je n'en sçay rien. C'est pourquoy vous jugez bien que dans l'ignorance où je suis, je ne pourrois en conscience & sans blesser mon honneur faire cete declaration generale : *Que j'ay esté mal informé sur le sujet de Monsieur Southwell, & que ce que j'en ay dit dans l'Apologie pour les Catholiques est contraire à la verité.* Car n'y ayant point parlé de Mr. Southwell sur l'information de personne, mais seulement sur ce que j'ay trouvé dans le Procés de Mr. Coleman, cette declaration generale ne pourroit donner d'autre idée à ceux qui liroient l'Apologie, sinon que j'aurois reconnu par là que j'y aurois rapporté infidellement ce qui est dans ce Procés, en attribuant à Mr. Southwell d'y avoir dit ce qu'il n'y auroit pas dit. Or c'est assûrement ce que je ne donneray pas lieu qu'on croye de moy quand il iroit de ma vie, n'y ayant rien dont je me sente plus éloigné que d'être infidelle dans ce que je rapporte des Auteurs ou des pieces que je cite. J'ay d'autant plus d'interest à ne pas donner sujet qu'on ait ce soupçon de moy, que tout

le

le monde sçait qu'il y a maintenant en Hollande des Ministres François qui ayant pris à tâche de me déchirer par de miserables libelles, ne manqueroient pas de prendre cette occasion de me faire passer pour un homme sans foy qui auroit esté obligé de faire reparation à des gens d'honneur que j'aurois calomniez. On les connoist bien en Angleterre, puisque la maniere seditieuse dont ils avoient osé parler des affaires de ce païs-là, a obligé l'Ambassadeur de Sa Majesté Britannique d'obtenir de Messieurs les Estats la condamnation du plus emporté de leurs libelles auquel il leur a plû de donner pour titre *l'Esprit de Monsieur Arnauld*, quoy que je sois peut-estre le moins mal-traité d'un grand nombre de personnes qu'ils y déchirent sans aucun rapport à moy que ridicule ou imaginaire; n'ayant presque rien eu autre chose à me reprocher que des intentions cachées, fondées souvent sur des faussetez manifestes, comme lors qu'ils disent, que ce n'a esté par aucune vûë de Religion que j'ay fait l'Apologie pour les Catholiques, mais par une vûë d'interest pour ne pas perdre mes Benefices, moy que tout le monde sçait qui n'en ay aucun.

Je vous supplie tres-humblement de vou-

vouloir aſſûrer Monſieur Juſtel de mes tres-humbles reſpects, & le remercier du ſoin qu'il paroiſt qu'il a pris d'empeſcher que cette affaire n'éclataſt avant que l'on ſe fût bien entendu. Je ſuis,

MONSIEUR,

Voſtre tres-humble & tres-obéiſſant Serviteur, A. ARNAULD, *Docteur de Sorbonne.*

LETTRE

De Monſieur Southwell à Mr. Juſtel, ſur le ſujet de la precedente, laquelle on luy avoit envoyée afin qu'il fût informé de la veritable diſpoſition de Mr. Arnauld à ſon égard.

MONSIEUR,

Vous ſçavez combien le plaiſir de ma retraite dépend de voſtre amitié & de voſtre correſpondance. Le dernier ordinaire m'en a donné des marques importantes, par la Copie de la Lettre de Mr. Arnauld du 20. d'Octobre paſſé que vous m'avez envoyée, & qui me donne lieu de vous remercier d'avoir empeſché que mes plaintes ayent fait de l'éclat ce qui convient aussi au peu d'inclination que j'avois de me rendre aux instances de ses ennemis.

Vous sçavez bien que quand l'hyver passé le libelle intitulé *l'Esprit de Monsieur Arnauld* donna occasion de parler de ce grand homme, je vous entretins dans ce temps-là de mon affaire, & vous dis entre-autres choses que j'avois pris la liberté de demander à Son Altesse Royale M. le Duc d'York, s'il avoit lû l'Apologie de Mr. Arnauld pour les Catholiques, & particulierement les endroits où il parloit de moy d'une maniere cruëlle : Que Son Altesse avoit répondu, qu'elle avoit bien lû les principaux endroits de ce Livre, mais qu'elle avoit passé par-dessus les Procés, parce qu'elle en avoit plus de connoissance que pas un étranger n'en pouvoit avoir : & que Son Altesse voulant sçavoir de moy quelques particularitez de ce qui m'y touchoit, je lui en avois marqué quelques-unes, & montré en mesme-temps ce que Mr. Coleman m'avoit écrit dans une Lettre qui est peut-estre une de ses dernieres. Que son Altesse avoit eu la bonté de la lire, & de me dire qu'Elle estoit fort surprise d'apprendre qu'on eust fait une accusation de cette nature-là contre une personne dont on ne s'estoit

ja-

jamais plaint: Qu'elle ajoûta enfuite que Monfieur Arnauld eftant étranger n'avoit pû diftinguer les vrais avis d'avec les faux, mais qu'eftant une perfonne fi eftimée pour fon fçavoir & fa probité, il ne pouvoit avoir que de la joye d'eftre détrompé, & feroit avec plaifir la fatisfaction qu'on exigeroit de luy.

C'eft par cette Lettre dont je vous ay parlé d'abord, que Monfieur Arnauld a répondu à l'opinion que Son Alteffe Royale avoit de luy. Et il paroift bien que ma patience & la confideration que j'ay euë pour fon merite ne fe font pas trouvées inutiles. Je viens à cette heure à l'affaire dont il s'agit, qui eft de fçavoir fi Oates accufa dans le Confeil du Roy Mr. Coleman d'avoir eu le deffein d'empoifonner Sa Majefté ou non. Et comme Monfieur Arnauld avouë dans fa Lettre que ce que j'ay répondu d'abord dans le Procés luy donnoit de l'embarras, puifque fi cette réponfe fe trouvoit vraye, elle détruiroit ce qu'il avoit avancé fur ce fujet: il eft neceffaire pour en appuyer la verité que je luy en donne des preuves incontestables.

Premierement nous produirons une Copie des Regiftres du Confeil, où cette accufation formelle d'Oates contre les
Sieurs

Sieurs Wakeman & Coleman se trouve en des termes plus exprés & plus étendus que dans la réponse que je fis au Barreau.

De plus une Copie d'une Lettre dont je garde l'original que Mr. Coleman m'écrivit le 2. d'Octobre 1678. & que sa femme m'apporta, laquelle marque en des termes positifs qu'il avoit esté accusé dans le Conseil du Roy *du plus noir & du plus horrible crime dont on ait jamais oüi parler.*

Nous y ajoûtons encore une Copie de l'Arrest du Conseil du 29. de Septembre par lequel Mr. Coleman fut *pour crime de trahison* envoyé à Neugate, ce qui pourtant fut changé & adouci le lendemain pour des raisons que nous marquerons dans la suite.

Et enfin je me rapporte à ce qu'en dira Monsieur le Chevalier Wakeman Medecin de la Reine, qui se trouvera peut-estre à cette heure à Paris.

Il se souviendra sans doute qu'il comparut au Conseil le mesme jour que Mr. Coleman, & qu'Oates les y accusa tous deux de ce mesme crime ; ce qui se trouve aussi expressément aux Regiftres du Conseil.

Aprés toutes ces preuves j'ay crû qu'il seroit à propos de vous marquer la suite de cette

cette affaire, & il ne sera pas inutile de dire qu'Oates estoit au commencement si peu consideré, que s'il n'eût pas deposé que la vie du Roy se trouvoit en danger, il n'eust pas peut-estre eu assez de credit pour rendre ses accusations recevables, & auroit esté traité d'imposteur; mais qu'après l'Examen des Lettres de Mr. Coleman & quelques autres incidens les affaires avoient changé de face.

Il est constant que sur la premiere accusation d'Oates & l'absence de Mr. Coleman les Seigneurs du Conseil avoient signé un Arrest pour l'envoyer à Neugate *pour le crime de leze Majesté*: & il n'est pas moins vray que Mr. Coleman s'estant par aprés presenté au Conseil & y témoignant de l'horreur pour le *crime dont Oates l'accusoit*, Sa Majesté trouva bon d'ordonner qu'il ne seroit pas envoyé à Neugate, mais qu'il demeureroit sous la garde d'un Huissier. Ce fut dans cette occasion que me trouvant de quartier comme Secretaire du Conseil, & mettant ce dernier Arrest entre les mains de l'Huissier nommé Rutter, je luy recommanday de bien traiter Mr. Coleman : ce qui venant à sa connoissance il m'écrivit deux jours après la Lettre cy-jointe me remerciant de la maniere honneste dont j'en

avois

avois usé, & me suppliant de faire en sorte par mes bons offices qu'il pût obtenir sa liberté en donnant caution de paroistre.

Mais les affaires de M. Coleman changerent bien-tost. On avoit examiné les papiers qu'on avoit pris dans sa maison, & les Seigneurs du Conseil, que Sa Majesté en partant pour Newmarket avoit chargez d'examiner la conspiration, n'eurent pas longtemps les mesmes égards pour M. Coleman, & ils signerent tout aussi-tost un ordre pour l'envoier à Neugate, ce qui fut executé.

Dix jours apres on trouva le corps du Chevalier Edmond Berry Godfroy, & on accusa les Catholiques de sa mort. Les papiers de Mr. Coleman avoyent fait du bruit, & la correspondance qui y paroissoit avec des Etrangers irrita fort le Conseil, qui là dessus demanderent l'avis de tous les Juges du Royaume, si ce n'estoit pas crime de Leze-Majesté que de travailler à la ruine de la Religion du Païs, & d'y introduire l'autorité du Pape par le moyen des Puissances étrangeres.

Tous les 12. Juges hormis un qui n'estoit pas dans ce temps-là à Londres opinerent *pour l'affirmative*. Le 21. d'Octobre le Parlement contre qui Coleman s'estoit emporporté dans ses papiers & lettres, s'assembla; ce qui acheva de le ruiner.

On assigna le 27. du mois de Novembre pour luy faire son procés. Le Procureur du Roy somma pour cela les quatre Secretaires du Conseil, afin de rendre témoignage de ce qui s'y estoit passé, ce qui s'est toujours pratiqué dans de telles occasions: & je fus obligé de comparoistre en justice avec les autres.

D'abord Oates accusa Mr. Coleman devant les Juges de plusieurs crimes, & entre autres du dessein d'empoisonner le Roy. Coleman répondit bien qu'Oates avoit declaré au Conseil qu'il ne l'avoit jamais vû auparavant. Un des Juges sur cela sans faire autre reflexion demanda à Oates, pourquoy il n'avoit pas accusé Mr. Coleman de cet attentat devant le Conseil. Coleman fit son profit de cette demande, & representa au Juge, qu'Oates ne l'y avoit accusé que fort legerement, que les Seigneurs du Conseil avoient ajoûté si peu de foy à ce qu'il avoit avancé contre luy qu'ils avoient moderé leur premier Arrest le mettant entre les mains de l'Huissier seulement, au lieu de le faire mener à Neugate, & que si le crime dont on l'avoit accusé eût esté si énorme on ne luy auroit pas fait cette grace.

Oates

Oates se trouva embarrassé sur cela, & donna quelques méchantes raisons pourquoy il n'avoit pas accusé d'abord M. Coleman de ce crime, en ne disant rien pourtant de positif, & s'excusant sur le défaut de sa memoire. Sur ces entrefaites un des Juges s'addressant à moy me dit qu'ayant esté dans ce temps-là de Quartier au Conseil je pourrois dire mieux que personne dequoy Oates y avoit accusé Mr. Coleman.

Surquoy je representay la maniere dont Oates s'estoit expliqué au Conseil touchant l'empoisonnement du Roy, & les 5000. liv. Sterlin que Coleman auroit payées au Chevalier Wakeman pour ce dessein dans les mesmes termes que tout cela avoit esté deux mois auparavant enregistré au Conseil; & il est à remarquer que Mr. Coleman n'eut rien à repliquer sur ce point, *se souvenant bien que la chose s'y estoit passée en la mesme maniere que je l'avois representé.* Et cette moderation de peine qui luy servoit d'excuse ne laisse pas de faire voir qu'il avoit esté accusé d'un plus grand crime, ce qu'il a mesme avoüé par lettre à un autre Secretaire du Conseil aussi-bien qu'à moy.

Apres toute cette deduction du fait, je passeray s'il vous plaist à la lettre de Monsieur

sieur Arnauld où il faut avoüer, qu'il témoigne un grand amour pour la justice & pour la verité. Mais avec tout cela il semble qu'il a de la peine à condamner les reflexions qu'il a faites dans son livre à mon prejudice, car il persiste toûjours à soûtenir que je me suis contredit.

Mais j'espere que quand il aura examiné les pieces que vous aurez la bonté de luy envoyer, il relira le Procés de Mr. Coleman avec moins de passion & de partialité : Et je ne voy pas, avec la permission de Mr. Arnauld, que l'on puisse trouver la moindre incongruité dans les quatre réponses que je fis dans ce Procés-là.

Dans ma premiere je marque particulierement ce qu'Oates avoit dit touchant les 5000. liv. Sterlin & les 15000. liv. Sterlin. & comme Mr. Coleman auroit avancé les 5000. liv. au Sieur Wakeman.

Dans la seconde je dis qu'Oates donna au Conseil une *instruction fort generale*, & je marque l'horreur que Coleman avoit témoigné pour ce qui le regardoit ; & dans ma derniere réponse je repete les particularitez de la premiere.

Cette instruction generale dont il est fait mentiõ, s'entend de diverses manieres

Or dont Oates avoit informé le Conseil que les Conspirateurs se vouloient servir pour la mort du Roy : c'est à dire du poignard, du poison, de l'arquebuze & plusieurs autres.

Or je dis qu'à moins de renverser l'ordre des questions & des réponses du Procés, & de s'attacher à quelque mot d'une réponse & supprimer les autres, je ne voy pas où l'on puisse remarquer les contradictions que Mr. Arnauld prétend de faire voir; & j'ose dire que sans meriter le caractere de malin & de temeraire qu'il me donne, j'aurois pû faire perdre l'estime qu'on a eu de son Livre, & l'Approbation qu'on luy a donnée si je l'eusse exposé au jugement des honnestes gens; & si je n'avois eu pour Mr. Arnauld de plus favorables égars que ceux qu'il a eûs pour moy.

Je vous prie, Monsieur, d'excuser ce petit ressentiment, & faites entendre à Mr. Arnauld que dans le Procés de Mr. Coleman j'y ay esté cité avec les autres Secretaires du Conseil du Roy, pour dire ce qui s'y estoit passé, & qu'en rapportant les choses fidellement, je n'ay fait que ce qui estoit indispensablement de mon devoir: & on ne peut avec raison se plaindre de moy comme si je m'estois ingeré temerairement dans cette affaire avec dessein de nuire à Mr. Coleman, ce qui ne respondroit pas à l'affection que je luy ay témoignée, & au bon traitement que je luy ay fait faire par l'aveu mesme de sa lettre: Et
je

je veux esperer de l'honnesteté de Monsieur Arnauld que quand j'auray le bonheur d'estre connu de luy, il fera un jugement de moy tout autre qu'il n'a fait, & qu'il me fera la justice de me croire incapable de faire aucune action contre ma conscience & mon honneur ; ce que luy pourront témoigner tous ceux de qui je suis connu; non pas seulement ceux de mon Païs, mais aussi les Etrangers, & particulierement les Ministres des Cours d'Espagne, de Portugal, de Flandres & de Brandebourg où j'ay eu l'honneur de servir le Roy mon Maistre en qualité d'Envoyé Extraordinaire.

Je ne pretends pas aprés tout de prescrire à une personne comme Monsieur Arnauld la satisfaction qu'il me doit faire. Il sçait mieux que personne comment on en use en de pareilles rencontres. Je ne doute pas que ce que je viens de dire joint à la lettre de feu Mr. Coleman ne luy fasse changer de sentiment en m'accordant peut-estre son estime & son amitié.

Cependant, Monsieur, je vous prie de l'assurer de mes tres-humbles respects, & de luy marquer l'avantage que j'ay d'estre de vos amis, comme je suis aussi, Monsieur,

Vostre tres-humble & tres-obeissant Serviteur ROBERT SOUTHWELL.

TRADUCTION

De la Lettre de Monsieur Coleman, à Monsieur Southwell.

MONSIEUR,

Je vous ay tant d'obligation de l'extrême bonté que vous avez eûë de me recommander à Mr. Rutter, que je n'ay pû m'empescher de le dire tout aussi-tost à ma femme, & de luy faire sçavoir la consolation qui m'estoit restée par la bienveillance que vous m'avez témoignée dans mon malheur. Elle fut si sensiblement touchée de ce bon office-là, & de cette action genereuse que quoy-qu'elle fust plus en estat de garder le lit que de sortir, on ne la pût empescher de vous aller témoigner la reconnoissance qu'elle avoit d'une bonté si rare & si extraordinaire. Et comme elle estoit resoluë de vous aller trouver, à quoy je l'aurois excitée moy mesme si elle n'eût pas esté incommodée, & vostre bonté m'ayant deja invité à cela, je l'ay priée de vous demander si je pouvois bien esperer ma liberté des Seigneurs en donnant caution de me representer, afin que je pûsse consoler ma femme, & l'obliger à garder le logis, parce qu'autrement elle court risque de perdre sa santé en se donnant de la peine, & allant de costé & d'autre pour me secourir.

Quoy que vous n'ayez pas répondu à ma demande, vous avez eu assez de bonté pour me promettre vostre assistance que je vous supplie de m'accorder, & d'assurer de ma part les Seigneurs que je ne manqueray jamais de comparoistre lors que mes amis seront engagez à cela ; & que la diminution du supplice qui m'estoit destiné me fait esperer que le Roy ne peut pas me croire coupable de ce noir attentat dont je ne sçais comment on m'a accusé puisque je me suis rendu volontairement prisonnier lors que j'estois en liberté, & sçavois qu'on m'avoit chargé de la plus horrible *Trahison* dont on ait jamais ouy parler.

Crime de Leze Majesté

Je prends aussi la liberté d'écrire au Chevalier Philippe Loyd dans les mesmes termes, quoy que je n'aye pas l'honneur d'estre connu de luy. Comme il est en quartier, & a bien voulu permettre à un de mes amis de me rendre tous les bons offices qu'il pourroit, j'espere qu'agissant tous deux de concert en ma faveur je pourray obtenir cette grace-là, dont je seray redevable à vostre charité extraordinaire. Je suis comme je seray toûjours,

MONSIEUR,

Vostre tres-obeissant Serviteur
Ed. COLEMAN.

Le 2. d'Octobre 1678.

TRADUCTION

De l'Ordre du Conseil pour l'Arrest de Monsieur Coleman.

A RALPH RUTTER *Huissier ordinaire de Sa Majesté.*

ON vous ordonne de prendre en Arrest Edoward Coleman pour Crime de Leze Majesté en conspirant contre la vie du Roy, & de le mener à Newgate, où il sera prisonnier jusqu'à ce qu'on luy fasse son Procés. Fait à la Chambre du Conseil à Whitehal le 29. de Septembre 1678. Signé par

Monseigneur l'Archevesque de Canterbury.
Monseigneur le Chancelier.
Monseigneur le Thresorier.
Monseigneur le Garde du Sceau Privé.
Duc de Lauderdale.
Comte de Bathe.
Vicomte de Newport.
Monseigneur l'Evesque de Londres.
Mr. le Secretaire Williamson.
Mr. le Chancelier de l'Echiquier.

Extrait des Registres du Conseil,
Signé
FRANCOIS GUYN.

TRADUCTION
De l'Extrait des Registres du Conseil.

Ayant esté requis par le Chevalier Robert Southwell cy-devant Secretaire du Conseil Privé du Roy d'attester une Copie de ce qui est enregistré és Livres dudit Conseil de l'accusation de Titus Oate, contre le Sr. Coleman & le Chevalier George Wakeman touchant le dessein d'empoisonner Sa Majesté dans les mesmes termes que l'affaire se passa en l'Assemblée du Conseil ; J'y trouve ce qui suit.

A LA COUR DE WHITEHALL,

Ce 30. Septemb. 1678. Aprés midi.
En Presence de Sa Majesté.

Son Altesse le Prince Robert.
Monseigneur l'Archevesque de Canterbury.
Monseigneur le Chancelier.
Monseigneur le Thresorier.

POUR LES CATHOLIQUES. 29
Monseigneur le Garde du Sceau Privé.
Duc d'Albermale.
Duc de Monmouth.
Duc de Lauderdale.
Comte d'Ossory
Comte de Peterborough.
Comte de Strafford.
Comte de Bathe.
Comte de Carbry.
Vicomte Newport.
Monseigneur l'Evesque de Londres.
Monseigneur l'Evesque de Durham.
   Mylord Berkley.
Mr. le Secretaire Williamson.

Le Sieur Oates represente au Conseil qu'il avoit vû & lû une lettre écrite par Thomas White Provincial * à Jean Fenwick au mois d'Aoust dernier, laquelle marquoit que le Chevalier George Wakeman s'estoit engagé d'empoisonner le Roy pour la somme de 15000. livres sterlin, & que ledit Thomas White témoignoit dans cette lettre avoir bien de la joye de ce que ledit Wakeman avoit entrepris l'affaire. Et que Fenwick avoit assuré ledit Oates que 5000. livres sterlin avoient déja esté payées audit Wakeman par le Sr. Coleman. Que ledit Oates avoit vû les ordres dont Thomas White avoit à St. Omer chargé Richard Ashby, mandant qu'on proposast d'abord audit Wakeman 10000. livres sterlin, & que par d'autres lettres ensuite de ces ordres on avoit ordonné qu'en cas qu'il n'acceptast pas les 10000. livres sterlin on luy offrist les 15000.

* Des Jesuites de Saint Omer.

Le Chevalier Wakeman estant interrogé, demanda qu'on luy fist voir son Accusateur, representant les bonnes actions de ces ancestres, son propre merite, & ce qu'il avoit souffert pour Sa

B 3   * Ma-

Majesté: Qu'il estoit presentement Domestique du Roy & dépendant de luy: qu'il y avoit si peu d'apparence qu'il voulust entreprendre un si noir attentat qu'il attendoit qu'on luy fist reparation pour le tort qu'on luy faisoit. Il avoüa qu'il connoissoit les Srs. Ireland & Fenwick. [c'estoient deux Jesuites]

On luy remontra qu'il feroit mieux de declarer plus categoriquement son innocence, & sa detestation de ce dont il estoit accusé, surquoy il se retira.

Le Sieur Coleman qui ce matin-là s'estoit presenté chez Mr. Williamson Secretaire d'Estat, où l'Huissier le trouva, & le prit sous sa garde, fut introduit devant le Conseil où l'on le questionna sur le voyage qu'il venoit de faire en France, & s'il y avoit vû le Pere Confesseur la Chaize, & s'il avoit eu permission ou passeport d'aller en France. Ledit Coleman répondit qu'il avoit bien esté en France sur le desordre qui estoit arrivé touchant le Sr. St. Germain; qu'il n'avoit pas eu de passeport, & qu'il avoit vû ledit Pere Confesseur en visite une fois par accident.

On luy demanda s'il ne se servoit pas de chiffres, à quoy il répondit qu'il s'en servoit, & croioit qu'on les avoit tous pris par l'ordre du Roy, où si celà n'estoit pas qu'il les presenteroit au Conseil. Le Sr. Oates luy demanda si un certain Playford du Collège de St. Omer n'estoit pas son Parent? A quoy il répondit qu'il avoit bien un neveu de ce nom à St. Omer de l'âge d'environ 12. ans. Ledit Oates assura qu'il avoit plus de 14. ou 15. ans, & qu'il étudioit aux Poëtes & en Rethorique. Ledit Oates representa aussi, qu'il y avoit vû une feüille de papier de nouvelles au bas de laquelle celuy qui l'écrivoit faisoit dans le mesme caractere quelque recommandation à son Parent Playford. Qu'il y avoit sous le mesme couvert une certaine lettre seditieuse écrite te au Pere la Chaize Confeſſeur du Roy de France dont l'addreſſe eſtoit écrite du meſme caractere que ledit papier de nouvelles, de laquelle lettre avec d'autres ledit Oates eſtant chargé pour la porter à Paris audit Confeſſeur, il auroit en chemin trouvé moyen de la lire, & de l'entendre au mois de Decembre dernier, laquelle marquoit le gré que la Societé luy ſçavoit de l'argent, c'eſt à dire des 10000. livres ſterlin, qu'on avoit données, & qu'on employeroit cette ſomme comme elle eſtoit deſtinée ce qui ſignifioit la mort du Roy; & enſuite le remercioit du ſoin qu'il avoit de la Religion Catholique, & luy faiſoit entendre la paſſion qu'ils avoient de ruiner les Proteſtans.

Qu'au mois de Juillet Ashby ſeroit venu en Angleterre avec les ordres ſuſdits pour traiter avec le Chevalier Wakeman comme cy-deſſus, & qu'en conſequence de l'accord fait entre eux pour les 15000. livres ſterlin 5000. en avoient eſté payées à ce qu'on diſoit par ledit Coleman, comme il eſt ſus-mentionné dans ce qui touche ledit Wakeman. Ledit Oates y ajoûta encore que lors qu'il rendit la lettre au Pere la Chaize, ledit Pere luy demandoit des nouvelles du Secretaire de Madame la Ducheſſe. Ledit Oates dit de plus, que les Sieurs Togartie & Fenwick luy avoient declaré que dans l'Aſſemblée qui s'eſtoit faite au mois d'Aouſt, où l'on fit l'accord avec ledit Wakeman, ledit Coleman s'y eſtoit trouvé preſent.

Ledit Coleman nie avec beaucoup de Proteſtations toute ſorte de commerce avec ledit Wakeman ny quelqu'autre que ce ſoit touchant un tel deſſein.

Sa Majeſté parut ſi ſatisfaite de ce qu'avoit dit le Sr. Coleman qu'Elle voulut bien retrancher cette partie de l'arreſt qui ordonnoit qu'on l'envoyeroit à la prison de New-Gate, & le fit mettre seulement sous la garde d'un Huissier.

Extrait des Registres du Conseil,

Estoit signé

FRANCOIS GUYN.

LETTRE

De Monsieur Arnauld Docteur de Sorbonne, à Monsieur Southwell Secretaire du Conseil Privé de Sa Majesté Britannique.

Le 26. Fevrier 1685.

MONSIEUR,

Monsr. le Duc d'Yorck qui avoit succedé au Roy son frere.

Je dois rendre de nouveau de tres-humbles, & tres-respectueuses actions de graces au Grand Prince que Dieu vient de vous donner pour tres-digne Roy, de ce qu'il m'a fait la justice de croire qu'il ne falloit que m'instruire de la verité pour me porter à l'avoüer & à la faire connoistre à tout le monde, sans en estre empesché par ces fausses regles d'honneur qui font qu'on à honte de retracter ce qu'on auroit avancé mal à propos. Je vous suis aussi, Monsieur, bien obligé d'avoir eu la mesme opinion de moy, & d'avoir mieux aimé me rendre juge en ma propre cause, que d'exposer vos plaintes au jugement du public. J'espere que vous n'y aurez pas regret. Il n'y a que deux jours que j'ay receu la copie de la lettre * que vous avez écrite sur mon sujet à Monsieur Justel avec la traduction Françoise de quelques pieces qui regardent le procés de Mr. Coleman. J'en ay esté parfaitement satisfait, & entierement convaincu que vous n'avez rien fait, Monsieur, dans ce procés que ce qu'a dû faire un homme d'honneur & de probité, ny rien dit que vous n'ayez esté obligé de dire, & qui ne soit veritable. C'est une declaration que je fais avec bien de la joye, & que je suis prest de faire en toutes les manieres possibles, pour effacer les mauvaises impressions que ce qui est dit sur ce sujet dans l'Apologie pour les Catholiques auroit pû faire prendre contre vous à ceux qui ne connoissent pas vostre merite comme je le connois presentement. Mais ayant eu la bonté de choisir les voyes les plus douces pour terminer ce different, & de parler de moy d'une maniere si honneste quelque blessé

* C'est celle qu'on a vûë cy-dessus, avant les pieces du Procés de Mr. Coleman.

que

que vous fussiez de ce que j'avois dit de vous, je ne doute point que vous n'ayez aussi l'equité de reconnoistre que j'ay esté trompé de tres-bonne foy, & que ce qui m'a porté à dire des choses qui ne se sont pas trouvées vrayes estoit tres-capable de me jetter dans l'erreur. Cependant l'erreur est toûjours un mal de quelque maniere que l'on s'y trouve engagé, & on a toûjours obligation à ceux qui nous en retirent. Et ainsi, Monsieur, je vous en ay beaucoup de m'avoir ouvert les yeux, tant par les instructions que vous m'avez envoyées, que par l'estime que cet éclaircissement m'a fait avoir de vostre personne, ce qui a entierement dissipé tous les nuages dont mon esprit s'estoit rempli par les réponses d'Oates d'une part, qui ne m'ont trompé que pour n'avoir pas fait assez de reflexion sur cette parole commune *Oportet mendacem esse memorem*: qui m'auroit fait comprendre qu'il peut aisement arriver qu'un imposteur ne se souvienne pas bien de ses mensonges, & d'autre part ces mots ambigus d'une *instruction fort generale* que j'avois pris pour une accusation qui n'auroit point contenu de faits particuliers: au lieu que je voy bien à cette heure que vous les aviez pris pour une accusation si confuse le & si embarrassée que les Seigneurs du Conseil y auroient eu peu d'égard, sans la découverte des papiers de Mr. Coleman qui les irriterent extremement contre luy. J'avoüe neanmoins que je ne m'excuse pas entierement devant Dieu. Car quoy que nostre conscience ne nous reproche point d'avoir été portez par un esprit de malignité à juger mal de nostre prochain, il est bien difficile qu'il n'y ait eu de la precipitation dans nos jugemens quand nous en jugeons contre la verité en nous laissant éblouïr par des conjectures apparentes. Il est donc juste, Monsieur, que je vous demande pardon de la maniere fâcheuse dont vous vous plaignez avec raison avoir esté traité dans l'*Apologie pour les Catholiques*. Mais c'est déja me l'avoir accordé que de m'avoir prévenu d'une façon si obligeante en me demandant mon amitié; au lieu que c'estoit moy qui devois commencer à vous demander en grace quelque part dans la vostre, afin que ce me fust un gage que le Monsieur Southwell que je connois presentement pour un fort honneste homme, n'a plus aucun ressentiment de ce que j'ay eu tort de dire d'un Monsieur Southwell que je n'avois pas le bien de connoistre. Je n'aurois qu'une chose à souhaiter pour rendre nostre union plus parfaite, & afin qu'elle fût aussi-bien pour l'eternité que pour le temps. Mais c'est l'ouvrage de Dieu qu'on ne peut attendre que de sa misericorde. Permettez-moy cependant de vous assûrer que je suis avec autant de sincerité que de regret de vous avoir auparavant mal connu,

MONSIEUR,

Vostre tres-humble & tres-obeïssant Serviteur A. ARNAULD.

RÉPONSE

De Monsieur Southwell à Monsieur Arnauld.

De Londres le 25. Mars 1685.

MONSIEUR,

J'ay reçû par le moyen de Mr. Justel la Lettre que vous m'avez fait l'honneur de m'écrire du 26. du passé, avec autant de joye que de surprise, estant fort extraordinaire de rencontrer des gens qui preferent l'amour de la verité à leur reputation. Sans

Sans une indisposition & quelques affaires qui m'ont retenu à la Campagne je me serois donné l'honneur de vous écrire pluftoft que je n'ay fait. La maniere honnefte avec laquelle vous en avez ufé a confirmé la bonne opinion que l'on a de voftre fincerité, ce qui m'a obligé de montrer voftre Lettre à Sa Majefté ou pluftoft à luy obéïr, en la luy faifant voir après me l'avoir demandée. Elle la garda un jour entier, & m'a dit qu'elle la trouvoit tres-belle, & telle qu'on la devoit attendre de Monfieur Arnauld. J'ay crû devoir faire part à Sa Majefté de la réüffite de cette affaire, que je dois à fes bons confeils & à ce qu'elle m'a prefcrit. Je l'ay auffi fait voir à d'autres perfonnes de confideration plûtoft pour publier voftre juftice que mon innocence, & me fuis fervi de cette occafion pour apprendre à tout le monde combien vous aimez la paix. Je n'ay rien autre chofe à vous demander, & ne me plains pas mefme de mon malheur, puifqu'il a eu une fin fi heureufe.

Je vous remercie tres-humblement de l'offre obligeante que vous avez faite à Mr. . . . de faire imprimer ce qui s'eft paffé, dans le Journal des Sçavans, ou dans les Nouvelles de la Republique des Lettres.

tres. Mais ce seroit abuser de vostre honnesteté, & je croy qu'il seroit plus à propos que quand vous donnerez au public quelque nouvel Ouvrage, où que vous en ferez r'imprimer quelqu'autre, vous ayez la bonté, (afin de conserver la memoire du fait) d'y ajoûter, comme vous l'avez proposé, quelque Eclaircissement sur l'endroit de l'*Apologie pour les Catholiques* qui me regarde, & d'y mettre la Lettre que j'ay écrite à Monsieur Justel, avec mes pieces justificatives, & de le finir par la vostre.

Pour ce qui est des expressions de ma premiere Lettre qui peuvent estre trop fortes vous en userez comme il vous plaira en les changeant & corrigeant de la maniere que vous le trouverez plus à propos.

On les a toutes laissées sans y rien changer.

Je suis tout-à-fait obligé à Monsieur Justel de la bonté qu'il a eûë de vouloir travailler à cét accommodement, & je rechercheray avec soin les occasions de vous témoigner l'estime que j'ay pour vostre personne, & combien je suis,

MONSIEUR,

*Vostre tres-humble & tres-
obéissant Serviteur*,
ROBERT SOUTHWELL.

FIN.

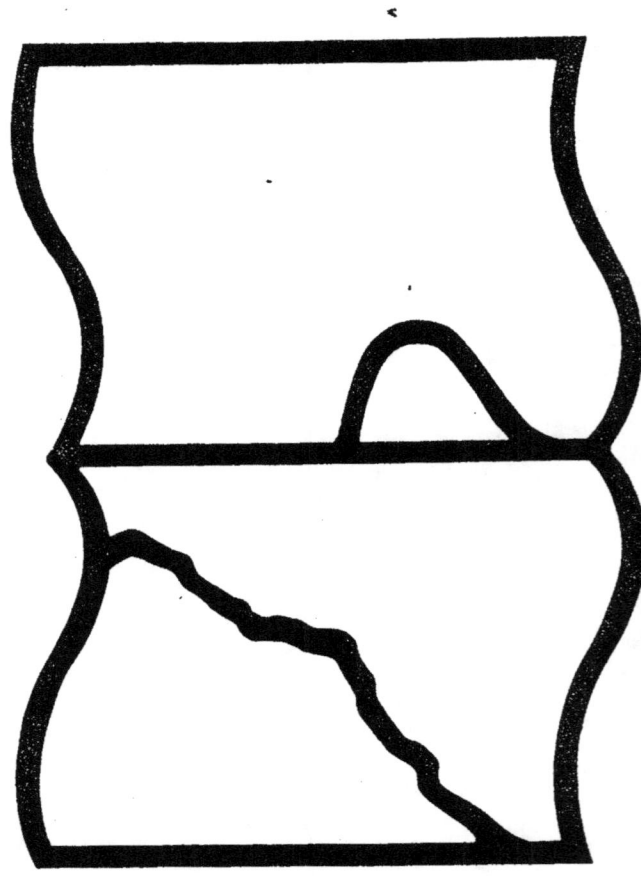

Texte détérioré — reliure défectueuse

NF Z 43-120-11

www.ingramcontent.com/pod-product-compliance
Lightning Source LLC
Chambersburg PA
CBHW060258230426
43663CB00009B/1509